吴梅村传

王振羽 著

团结出版社

UNITY PRESS

图书在版编目（ＣＩＰ）数据

人事完缺：吴梅村传 / 王振羽著 . 一北京：团结
出版社，2023.3
ISBN 978-7-5126-9911-3

Ⅰ . ①人… Ⅱ . ①王… Ⅲ . ①吴伟业（1609-1672）
－传记 Ⅳ . ① K825.6

中国版本图书馆 CIP 数据核字 (2022) 第 229471 号

出 版：团结出版社
　　　　（北京市东城区东皇城根南街 84 号　邮编：100006）
电 话：（010）65228880　65244790（出版社）
　　　　（010）65238766　85113874　65133603（发行部）
　　　　（010）65133603（邮购）
网 址：http：//www.tjpress.com
E-mail：zb65244790@vip.163.com
　　　　tjcbsfxb@163.com（发行部邮购）
经 销：全国新华书店
印 装：三河市东方印刷有限公司

开 本：163mm×240mm　16 开
印 张：26.5
字 数：444 千字
版 次：2023 年 3 月　第 1 版
印 次：2023 年 3 月　第 1 次印刷

书 号：978-7-5126-9911-3
定 价：68.00 元

序

牵挂吴梅村至少已经有二十年的时间了。

这样的牵挂来自于我对晚明和清初这段历史的莫名的兴趣，我为这段历史花费了不少的功夫去阅读我所能见到的文字。虽然晚明史的著作已经很多了，但我最想提及的是三个人的文字，或者说是三个人对我的影响：一是郭沫若，另外一个是姚雪垠，还有一位是美国的学者魏菲德。

还是在乡间读书的时候，喜欢的是郭沫若的文字。他的《甲申三百年祭》，虽然已经过去七十余年了，但是整篇文字所透出的气度和器局，尤其对晚明政局的条分缕析，非常让我这个小小少年郎着迷沉醉，他所引用的"冲冠一怒为红颜"让我对吴梅村产生了至深的印象。虽然我并不喜欢郭沫若后来的一些做派，尤其是他在新中国成立之后十年"文革"中的为文为人，但一看到现在一些不知天高地厚的所谓博导、博士们一提到郭沫若就是满脸的不屑与轻蔑，我就感到一种无可名状的迷茫：脱离了具体的语境，谈论任何事情都显得有点虚妄和空疏吧。

姚雪垠也是一个备受诟病较为复杂的文人。我对姚雪垠并不了解，据说姚先生不仅自负自夸，而且还对政治颇感兴趣，这位来自河南邓县的经历过民国的知识分子，在新中国成立后实际上一直在湖北武汉生活，喜欢张扬和不甘寂寞的性格决定了他与周围环境的紧张。虽然在今天看来，姚雪垠的《李自成》，尤其是后几部作品艺术水准出现不少问题，但是他的《李自成》的确给在无书可读的偏僻农村的我们弟兄几个带来了不少精神上的享受，尤其是小说所透露出的种种关于晚明的信息使我对这一段历史产生了难以遏制的关注和期待。小说中关于卢象升和杨廷麟的描述，虽然后来知道多来自于吴梅村的《临江参军》，但小说却让我体会到前所未有的苍凉悲壮、英雄没路，姚雪垠笔下对洪承畴、杨嗣昌、孙传庭虽然着墨不多，但是这些人物面对朝廷的危机、天下的艰难都做出了自己的选择。当然还有后来的史可法，这个左光斗的学生，我们读《左忠毅公轶事》，读吴梅村的老师复社领袖张溥的《五人墓碑记》，不仅为文字的刚毅清俊所倾倒，更为一种精神所折服。

但是明朝为什么不能在江南半壁维持下去？那个时候的读书人为什么对李自成、张献忠充满了彷徨和矛盾，甚至是强烈的排拒？牛金星、李岩、宋献策等人的行为为何得不到大多数读书人的理解和认同？明末和清初的读书人或者说知识分子究竟是怎样面对如此之天翻地覆的朝局的？所谓的桃花扇底送南朝，所谓的弘光小朝廷的闹剧种种，吴梅村们的道路选择究竟有着怎样的意义？美国学者魏菲德的《洪业：清朝开国史》，应该算是关于明末和清初的一部令人充满敬意的史学力作。对于这本书，我反复研读，细心揣摩，每每惊叹于一个外国学者怎会掌握如此广泛宏富的资料？怎会如此恰如其分地体会把握到当时的历史氛围和种种隐秘的细节？对易代之际所谓知识分子的微妙心态的体察，怎会是如此的准确精当？面对这样一个太平洋彼岸的学者，尊重之外，是我对吴梅村所处时代更多的联想和耐心的体味。

在轻慢戏说和高头讲章的重围之中，在满足于快餐文化的狂潮之下，能不能客观地用开放宏阔的视野、尊重理解的心绪、平实质朴的语言，尽可能接近地走进那个时代的知识分子群体？了解他们地老天荒的苦闷？烛照他们空前绝后的才情？理解他们患得患失的犹豫？亲近那个时代我们的先人们所遭遇的艰难悲苦和心灵煎熬？我不敢说自己做到了这些，但我是以自己的虔诚和心智来竭尽所能试图走进吴梅村和他所处的那个破碎动荡的巨变时代。

走进明末时代，也许有人说可以选择明末四公子，更有人趋之若鹜地去描画"秦淮八艳"，甚至也会有人去写钱谦益，更有人会去为马士英、阮大铖等人招魂。但是想来想去，我觉得吴梅村这样的人物是我们走进这一段历史所无法回避和绕过的一个内容丰富的独特存在，值得为之歌哭、为之悲喜、为之在喧嚣和浮躁的当下而搜求爬梳、无怨无悔的一个真实的纯粹的读书人，一位真正的诗人！

现在的宫廷戏似乎很热闹，清宫戏之后殃及明代。也许是受鲁迅的影响，朱家父子的口碑好像从来都没有好过，朱元璋是和尚出身的流寇，朱棣是篡夺自己侄子江山的坐寇。但是现在不同了，我们对历史的兴趣更集中到权谋阴险和彼此算计倾轧之上。伴随着二月河先生清帝小说的一再放大传播，中国传统政治中最为丑陋的一面在当下被发挥到了极致，最为让大家心照不宣的词汇"官场潜规则"在坊间广为传扬，而历史上这种先入为主的习惯意识实际上遮蔽了许多历史的真相。我们说到民国时的抗战，往往就是当时政府的腐败无能和溃不成军，但是我们却很少知道大多数是读书人出身的将军们也悲壮地为国捐躯战死沙场。据说有212位将军殉国，这在整个抗击法西斯的第二次世界大战中也是非常少见的。作为陆军上将血洒阵地的张自忠，很可能是整个二战中军衔最高的将领。对于读书人，在官场春风得意者看来，只不过是一种工具甚或是一种食之无味、弃之可惜的鸡肋，但是，在山河破碎天覆地翻的时候，真正砥柱中流的又往往是读书人，他们慷慨赴死，他们启蒙民智，他们投笔从戎，他们纵横捭阖。吴梅村可能不是一个顶天立地的铁血男儿，没有像史可法、夏允彝、杨廷麟等人为国死难，但是他以自己的方式记录了整个时代的风云变幻，也从而成就了自己复杂痛苦也丰富卓异的人生。

我们的民族、我们的文化既需要刚猛决绝的斗士，也需要吴梅村这样也许并不完美，甚至是不无瑕疵，但却真实的极具忏悔意识和自省意识的读书人。基于此，我埋头于吴梅村的文字，当然也包括许多研究吴梅村的多不胜举的研究成果。品味咀嚼着吴梅村的诗文，有时候自己会陷入深深的郁闷悲愤，甚至是绝望之中。吴梅村临死之前说：我一生遭际，万事忧危，无一刻不历艰难，无一境不尝辛苦，实为天下大苦人。痛哉斯言！病重弥留之际的吴梅村有一首词："吾病难将医药治，耿耿胸中热血。待洒向、西风残月。剖却心肝今置地，问华佗解我肠千结。追往恨，倍凄咽。故人慷慨多奇节。为当年，沉吟不断，草间苟活。""脱履妻孥非易事，竟一钱不值何须说！人世事，几完缺？"真是悲感万端，无限凄凉。达观的吴梅村不希望自己的家人和学生为自己去乞求什么铭文，有"诗人吴伟业之墓"这简单七字足也。

南京是吴伟业生活过的南中旧都，他为南京也留下了不少诗文。我是在 20 世纪 80 年代的末期来到这座城市的，也已经快二十年了。在流年似水的岁月匆匆中，梅村的感慨似乎穿越了时空，每每在我心中引起清冽的迷离的恍若隔世的深深共鸣。在这将近二十年里，繁重的工作之余，在更深人静的午夜时分，我瞩目过龚自珍，走进过翁同龢和他的家族，为历史上的诗人帝王们倾注过不少心力，也写过不少的随笔评论文字，但是内心深处还是很珍爱我对吴梅村的解读，期待着你的批评，我素所尊重的读者朋友们。

"秋水精神香雪句，西昆幽思杜陵愁"，是一个皇帝诗人对吴梅村的评价，虽然不甚贴切，倒也反映出我对吴梅村的一种穿越过绵密浩淼的血泪文字之后的无限感慨。

2000 年春于古林冈下
天津新村

目　录

第一章 虎丘大会

1. 榜眼荣归

崇祯四年，秋尽冬来时节，北中国早已衰草连天，万木凋零。京城里轻裘锦帽的达官显宦，即便在自己家的天井院里，也免不了感到寒意料峭。但在山温水暖的长江南岸苏州府太仓州一带却仍然青山叠翠、郁乎苍苍，碧水长流、舟船如梭，冠盖如云、游人如织，正是橙黄橘绿、蟹满鱼肥的好时光。

这一天，太仓州南门外的娄江码头，非年非节，却异乎寻常的热闹。自城厢到相思湾，车马轿夫填塞官道，河岸上观者如堵，人如潮涌。通往苏州府的接官亭上黻黼灿然，如云霞一样耀人眼目；亭子四周的空地上停满了各种绿呢官轿。再往刘家河里看：往日宽阔的河道，仿佛一下子窄了许多，大大小小的船只首尾相连挤满了河湾。这些船上大多挂着写有"复社"二字的纱灯和帷幔。河上河下鼓乐声声，管弦悠扬，欢乐的气氛满江流淌。

若要问太仓人今天何以如此欢乐热闹，从贩夫走卒到绅商士子都会自豪地告诉你：迎接吴骏公荣归故里。吴骏公何许人也？原来就是两榜联捷的新科榜眼、钦赐翰林院编修的复社名士吴伟业。江南原本是人杰地灵才子荟萃之地，就区区太仓一州而论，仅明代万历、天启两朝就出了三十八个进士、九十一个举人，达官显宦远非一个两个。吴伟业虽然巍科高中，给太仓锦上添花，也不过一个翰林院编修，为何家乡人给他以如此殊荣礼遇？个中原因尚需慢慢道来。

天近中午，娄江上游，一艘油漆得橙黄锃亮的双桅官船缓缓而来。人们翘首西望，老远就看见两块御赐金牌，红底金字熠熠生辉。一面牌上写着"御赐进士及第"，一面牌上写着"钦点翰林编修"。船头上立着一个年轻人，头上没戴乌纱，身上未着蟒袍，依旧方巾一角，长衫一袭，艳阳下如玉树临风，老远就向迎候在河岸上、船头上的人们频频拱手为礼。此时，刘家河上犹如一阵清风掠过，只听人们纷纷议论道：

"毕竟是吴骏公啊，富贵不失书生本色。"

"是真名士自风流。富贵还乡，不着锦衣，一片冰心在玉壶。"

"骏公看见我们了，骏公看见我们了！"

"骏公正向我们施礼呢！"

随着人们的议论，锣鼓鞭炮，各种乐器一齐响了起来。接官亭里等候多时的缙绅士子们，纷纷整饰衣冠，逦迤迎下接官亭来。接官亭到码头的道路，早已黄沙铺过，松软平坦。吴伟业乘坐的官船甫一靠岸，立刻有人搭好桥板。他满面春风，抱拳当胸，健步走下船来。

首先迎上前来的是太仓知州周仲琏、吴江县令熊开元，紧接着是赋闲在家的临川县令、复社巨子张采，他后面跟着张溥的弟弟张浚、张王治，还有穆云桂、朱明镐、周肇等一干复社社友。吴伟业连忙紧走几步，来到周仲琏、熊开元等人面前，一边躬身施礼，一边口中说道："学生何德何能，敢劳各位大人和前贤如此抬爱，岂不折杀伟业！"

周、熊等人连忙一边还礼一边寒暄道："骏公春闱高中会元，殿试联捷鼎甲，名满京华，为乡梓增辉添彩。今日奉旨回乡完婚，我吴下官宦士子，庶民百姓，谁不敬仰？谁不高兴？你看这娄江上下，人山人海，哪个不是想一睹足下丰采？"

张采接着道："贤弟初登庙堂，就连章参劾权奸，为我东林后人，复社士子伸张正义，使我东林士子免受小人之害，直声远播朝野。不唯我复社社友，就是一般的读书人，哪个不感激你、敬重你？"

"家乡父老万人空巷到江边迎候，正是表达他们的爱戴之忱。"张溥指了指娄江两岸的人群说："骏公，你我都在娄江长大，几曾见过这种场面？"

张采像

吴伟业闻言，环顾娄江上下，不禁心情激荡，他一次又一次地向江岸上的父老乡亲们躬身致谢，这更引起江岸上阵阵欢腾。周仲琏见此情景，唯恐有人被挤落水中，连忙说道："骏公一路鞍马劳顿，舟船颠簸，还是早点回城去吧。这次皇上赐假归娶，家乡父老都少不了要讨杯喜酒喝。来日方长，留待异日与乡亲同乐如何？"

张采等人连忙附和："周大人所言极是。太夫人和年伯恐怕早已倚门多时了，我们还是起轿回府吧。"

吴伟业点头称是。于是众人请吴伟业先行，吴伟业不肯僭越，经过一番揖让逊谢，还是周、吴、熊三人走在前面，张采、张溥等人紧随其后，大家众星捧月一样走进接官亭，然后纷纷上轿，回太仓城去了。

2. 吴门寻亲

吴伟业祖籍河南。其先人元末时避乱辗转过江，流落苏州昆山。五世祖吴凯，敏而好学，尤其擅长书法，曾参与修纂《永乐大典》，明宣德年间曾经做过刑部、礼部主事。吴凯之子吴愈，字惟谦，号遁庵，就是伟业的高祖，成化年间进士及第，被授以南京刑部主事。弘治五年擢升为四川叙州知府，在任十二年，政声卓著，升迁为河南参政。正当宦海得意前程似锦的时候，他却出人意料地急流勇退，辞官归隐了。明代著名书法家文徵明是他的爱婿，由于这层关系，当时一些书画名家像沈周、祝枝山（允明）、朱存理、刘嘉育等人都和他颇有交情。吴伟业的曾祖吴

吴愈像

南是吴愈的次子，字明方，号方塘，曾做过鸿胪寺序班，被吴家后人尊称为"鸿胪公"。至此为止，吴氏三代仕宦，也算是昆山一带的名门望族了。可是到了吴伟业的祖父这一代，吴家却衰败下来。

吴伟业的祖父名议，字子礼，号竹台。弟兄三个都没有功名。老大吴谦，因为是嫡子且居长，在封建宗法制度极盛的明代，理所当然地继承、掌握了家庭的财政大权。而吴议和弟弟吴诰，因为是庶出，自小在家中就没有地位，甚至受到歧视。大哥生性豪奢，大把大把地挥霍钱财，两个弟弟敢怒而不敢言。尽管如此，如果不是嘉靖、隆庆年间的倭乱，吴家这个三代仕宦的封建家庭，也不会突然倾家荡产，一下子贫穷下来。

当年倭寇侵扰沿海，苏州昆山一带深受其害。日本海盗到处杀人越货，奸淫掳掠，焚烧村落。为保卫自己的家园，不少士绅招兵募勇，办起了团练。吴谦也变卖家产，招募了一支千余人的队伍，日夜操练。这一年，一股倭寇越过杭州北新湾，经淳安入安徽歙县，迫近芜湖，绕明朝的留都南京烧杀抢掠了一大圈，然后趋秣陵关至宜兴，反复窜扰苏州昆山一带。吴谦和另外几支团练武装，不断对倭寇发动袭击，转战于太湖、三泖之间。不幸的是，一次战斗失败，吴谦全军覆没，他自己也身受重伤；幸得一名亲兵舍命把他背了回来，才保住了性命。从此吴家家产荡尽，一家老小连衣食都成了问题。吴议到了议婚年龄，因为家贫，不得不入赘到太仓王氏家中。后来三弟吴诰也迁来太仓。由于嫡庶矛盾本来就比较深，加上各自生计都很艰难，两个弟弟自来太仓后，就和大哥断绝了来往，以至于六十年不通音问。还是这一次吴伟业荣归故里，途经苏州，失散了整整一个甲子的手足亲人才又得以相认和好起来。

这一天，吴伟业船到苏州，苏州府的地方官员和复社中人都到枫桥迎接。不少绅商士子闻吴伟业之名，都想夤缘攀结；庶民百姓，贩夫走卒也都来看热闹。吴伟业家世清贫，本不是喜欢招摇的人，出京以后，一路轻装简从，从不惊扰地方。但自邸报传出，复社社友得到消息奔走相告，吴伟业人还没有过江，整个苏州府就轰动起来。过江之后，每到一处，就少不了迎来送往，接待应酬。繁文缛节弄得吴伟业苦不堪言。今天船还没到寒山寺，他就看见河中许多挂着"复社"纱灯的船只，他知道这是社友们来迎接他了。他不敢怠慢，连忙走出船舱，逢船便抱拳致意。到了枫桥，由不得他再三婉辞，便被众人簇拥着弃舟上岸。苏松道冯元飏在道台衙门为他设宴接风，众社友殷殷相劝，他只好舍命陪君子，推杯换盏，不知不觉便喝得酩酊大醉，最后被人搀扶着送回驿馆安歇。

次日早晨一觉醒来，已是旭日临窗。吴伟业连忙起来盥洗，匆匆用过早点，准备去向冯元飚等人道别，然后回船起程。不想驿卒进来禀报道：

"启禀榜眼老爷，驿外有一个人，自称是贵府姻亲，前来拜见。不知见与不见？"

"啊？"吴伟业不由一愣。因为他从来没有听祖母和父母说过苏州有什么亲戚。稍一迟疑，接着问道："姓什么？有无帖子？"

"无有拜帖，来人说姓郑。"驿卒见吴伟业面呈犹豫之色，连忙赔笑说道，"老爷如果无暇接见，我打发他走就是了。"

他实在想不起苏州有什么姻亲，猜想可能是什么人想见他，又怕遭到拒绝，故意假托姻亲，也许想借机打秋风。他本不想见，但又怕落下骤贵骄人的名声。略一沉吟，对正要转身离去的驿卒说："请他进来吧。"

时间不长，便见驿卒领着一个人走了进来。吴伟业仔细打量，见来人头发已经花白，估计年龄在六旬开外，面目清癯，背已微驼，步履尚健。节令已是秋尽冬初，尚穿一件破旧的夏布长衫，跟在驿卒的后面，望着自己，面色颇为踌躇局促。

吴伟业因为不明来者的身份，不便贸然行礼，只是含笑拱手道："可是尊驾要见伟业吗？"

"正是。"来人也抱了抱拳，算是还礼，然后说道，"六十年不通音问，骨肉至亲成了陌路之人。榜眼公不会怪罪小老儿冒昧唐突，攀高结贵吧？"

吴伟业听来人谈吐不俗，隐约觉得和自己家世渊源颇不一般，不敢怠慢，连忙说道："前辈休怪，余生也晚，家门寒素，老亲旧眷不曾谋面者甚多，还望海涵。既然承蒙前辈枉顾，晚生正有许多请教之处。驿馆奉茶，慢慢叙谈如何？"

"小老儿正有此意。"那老者也没有还礼，没等吴伟业拱手相让，说出"请"字，便迈步走进驿馆客厅。等吴伟业进来，他已在上首落座。吴伟业命人看上茶来，那老者捧茶在手，用盖碗轻轻拨去浮茶，浅浅啜了一口，然后放下茶盅，偷偷瞧了一眼面色平静温和的吴伟业，开口说道："小老儿僭越无礼，倚老卖老，惹榜眼公见笑了。"

"老先生说哪里话来？"吴伟业仍旧平静地说，"长幼有序，自古之礼，怎么能说是僭越？客中不比在家，多有简慢，还望老先生见谅。何况先生已经说过，我们是骨肉至亲，那就更用不着虚文客套了。"

"素昧平生，你就那么相信我的话？"老者眯着眼睛，含笑问道。

"看前辈言谈举止，绝非妄言之人。"吴伟业道。

"好！好！"那老者拊掌笑道，"令姑母果然所言不虚，鸿胪公的子孙果真个个是诚信君子！"

"谁是我的姑母？"吴伟业大惑不解地问。

"榜眼公不必惊奇，"那老者端起茶盅，一边啜茗，一边笑眯眯地问道，"敢问令祖父昆仲几人？"

"先祖弟兄三人，显祖居仲。"

"令伯祖可是名谏，字玉田？"

"不错。"吴伟业道，"先伯祖表字子猷，号玉田，曾官福安县丞。"

"这就对了。"那老者慢慢说道，"令祖、令叔祖迁居太仓，令伯祖迁居吴门。膝下一男一女，其子十二而殇。其女长适郑氏，而今健在。岂不是榜眼公的堂姑母？"

"这样说来，尊驾就是——"吴伟业连忙离座，拱手问道。

"榜眼公请坐，听我慢慢说。"那老者也忙站起来，示意吴伟业坐下，接着说道，"小老儿姓郑，名钦谕，草字三山，学业无成，行医吴门。家兄名岳，表字玉峰，是令伯祖玉田公的爱婿。令姑母是在下的嫡亲嫂子。"

老者把话说完，吴伟业连忙起身，给老者重新见礼道："原来是表叔到了，刚才多有简慢，请勿怪罪。"

老者一边还礼，一边说道："榜眼公言重了。常言道'不知者，不为过'，何况榜眼公并无失礼之处。只要贤侄不怪小老儿妄自尊大就行。"老者说完又笑起来。于是二人重新落座，一边品茶，一边交谈。

"我姑母身体可好？"伟业问道。

"令姑母年已古稀有三，身体还好。"郑老汉叹了一口气，神色黯然地说，"家兄辞世已经二十年了，家嫂养老抚孤，也实在不易。"

"姑母家中尚有何人？"伟业又问。

"还有两个侄儿。"那老者说，"家兄亡故时，二子尚幼，多亏令姑母含辛茹苦。好歹现在都已经娶妻生子，成家立业了。"

伟业嗟叹再三，最后说道："前辈请先行回府，转告姑母，我略作打点，便去拜望她老人家。"

姑苏阊门是富贵风流之地

"那我就先替家嫂谢过榜眼公了。"郑三山喜出望外，接着说道，"令姑母盼望侄儿荣归已非一日，着我冒昧拜谒，正为有两件事情要请榜眼公帮着拿个主意。榜眼公既已应允光临，我就算不辱使命了。"

那老者起身作别，吴伟业把他送出驿馆，眼见他欢欢喜喜去了。回到馆舍，吴伟业暗自猜想：从未见过面的姑母，六十年不通音问，究竟有什么事情要请自己帮忙呢？

吴伟业很快让驿卒置办了几样礼物，备了一乘四人抬的绿呢小轿，按郑三山指点的路径，直到阊门外来。这阊门一带原是苏州最繁华热闹的地方，民居鳞次栉比，寺观庙宇林立，亭台楼阁密布，商贩云集，财货辐辏，行人车马来来往往，熙熙攘攘。吴伟业掀起轿帘观望，不由想起唐伯虎的《阊门即事》，在轿中随口吟咏起来：

> 世间乐土是吴中，中有阊门更擅雄。
> 翠袖三千楼上下，黄金百万水西东。
> 五更市卖何曾绝，四远方言总不同。
> 若使画师描作画，画师应道画难工。

苏州城河道纵横，桥自然就多起来。过阊门百步之遥，有一座石拱桥，桥下船只来往不断，桥上行人络绎不绝。过了桥向南一拐，便看见沿河而居的一片人家。靠河岸停着几只乌篷船，堤岸上栽着几行杨柳树，柳叶行将落尽，扶疏的枝条宛如一幅宽大的珠帘，垂挂在河堤上。透过款款摆动的丝绦，依稀可以看见掩映在后面的院落和人影。吴伟业正在手撩轿帘张望时，忽见郑三山领着几个人匆匆迎着轿子走来。他连忙用脚尖在轿底点了两下，示意轿夫落轿。轿子立刻在柳林边的一片空旷平坦处停了下来。等他下轿，郑三山等人已到跟前。

"失迎了！失迎了！"郑三山一边拱手为礼，一边寒暄，他指着身边两个年轻人说，"这是舍侄，你们是嫡亲的姑表弟兄。"

二人连忙上前一步拱手为礼："表弟光临，愚兄迎接来迟了！"

吴伟业连忙还礼道："有劳二位表兄了。姑母身体可好？"

"多谢表弟问候，"二人同声应道，"家母安好。正倚门盼望表弟光临呢！"

郑三山忙说："血浓于水。你们是再亲不过的姑表弟兄，不须客气，赶快回家说话吧。迟了你姑母怕要亲自迎出来了！"

于是，郑氏兄弟请吴伟业上轿，吴伟业哪里肯依？于是郑三山先行，三位表兄弟紧跟其后，手携着手，向郑家门前走去。好在没有多远，时间不长便到了。早有人望见，飞跑着到内宅报信儿去了。

吴伟业暗暗打量郑家的宅院，这是江南富家常见的院落：轩敞的走马门，厢房倒座，抱厦四合的两进宅子，一色青堂瓦舍，只是年久失修，有点过于破旧。门楣上，黑底鎏金的乌木匾额，尘封土掩，灰蒙蒙的，已经没有一点光泽；依稀可见"孝廉之府"四个大字，年月日期已分辨不清；两扇朱漆大门，油漆斑驳，只有接近门楣的一溜儿，尚略呈暗红色。门楼上长满了青青的苔藓和瓦松，一角飞檐不知何时损坏，致使露出的斗拱风雨剥蚀，朽损脱落。伟业暗道："姑母家祖上出过举人，也算是书香门第了，如今不知何故败落如此？"

正思索间，只听郑三山让道："榜眼公请进吧，到家了！"吴伟业一愣神，连忙迈步跨过门槛，进了郑家大门。刚走几步，就听见有人说道："老太太迎出来了！"

吴伟业抬头一看，只见二门里走出一位老太太，满头银发，颤颤巍巍，由一个中年女子搀扶着向自己走来。乍然一看，他便觉得这老太太和父亲举止有些相似之处，仔细寻思却又说不清楚。他知道这便是自己的堂姑，连忙紧走几步，来到跟前，撩起衣襟，口中说道："侄儿伟业给姑母请安！"说着跪倒在地，正要叩头，众人连忙拦住。

老太太一把把吴伟业拉到跟前，紧紧搂抱起来，口中说道："儿啊，到底把你盼来了！想不到今生今世，还能见到娘家的亲人，从今死也合眼了！"说着竟然呜咽起来。

来到上房，等姑母坐定，伟业坚持要给姑母叩头，众人拦不住，只好让他给老太太叩头行礼。礼毕，落座，献上茶来，吴伟业和姑母一边饮茶，一边说话。郑三山和两个侄儿陪坐一边。

"孩子，你算是给咱老吴家争足面子了。"老太太无限感慨地说，"鸿胪公和你三位祖父，也可以九泉含笑了！"

"姑母过奖了。"伟业逊谢道，"侄儿侥幸得中，一是皇上恩宠，二是祖宗深仁厚泽的荫庇，三是蒙各位尊亲的教诲。"

"话虽是这么个说法，还是侄儿争气呀，"老太太回头指着旁边的儿子说，"哪像你这两个表兄，至今还没有进学，又无一技之长，已过而立之年，文不成武不就。叫我如何是好！"说着说着，老太太又摇头叹气起来。

"看，看，刚和表兄弟见面，您老就又絮叨起来了。"郑家兄弟满面羞愧地说。

"不是我人老絮叨，"老太太接口道，"你外公就剩我这一个宝贝女儿，临终千叮咛万嘱咐，要我恪守妇道，相夫教子；你父亲临终又嘱咐我，宁可家产荡尽，一定要你们读出个举人、秀才来。可你们偏偏不争气，到现在还是一个童生，叫你外公，还有你父亲何时才能瞑目九泉？"

吴伟业正要劝解姑母，郑三山笑着开了口："嫂嫂你也不要一味责怪两个孩子。常言道，'举人中天命，秀才一时幸'。这功名富贵既要靠才学，还要靠命运哩。我们郑家祖坟风水薄，自五世祖孝廉公以后，四世白衣，哪能怪代代不争气？我说这话，不知道对不对，榜眼公不要见怪。近年这风气，寒门小户，没有贵人相助，靠五经四书挣个榜上功名，还真不容易哩！"

吴伟业听着郑三山说话，颔首不语。郑三山又道："本来用不着我多言，你们姑表弟兄，什么话不能讲？只是我这两个侄儿，论年齿，是表兄，在榜眼公面前自惭形秽，不好意思开口。我就替他们说了吧。若得榜眼公提携，要了却你姑母的心事，却也不难。"

吴伟业闻言大吃一惊，把手中的茶杯放在了桌子上，疑惑不解地问道：

"此话怎讲？但请前辈明言。"

郑三山笑道："要榜眼公提携，并非要榜眼公徇私枉法，只需榜眼公一纸荐书，甚或一句话就可以了。"

"前辈这话，晚生更难明白了。"吴伟业道。

"哈哈——榜眼公不明白不足为怪，听老朽一说你就清楚了。时下士子结社成风，浙西有'闻社''庄社'，浙东有'超社'，江西有'则社'，江北有'南社'，松江有'几社'，中州有'端社'，莱阳有'邑社'，我吴下有'复社'，太仓则有'应社'。令师张西铭先生，合各社为一体，统称'复社'，天下俊彦之士尽归麾下。天如先生，当今文章泰斗，奖掖提携后进之士不遗余力。若能让你两个表兄附骥复社众君子之后，亲炙张先生教诲，学识文章一定会有长足进益。退一步说，即便不能名列西铭先生门墙，只要能成为复社社友，和社中名士朝夕砥砺、耳濡目染，自然也能长了见识，诚所谓近墨者黑近朱者赤也。"

"原来是这个意思，"吴伟业笑了，心中一块石头落地。于是开口说道："表兄何不自具荐书，请求入社？"

郑氏兄弟道："贤弟有所不知，如今的复社远非昔比。社中名士众多，门槛越来越高。似我等碌碌无名之辈，哪能轻易入社？我二人也曾央人写过几次荐书，均如泥牛入海，一点消息也没有，哪好意思再写？"

郑三山接口道："正因为如此，你两个表兄早就盼望着能见你一面，托你的金面，给苏州的社兄们写一纸荐书，不知榜眼公能应允否？"

伟业道："这有何难？复社本就是读书人研读经史之所，宗旨无非是兴复古学，致君泽民。适才表兄说复社门槛越来越高，但不知怎样个高法。我尚不知，愿闻其详。"

郑氏兄弟道："吴门的几个大社兄非常看重门阀。孤寒的读书人难免受排抑。郡中陆某，祖上做过米行经纪，入社时隐讳实情，被社兄查知，不仅被斥逐，还遭责打；虞山一老贡生的儿子，请人代写文章干谒社兄，请求入社，不仅遭到峻拒，还颇受羞辱。虽说这些人咎由自取，但被拒绝、摒弃的人多了，大家自然也就望而却步了。"

吴伟业专注地听着，等表兄把话说完，他又问道："众多士子盼望加入复社，究竟是为什么呢？是想讲求学问，进身修德呢？抑或是以为入社是猎取功名的终南捷径呢？是为了研经读史呢，还是为了附庸风雅呢？"

两位表兄脸色微红，正觉得难以开口时，郑三山又笑着说道："榜眼公可听到过这样一首诗吗？"

"什么诗？前辈可否吟来听听？"吴伟业问道。

郑三山笑眯眯地吟诵道：

> 娄东月旦品时贤，社谱门生有七千。
>
> 天子徒劳分座主，两闱名姓已成编。

吴伟业瞿然一惊，但马上恢复了常态，淡然笑道："无稽之谈罢了！"

郑三山接口道："虽是无稽之谈，但不少士子却信以为真。浙江争传，春秋两闱，天子纵然点了主考、同考，可中与不中，谁先谁后，西铭先生早已有了安排。何况座主、房师不是西铭先生的门下士，便是复社社友，孤寒士子怎能不信？再说，林子大了什么鸟儿没有？复社中正人君子当然是大多数，难道就没有宵小混迹其中？据说，有的地方，竟有府录童生，一名入邑庠，索银一百二十两的事。这还了得！"

老寒士的一席话，说得吴伟业暗暗心惊。复社的急剧膨胀，泥沙俱下，鱼龙混杂，正是他所担心的事情。郑三山背诵的诗句，所说的传闻，一旦为温体仁、蔡奕琛等政敌掌握，势必引起轩然大波，对朝政，对复社，对老师西铭先生，都会造成严重后果。立朝半年，已经使他初步领略了官场的凶险。他在复社中的地位，他和张溥的师生情谊，都促使他必须把这些情况尽快告知张溥、张采及复社中其他重要人士，以便早做应变之策。

郑三山见他沉默不语，知道自己说话失了分寸，连忙赔笑说道："人老嘴碎，说话难免着三不着四，榜眼公千万不要介意。"

吴伟业马上回过神来，立刻含笑说道："老人家，说哪里话，适才所言，我也略有所闻。朝廷抡才大典，其实法纪森严，哪像民间想象的那样简单？天如师人品端止，敬贤爱才，素为士林所重，盛名之下，谤亦随之。哪个风云人物不是如此呢？"

"正是这样。"郑三山和两位表兄齐声应和。

"你们只顾说些不相干的事情，还让不让我和侄儿话家常？"一直沉默不语的老太太，见第一件事情已经有了着落，便不失时机地转换话题。

"母亲责怪得极是，"两位表兄诚惶诚恐地说，"只顾闲话，还没有问外婆、舅父母安好呢！"

"祖母、父母身体都好。"吴伟业忙说。

"唉，整整六十年了。"老太太又伤感起来，"还是鸿胪公逝世那年，我才十二三岁，见过二叔、二婶和三叔一面，两个弟弟尚未出生。不知今生今世我们姐弟能不能见面？"话未说完，老太太又流起泪来。

吴伟业连忙说道："姑母宽心。侄儿回去，一定禀明祖母和父母，明年开春，我和父母来看望您。"

老太太一边拭泪，一边说道："按理说，我该去太仓给二婶请安，并看望你爹娘。你看我这身子骨，实在难出远门了。我和二婶娘儿俩恐怕要来世重逢了。"

"哪能呢，"吴伟业继续宽慰说，"我这次赐假回来，完婚之后，还要到昆山祭祖，到时候全家人都要团聚，姑姑和祖母自然会见面的。"

吴伟业一提到修坟祭祖，想不到更使老太太伤心了。只听老太太说道："吴家历代宗亲，都因侄儿蒙受荣耀，只有你大伯祖一人成了若敖之鬼，叫人好不伤心！"老太太竟然泣不成声了。

"这是为何？"吴伟业忙问姑母。

"侄儿有所不知，"老太太挥泪说道，"我吴家世代都是昆山鹿城人，自礼部公（吴凯，曾官礼部主事）以下，大参（吴愈，曾官河南参政），鸿胪（吴南，曾官鸿胪寺序班）三世皆葬鹿城。只有你大伯祖当年毁家抗倭，荡尽家产，几乎丧命。后来胡中丞（明代抗倭名将胡宗宪）奏明朝廷，授你伯祖一个福安县丞。但不到一年，他就辞官回来，贫病交加，迁居苏州。来到吴门后，买了一处简陋的宅舍，不意于庭院中发现一处不知何代的墓穴，里面葬有王者的衣冠。你伯祖以为是不祥之兆，从此得病，不过半载就去世了。单根独苗的一个儿子，又不幸夭折，剩我这个难以顶门立户的女儿，长门的香烟从此断绝——"

"伯祖安葬何处？"过了一会儿，吴伟业又问道。

"自石湖而西，不过半里，有个地方叫梅湾，你伯祖殁后就安葬在那里。"老太太一边垂泪一边继续说道，"有我在世，年年清明，岁岁忌日，尚有人去坟前烧化一陌纸钱。我还能活几天？我死之后还有何人祭扫？"说到这里老太太又气断声吞，老泪滂沱，再也说不下去了。

吴伟业也嗟叹不已。他幼年时，常听祖母说大伯祖如何不念手足之情，自己饮食裘马豪阔无比，不顾两个幼小失怙的弟弟。心中对大伯祖本无好感，但一听姑母讲起伯祖的凄凉晚景，也不免心中酸楚起来，对伯祖的夙见顿时改变。他正要寻话劝慰姑母，只听老太太又接着说道："本来我早就想前往太仓向你父亲讨个主张，可你姑父又病故了。我一个女流之辈抚养你两个表兄也实在难呐——"

吴伟业怕姑母又伤心流泪，连忙宽慰道："如今两个表兄已经成家立业，姑母也可以息息肩，过几天舒心日子了。"

"你伯祖这一脉，至今无人承嗣，叫我如何舒心？"老太太擦干了眼泪说，"实不相瞒孩子，姑母日思夜想，盼你回来，为的就是这个。我是个行将就木的人了，侄儿一定要替我拿个主意。"

吴伟业不禁犯起难来：祖父弟兄三人嫡庶龃龉参商，早听祖母说过，况且父亲兄弟二人，已有一人出继叔祖；自己兄弟三个，上边还有两代老人，这种事情哪能由自己做主？于是思忖之后说道："姑母所言，兹事体大，断不是侄儿能擅作主张的。到家之后，我一定禀明祖母和爹娘，请他们帮姑母拿个主张。姑母望安，伯祖一脉断不会无人继承的。"

"有侄儿这番话，我也就放心了。"老太太脸上终于露出了笑容。

这时候午宴已经备好。吴伟业在郑家用过午饭，又给苏州的复社社长写了一封书信，然后告别堂姑，登舟回太仓去了。

3. 喧传天下

船离苏州，吴伟业独坐舟中，想起郑三山的谈话和他背诵的那首诗，心中不禁波涌浪翻，立朝半年来的几场风波，又一幕幕在眼前重现。

崇祯登基，以魏忠贤为首的阉党覆灭，东林党人沉冤昭雪。当年支持、同情东林党人的士大夫们一时扬眉吐气。但阉党余孽及当年阿附魏忠贤的守旧势力仍然遍布朝野，随时伺机推翻逆案，反噬东林党人士，而继东林而起的复社早已成为他们的眼中钉。两股势力势同水火，明争暗斗，愈演愈烈。

崇祯帝是一个力图振刷朝政但又刚愎自恃、刻忌多疑的人。尤为荒唐的是，他选用阁臣，不问德才绩能却采用古代"枚卜"的办法。也就是把备选大臣的姓名，团成纸团，放入金瓯之中，采用拈阄的方法，授以官职。廷臣列出了吏部侍郎成基命、礼部侍郎钱谦益等十一人，进呈御定。这时候早就盼望入阁的温体仁、周延儒，眼见入阁无望，难免又嫉又恨，于是就暗中对这十一人进行调查，搜求他们的劣迹，进行攻讦。温体仁早就和东林党人士钱谦益有嫌隙，正巧查到他典试浙江时，有营私受贿的嫌疑，于是就具章弹劾，奏称钱某不配入阁。

这件事本来已是过去十年的陈年公案了。天启二年，钱谦益奉旨主持浙江乡试。有奸人金保元、徐时敏等人设下骗局，声称自己和考官关系非比寻常，只要入闱士子在自己的文章中嵌入"一朝平步上青天"七个字，保能高中。应试秀才钱千秋，本来文才不错，但为了夺取解元，就听信了金保元、徐时敏的鬼话，付给二人纹银百两，入场后如法炮制。放榜后，钱千秋名列第四，并探得闱中确实消息，本房房师本来把他的卷子荐为第二，却被主考钱谦益抑为第四，知道自己上当受骗，于是揪住金、徐二人索还贿赂。窑里哪好倒出柴来？双方互不相让，闹得满城风雨。钱谦益闻讯大惊，又再次磨勘试卷，钱千秋文章中果然有这七个字。连忙具疏上奏。结果金保元、徐时敏被流放戍边，后瘐毙牢中，钱千秋遇赦释放，钱谦益夺俸半年。这桩公案就此结过。

如今温体仁旧事重提，崇祯帝命礼部进呈钱千秋原卷，钱谦益婉言剖辩，众大臣也多为钱谦益辩白。温体仁又奏道："臣会推不与，本宜避嫌不言，但枚卜大典关系宗社安危，钱谦益结党受贿，十年无人讦发，臣不忍皇上孤立壅蔽，不得不言。"崇祯帝最忌朝中大臣植党，温体仁之言正中下怀。于是将钱谦益罢官下狱。温体仁、周延儒双双入阁。周延儒当了首辅，温体仁只好屈居次辅之位。

钱谦益像

崇祯四年，又值大比之年。按照惯例，首辅为百官之首，日理万机，不宜担当主考，次辅理所当然充任总裁职务。但科举时代，主考是本科进士的座主恩师，除了无比荣耀，还可笼络门生，扩充自己的势力，是人人觊觎的差使。于是周延儒不顾成例，凭借自己正得崇祯帝恩宠，自任主考，让户部尚书、武英殿大学士何如宠当了副主考。身为次辅的温体仁却被晾在了一边，其心中的怨恨是可想而知的。

周延儒是宜兴人。当年还是一名不第秀才

时，游学来到太仓。吴琨在太仓文名很盛，为时人推重。周、吴二人曾经相处过一段时间，谈诗论文，十分投缘。后来周延儒科场得意，官越做越大，竟至宣麻拜相，位极人臣。而吴琨仍然是一个穷困潦倒的秀才，地位悬殊，也就自然断了来往。事有凑巧，意想不到，二十年后，周延儒竟然做了故人之子吴伟业的座主。同考官李明睿又恰巧是吴伟业的房师。

这李明睿和吴琨的关系可就非同一般了。李明睿，字太虚，江西人。身为秀才时，家贫偏又嗜酒。兵部尚书王再晋到江西巡视，一个偶然的机会，发现了李明睿，十分赏识他的才学，特意请他到太仓老家作西宾，教他的两个小儿子读书。王兵部共有四个儿子，老大和老二已经开始读经做文章，塾师就是吴伟业的父亲吴琨。吴伟业当时才十二岁，跟着父亲，在王家读书。李明睿来到王家后，吴伟业也就同王家的两个儿子一起跟李明睿学习。吴伟业天资过人，小小年纪便能写出像模像样的文章来，常常受到李明睿的夸奖。吴琨生性宽厚，李明睿豪爽豁达，二人关系十分融洽。授徒之余，常在一起把酒论文，无话不谈。

这一年到了年终，主人设宴招待两位先生，特意拿出两只珍贵的玉杯为先生斟酒。李明睿酒酣将醉之际，不慎将玉杯碰落在青砖地上。一只玉杯立时碎成八瓣。主人心痛得不得了，几个孩子竟然当面责怪起老师来。李明睿又羞又气，当即从怀中掏出一年的束脩十两，掷于案上，拂袖而去。出了太仓城门，来到娄江码头，凉风一吹，李明睿不禁打了一个冷战，头脑清醒了许多。囊中羞涩不名一文的他，深自后悔自己的孟浪。且不说年终岁尾，全家老小正等着他带钱回去过年，就连返乡的川资都没有，拿什么买舟南下，如何回得了江西南昌？重回王家万不可能，太仓一带举目无亲，他不禁犯起愁来。眼看着红日西坠，李明睿进退两难。他在娄江边踯躅再三，真想跃身跳入娄江，一了百了。正当此时，吴琨带领儿子伟业匆匆赶来了。

"太虚，你也太性急了，"吴琨气喘吁吁地说，"让我送送你都来不及。"

李明睿一见吴琨父子，心中五味翻腾，七尺男儿差点落下泪来。良久才说道："药斋兄，你到底来了。"

"贤弟，骥负盐车，龙困浅滩，自古常有，无须英雄气短。"说着话，吴琨从怀中掏出十两银子来，"休嫌微薄，路上用吧。"

"这盒点心，给师娘捎回去吧，先生。"伟业双手把点心递到李明睿面前，深情地说。

李明睿眼含热泪，当吴琨把银子塞到他手里时，他又为难起来："这如何使得？这是你一年的血汗钱，都给了我，你举家老小如何过年？"

"你放心吧，我自有办法。"吴琨笑着说，"在家千日好，出门一时难。我毕竟家在太仓，诸事好办，哪像你只身在外？"

"那我就愧领了。"李明睿不再推辞，把银子揣在怀里，接过伟业递上的点心，眼含热泪说道，"吴兄，你们父子这份情义，我心里记下了。"

天色不早，李明睿不能久留，吴琨帮他寻了一只小船，送他上船，二人拱手作别："吴兄后会有期，伟业要好好读书。"

"贤弟一路顺风。"

李明睿上船之后，又对着暮霭中的吴家父子深深一揖，然后转身进舱，两行滚烫的热泪终于溢了出来。

吴琨见李明睿进舱，正准备回城，忽听身后又传来李明睿的喊声："药斋兄慢行！我有话说。"吴琨转身一看，只见李明睿又从船上下来了。他不知何故，正要发问，李明睿已快步来到跟前，一手抚摸着吴伟业的头，一边望着吴琨说："令郎才气，世所罕见。但良质美才，还需要名师教诲。药斋兄虽然学识宏富，但又何妨让孩子采多家之长，另觅名师呢？"

"愚兄何尝没有这种打算？"吴琨叹气道，"经师易得，名师难求啊！"

"张溥张西铭如何？"李明睿问道。

"那当然高明。只是恐怕难以高攀吧？"吴琨踌躇道。

"何以见得？"李明睿又问。

"张西铭乃学界泰斗，近来又创复社，四方之士趋之若水之向东。只是听说西铭先生择徒甚严，除非学业有一定根基，才肯收录。小儿乳臭未干，才读了多少书？恐怕无福列入西铭先生门墙吧？"吴琨道。

"那也未必，"李明睿说，"我和张西铭有一面之缘，若药斋兄有意，弟愿去面见西铭先生，为令郎先容。"

"那就多谢贤弟了。"吴琨连忙拱手为礼说。

"你我兄弟，还用得着这个'谢'字吗？吴兄等候回音吧。"李明睿说罢，上船去了。

当李明睿登门造访的时候，张溥正在他的七录斋里，拿着吴伟业的文章称赞不已。原来正如吴琨所说，张溥择徒十分挑剔，士子欲入其门，必先把自己的得意诗文送来让他审阅，中意者方有希望身列门墙。太仓有个读书人，想拜张溥为师，又怕文章难入先生法眼，不知从何处弄来几篇吴伟业的塾中习作，来让张溥审阅。张溥听其谈吐和文章的辞采相差太远，起了疑心。一经诘责，那书生隐瞒不住，不得不说出事情真相。张溥一连把吴伟业的文章看了几遍，越看越喜欢，连声赞道："天下文章正印在此子矣！天下文章正印在此子矣！"恰在此时李明睿来了。等他说明来意，张溥立即高兴地说："得英才而育之，乃人生乐事。如此良器美才，肯拜我张溥为师，是我张溥求之不得的事。吴药斋肯把孩子送到我的门下，是给我面上贴金。就让他来吧！"自此吴伟业就成了张溥的得意弟子。

崇祯三年庚午，又逢乡试之年。八月金桂飘香。张溥带领一干弟子、社友前往六朝古都金陵参加乡试。本科座主左庶子姜日广，字居之，江西新建人；副主考翰林院编修陈演，四川人；房师镇江府推官周廷铖，福建晋江人，天启进士。各位俱是饱学之士，初九入闱，锁院三试，十六日众举子陆续出场。出场后士子们大多不急于返乡，一个个流连南京等候放榜。

张溥为扩大复社的影响，举行金陵大会，在南都的举子们大多参加了。秦淮河畔，莫愁湖上挂有"复社"帷幔的画舫游船如过河之鲫，吟诗属对之声不绝于耳。一时街谈巷议，尽是复社之事。放榜之日，正值重阳佳节，五更天"闹五魁"的鞭炮锣鼓已经响彻九城。贡院里每有一名传出，报喜的鼓乐便掀起一阵高潮。张溥和社友们下榻在贡院不远的聚贤客栈，三更天便起来等候喜报。接到喜报的社友已有多人，他们是吴继善、吴克孝、彭宾、陈子龙、吴昌时、万寿祺、阎尔梅等人。但越到后来，大家心情越紧张，因为秋闱放榜历来有个老规矩，叫"倒填五魁"，名次越靠前的，反而唱名越靠后，解元的名字最后方能传出。本科解元正是复社的"维斗先生"杨廷枢，西张夫子张溥、年轻的吴伟业皆为魁选。等到报喜的"三眼铳"在聚贤客栈门口连响九声后，贡院街沸腾起来，报喜的"报子"来了一拨又一拨，"讨喜酒"的乞丐走了一群又一群。这样，一直闹过中午方才罢休。

张溥于吴伟业是老师；杨维斗于吴伟业亦师亦友，二人年龄长于其他社友，平日在社中地位亦尊，不便与别人嬉笑。即使魁名高中，也保持着惯常的矜持。而彭宾、陈子龙、吴继善等人则不同了。他们年相若，道相同，平常就关系密切，于是便相偕去游秦淮。陈子龙字卧子，长伟业一岁。彭宾字燕又，继善字志衍，年龄也不到三十，且个个喜欢吟诗，多才多艺。一到秦淮，便置酒豪饮。志衍、燕又又擅长蒲博之戏，浮白投卢，歌呼高叫，大醉方归。一连三日，天天如此。到了第四天，二人又来约伟业等人，只见陈子龙正在一个人点着蜡烛，伏案读书。二人笑着对陈子龙说："卧子得陇望蜀耶？何必自苦！"

陈子龙慨然答道："二位认为岁月可待，来日方长吗？我每读终军、贾谊二传，辄绕床夜走，抚髀太息。吾辈年方隆盛，不于此时有所记述，岂能待乔松之寿，垂金石之名哉！"

彭宾、志衍、伟业等人听罢，肃然起敬，齐声道："谨受卧子之教！"于是不再去游秦淮，次日便买舟东归。

"二月杏花八月桂"，次年便是春闱大比之年，吴伟业、吴继善、吴克孝、陈子龙、吴昌时等人，复又在张溥的带领下，结伴进京。

当年李明睿回到江西老家，靠吴琨赠送的十两银子，勉强过了年关，一开春就又为生计犯起愁来。人穷志短，不免又借酒浇愁。妻子没有好气，搪塞他说："哪还有钱沽酒？要喝，厨下有一坛陈年米酒，不知还能不能喝。只要能喝，就喝去吧。"李明睿连忙来到厨下，找出那坛封土埋的米酒，坛口刚刚打开，一股清冽香醇的气味立刻扑鼻而来。他正要捧起坛子品尝，忽见坛内一物葳蕤生光，缕缕清香正是由此物散发出来。李明睿学富五车，脑中灵光一闪，一阵惊喜，脱口叫道："灵芝！灵芝！"妻子闻讯来看，果见坛内紫光煜煜，有一灵芝大如冰盘。于是举家庆贺。李明睿暗想，灵芝乃是祥瑞之物，莫非我真要时来运转了吗？他索性把坛中的米酒喝了个干干净净，从此滴酒不饮，发愤读书。这年乡试，李明睿一举夺魁；次年入京会试，又联捷中了进士，点了翰林。散馆之后接连到湖北、福建等地做了几任主考，如今又被点为会试的同考官。

李明睿宦途得意之后，并没有忘记当年吴琨雪中送炭穷途赠金之义。当他听说吴伟业秋闱高中今科来京会试的消息之后，心中暗暗高兴。虽然点了考差，就应该杜门谢客，谨慎避嫌，但他还是忍不住寻找机会在同僚中称赞吴伟业的人品才学，为吴伟业科场获捷扫除障碍。他听说兵部侍郎李继贞被点为会试监临，并且和吴琨颇有渊源，便借故去拜访李继贞。

"少司马，今科同膺考差，又有机会面聆謦欬了。"二人一见面，李明睿就恭维起来，"老大人屡经抡才大典，得士之众，同辈罕有。伯乐一过，冀北空群。这次又要有一批俊彦之士，仰仗大人慧眼识珠，颖脱而出了！"

"太虚，"李继贞平和的面色不愠不喜，不疾不徐地说，"一见面就送我这些高帽，该不是夹带中有什么重要人物吧？"

"哪里，哪里，"李明睿意识到自己性子太急了，连忙辩解说，"为国选贤，李某不敢心存私念，这一点少司马谅必知道。不过确实有一个人，旷世奇才。私下深恐摸索不到，难免有遗珠之憾。"

"这是谁？是张天如还是吴骏公？"李继贞仍然不咸不淡地说，"是夜明珠总会放出光来，何须我辈操心？只要人人守中持正，不偏不倚，贤才自会入选。一入棘城，如进天牢。何不趁这几天多讨点清闲，诗酒自娱？"

"老大人说得极是。"李明睿见话不投机，连忙告辞，"我正是杜门枯坐，无聊得很，想请老大人过府小酌。既然老大人喜欢独处，我也回去自斟自饮吧！"

"太虚，你这就误解老夫的心意了。"李继贞连忙拉住李明睿说，"我这里恰好有一坛竹叶青，内中虽无灵芝仙草，味道也一定不错。你我共谋一醉如何？"

其实，李继贞和吴家的关系更为密切，他对吴伟业的关心并不亚于李明睿。只不过他久历宦海，对官场的凶险认识得更深刻，处世特别谨慎罢了。李继贞的父亲和吴琨的父亲本是笔砚之交，李继贞又是吴琨的业师，而吴琨又是李继贞儿子的先生，两家正所谓三世通家之好。吴伟业来京会试，李继贞焉有不知之理？只是自己身为考官，会试又是举世瞩目、朝野最为敏感的事情，他只能把关心表现得不显山不露水罢了。

入闱之后，吴伟业恰巧分配在李明睿主管的考房中。他对吴伟业的书法文章本就十分熟悉，而吴伟业的才华也确实出类拔萃，理所当然地被拔置本房之首。李明睿极力向主考周延儒推荐。周延儒知是故人之子，心照不宣，但为了显示公正无私，又把吴伟业的文章转交副主考何如宠及其他考官传阅，共同勘磨。这时李继贞首先发表意见，他盛赞吴伟业的文章文质兼佳，酷似王文肃公。这王文肃公原来就是万历朝首辅王锡爵，也是太仓人士，父子双榜眼，立朝刚直，名重当世。周延儒大声称赞李继贞的评价公平允当，众考官同声附和，吴伟业遂被定为南宫第一，本科会元。

礼闱榜发，天下士子皆慕伟业之名，每日来访者不绝于门。伟业本不善饮，一日张溥、陈子龙、夏云生、宋徵璧、彭宾、杨廷麟、万寿祺、杨廷枢等人商量，成立燕台文社，以继前后七子故事，不觉多喝了几杯，带着醉意回到寓所。这时偏有一干太学生等候多时，一见面便前三皇后五帝地问个不休。伟业趁着酒兴制词曰："陆机辞赋，早年独步江东；苏轼文章，一朝喧传天下。"太学生们不禁哗然，有说吴伟业志大才高，当之无愧的；也有说他虚骄狂妄，枉比古人的。不想众人散后，这话便不胫而走，很快传遍京师，竟然引发了一场轩然大波。

4. 天语褒奖

本来科场中的一切秘闻，事后就常常会有意无意地泄露出来，被夸大渲染。无心人当作茶余饭后的谈资，有意者就会捡起来当作明枪暗箭攻击政敌。温体仁对复社人士嫉恨远非一日，没有当上主考，对周延儒更怀恨在心，对会试的一举一动无时不在注意。他的亲信薛国观探知周延儒、李明睿、李继贞和吴伟业的特殊关系后立即向他汇报。温体仁当然不会放过这个机会，立即授意御史吴执御上疏参奏周延儒等人结党营私，科场舞弊徇私。疏中写道："何地无贤才，而会元、状元、榜眼、探花，必出苏松常淮，况会元首篇补贴大臣，是何经旨。"周延儒闻讯，心中暗暗吃惊。因为明代对科场舞弊案处治严酷，比如弘治朝号称"天下第一风流才子"的唐伯虎，被人妄奏科场舞弊，不仅自己锒铛入狱，革除功名，连座主程敏政也丢了纱帽，送了性命。他几经考虑，觉得自己并无把柄落到别人手中，何况吴伟业的文章确实出类拔萃。自忖圣眷正隆，于是他和李明睿等人矢口否认有舞弊情事，请求把吴伟业的试卷恭呈御览。想不到崇祯帝十分欣赏吴伟业的文采，在试卷上御笔亲批八个大字："正大博雅，足式诡靡。"满天乌云立刻散尽，一场风波很快平息了。

温体仁，浙江乌程人，魏忠贤当政时，曾经暗中依附阉党。扬州为魏忠贤修建生祠，他曾经为魏忠贤写诗歌功颂德。但这个人阴险狡诈，十分善于伪装，崇祯帝登基，魏忠贤倒台，他却能蒙混过关，窃居高位。他一向仇视东林、复社，复社中人对他当然也没有好感。这次会试，复社中的头面人物张溥、吴伟业名列前茅，令他妒火中烧，又恨又怕，好不容易寻找到一点打击陷害的口实，想不到又被皇上八个字轻轻挡了回去，自己落了个灰头土脸。他实在咽不下这口恶气，决心在殿试之前再兴风波。

明清风气，每年会试放榜之后，书商们便把新科贡士们的科场佳作纂集成册，流传于世，成为后学士子们的范文。各人的作品前面还附有房师的序言。吴伟业身为新科会元，文章理所当然地被刊刻在众多闱墨之首，其序文也理所当然地应由李明睿撰写。但不知是何缘故，吴伟业的文章前面却附了一篇张溥的文章，并赫然冠以"天如师序"。这个集子一经流布，立刻引起京师士林一片哗然，有指责吴伟业和张溥的，也有讥讽李明睿的。李明睿本不是小肚鸡肠之人，但事关师生名分，自然对张溥、吴伟业产生了不满。但由于和吴家关系不同一般，只好隐忍不发。

这天早朝之前，他在朝房候驾，大理寺少卿蔡奕琛也在朝房。蔡见朝房中没有别人，笑嘻嘻地来到李明睿面前，拱手说道："李大人，佩服，佩服！满朝文武没有不夸奖老兄有度量、有涵养的！"

李明睿丈二金刚，摸不着头脑，不禁问道："蔡大人，此话怎讲？"

"老先生是故作不知，还是有意假装糊涂？"蔡奕琛故作气愤地说，"吴骏公后生小子，少不更事，倒还罢了，他张天如也太目中无人、不知天高地厚了吧？尽管他名满天下，也不过是今科贡士，怎能狂妄僭越，凌驾于房考之上？闱墨序文例由房师撰写，他张西铭连这规矩都不懂？他有什么资格越俎代庖撰写这种序文？"

"蜗角虚名，有什么值得争的？"李明睿强作大度地笑了笑说，"何况张溥确实是吴伟业的老师。"

"先生差矣，"蔡奕琛道，"传道授业之师，是私人之间的事情，科场房师是朝廷法度所关。仕途中向以科场师谊为重，这是人所共知的事情。先生可以豁达大度，不计较这蜗角虚名，官场中可不能因为张、吴二人开这个恶例，坏了规矩！"

蔡奕琛振振有词，声音越说越大，陆续来到朝房的人都凑了过来。一时间七嘴八舌，终于激得李明睿按捺不住心头怒火，他忽地站了起来，大声说道："诸公不必多言，明天我就知照全体门生，削去吴伟业的门籍，断绝师生之义！"

一句话石破天惊，朝房里立刻鸦雀无声。蔡奕琛见目的已经达到，故作惋惜地叹了口气说道："太虚公也是不得已而为之呀！"说罢退到一边去了。紧接着早朝就要开始，众大臣一个个出了朝房。李明睿满怀烦恼地走在最后，同在翰林院供职的徐汧走在他的前面，故意迟走几步，等他到了跟前，轻轻拉了拉他的袍袖，悄声说道："蔡某为人，公还不知？千万不可上当。散值后务必到舍下一聚，有一故人恭候大驾。"李明睿闻言，霍然醒悟，颇后悔自己冲动失言。一边走一边品味徐汧的话。暗想是徐汧要寻机宽慰自己，还是真的有老朋友来访呢？

徐汧，字九一，苏州人。复社元老，与杨廷枢、张溥交情甚厚。崇祯元年中进士点翰林。当年，周顺昌被阉党陷害，解押进京，徐汧、杨廷枢敛资财为其送行，并率众殴打巡抚，名闻天下，仕宦后望众翰苑。当他在朝房中听蔡奕琛和李明睿谈话时，冷眼旁观，一言不发。他深知蔡奕琛是温体仁的心腹，激怒李明睿无非是离间李明睿和张溥、吴伟业的关系，寻机倾覆复社。徐汧原想李明睿不会上当，及至李明睿负气说出"削去吴伟业的门籍，断绝师生之义"的话时，他才大吃一惊，想劝止已来不及。他想殿试在即，如果李明睿果真如此，张溥、吴伟业的功名就岌岌可危了。因为在封建科举时代，读书士子被削去门籍、逐出师门，是奇耻大辱，势必危及一生的前途。何况一旦被李明睿逐出师门，同僚们哪个还好收录？更重要的是蔡奕琛此计得逞，可能温体仁还伏有更为阴毒的后招，接连有什么事情发生，很难预料。心念及此，他急中生智，决定先提醒李明睿，然后再设法从中调停。早朝结束，他匆匆来到翰林院，托故告了假，回头立刻去找张溥和吴伟业。

进京会试的复社社友，临时住在浙江会馆。徐汧来访时，张溥和吴伟业正沉浸在会试胜利的喜悦里。虽说会试后，曾经起过风波，但斗争旋涡的中心在大臣中，在朝堂上，局外人知之甚少，其惊心动魄之状，他们还感觉不到。事后，吴伟业才风闻是当今皇上批的八个大字才使他化险为夷，高中会元。为此他感激涕零，复社中人也深感荣耀。为了给崇祯帝争脸，他们决心以生花妙笔，堵谗佞之口。虽说张溥、吴伟业都觉得胜券在握，但为了在廷对时策论作得更为出色，他们还是天天和几位社友在会馆中字斟句酌推敲润色文章。对已经闹得满城风雨的闱墨序文事件，竟然全然不知，对又一场迫在眉睫的风暴毫无预感。等他们听罢徐汧的叙述，不由急得绕室徘徊起来。

"徐公，事情已经弄到这份上，"张溥望着徐汧说，"当局者迷，我已经乱了方寸，您说怎么办吧，我和骏公唯命是从。"

"天如，你和骏公与太虚均非泛泛之交，"徐汧微笑着说，"原本不应有这种不快。他也不是那种鸡肠小肚之人，他所争的无非是礼数和面子。只要你能屈尊大驾，带着骏公见见太虚，让骏公给太虚磕个头，把过错推到书商身上，满天乌云还不立时消散？"

"一切如徐兄所言，"张溥一改往常的高傲，立即爽快地说，"我们这就去见李太虚。"

李明睿散值后，如约来到徐汧家中。主人早已备好菜肴酒馔，意想不到的是等候他到来的故人，竟是张溥和吴伟业。不等他回过神来，张溥就满脸堆笑地迎上去，拱手为礼道："太虚！我们是专意赔罪来了，快请上座吧！"到了这种地步，不容他推让，徐汧和张溥已经把他拉到上首坐下。刚刚坐定，吴伟业就撩袍跪倒，一边叩头一边说道："弟子知错了，还望恩师宽容！"

李明睿本来就生性旷达，对张溥、吴伟业毫无成见，受蔡奕琛挑拨，一时冲动说出要把吴伟业逐出门墙的话，马上就有点后悔，想到当年落魄时吴琨赠金的情谊，很觉不安。正发愁没办法转圜，看到眼前情形，知道是徐汧有意安排，连忙借坡下驴，借梯下楼，双手扶起伟业道："你们二位都言重了。当年令尊穷途赠金的情义，李某没齿难忘。把你荐到天如先生门下，盼的就是你今天能够蟾宫折桂显亲扬名。今天朝房中的话不过是说给外人听的，哪能当真？殿试之后，琼林宴罢，我还等着喝你的谢师酒呢！"

吴伟业起身谢座，张溥又连忙端起杯来，给李明睿敬酒，趁机对事情作进一步的解释。他说，那日他和几位社友在会馆中闲坐，琉璃厂来了一位书商，向他索要序文。他说序文例应座师李大人撰写，自己虽为会元业师，也是会元同年，不敢僭越。书商则说：房师李大人已经写了一篇，冠诸卷首，先生再写一篇不妨作为第二序。在下一时托大，竟被书商蒙骗，造成僭越之过。事情闹得满城风雨，我和伟业尚蒙在鼓里。经徐兄告知，溥十分惶恐。差人去寻找那个书商，那人却早已杳如黄鹤。徐汧则认为，这可能是有人故意设置的圈套，幸亏大家都是知交，不然还真要造成难解的误会。李明睿经二人解释，心中释然，于是四人推杯换盏，饮酒叙旧，和好如初。李明睿酒量甚豪，徐汧、张溥殷殷相劝，吴伟业执壶在侧，这场酒一直喝到深夜，尽兴方歇。一场误会风消云散。

三月十五日殿试如期举行，吴伟业名列一甲第二，俗称"榜眼"，被授予翰林编修，立时成为皇帝的侍从之臣。张溥也被选为庶吉士，在翰林院中十分活跃。

温体仁一伙，见复社在朝中又添新生力量，十分仇恨，千方百计排斥、压抑，伺机为阉党翻案，攻击东林。他们的倒行逆施，理所当然地遭到复社中人的激烈反对。张溥搜集到温体仁勾结内官、结党营私，妄图为阉党翻案的种种不法情事，写成奏章，因为自己庶吉士尚未散馆，不便上奏，便交给吴伟业，让吴伟业具名上奏。吴伟业考虑到自己刚刚立朝，对朝廷的种种情况还很不了解，何况以一个新进编修，人微言轻，要弹劾当朝次辅，无异于以卵击石，不但没有什么作用，还会惹来大祸。经过再三考虑，他把奏章稍加改易，用来弹劾温体仁的亲信蔡奕琛。蔡奕琛是温体仁的智囊，温体仁的阴谋诡计他没有不参与的。奏章上表面看举发的是蔡奕琛的罪行，实际上桩桩件件是温体仁的主谋，明眼人一看便知。弹章一上，温体仁立刻大怒，马上准备纠集党羽，围攻吴伟业，幸亏周延儒从中斡旋，事情才被搁置下来。

虽然如此，温体仁、蔡奕琛一伙对吴伟业的仇恨并未消除，总在伺机寻衅。吴伟业十分烦恼，他决定去向同乡前辈李继贞请教，希望李继贞能帮自己出出主意，想个办法。来到李府，李继贞刚刚下朝回来。吴伟业见他一脸忧容，试探着问道："老师祖有何烦恼之事，能否说给晚辈听听？"

李继贞叹口气道："国事日非，内忧外困，不容人不忧虑啊。建虏自袁崇焕死后，日益嚣张，辽东战局糜烂，败报不断传来，祖大寿独木难支危局，一旦溃败，关外大片江山将不复为我大明所有。陕西流贼近在山西聚合，高迎祥、张献忠、罗汝才、老回回、革里眼等三十六家合兵一处，声势赫人，川陕鲁豫一片烽火。流贼所过之处，饥民望风响应。大明江山风雨飘摇啊！"李继贞不住摇头，说不下去了。

"老师祖何不相机进言呢？"吴伟业道。

"食君之俸，哪能不忠君之事，为君父分忧？"李继贞痛苦地说，"我已经三次上书，皇上不纳忠言，我也无可奈何！"

"依师祖之见，国事至此，症结何在？"吴伟业又问道，"流贼为何剿之不尽，愈剿愈盛呢？"

"你自幼生在我江南鱼米之乡，足不出我三吴富庶之地，哪知秦陇一带的苦寒呢！"李继贞继续道，"陕西连年大旱，颗粒无收，哀鸿遍野，饿殍载道，尸骨枕藉。饥民嗷嗷待哺，牧民者不知体恤，横征暴敛，诛求无已。官逼民反，民何能不反？去年十月，我曾上书皇上，请发库银数万两赈济延绥饥民，皇上以'国用匮乏'相拒。其不知以数万钱而活数十万生灵，使农桑复业，赋税常供，所获远不止数十万金钱。这笔账小商小贩都能算得出来，台阁之臣，万乘之主却置若罔闻，真真令人百思不解。"

"不是听说皇上已有恩诏，派专使前往陕西放赈去了吗？"吴伟业接着问。

"为时已晚矣。"李继贞又叹息着说，"如果在一年前，以赈灾之银，就近籴粟，延绥流贼之祸或可平息。可惜圣上慎惜金钱，如今流贼已十倍于前，仍用数万之钱，无异于杯水车薪，有什么用呢？"

吴伟业也不由摇头叹息起来。"那如何是好呢？"他忧心忡忡地望着李继贞问。

"只好听天由命，看大明江山的气数了。"李继贞无可奈何地说。

"宜兴、乌程两位阁老有何良谋？"吴伟业试探着问。

"宜兴明哲保身犹恐不及，乌程只顾树党营私，倾轧异己，除了揣测圣意邀幸固宠，还能有什么安邦定国的良谋？"李继贞忿忿然说道。

"我正有一事要向师祖问计。"吴伟业说。

"什么事情？"李继贞拈须问道，"还是为蔡奕琛的事情？"

"正是。"吴伟业说，"事情表面看虽已过去，但乌程温相衔怨甚深，其党羽无时无刻不在寻衅滋事。晚辈十分烦恼，不知如何才能脱身事外，得以清净？"

李继贞沉吟良久，开口说道："三十六计，走为上策。"

"难呐，"吴伟业叹气道，"我何尝不想远离这京华是非旋涡？只是食君之禄，进退身不由己。我年纪轻轻，蒙圣上知遇之恩，告退托辞难寻。"

"哈哈——"李继贞不由笑起来，"这还不容易？谁让你乞骸骨告退辞官？只是让你请个长假暂避一时罢了。老朽如果没有记错，你已经二十三岁了，还不该告假完婚？"

吴伟业不由得脸红起来："这倒是名正言顺的理由，不知圣上肯否赐假？"

"据我推想，虽有人不断进谗，但皇上对你眷宠未衰，这个假一请便准。"李继贞笑吟吟地说。

"多谢师祖指教。"吴伟业起身告辞。回到寓所，连夜写了一道请假的折子，第二天早朝就送呈御前。所喜圣眷正隆，钦准归娶的煌煌诏旨，很快就颁发下来。吴伟业如出笼之鸟，立刻离开这是非丛集的帝都京华，登舟南返。天下人只知道榜眼公赐假归娶的荣耀，何曾想到其中的种种隐情呢！出京之时，同年师友不少人前来送行，李继贞还托他给吴琨捎了一封亲笔书信。张溥也写了一首诗为他送别道：

孝悌相成静亦娱，遭逢偶尔未悬殊。

人间好事皆归子，日下清名不愧儒。

富贵无忘家室始，圣贤可学友朋须。

行时袄被犹衣锦，偏避金银似我愚。

“吴大人，船到相思湾了！”艄公在舱外喊道。

吴伟业听到喊声，才从回忆、沉思中回过神来。他连忙整整衣履，从船舱中钻出来，站在船头。抬头望去，穿山的影子越来越近，马上就要和家乡亲人团聚了，阵阵热浪涌上心头，他的眼角不禁湿润起来。

吴家在太仓城原来的宅第很小，吴伟业高中榜眼之后贺客盈门，冠盖塞途，住宅就更显得狭窄局促了。于是太仓的士绅们纷纷慷慨解囊，帮助吴家购置了新的府第。特别是吴伟业赐假归娶的消息传到家乡后，锦上添花的人就更多了。等到吴伟业回到家中，整个太仓已是满城张灯结彩，到处喜气洋洋，亲友们专等着他“大登科后小登科”，会元公做新郎官了。

吴伟业似乎没有家人和亲友们那样喜形于色。他一方面要保持榜眼公的庙堂气度，另一方面心中也确实有别人难以知道的隐忧。他十分感谢亲友们的深情厚谊，但又暗自埋怨他们太过铺张奢华了。等到送别了各位亲友后，已是子夜时分。他又一次给老祖母请过安，然后来到父母的居室，详细向父母讲述了路过苏州拜访堂姑的经过。

吴琨不禁感慨万千：“六十年了，到现在才知道有个堂姐。”他不禁热泪盈眶地说，“苏州、太仓相距不过百里，竟然骨肉分离数十载不通音问。这全是家世衰落所致啊！等你婚事办完，我就去看望你姑。”

“孩儿以为，也不必太急。”吴伟业说，“来年清明节我们还要到昆山祭祖，何不顺便去梅湾为大伯祖扫墓，到时候你和姑母不就见面了吗？”

“这样也好。不过还要等几个月呢。”吴琨道。

“媳妇娶过门，年里年外还有许多礼尚往来的应酬。恐怕也难分身去苏州。”朱夫人也在一旁说。

“姑母说，伯祖一脉，至今无人继承，还要请父亲拿个主意。”伟业说。

“这事实在叫人为难。”吴琨思忖良久，为难地说，“咱吴家人丁单薄，你叔父已经入承你叔祖一支；到了你们这一代，又只有你弟兄三人，何况伟节、伟光还都年幼。这如何是好？”

"孩儿在路上曾经想到一个办法，不知道是否可行。"伟业望着父母说。

"你只管说来听听。"吴琨和朱夫人齐声说。

"姑母有两个儿子，都算读书明礼，何不让一人继承伯祖香烟？"伟业略一迟疑，又接着说，"何况外孙入继外祖父血统古已有之。"

"你姑母可有这种意思？"吴琨问道。

"儿尚不知。"吴伟业说，"当时孩儿尚未想起。"

"见到你姑母以后再说吧。"吴琨稍停之后说。

"孩儿离京之时，师祖李少司马有亲笔书信一封，请父亲过目。"吴伟业从怀中取出书信，双手递给父亲。吴琨接过书信，只见信上写道：

去秋得鹿鸣报，为之起舞。今春在闱中亲见填榜，得令郎首冠多士，益喜悦不自禁。两相知不佞同里，即询家世来历，一一置对，两相国亦自喜慰无量。思令先尊与大人笔砚一生，不得乡校，乃不佞三入闱，得睹桃李之盛，而令嗣一飞冲天，又不似鄙薄苟然而已。此岂非造物者之啬前丰后，亦为善者必有馀庆欤！门下可自此妆却书本，打帐作大封君。若复恋鸡肋，恐作第二人，将不免为令郎所笑。缱刀藏之若何？

看完信，吴琨不觉莞尔。吴伟业把一盏热茶递到父亲手中，就势问道："师祖写些什么，让父亲忍俊不禁？"

"你师祖是劝我从此不要再做教书先生了。"吴琨微笑着说。他随手把信递给儿子。吴伟业匆匆浏览一遍，把信放在桌案上，然后说道："孩儿也有这个意思。父母也该享几年清福了。"

"你师祖身体可好？"吴琨感念老师的情谊，关切地问。

"师祖身体尚健，只是为国事日夜勖劳，忧心社稷，难得有个舒心的时候。"吴伟业一边回答父亲的询问，一边回忆他和李继贞几次谈话的情形，片片阴云又袭上心头。

"智者忧，仁者劳，自古皆然。"吴琨接着问儿子，"你师祖有何忧虑？"

"无非建虏和流寇两大心腹之患。"吴伟业不愿让烦心的国事冲淡父母为自己完婚的喜庆心情，故意轻描淡写地说，"儿离京时，皇上已命孙承宗帅祖大寿、何可纲北上，东虏已经退兵，我军已收复滦州、迁安、永平、遵化四城。西边剿贼事宜，朝廷也已走马换将，派洪承畴总督三边，陈奇瑜接任延绥巡抚。听说已不断有捷音到京。"

吴琨知道儿子是在宽慰自己，便也不愿再问下去。虽然"天下兴亡，匹夫有责"，但这样的军国大事，他一个普普通通的教书先生也实在无能为力。何况东虏和流贼离太仓还远，他的儿子喜期在即，只好把这份忧国忧民之心放在一边了。

吴伟业的夫人郁氏，为万历年苏州武举郁茂之女。郁氏为吴中名门，世代簪缨，勋名累累。迎娶这一天，太仓城万人空巷，争睹榜眼公迎亲的盛况。吴府门前车骑络绎，冠盖相属；府内高朋满座，盛友如云。太仓州及吴郡的士绅名流、文人雅士，差不多都来道贺。乐得汤老夫人说，她活了七十四岁，从来没有见过这种场面。

当日酒宴开了一百多席，席间文人难免吟诗作对、酬唱和答。老诗人、老画家陈继儒即席吟道：

> 诏容归娶主恩私，何羡盈门百辆时。
> 顾影彩鸾窥宝镜，衔书青鸟下瑶池。
> 侍儿烛引燃藜火，宰相衣传补衮丝。
> 珍重千秋惇史笔，多情莫恋画双眉。

陈老先生吟罢，举座哄然叫好。当时就有人执壶在手，为他斟了满满一杯酒，提议说："'李白斗酒诗百篇'，请老先生满饮此杯，再赋一首如何？"

这老先生也不推辞，接过酒杯一饮而尽。微微一笑说："老朽有幸躬逢吴榜眼婚宴，不知藏拙，献丑了。"略作客套又吟道：

> 年少朱衣马上郎，春闱第一姓名香。
> 泥金报入黄金屋，种玉人归白玉堂。
> 北面谢恩才合卺，东方待晓正催妆。
> 词臣何以酬明主，愿进《关雎》窈窕章。

话音一落大家又叫起好来。于是纷纷向陈老先生敬酒。席间觥筹交错，传杯流觞，新一巡酒刚刚饮毕，和陈继儒并肩在下首坐着的单猗庵放下酒杯说道："在下于诗词一道不雅善，但今日是会元公大喜之日，不揣浅陋，东

陈子龙像

施效颦，望诸位不吝赐教。"于是朗声吟道："梅妆并倩仙郎画，元是春风第一花……"单恂刚刚吟出两句，只听对面席上的一老一少不知何故离席争吵起来，惹得大家一齐转身观望。单狷庵一看是艾南英和陈子龙。他哪还顾得上吟诗，连忙过去劝解。

艾南英，字千子，江西东乡人。天启四年中举，因对策中有讥讽魏忠贤的话，触忤当道，被罚停考三科。崇祯帝即位，诏许会试，却又屡试不第。他与临川陈大士、罗万藻、章世纯友善，共创临川学派，对于制艺颇有研究，为文推崇唐宋派的归有光、唐顺之，反对复古。自张溥在太仓另树一帜，提倡"尊遗经，砭俗学"，尊经复古之后，艾南英等人常非笑之。可是复社的声势越来越大，追随张溥的人越来越多，艾南英这几位老先生难免忿忿不平。吴江知县熊鱼山，对张溥尤其看重，时相往来。对迁居苏州讲学的艾南英，则有点冷落。苏州吴、沈两家大姓有一次整理房舍，备妥饮食酒馔，请饱学之士来苏州讲学，放着早来吴门的艾南英不请，却偏偏聘请张溥的高足弟子吕云孚为总讲师。这一切都使自视甚高的艾南英老夫子十分难堪。去岁庚午乡试，复社中杨廷枢名列解首；自张溥以下，复社社友二十余人，如吴伟业、陈子龙、吴昌时等都榜上有名，而临川派的首领陈大士年近七旬，还是主考从废卷中极力搜求才勉强中式。接下来便是本科会试。吴伟业高中会元，殿试钦点榜眼。张溥也中了进士，被选为庶吉士。而临川派的几位饱学硕儒个个铩羽而归。

榜发之后，天下争传吴伟业、张溥的文章，大有洛阳纸贵之势，唯有艾南英不服气，著书为文指摘二人文章的瑕疵。复社社友不少人议论艾南英褊狭矜愎，但吴伟业却不以为意，常说艾南英学识渊博，所言未尝无据。张溥更是再三告诫复社中人笃志经史，不必与艾南英争长短。为了避免彼此间的误会冲突，张溥还委托复社中的元老人物周钟从中调停。因为周钟是金沙人，早年学时文，师承临川派，与艾南英颇有交情。这次艾南英来太仓赴吴伟业的婚宴，正是应周钟的邀约。吴伟业为了表示对艾南英的敬重，特意把他安排到主宾席上，由周钟、陈子龙作陪。席间有人谈起吴伟业殿试的策论来，陈子龙不由兴起，眉飞色舞地背诵起来：

臣闻帝王之临御天下也，必有克缵前猷之大典，而后觐光扬烈，可以立四方之纲；必有聿修厥德之精意，而后嗣服求作，可以受万年之佑。何谓大典？令绪之所昭，典常之所系咸妆于若彝抚事之内，而无不修明者是也……

不等陈子龙把破题背完，早有人评论起来："毕竟是会元手笔，立论就不同凡响。'正大博雅'的天语褒奖，当之无愧。"

"不愧是天如先生的高足，这'克缵前猷之大典'不正是尊经复古的精义所在吗？"

艾南英听陈子龙背诵，听大家评论，越听越忍耐不住。终于冷笑一声说道："这金殿廷对，是越古越好吗？我看未必。"

"千老有何高论？"陈子龙一听艾南英语含讥讽，反感顿生，立刻扬眉问道："余生也晚，不曾见过廷对场面，更不知是越古越好，还是越俗越好。愿闻千老宏论。"艾南英，字千子。陈子龙一口一个"千老"，让人听着不知是尊敬还是嘲讽。一边问话，一边为艾南英斟酒。

"以老朽愚见，这'古'还是不尊的好，"他推开陈子龙斟满的酒杯，也不道谢，也不谦让，慢慢说道，"予七试七挫，科场五味自信春风得意者难知。始为秦汉史子之文，而闱中目之为野；后改学王震泽、唐毗陵、成弘先贤之体，闱中又目之为古，近学韩、欧、苏、曾大家之句，房考亦不知如何评说。文有平奇虚实，繁简浓淡之异，而主司好尚各有不同。'不求文章中天命，唯求文章中试官'，文章'古'与'不古'，只有试官知道。你虽三篇俱佳，满纸锦绣，撞见个不辨五色的盲试官，可奈他何？"

艾老先生开始还尽量保持平静，可越说越激愤，最后竟至胡须都抖动起来。听的人为之动容，不少人点头赞许，可陈子龙不以为然，等艾南英喘息甫定，他又接着问道："以千老之见，七试七挫，全是遇见有眼无珠的盲试官了？"

艾南英闻言不禁老面羞红，须发乱颤，戟指斥道："尔少年何知？难道倚张溥之名、复社之势欺压我这个人单势孤的老头子吗？"

陈子龙也勃然变色，反唇相讥道："子龙年少无知，但也听说圣人不弃刍荛之言。切磋学问应虚心求是，哪能倚老卖老！"

周钟见状，连忙制止陈子龙道："卧子，少说两句吧！艾千老是骏公请来的贵客，我们都是替骏公作陪的。不要有违主人之意，失了待客之道！"

陈子龙闻言，咽下了要说的话。艾南英早已离席而去。这时单恂、吴伟业都闻声赶来，连拉带劝，把他请进吴琨的书房去了。

谁也没有想到，十数年后，在那场崩天坼地、改朝换代的大变革中，这一老一少，竟然成了抗清复明的战友，真可谓殊途同归。这是后话，暂且不表。

宴会并没有因为这小小的不愉快而被冲淡喜气。众宾朋直到夜晚方尽兴而散。这天晚上太仓城灯火夹市，灿如白昼。三台大戏各展绝技，争艳斗奇，锣鼓喧阗，彻夜不息，一直演了三天三夜，真让太仓人过足了戏瘾。难怪吴伟业后来对别人说平生有三大快事：胪唱占云，宫锦曜日，带醒初上，奏节戛然；锦画御轮，绮宵却扇，流苏初下，放钩铿然；海果生迟，石麟梦远，珠胎初脱，坠地呱然。这也就是民间俗话说的金榜题名、洞房花烛、喜得贵子。

自此吴伟业在家乡开始了诗酒优游的一段生活。新婚燕尔，光阴荏苒，不知不觉就到了杂花生树，群莺乱飞的翌年春天。吴伟业偕新妇随同父母前往鹿城修坟祭祖，事毕又到苏州梅湾为大伯祖扫墓。经父母、姑母和郑氏家族协商，由郑家次子继承伯祖一脉，终于了却了姑母的心事。吴伟业亲自撰写了《先伯祖玉田公墓表》，立石于吴谏墓门，然后告别姑母一家回太仓去了。

5. 虎丘大会

吴伟业自从回到太仓，登门造访者络绎不绝。每天迎来送往，"座上客常满，杯中酒不空"，心中颇以为烦。早想去看望张溥的父母，却一直分身不得。倏忽到了秋天，张溥的父亲张翼之去世了，吴伟业闻讣，连忙登门吊唁。

张溥本是庶出，弟兄十人，排行第九，幼年时颇受宗族中歧视。他的伯文张辅之官至南京工部尚书。家中的仆人也多狂妄之辈，对张溥特别无礼。曾经在张翼之面前诬陷张溥，使张溥受到责打。张溥非常气愤，咬破中指，用鲜血在墙上写道："不报此恨，枉为人子！"于是刻苦读书。每所读书，一定亲手抄录，抄毕，复诵一遍，立即烧掉；随后再抄，再读，再背，反复七遍，烂熟于心，方才为止。后来他的书斋命名为"七录斋"就是为此。如今张溥身为复社首领，望重士林，名满天下，又联捷成为新科进士，在京城做官，合族上下没有不敬重他的。况且登门吊祭的宾客，多是张溥的师友及门下弟子，葬礼当然要等他主持。但他远在京城，即使星夜兼程，恐怕也一时难以到家，丧事只好暂由家中诸兄主持。

灵前致祭后，吴伟业被让进七录斋，由张源、张浚二人陪着喝茶。落座不久，张溥的小弟张王治又带领两个人进了七录斋。吴伟业看这两人并非复社社友，正等着张家兄弟介绍，却听张源说道："把拜帖放到书案上，行个礼，到前厅用茶去吧！"于是那两个人，由张王治引导，先对张溥往日在家时座位行礼，然后转身到庭院里，北向三叩首，成礼而去。吴伟业莫名其妙，不禁问道："敉庵，这两个人是干什么的？刚才行的什么礼？先生又不在家，为何对着先生的座位行礼？"

张氏兄弟相顾而笑。张王治看看两位哥哥的脸色然后说道："这叫'虚位拜师'，刚才这两个人是想加入复社，拜家兄为师的。"

吴伟业暗道"荒唐"，又问道："既要拜师，为何不等着先生回来呢？又何必忙在这一时？先生同意这样'虚位拜师'吗？"

"同意。"张王治说，"这些人三番两次登门，我们哪敢做主？请示家兄，家兄说，先让他们写个拜帖，遥对京城磕个头算了。"

吴伟业一脸惘然。只听张浚说道："天如也是无可奈何呀。自庚午南闱杨维斗高中秋魁，舍弟与足下、卧子、来之、志衍等二十余人登贤书；紧接着京城会试，足下春闱第一，名扬天下，舍弟进士及第，选为庶吉士，复社又有多人金榜题名。天下读书人谁不艳羡？于是不少浅薄子弟以为拜天如为师，加入复社是科场之中的登龙捷径，纷纷央亲托友，趋之若鹜，竟有人专程赴京。天如难以一一峻拒。这情形想必骏公也知道。"

吴伟业微微颔首。张浚接着说道："家乡离京师数千里，如果为入社拜师这点小事就让乡人千里迢迢赴京，舍弟于心难安。若传扬出去，当朝奸佞知道，还恐怕节外生枝，不得已才生出这'虚位拜师'的权宜之计。故而我说天如是无可奈何。"

"先生不知何日才能到家？"吴伟业问道。

"路途如果没有什么阻碍，恐怕也要过立冬了。"张浚道，"听说流贼张献忠近来十分嚣张，已经攻陷庐江、巢县、无为诸邑，弄得商旅不通。天如路上不知道会不会遇上什么麻烦。"

"我想不会的，"吴伟业略加思索说，"日前塘报上说，朝廷已命兵部侍郎朱大典总督漕运，巡抚凤阳。张献忠素惧大典威名，已经西出麻城，取道汉口，重回陕西老巢去了。"

"谢天谢地。但愿天如能平安到家。"张源说，"你看，家里停灵在堂，百事丛杂，全等着他回来操持呢。"

吊客不断临门，吴伟业不便多坐，告辞去了。

张溥回到太仓已经是初冬时节，四方之士纷纷来到太仓。张翼之的葬礼空前风光。不少人说，其兄张辅之官居九卿，其葬仪比其弟一介太学生差得远了。等张溥办完丧事，吴伟业来到七录斋，师徒二人方有机会促膝谈心。他首先把复社的传闻和自己的忧虑告诉老师，然后向老师建议：

"可否趁先生守制期间，约定一个日期，召集各地社友，届时重申结社宗旨和各种规章，告诫大家谨言慎行，防微杜渐，以免贻人口实，授人以柄。"

"约定时日集会，我正有这个打算，"张溥点头说道，"届时重申兴复古学，致君泽民的宗旨是必要的，我想还应让大家明辨君子、小人之防，亲君子远小人。骏公不必太过怯懦，自古正邪忠奸不两立，小人绝不会因君子谨言慎行而罢其訾议。相反君子势盛，宵小敛踪。此消彼长，何代不是如此？"

"先生所言固然不错，"吴伟业不愿和老师争论，避开君子小人的话题说道，"君上自古不欲士人结党。当今圣上聪明天纵，初登大宝，诛阉党，振纲纪，昭雪东林沉冤。但自钱牧斋以'枚卜'贾祸，渐为乌程所惑，对东林的看法似乎大不如前。我复社继东林先贤遗志，被目为'小东林'，且社众远过东林，树大招风，恐被天子疑忌。"

"这你就多虑了。"张溥不以为然，"前岁我在京师，合天下之士，大会成均，申约言志，布告四方，天子并无见责。几曾何时，怎么会疑忌呢？"

"听说宜兴相国已经被排挤出阁，乌程眷宠日隆，先生不可不防。"吴伟业不无忧虑地说。

"正因为如此，我辈更不可退避。"张溥显得有点激动起来，"致君泽民，正宜此时。奸邪当道，我社君子正应鸣鼓而攻之！"

吴伟业见老师心意已决，便不再拂违师命。于是张溥决定，明年开春在苏州虎丘邀集全国复社社友聚会，商定社中大事。吴伟业帮助张溥拟好致各郡社长的信函,才告辞回家去了。

崇祯六年春,接到通知的复社社友陆续云集苏州。吴伟业和同乡好友吴继善、吴克孝、穆云桂、周肇等也乘船如期来到虎丘。社友们见两位张夫子尚未来到,负责聚会庶务的苏州社长孙淳、吴翿、吕云孚正忙着安排座席,知道开会还需要一段时间,于是便三三两两地到各处游玩。

这虎丘,位于苏州西北八里许,又名海涌山,唐时避唐太宗李世民的祖父李虎之讳,改名武丘。相传春秋时吴王阖闾埋葬于此。当时动用十万之众修建陵墓,金银作砖券砌墓穴,以水银灌注坑道。葬后三日,一只白虎蹲踞坟上,虎丘因此得名。秦始皇东巡姑苏,听说阖闾的坟穴里殉葬的宝剑有三千柄,且名剑鱼藏、干将都在其中,立刻命人挖掘。工匠兵卒正要动手,却见一只猛虎高踞墓顶,作势欲扑。秦始皇拔剑击虎,却一剑砍在石上。那块巨大的岩石却轰然分开,塌陷下去,就成为今天的剑池。那只猛虎一直向西跑了二十五里,到浒墅关忽然不见了。

虎丘的中心是千人石。这是一块二亩见方,光滑如削的大石块,自南向北,略显倾斜。石面呈黄褐色,上无复土,寸草不生。北面是生公台,是神僧生公当年讲经之所。据说上千善男信女就坐在这块石头上听他宣讲佛法,因此石壁上刻有"千人座"三字。生公讲经之初,没有人听讲,他就聚石作为徒众,结果讲得顽石都点起头来。白莲池畔那块"点头石"就是参透生公玄理悟出大道的顽石之一。而"生公说法顽石点头"的成语便由此而来。而白莲池中的白莲,也是受到生公的感化,竟然在隆冬盛开,成为花中仙品。

吴伟业和吴继善、穆云桂、周肇等人进头山门,过断梁殿,沿着"五十三参"的登山石阶拾级而上,先到云岩寺,见已有不少社友在禅房品茶聊天,他们不愿凑这个热闹,便径向虎丘塔来。这塔始建于刘宋建隆二年,共七层,人在塔上,姑苏秀丽山水、闾阎房舍、亭台楼阁,尽收眼底。吴伟业恐怕误了开会时间,只在塔的底层匆匆浏览一周,便向东面的虎丘剑池走去。只见前面有一圆洞门,门额上写着"别有洞天"四个大字。一过圆洞门,陡觉和云岩寺的静幽、千人石的开阔大不相同,使人顿感狭窄、阴暗、冷风袭人。北面的石壁上是颜真卿手书的"虎丘剑池",苍劲雄秀,笔力如椽。只见一池潭水,黝黑泓碧,深不可测。池形南宽北窄,宛若一柄平放的宝剑。

虎丘塔

　　吴继善道："这'剑池'之名莫非由形而得？你看这南端形似剑柄，北端形似剑锋，汪汪一碧，寒气袭人，不恰像一柄出鞘之剑？"

　　"志衍说得不错，"周肇附和道，"秦始皇、孙仲谋凿岩求宝，都没有想到这一层，所以徒劳无功，如果想到这一层，断不会萌生荒唐之想！"

　　"说不定这正是他们有意造形，凿成这般模样，警策后人哩！"穆云桂说。

　　"还是苑先见解得深！"大家哄然称道。

　　吴伟业随着他们的指指点点，由南向北仔细望去，只见池水由浅而深，由宽而窄，由清澈而暗淡。两边绝壁如削，古木横逸，藤萝倒挂，人们须抬头仰望方见天日。一线阳光直射下来，方才看清正面崖壁上"风壑云泉"四个擘窠大字，相传为宋代书法家米芾所书。触景生情，他不由想起南朝陈代张正见的一首诗来，脱口吟咏道：

溜深洞无底，风幽谷自凉。

宝沉余玉气，剑隐绝星光。

　　吴伟业吟咏未已，只听圆洞门外有人喊道："骏公兄，原来你们几位都在这里。两位夫子都已经到了，正在致爽阁小憩，着我来唤骏公。"众人回头一看，原来是陈子龙。于是吴伟业撇开众人，和陈子龙一道离开剑池，重经千人石，过养鹤涧，来到致爽阁。这致爽阁位于虎丘最高处，四面窗户敞开，可纳八面来风，凭窗远眺，群山耸翠，令人心神顿觉清爽。张溥、张采、孙淳、周钟等复社中的首脑人物都在阁中品茗。吴伟业和陈子龙进来，大家一一起座见礼，稍作寒暄，就在临窗的地方选了一个位置坐下。

张采放下茶杯说道："各地社友差不多都来到了，今年与会社友两千多人，规模之大，前所未有。多亏孟朴（孙淳字）和苏州几位社兄张罗，宴席已经安排妥当，马上就要开宴。有几件大事，我和天如都不好擅作主张，必须先和诸位商议，然后再由众社友公决。"张采说完，转头看着张溥，"天如，你就给大家说说吧。"

"第一桩事，是公决几个人请求入社的事，"张溥开口说道，"这几个人身份都很特殊，不能等闲视之。我和受先兄反复斟酌，难以决断。第一个是当朝首辅乌程温相的二公子，第二位是——"

不等张溥把话说完，有几位性子急躁的就忍耐不住议论起来：

"这是什么用意？他温相爷这么瞧得起我们复社？该不会是别有所图吧？"

保存尚好的张溥故居

"他还是去做魏阉的干孙子吧，我们复社不要这种货色。"

"乌程一向视东林为仇敌，刚刚诬陷钱牧斋、瞿稼轩得手，哪肯轻易放过复社？该不会是什么阴谋诡计吧？"

"或许是一种试探，投石问路，这温二公子只是一枚问路的石子。"

"那就给他一个明确的答复：我复社是顶天立地的君子之群，不靠他温相这棵大树，不买他这壶酒钱！"

听着大家七嘴八舌，吴伟业一直没有说话。等大家话都说完了，他平静地问道："不知这温二公子人品如何？"

"纯系一膏粱子弟。倚仗父势，对地方大员颐指气使，招财纳贿，无所不为。"孙淳和吴应箕几乎是同声说道。

"那我们更应该送瘟神了！"周钟说道。

大家哄然都笑起来。张溥、张采也不禁莞尔。

"第二个名叫陆文声，本是个浅薄无行的浮浪子弟，曾经因行为不端受过先兄的扑责。不知通过何人门径捐输进入留都太学，如今又几番蹿门要求入社。不知诸位意下如何？"张溥询问道。

"我社是致君泽民的君子之林，并非藏污纳垢之所。似这等无耻之辈，安能容许与吾社诸友为伍？"陈子龙首先发表意见，"休叫一粒鼠粪坏了一锅粥！"

"卧子说得对！"大家同声赞许。

天将午时，张溥、张采率复社各州郡分社社长来到千人石上。张溥在生公台落座，众社友一齐躬身为礼，张溥亦拱手答谢。礼毕大家坐定，张溥喟然兴叹之后说："我国家以经义取天下士垂三百载，学者宜有以表章微言，润色鸿业。可是现在的很多公卿不通六艺，年轻的读书人，只想凭借道听途说的一点肤浅知识，侥幸获得一官半职，不思谨身修德致君泽民。这就难怪阉人持柄，而折枝舐痔、趋炎附势巴结逢迎之徒，有不少也是读了孔孟之书的人。说到底没有别的原因，是因为读书目的错了，廉耻之心被堵塞了。新天子即位，亲自到国子监讲学，教化斯民。我们这些人，生当其时，应该想办法报效国家，仰赞明君。这样，或许能够尊遗经，砭俗学，使文化昌盛，比隆三代。这种使命就落在我社全体社友肩上！"他稍作停顿，看看全体神情激昂的社友，接着说道："为了不辱使命，特拟复社盟约如下，愿诸君共勉。盟曰：'学不殖将落，毋形彼短，毋以辩言乱政，毋干进丧乃身。嗣今以往，犯者，小用谏，大者摒。'"张溥盟约念完，众社友齐声应诺。

紧接着张采宣布新入社的社友名单。吴伟业的两位表兄都在其中，而温体仁的二公子和陆文声等人则被摒斥在外。这些人满面羞惭地悻悻然离开千人石下虎丘去了。

各项议程完毕，午宴开始。云岩寺的大雄宝殿、东西客房哪里容纳得下这么多人？于是生公台、千人石都摆满宴席。席间曲水流觞，吟诗作对，或庄或谐，或雅或谑，各逞其才。抑扬顿挫的吟咏之声，此起彼伏的欢声笑语，满山回荡。引得无数游山之客聚观，莫不以为是大明开国以来近三百年罕有的盛事。

席散已近申时，吴伟业和吴继善、穆云桂一同下山。一路上吴继善、穆云桂仍处在虎丘大会的兴奋之中，吴伟业却很少说话。穆云桂不禁问道："骏公有何心事，为何沉吟不语？"

"没有什么心事，"吴伟业平静地说，"我只是想，如此盛大张扬的聚会是好事还是坏事。"

"当然是好事，"吴继善说，"它说明君子之道昌，奸邪之势衰。我复社势力越来越大，阉党余孽必然闻风敛迹。于国于民自然有益无害！"

"我看未必。"吴伟业道，"国家内忧外患正殷，皇上不欲朝廷再起党争，最忌士人结社。我社声势如此之大，难免引起皇上猜疑。况且温相正得宠幸，日夕谋划倾陷东南诸君子。这次遣其子来虎丘，必有所图。会上不少社友虑不及此，放言无忌，说不定会惹出什么事端。我预感到不久怕是会有风波。"

"你也太多虑了。"吴继善和穆云桂同声说道。

"但愿我是杞人忧天。"吴伟业不无忧虑地说。

众社友陆续散去。张溥、张采留吴伟业稍待一时，三人同去拜访苏州推官周之夔。周之夔，福建人，和张溥、吴伟业是同年进士，早年也是复社社友。但不久前因为漕运方面的公事，和太仓知州刘士斗失和，把刘士斗告到了抚台和总督衙门，听说刘士斗有为此丢官的可能。这刘士斗本是广东人，和张溥、吴伟业也是同年，在太仓颇有政声，甚得百姓爱戴。太仓正当漕运要冲，江南漕米多半由这里北运，因此太仓人徭役繁重，常有漕吏派船索侠，敲诈百姓。百姓受害，地方官也深以为苦。接连几任知州，都行文上级衙门，要求变更转运办法，漕粮直运崇明卫，但始终得不到答复。去秋，太湖大熟，漕运分外繁忙，漕吏和太仓漕民发生冲突，漕吏被殴伤。官司打到苏州府，周之夔经理此案，明显偏袒漕吏，太仓百姓多人被投入苏州狱中。作为百姓的父母官，刘士斗亲自找到同年周之夔为百姓求情，周之夔都不肯给面子。原来，这周之夔为人贪婪成性，是个只认银子不认交情的人；而刘士斗呢，又为人清廉，素恶苞苴。周之夔嫌他赆仪菲薄，于是二人终于闹翻。刘士斗斥责周之夔贪鄙；周之夔则向巡抚、总督衙门讦告刘士斗纵容刁民，扰乱漕运。张溥、张采一来是太仓士绅首领，二来和刘士斗交谊不错，三来呢，周之夔也是复社社友，觉得无论公私都有义务出面斡旋。他们本来想借虎丘大会之机，和周之夔当面谈谈，没想到周之夔没有到会，所以会毕，便约吴伟业一同去拜访周之夔。

周之夔可能预感到三人的来意，便推说有病，没有出迎。张溥涵养极深，虽心中不快，但隐忍不发；而张采，生性刚直，疾恶如仇，平生最瞧不起周之夔这种贪鄙小人。张采心想：以"娄东二张"的身份，巡抚大人也礼敬有加，你区区一个府衙推官，何况又是复社社友，有什么了不得，竟敢如此倨傲！不禁拂袖而起，冷笑一声说道：

"天如，你我不才，巡抚衙门也走过几遭；骏公年幼，是御街骑马，上过金銮宝殿的人。想不到在这小小的司理衙署坐起冷板凳来！"

张溥则淡然一笑说道："你我难得来司理衙门一趟，茶还未凉，哪能就走呢！"话刚落音，周之夔走进了客厅。

"恕罪！恕罪！两位夫子和榜眼公大驾光临，有失迎迓，还望海涵。"周之夔一边添茶一边寒暄。张溥和吴伟业微笑还礼，张采面沉似水，没有任何表示。

"我三人来得孟浪了！"张溥道，"不知周年兄身有采薪之忧，打扰静养了。"

"哪里！哪里！昨日身染微恙，以致误了虎丘之会。原想改日专程赴娄东拜会诸位社兄，不意三位移玉枉顾。周某何克以当！"周之夔一边尴尬地客套，一边偷眼暗瞧张采的脸色。

"周兄无须客套了，"张溥平静地笑着说，"我们三个今日过访，不仅是为社事，是来做鲁仲连来了！"

"这样说来，何人为赵，何人为秦？"周之夔勉强笑着问。

张溥仍然神色平和，笑而言道："张某取譬而矣，不尽恰切。本来无所谓秦、赵、齐、燕，说来说去都是自己人。太仓知州刘兄，与你我都是辛未同年。'一代同年三代亲'，自有科举以来，无人不知。二位虽有微憾，都是为公事。万不可为了公事伤了和气。"

"且刘公在娄东深得民望，"一直没有说话的张采这时也接口说，"得罪一个刘知州事小，得罪太仓一州绅民，可就麻烦了。望周兄三思。"

"二位这话是从何说起呀？"周之夔佯作不解，"我和刘年兄各自处的位置不同，在处理漕吏和漕民相殴一事上，意见相左，这也是情理中的事，但绝不会因此伤了同年之谊。二位莫非听到什么传闻了吗？"

"但愿是传闻，"张采道，"听说有人借事生端，到制台衙门讦告刘公放纵刁民，梗阻漕运。这个罪名非同小可，轻则罢官去职，重则身家性命不保。这不也太狠毒了吗？"

"竟然有这种事？我怎么没有听说呢？"周之夔故作惊愕。

张采正要当众把话揭穿，吴伟业忙道："周年兄是当事人，有些传闻自然不易听到。两位夫子今日来见年兄之意，无非是想让周兄和刘兄化干戈为玉帛，握手言欢。虽然周兄不知宵小讦告刘兄之事，还请周兄在上峰衙门替刘兄美言。我想刘年兄断不是知恩不报的人。"

二张还没有说话，周之夔就开口说道："这恐怕我就爱莫能助了。试想既然有人告到制台那里，能无一点真凭实据？我一个小小府衙推官，人微言轻，何从置喙？如果不自量力，不唯于刘年兄无益，自己不是也自讨没趣？"

"我们三个算是自讨没趣了！"张采冷笑道。

张溥忙道："解铃还须系铃人。这也算不得自讨没趣。还望周年兄三思。"

"夫子这话我就不明白了，"周之夔道，"何谓解铃？何谓系铃？难道三位认定是我讦告刘士斗了吗？"

"周兄误解张某的意思了，"张溥解释道，"我只是说事情总是由二位处理漕运一事意见不同引起，兄台是当事人之一，由兄台出面说明真相，更为方便些。"

"心里没闲事，不怕鬼敲门。"张采又忍不住了，"读圣贤之书，就要光明磊落做人，何必暗施鬼蜮伎俩？"

吴伟业素知张采狷急，但意想不到他会突然说出这番话来，张溥想缓和已来不及。只听周之夔连声冷笑道："早知三位来者不善。那我就不必掖着藏着了。明人不做暗事，是我把刘士斗告下了！中丞和制台已经联衔上奏，三位今天兴师问罪已经晚了。刘士斗的乌纱帽怕是保不住了！"

三人闻言大惊，一齐站了起来。

"好！好！"张采恨声道，"看你周某人的纱帽能戴得牢吗？"

"戴一天是一天，反正现在还戴着！"

"那就走着瞧！"张采第一个走出客厅。

张溥和吴伟业见事已至此，无法挽回，也跟着离开司理衙门。周之夔站在客厅里，头也没回。

回到太仓，张溥、张采发动百姓上万人上书给巡方御史，挽留刘士斗，但终于没有挽留住。刘士斗离开太仓时，吴伟业和两位张夫子都去送行。张采作《东郊》诗，以伤其意。

事隔不久，周之夔也罢官还乡。他本就怀疑罢官是张溥和张采所致，回到福建老家后，偏偏遇到了一个姓丁的复社后生，在人前夸口说："复社张夫子，身在娄东，如在朝廷，参动一个州县守令，如拾草芥。周某罢官，也不过夫子一句话耳！"周之夔越发恼恨二张和复社。日思夜想，寻找机会复仇，竟然精神失常，疯狂起来。

第二章　朝堂水火

1. 监生陆文声

　　吴伟业被迫离开北京之后，朝局发生了很大变化。温体仁本来是由周延儒援引入阁的，但入阁之后二人明争暗斗，一直貌合神离。崇祯皇帝是一个刚愎自用而又猜忌多疑的君主。温体仁阴鸷狠毒，但善于揣摩圣意，遇事恭顺，显得无比忠诚，渐渐得到宠幸。他见崇祯帝渐次起用宦官曹化淳、王承恩、高起潜等人，就投其所好，上书奏请起用魏阉余党王之臣。不料崇祯帝对王之臣并无好感，却征询周延儒的意见。一向颟顸的周延儒，这次却忽然聪明起来，他对崇祯帝说："王之臣若能起用，那崔呈秀也可以认为无辜，应该平反昭雪了。"原来这崔呈秀是天启年间魏忠贤专权时的重要帮凶，名列"五虎"之首。崇祯帝登基后被定为逆案要犯，首先处死。周延儒把王之臣和他相提并论，其意崇祯帝自然明白，他当然不肯自己打自己的嘴巴，为被自己亲自下旨处死的崔呈秀翻案。于是当廷驳回了温体仁的奏章。从此温、周二人的矛盾进一步激化。温体仁暗中指使党翼连章交劾周延儒，弄得周延儒寝食难安。他自知不是温体仁的对手，只好认输，急忙上表乞骸骨，告老还乡。温体仁趁机援引党翼，于是蔡奕琛、薛国观、史范等亲信，纷纷窃据要津，温氏一党尽揽朝中大权。

此时朝中东林派官员早已凋零殆尽，继之而起的复社势力，自吴伟业、张溥相继出京之后，也已微不足道。温体仁自觉相位稳固，可以高枕无忧。一日他在府中和几个亲信相聚，酒酣耳热之时，踌躇满志地说："人算毕竟不如天算。周老头儿妄想挟复社自重，崇祯四年网罗了吴伟业、张溥等人与我为敌。结果，吴伟业、张溥先后落荒而逃，接着他也回宜兴品茶去了。不知如今可品出了点什么滋味？"

"等他品出滋味，茶早已凉了。"史范接过他的话茬说，"复社那班沽名钓誉的儒生，恐怕也不会再去捧他的臭脚吧？"说罢望着温体仁的脸自己先笑起来。

"周延儒屏野，若真的和复社那班书生拧在一起，倒不可小视。"薛国观没有笑，他也望着温体仁的脸说。

"纵然如此，一个老朽昏聩的乡宦和一帮只尚空谈的书生可奈我辈何？"温体仁不以为然。

"学生以为薛大人的话不无道理。"蔡奕琛说，"阁老圣眷优隆，宜兴和复社群小想撼动阁老固然不易，但复社毕竟人多势众，树大根深，且不乏才学出众之士。每科都有巍科高中之人，师友同年遍布朝野。如果永远与我辈为敌，阁老不可不虑。"

"以蔡大人之见，反要我等向复社输诚乞怜？"史范、高捷几乎是同声反唇相讥，"蔡兄也太长他人志气，灭自己威风了！"

"二位误解我的意思了，"蔡奕琛说，"周老头儿下野，复社朝中失去靠山，处于劣势。但若彻底剪除，也不可能。如果能趁机笼络，使其入我掌握之中，为阁老所用，岂不更好？"

温体仁听着几个亲信争论，转着眼珠，寻思着，良久没有插话。等蔡奕琛把话说完，方拈须说道："蔡公的想法固然不错，但未免是一厢情愿吧？复社与我辈势同水火，岂肯为我所用？"

"时移势易，事情总在变化。"蔡奕琛微笑着说，"张溥、吴伟业一搏不胜，铩羽而归，周延儒辞官，钱牧斋削职，他们锐气连挫，能不思改弦更张？"

"蔡公有何妙算？"史范问道。

"听说张溥已发下传单，今春复社要在苏州虎丘聚会，当然是商讨应变之策。"说到这里，他停下来，望望温体仁，接着说，"温相如果以为可行，不妨派合适的人，届时前往苏州，申请加盟参加复社，以探虚实。如果张溥应允，复社不难入吾彀中矣。"

"如果遭到拒绝，岂不贻笑天下，有损阁老颜面？"史范问道。

"阁老派人要求入社，这是多大的面子？张溥当此窘境，能不趁机修好？哪有如此不知趣之人？"薛国观说。

温体仁微微颔首，几个亲信也都点头赞同。于是事情就定下来了。

端午节后，温二公子回到北京，把虎丘大会的盛况及自己如何被羞辱逐下山的情况一一向父亲进行了描述，还把南归途中和虎丘会上听到的复社对温家父子的种种攻讦，添枝加叶地详细告诉父亲，直把温体仁气得七窍生烟，恨得将牙齿咬得吱吱直响。他立即招来蔡奕琛、史范等人商议报复之策。

"蔡公，你可是让我温家父子把颜面丢尽了，"一见面，温体仁就抱怨起来，"张溥不仅拒绝小儿入社，还当众把犬子羞辱一番，赶下虎丘。这口恶气叫我如何咽得下去！"

"是学生失算了，想不到张溥等人竟是这等不知进退。"蔡奕琛红着脸说，"不过，二公子这一趟也没有白跑，到底摸清了复社的虚实。知己知彼，百战不殆，为剪除这帮伪君子带回了不少有用的东西。"

"什么东西？"温体仁问，"我怎么不知道？"

"也许是世兄还没有来得及向你回禀。"蔡奕琛神秘一笑，接着说道，"我见着二世兄了。他说复社虎丘之会，徒众两三千人，俱以张溥为宗，四方称谓不敢以字，皆曰'夫子'。张溥亦以阙里自拟。弟子竟有'四配''十哲''十常侍'之称。这还了得？如果有人举章弹劾，上达天听，天子能不赫然震惊？另外，张溥、吴伟业与阁老素无仇怨，你道为何屡屡与阁老为敌？"

"为什么呢？"温体仁侧目问道。

"复社首脑名为张溥、张采，实则背后之人乃为钱谦益。阁老与钱牧斋因'枚卜'结怨，钱牧斋因此罢官去职，对阁老的仇怨可想而知。"蔡奕琛一字一顿地回答说。

"原来如此！"温体仁咬牙道。

"若能先剪除钱牧斋，来个釜底抽薪，复社这帮后生还不树倒猢狲散？"

史范插话说。

"正所谓智者所见略同，"蔡奕琛道，"眼前便有一个天赐机缘。"

"什么机缘？"温体仁急忙问道。

"据二世兄讲，钱谦益回乡后招权纳贿，恃强凌弱，得罪了不少人。有一个人名叫张汉儒和他结仇已久，早想扳倒他，无奈钱谦益在常熟、苏州一带势力太大，告状无门。此人听说二公子在苏州遭张溥羞辱，又听说钱谦益与阁老有隙，特意去拜访二公子，请求二公子为他说项，希望能得到阁老的鼎助。二世兄不敢给阁老增添烦恼，故而尚没有向您回禀，倒是先给我说了。我觉得这正是个铲除钱某的良机，不知阁老意下如何？"蔡奕琛一口气把话说完，拱手征询温体仁的意见。

温体仁拈须思忖了一阵，然后说道："钱牧斋要铲除，复社、张溥最好也一锅烩了，免得他们奔走应援，另生事端。"

"阁老不要性急，饭要一口一口吃下，才能品出滋味来。"蔡奕琛谄笑着说，"刚才我说二世兄虎丘一游没有白跑，道理正在这里。据世兄所言，虎丘被逐受羞辱者，并非世兄一人，这些人焉有不痛恨复社之理？若对这些人施以恩义，收为心腹，命他们用心搜求张溥及复社违反律令的情事，举以上闻，何愁无铲除复社的机会？"

"人言蔡公足智多谋，果然名不虚传！"温体仁一边夸赞蔡奕琛，一边开怀大笑。几个亲信也都笑了。

果然不出蔡奕琛所料，温体仁等待的机会很快就到了。崇祯皇帝深感朝廷之上人浮于事，自己身居九重，耳目壅蔽，于是下诏破格选拔直言敢谏之士。淮安武举陈启新，大着胆子，上了一道奏章，不想立被不次超擢，任命为给事中，位列谏垣。这一下朝野轰动，不少热衷利禄之徒，都想侥幸一试。温体仁立刻命人前往江南，把钱谦益的仇家张汉儒、陈履谦招进京来。几经密谋策划，陈、张二人写了一张参奏钱谦益及其门生瞿式耜居乡贪贿不法的奏章，由温体仁代为转奏。崇祯帝准奏，命刑部核实复奏。一场政治风波从此开始了。

崇祯八年，吴伟业婚假期满，回朝谢恩，奉旨仍回翰林院，充实录馆纂修官。次年奉旨典试湖广，担任主考。考试完毕，回京交旨，升任东宫讲读官。京都朋友咸来祝贺。陈子龙刚刚进士及第，点了翰林，正是春风得意之时，当即赋诗道：

苍筤开震域，青殿接文昌。

霞气腾玄圃，琼条拂画堂。

选端周典礼，拜傅汉元良。

史职移仙省，宫僚总帝乡。

金贞储后重，玉立侍臣庄。

羽签传秋实，诗书出尚方。

夏侯经术茂，皇甫素怀芳。

鸡戟青槐荫，龙泉碧藻香。

珠莲多晚宴，璧月照春坊。

卞赋情文称，王箴忠爱长。

一时推硕德，万国仰重光。

愧我羊裘侧，思君象辂旁。

临风疏馆静，遥夕可相望。

陈子龙出口成章，琅琅数十韵毫无留滞，满座称妙。唯有徐汧坐在一旁沉默不语。吴伟业料定他有什么心事，借敬酒之机，约他到书房。不等吴伟业开口，他就忧心忡忡地说："骏公，这几个月你远在武昌，朝中出了大事，只怕你还不知道吧？"

吴伟业闻言一惊，急忙问道："出了什么事情？"

"哎！东南士林恐怕从此又不得安宁了，"徐汧喟然长叹道，"钱牧斋和瞿稼耡被人参奏，圣上已经降旨，交刑部严议核奏。"

"何人参奏？什么罪名？"吴伟业问道。

"牧老的同乡，常熟小吏陈履谦、张汉儒进京参了御状，乌程相国代为转奏。罪名是钱、瞿二人居乡树党营私，贪赃不法。"徐汧话说至此，又是一声长叹道，"哎，只怕是醉翁之意不在酒啊！"

"依前辈之见，乌程意欲何为？"吴伟业问道。

"依在下愚见，乌程真正意图恐怕在我复社。"徐汧肯定地说，"温、钱二人结怨原为崇祯三年'枚卜'，早成陈年旧账。钱牧老退隐林下已有数年。一个远离京城的乡宦，对朝廷一品的首辅早就难以构成威胁。依理而论乌程温相也用不着把一个林下老儒逼到山穷水尽，这其中缘由不难明白，无非因为钱牧斋是东林耆宿，与我复社同气连枝。如今我复社声势赫人，又不肯为当朝所用，乌程焉能不恨不忌？只怕攻钱牧斋、瞿稼耕是虚，倾陷复社、铲除东南诸君子才是真正目的。"

"其志不在小，"吴伟业冷笑一声说，"但他温相爷也未必有这个能力！"

"此言差矣，"徐汧摇头说，"我复社树大招风，圣上难免猜疑，乌程如果蛊惑圣聪，岂不可虑？"

"果真如此，我辈当如何应变？"听徐汧如此分析，吴伟业也着急起来。

"钱牧斋、瞿稼耕恐怕已是在劫难逃，"徐汧分析说，"圣上旨交刑部，蔡奕琛是刑部侍郎，只怕不用核查，铁案已定。二人只有被锁拿进京，蹲刑部大牢的份了。为今之计，只有速派一人，兼程南归，告知天如和受先等人，让他们小心提防，早筹应变良策，免得措手不及。"

吴伟业点头称是。席散之后，他立即修书一封，命人火速送回太仓。

徐汧的分析是完全正确的。时间不长，逮治钱谦益、瞿式耜的缇骑就奉命出京前往江南。与此同时，温体仁、蔡奕琛一伙对复社的第二次攻势又展开了。

西风飒飒、落叶飘零的深秋季节，苏州监生陆文声神秘地来到京城。经蔡奕琛安排，他和早已在京的陈履谦、张汉儒住在一起。陈、张二人告诉他，只等钱谦益、瞿式耜二人伏诛，朝廷就会像对陈启新一样封赏他们。陆文声听了二人的话倍加起劲，急忙把搜集到的复社罪状列了十条，写成奏章。只是他最痛恨的不是张溥，而是张采，所以奏章里首当其冲受到参劾的是张采。一天夜晚，蔡奕琛悄悄把陆文声带进了温体仁的相府。温体仁把陆文声的奏章从头至尾看了一遍，冷冷地说道："谁为张采？不过是一个教书先生罢了，要告他只用到太仓县衙就行，何须惊动圣上？"

陆文声忙道："阁老有所不知，这张采并非教书先生，乃是复社中仅次于张溥的首脑人物，进士出身，原任临川知县。其罪恶之大不亚于张溥。"

蔡奕琛接着解释道："张采字受先，和张溥并称娄东二张，复社中人称为'二张夫子'。张溥居住太仓城南，号称'南张夫子'，张采居住城西，号称'西张夫子'。因其年长于张溥，张溥以兄事之。"

温体仁道："现在朝廷急于要惩治的是张溥，若能参倒张溥，朝廷会像对待陈启新一样加封官职。何况，擒贼先擒王，一旦张溥倒台，什么张采还不跟着完结？"

蔡奕琛、陆文声忙说："阁老说的是，我们这就按照阁老的训示改写奏章好了。"

陆文声回到住处，连夜改写奏章，第二天又呈送温体仁过目。奏章大意说：风俗之弊，皆原于士子。庶吉士张溥、原临川知县张采，倡立复社以乱天下。东南士子竞奔其门，及门弟子有七千之众。溥以阙里自拟，复社社长赵自新辈号为四配；门人吕云孚、吴伟业、周肇之流妄称十哲；溥之昆弟张浚、张源、张王治为十常侍。春秋两闱，天子虽分遣座主，然中与不中全在张某一言。且招财纳贿，大为孤寒之患。府录童生一名，竟至索银一百二十两。尤有甚者，其葬母祭文，僭越称妃，其胆大妄为，于此可见。

温体仁看毕，立即代为转奏。崇祯帝览奏，不觉触动心事：一个庶吉士竟能有门下弟子七千，社众遍布朝野。若对朝廷没有二心还则罢了，如果心有异志，如何驾驭？闯、献流贼不过是一介匹夫，尚且难以剪除，何况数千智能之士？他不敢再想下去，立刻宣召部院大臣共商处治办法。

众臣来到文华殿，崇祯帝道："值此内忧外患百事丛脞之时，大小臣工本应同心同德，和衷共济时艰。可是偏偏有些人忘义辜恩，树党营私，甚失孤望。今有苏州监生陆某参奏庶吉士张溥、原临川知县张采倡立复社祸乱东南一事，朕甚忧虑。众卿以为，当如何处治为妥？"

崇祯帝话音刚落，温体仁立刻奏道："日前常熟小吏陈履谦、张汉儒参奏前礼部侍郎钱谦益、兵部主事瞿式耜居乡贪肆不法事，此事名为二，实为一。复社首领名为张溥，实为钱某。其树党结社，招财纳贿远非一日。若不及早惩治，臣恐养痈遗患，动摇国本。且江南乃国家粮饷之源，当此粮饷孔急之时，岂容张溥、钱谦益此等辜恩之臣滋扰江南？臣以为应一并逮治，绳之以法。"

温体仁话音甫落，薛国观立即应道："温相所奏极是。树党结社，历来是朝廷祸乱之源，汉之清流，唐之牛、李，均为前车之鉴。臣闻复社徒众数千，声势赫人，若不及早处治，恐有意外之变。"

兵部侍郎李继贞出班奏道："臣以为万万不可草率从事。圣上聪明天纵，东林冤案方得昭雪。岂可仅凭陆某一面之词，再兴党狱？臣籍隶太仓，素闻张溥名重儒林，复社宗旨尊经复古，致君泽民。社众虽多，不闻有作奸犯科之举，读圣贤书，考德问业，有益昌明教化，何罪之有？"

佥都御史刘熙祚奏道："士子结社，是圣天子宽任开明所致，况且天下文社远非复社一家。臣闻复社社规甚严，其盟书有言'毋蹈匪彝，毋读匪圣书，毋违老成人'等语，张溥告诫社众'犯者小用谏，大者摒'。今陆某所奏有无虚妄不实之言？抑或挟嫌怨图报复耶？还望圣上洞察明鉴。"

众大臣听了李、刘二人的话，多数赞许，温体仁、薛国观也不便坚持。

于是崇祯帝降旨：陆某参劾张溥倡立复社扰乱东南一事，着提学御史倪元珙验治。钦此！

吴伟业得到消息，马上召集在京的复社社友商议对策。当时陈子龙、夏允彝、吴继善、吴克孝等人都在京师，闻讯后齐集吴伟业寓所。大家听吴伟业把情况说了之后，都感到情势急迫。陈子龙首先说道："事情已经到了这种地步，还犹豫什么！只有以攻为守，方能解燃眉之急。他温体仁早年依附魏阉，本为逆案漏网之鱼；窃掌国柄，阴鸷惨骇，名为廉洁奉法，实纵子弟暴横乡里，招权利，通金钱，把柄还少吗？我们何不把他的劣迹写成奏章，上达天听？"

吴继善踌躇道："陆文声疏参夫子在前，我们弹劾乌程在后，朝廷会不会认为我们是党派门户之争挟怨报复？"

"圣上如果以党争理论，问题就好办多了。"陈子龙坚持说，"温某仇视复社，源自阉党仇视东林，孰是孰非早有公论，圣上断不会因宠幸温某，冒天下之大不韪，自毁前功。若撇开这层恩怨，还可追溯到骏公疏参蔡奕琛。挟嫌报复的是他温某人，绝不是我复社。"

吴伟业点头道："卧子所言不错，以攻为守，总比'人为刀俎，我为鱼肉'好。今晚我就写好奏疏，明天早朝进呈御前。今晚都不要走了，折稿写好后，请各位斧正、润色。"

吴继善道："我还有个想法，不知可行不可？"

"何妨说来大家听听？"夏允彝道。

"我想如果能够釜底抽薪，让陆某中途收手，离京而去，这场风波不仅可以很快止息，温某恐怕还要搬起石头砸自己的脚，落得个指使诬告的罪名。"吴继善慢慢地说。

"志衍，陆某既然做了过河卒子，焉肯回头？乌程岂能允许他回头？"陈子龙叫着吴继善的表字连声问，"你这不是痴人说梦吗？"

吴继善脸一红，欲言又止。吴伟业连忙说："卧子，不要性急，让志衍兄说下去。"

吴继善尚未开口，只听吴克孝说道："我替二哥把话说明白吧。这陆文声与我家有点转折亲，其祖、父两代多受我家接济。后来两家来往少了，总还有点情谊。我和二哥若去说服他，晓以利害，劝他抽身事外，也许有几分可能。"

听吴克孝把话说完，大家都沉默下来。过了一阵，吴伟业道："这釜底抽薪之计，倒是不错。只是这陆某不知能否说服？"

夏允彝说："不妨让志衍去试探一下。事成，则乌程的奸计立破；不成，于我也不会有更大危害。凡事不经试探，怎能料定成败？"

吴伟业道："既然如此，事不宜迟，二位就去试探一下吧。"

吴继善、吴克孝兄弟，与吴伟业交情最深。当初吴伟业家世贫寒，跟随父亲吴琨在吴继善家书塾"五桂楼"读书，三人情同手足。吴继善长吴伟业三岁，吴伟业事之如兄。后来二人同拜张溥为师，庚午年一起参加南京乡试，同魁一经；辛未年同榜成进士，成为地地道道的年兄年弟。吴继善"博闻辩智，风流警速，于书一览辄记，下笔洒洒数千言"，更为难得的是多才多艺，"工诗歌，善尺牍，尤爱图绘，有元人风，下至樗蒲、六博、弹琴、蹴鞠，无不比解""性好客，宾至无贵贱必与均，三爵之后，词辩锋起，杂以谐谑，辄屈其坐人"。

三天前，他在一家酒馆和陆文声偶然邂逅。当时陆文声掷骰子输光了赌本，正被几个赌徒揪摔难以脱身，多亏吴继善发现，慷慨解囊，帮他还了赌债，临别又赠给他一锭银子。吴继善问他进京有何公干，他支吾其辞，搪塞说打算到吏部托人谋个差使。其时，参奏张溥的事情尚未传出，吴继善一向鄙薄他的为人，不愿和他多谈，只询问了他的寓所，便匆匆告别。今晚听吴伟业讲述之后，吴继善方知陆文声是应温体仁之约来京参奏张溥的，于是生出这个釜底抽薪的计谋来。

弟兄二人出了吴伟业寓所，雇了一辆骡车，很快来到陆文声的下榻之处。为了不惊动别人，吴继善来到门首，并没有进院里去，请门房把陆文声约了出来。因为是亲戚，又欠了吴继善人情，陆文声不便推辞，便跟着吴氏兄弟进了一家酒馆。吴继善叫了几样酒菜，亲自为陆文声斟上酒，说道："与居实表兄多年不见，不意京中相逢。'他乡遇故知'是人生乐事，先敬表兄三杯。"

陆文声也不推辞，连干三杯，说道："实在惭愧，在落魄京城之时，和二位表弟相遇。前日若非志衍表弟相助，愚兄还真不知怎么脱身呢！”

吴克孝等他把话说完，也端起杯来说："记得第一次和陆表兄见面在十年之前，那时小弟尚幼。表兄仪表堂堂，何其潇洒！日月曾几何，表兄竟然见老多了。若非二哥跟着，小弟还真不敢相认呢！表兄要多饮几杯！"

陆文声又饮了三杯，颓然叹气道："二位表弟有所不知，愚兄时乖运蹇，这些年事事不顺心，焉能不老？"

"表兄有什么不顺心的事情？"吴继善问道，"能否说给表弟听听？"

"一言难尽。"陆文声又饮了一杯，放下酒杯说道，"今天只我们表兄弟三个，没有外人，说也无妨。"

克孝道："表兄所言正是。说不定我们弟兄二人还能给表兄尽点绵薄之力呢。"

"说来话长。归根结底还是怨我自己。"陆文声自怨自艾道，"愚兄少年时行为放荡，做事多不检点，后来马齿渐增，后悔已晚。书没有读好，捐了个监生，想入复社，挽回恶名，又屡遭峻拒。自觉弃旧图新无望，又自暴自弃破罐破摔起来。食色，性也。不怕二位贤弟见笑，敝乡有一寡妇，颇有姿色，和愚兄私通有年。后被邑令张采知道，把愚兄拘到县衙，不顾我的体面，当众责打。这且不说，谁知那寡妇羞愧难当，竟然悬梁自尽了。你说我如何咽得下这口恶气？"

"表兄打算怎么办呢？"吴继善问道。

"实不相瞒，我此番进京正是为了此事。"陆文声又端起酒杯一饮而尽，接着说道，"天子圣明，下诏求直言敢谏之士，淮安武举陈启新蒙不次超擢备位谏垣。愚兄不才，自信胜过陈某，特来一试。"

"表兄打算向圣上谏何事谏何言？"克孝问。

"本打算参劾张采倡立复社惑乱江南。来京后，蒙温阁老指点，又改参张溥。"陆文声已带几分酒意，话渐渐多起来，"其实我与张西铭往日无冤近日无仇，但不知温相爷为何对他恨之入骨。相爷言道朝廷所恨者在张溥，不在张采。只要参倒张溥，就是我大功一件，封赏定在陈启新之上。况且娄东二张实为一体，张溥一倒，张采也就不攻自倒。如此一举两得之事，何乐而不为呢？"

"表兄此话当真？"吴继善问道。

"谁还骗你不成？"陆文声又干了一杯，接着说道，"奏章已由温阁老代为呈进，张溥、张采不日就要锁拿进京。二位等着瞧吧！"

"嘿嘿，表兄你可惹了大祸了！"吴继善冷笑一声道，"你给人家当枪使用，上了大当尚不自知。若非遇见小弟，你这条小命可就白白搭上了！"

"此话怎讲？"陆文声闻言吓了一跳，酒意去了一半，放下酒杯道，"表弟莫非听到了什么消息？"

"不是听到了什么，而是据理而论。"吴继善道，"表兄远离京城，这朝中的党争派斗你如何知晓？温阁老要参劾张溥、铲除复社为何不自己动手？何必远烦千里请居实兄出马？道理不是明摆着的吗？复社树大根深，师友遍布朝野，当朝一品的首辅尚且不敢明目张胆与之为敌，何况你一介儒生？你不要以为温阁老的相位是铁打铜铸的，把他当作稳稳当当的靠山，那其实是座冰山、雪山！说不定南风一吹就垮了、化了！自崇祯三年至崇祯九年，走马灯似的，阁老换了一二十人，这你不是不知道，温阁老就那么牢靠？一旦他倒了台，你怎么办？"

吴继善的话像连珠炮似的，一瞬间把陆文声的心理防线彻底摧毁了。他不禁冷汗淋淋，酒意全消，手中杯子里的酒全抖洒了。吴克孝察言观色，知道说服陆文声已有希望。于是接着哥哥的话茬说："表兄也太孟浪了！人家陈启新谏的是钱粮盐税，正是圣上日夜忧心的事；你参奏的是个人恩怨，和圣上关什么疼痒？这一层一旦有人揭穿，你的奏章轻则投诸纸篓，重则还要治你的罪。再说，复社社友数千，岂能人人治罪？社中要人多是我三吴名士，你家在苏州，这事一旦闹大，你在乡梓还能安身立命吗？温阁老权势虽大，比当年魏忠贤又如何？表兄要三思啊！"

二人轮番轰击，陆文声越听越怕，六神无主，半晌方才说道："错已铸成，现在回头已是晚了。温阁老已把奏章进呈御前，他能允许我反悔吗？"

吴继善知道火候已到，看了看吴克孝，弟兄二人心领神会。克孝说道："是亲三分向，是火热于灰。这事情我们既然知道了，断无袖手旁观之理。二哥在京城朋友多，人缘好，就替陆表兄想个办法吧。"

吴继善唱叹一声说道："我能有什么好办法？为今之计，唯有赶快离京，远离是非之地。三十六计，走为上策。如果犹豫不决，三五日后，脱身也难。"

陆文声道："眼下我想走也不容易啊。一是囊空如洗，二是怕回江南。你想事情闹到这种程度，家乡谁人不知？我想平平安安过日子，还可能吗？"

"若只为这两条，表兄只管放心。"吴继善爽快地说，"离京川资包在我身上。至于表兄不便回乡，小弟可以替表兄想想办法，到吏部活动活动，为表兄在其他州郡谋个一官半职，也不枉表兄千里迢迢来京一趟。"

"如此我便多谢二位表弟了。"陆文声说着离开座位，对着吴氏兄弟纳头便拜，吴继善慌忙拦住了。

"表兄见外了，"吴克孝说，"今晚这事，只我们弟兄三人知道，千万不可告知第四人。"

陆文声忙说："当然，当然。二位不说，我自然不会说了。"

"表兄静候佳音吧。三天后我们仍在这里相见。"吴继善说。于是三人拱手作别。陆文声自回寓所而去，吴家弟兄连忙去见吴伟业，通报情况。

吴伟业等人听吴继善前前后后说了一遍，一个个心中石头落了地。于是大家凑集银子，计议如何去吏部活动。次日吴伟业把参劾温体仁的奏章递进宫去，虽然暂时还没有见到煌煌圣谕，但究治复社的事情也缓了下来。另外，"有钱能使鬼推磨"，活动吏部已有结果，陆文声终于弄到了一个道州吏目的小官。三日后带着吴继善送来的盘缠，匆匆忙忙悄悄离京，前往道州上任去了。原告销声匿迹，温体仁一时无计可施，一场风波又暂时平静下来。

2. 周之夔反目

崇祯十年春，北京城雨雪霏霏，寒意料峭。前礼部侍郎钱谦益和他的得意门生瞿式耜被押解到京，投入刑部大牢。吴伟业闻讯，备下酒馔前去探监。瞿式耜身陷囹圄，仍然豪气干云，吴伟业十分钦佩，写了一首《东皋草堂歌》赠给他。从刑部回来，宫中有旨宣召，让他次日随驾巡阅京师城防。吴伟业不敢怠慢，翌日一早便来午门候驾。

这是开春以来第一个难得的好天气。崇祯帝的龙凤大辇走在前面，一十文武前呼后拥出了神武门，沿着城河北岸的御道，迤逦登上城来。崇祯帝今天兴致很高，乘辇到德胜门时忽然心血来潮，一定要骑马绕城一周。众文武不敢拂违圣意，立刻命人牵来御马一匹，扶他上马。刚上马时，只是揽辔缓缓而行，众文武尚能跟得上；走了一阵，他突然扬起金鞭，在马屁股上抽了一鞭，御马便奔跑起来，众大臣哪里还能追得上？到了阜成门，他轻轻"嘘"了一声，那御马方驯顺地停了下来，回头看时只有几个卫士跟在身边。

他下得马来，手扶城垛，向远处眺望，只见钓鱼台一带，林木丛生，梢头已现隐隐绿色，近处杨柳已飞花如絮。回头看城内亭台楼阁，闾阎相连，鳞次栉比，不禁感叹道："好一片锦绣江山！如果没有东虏和流贼滋扰该多好啊，朕一定会把国家治理得国富民殷、歌舞升平！"正当他悠然神驰之时，众随驾大臣气喘吁吁地陆续赶来。喘息甫定，歌功颂德之声便在群臣中泛起：

"圣上英雄神武，旷古罕见，不意骑技如此之精！"

"圣上骑术精湛，御马神峻无俦！"

崇祯帝听得心花怒放，常年郁积的忧愁顿时消散。他抬头望见前边城上有棵古槐，树梢上卧着一只乌鸦，一时好奇心起，命随行卫士递过一把镶金嵌玉的弹弓来，默默祷告：上苍护佑朕剿灭闯、献流贼，扫荡东夷建虏，助我一弹射中此鸟。祷祝一毕，扣上金弹一枚，抬臂扬腕，嗖的一声，弹丸激射而出，打得那只呆头乌鸦羽毛纷飞，一溜歪斜坠下城去。众文武齐呼万岁，激动得崇祯帝一双龙目充满热泪。他把弹弓交给一名御林军，传旨，众随驾大臣到城楼稍憩。等皇上面南坐定，众文武侍立两边，崇祯帝春风满面，命随行大臣各自赋诗一首，以纪念今日巡阅城防之兴。于是众大臣摇头晃脑抑扬顿挫地吟咏起来。吴伟业略一思忖，朗声吟道：

> 柳陌天闲狮子花，春风吹角画轮车。
> 云开羽葆三千仗，日出楼台十万家。
> 天子玉弓穿塞雁，黄门金弹落宫鸦。
> 北军不用归都尉，阅武堂前是正衙。

吟咏一毕，大家哄然称好。崇祯帝颔首微笑，命人赐御酒一卮，宫缎一匹。吴伟业连忙叩头谢恩。这次巡阅城防，直到未时方才起驾回宫。将到宫门前的时候，司礼太监曹化淳拉了拉吴伟业的衣袖，塞给他一个纸团。吴伟业回到寓所一看，纸团上写道：望告知牧老，少安毋躁。俟圣上意惬，定为转圜。知名不具。吴伟业看毕，即刻付之一炬。

原来这宫中规矩，小太监入宫之后，都要拜一位资力较深、地位较高、谙熟宫中礼仪，并有相当学问的人为师，名曰"拜门子"。这司礼监的宗主原来是王安，曹化淳入宫之始，就是拜王安为师。后经王安调教，一步步升迁，才有今天。因而他经常感念王安的恩德。王安临死的时候，希望死后请一位名士写一篇出色的碑铭，以记功德。曹化淳记在心上。就在那一年钱谦益中了探花，点了翰林，文名鹊起，誉满京华。求书索文之人不绝于门，真可谓一字贵千金。而曹化淳当时尚未得志，不过是个一般太监，加上钱谦益身在东林，对太监素无好感。曹化淳上门求字，难免心中惴惴不安。意想不到，钱谦益因王安不曾依附魏阉而对其大加称颂，慨然应诺，很快为王安写了一篇歌功颂德的碑铭，曹化淳十分感激。崇祯二年"枚卜"，钱谦益参与庭推，曹化淳也为他在皇上跟前说了不少好话，可惜功亏一篑，被温体仁拉下了马。有了这些渊源，二人自然交情不同一般，只是碍于朝廷律令，大臣不准交接中官，来往十分隐秘罢了。这次钱谦益被锁拿进京，关押刑部大牢，情势危急，不得已才设法买通狱官给曹化淳捎个口信儿，让他想办法转圜。曹化淳办事谨慎，对那个捎信儿的狱官一句话也没有说，直到皇上巡阅城防，才窥准机会，把信交给吴伟业。

三月将尽，天气仍不见暖，晦日子未丑初时分，一场大风沙横扫京城。这场黄风刮得日色惨淡，大街上十步开外便看不清人的面目。日上三竿，大小店铺尚封门闭户，没有开门做买卖。街上偶有一二行人，也是戴着风帽，裹着围巾，紧缩着脖子，弓腰曲背地急走。这时，吴伟业的寓所前却驶来了一辆骡车，车帘撩开，从车上下来两个儒生，叩动门环。一会儿，大门刚开了一扇，二人便闪身进去，门又随即关上。那骡车很快消失在漫天风沙里。

"是二位杨兄啊，"吴伟业笑呵呵地迎出书房，一边揖让一边寒暄，"如此恶劣天气，不在家中围炉品茗，是来与我弈棋还是斗酒？"

"亏你还有这般雅兴。"杨廷麟一边说话，一边和杨士聪一前一后跟着吴伟业走进书房。

"让你看一样东西，看你还能笑得出来？"一脸凝重的杨士聪说着从怀里掏出一份折稿来。

吴伟业顾不得给二人沏茶，连忙从杨士聪手中接过折稿，仔细看起来。只见黄格纸上赫然写道：

《复社首恶紊乱漕规、逐官杀弁朋党蔑旨不臣疏》：奏为复社首恶庶吉士张溥、原临川县令张采树党营私，紊乱漕规，逐官杀弁蔑旨不臣诸事。溥、采自夸社集之日，维舟六七里，祖道六百人，生徒妄立四配十哲，兄弟尽号常侍，同己者盗跖亦通声气，异己者虽曾闵亦曰逆邪。下至倡优隶卒，无赖杂流，尽为羽翼，使士子不入复社，必不得进身，有司不入社，必不得安位。每一番岁科，一番举劾，溥、采操权饱壑，孤寒饮泣。恶已彰闻，犹为壅蔽。臣恐东南半壁，从此不可治矣！伏乞圣上立奋乾纲，大破党局，请斩溥、采，以谢天下。臣苏州司理周之夔谨竭愚诚，据实以闻，惟吾皇圣察。臣不胜惶恐待命之至。

吴伟业看完，正想发问，杨廷麟又从怀中掏出两样东西，递给他说："这是附片两件，看后一并说吧！"吴伟业接过一看，一本是《复社或问》，具名仍是周之夔；一本是《檄复社十罪》，具名却是徐丹怀。折片内容大致是说：复社派出娄东、吴下、云间，学则天如、维斗、卧子。上摇国柄，下乱群情。行殊八俊三君，迹近八关五鬼。外乎党者，虽房杜不足言事业；异吾盟者，虽屈宋不足言文章。或呼学究为智囊，或号舟子为太保。传檄则星驰电发，宴会则酒池肉林。先后列举了张溥、张采"僭拟天王""妄称先圣""煽聚朋党""妨贤树权"等十大罪状。周之夔特别指斥吴伟业、黄道周、陈子龙、夏允彝奉张溥之命，重金贿赂厂卫，交接内官。

吴伟业只看得目瞪口呆，半晌说不出话来。停了一阵，他把附片一并放在案上，为客人倒上茶，心情才慢慢平静下来，开口问道："机部兄，这折片是怎么得到的？"

"昨日我和凫岫当值，通政司送来苏州几封奏章，分检中发现周之夔参奏天如这道折子，大吃一惊。急忙抄录了折底，给你透个信儿。"说到这里，杨廷麟顿了顿问道，"这会不会又是乌程的手笔呢？"

"不是乌程还有谁呢？"吴伟业道，"刀丛剑棘，明枪暗箭，何其狠毒也！"

"这周之夔何许人也？"杨士聪问，"他和复社，和天如为何结怨如此之深？"

"说来话长。"吴伟业为客人一边添茶一边说道，"周某是福建人，与天如师和我都是同年，和受先也有交情，当初也曾加入复社。为人昏聩褊狭，私心颇重。他在苏州任司理，多得社中朋友帮衬。太仓守刘士斗，是广东人，也是辛未同年。本来大家都是年兄年弟，关系都不错。但不知为什么，上下级衙门之间出了点误会，很可能是周某想取刘公而代之，于是暗中在漕督御史面前拨弄是非，御史偏听周某一面之词，上书弹劾刘年兄。刘公在太仓多有惠政，天如师、受先夫子及伟业辈理应帮忙斡旋。解铃还须系铃人，我们当然要去找周某劝解。还是崇祯六年，复社虎丘集会时，我们三人曾找过周之夔，经他一说，方知他和刘士斗原来是为了漕运的一点小事，意见不合。刘公作为太仓知州，是百姓的父母官，理所当然为百姓考虑。认为漕米应直接从刘家港北运，不必再运往苏州，这样可降低'火耗'，减轻百姓负担。周某则认为漕米先运往苏州是前代成例，'火耗'是上级官府的一笔收入，万不可少。天如师和受先夫子劝他不可因这点公事伤了同年的和气，希望他给漕督御史婉解一下，撤回弹章。周某无论如何不给面子。大家不欢而散，自此反目成仇。周某到处丑诋二张夫子，说：我是社中元老，张天如遇事胳膊肘向外扭，反而偏袒外人，当众羞辱我！后来干脆退出了复社。抚臣张国维、按察使祁彪佳也嫌其颠顸，结果太仓知州也没有做成。一气之下，以母服为名回福州去了。乌程不知使了何术又将其收归麾下。"

"怪不得奏折中说天如'紊乱漕运''朋党''妒贤'了，"杨廷麟笑起来，"原来是妒了他这个大贤呀！"

"折中说天如'僭拟天王'，又是什么原因呢？"杨士聪问。

"这就更可笑了，"吴伟业道，"天如师回乡葬母，门下士吕云孚好为古文字，撰写墓志时，误把'配'字写成了'妃'字。先生很快就发现了，并且亲手作了更正。可是原来刊印的已经流传到世面上。加上以往对复社不满的那些人，以讹传讹，什么先生以阙里自拟，曰配曰哲乱加附会，就成为周某奏折中的根据。"

"既然是这样，骏公兄何不据实入奏，以破奸人诬枉之词？"杨廷麟说。

"当此国家多事之秋，本不当再兴党派之争，"吴伟业道，"可是人家找上门来了，已经无法回避，也只好被迫应战，勉力自卫了。"

三人谈话之间，家人已经备好酒菜，于是三位挚友借酒消寒，议论起朝政来。

"骏公，本朝阁臣，此起彼落如转轮，温乌程却能安坐相位多年，你说他有何种能耐？"杨士聪说。

"乌程材庸量狭，本不是阁臣之具。但他善伺圣意，貌似廉谨，故而圣眷不衰。"吴伟业略加思忖后说。

"身居首辅，值此多事之秋，未闻他建一言、献一计，伴食中书，也不知羞愧！"杨廷麟忿忿然道。

"奈圣上倚重何！"吴伟业道，"日前给事中王绍杰、兵部主事贺三盛等连疏弹劾，均遭圣上谴责。以工部侍郎刘宗周老先生的威望尚且搬他不动，何况人微言轻的末学后辈？"

"听说刘老受乌程之谮乞假出京。恰巧京畿受东兵侵扰，道梗不通，暂寓津门，又上了一封奏疏，痛斥乌程'前后尸居首辅之位八年，唯秉国成，臣不能为温体仁下一解语'。圣上龙颜大怒，竟又下诏，将宗老削职为民。现在宗老已回蕺山讲学去了。"杨士聪接过吴伟业的话头娓娓而谈。

"前日说东虏已薄榆关，不知近日战况如何？"吴伟业望着杨廷麟问道。

"圣上有旨，已宣召卢象升入卫京师。"杨廷麟答道。

三人边饮边谈，一直到申初方散。送别客人，吴伟业马上回到书房，秉笔疾书，写了道奏章，准备第二天呈上。

刮了一天一夜的黑老黄风终于停止了，但气温骤降，大街上的行人又都穿上了刚刚换下的冬衣，变得臃肿起来。厚载门不远有一处颇为豪华的府第，这便是东厂首领大太监曹化淳的宅院。因为天气严寒，辰时已过，大门尚未打开。一个身材不高，胖得出奇的中年男子，焦急地在门前的台阶上踱来踱去，还不时向四处张望，生怕被人瞧见似的。又过了半个时辰，大门开了，他连忙递上手本，时间不长，便听到有人传唤："请陈先生进见！"于是，他便急匆匆地进了大门。只有一顿饭工夫，他从门内出来，脸上喜滋滋的，脚步也显得格外健捷。走了一阵，也许是身体燥热，他随手解下裹得严实的围巾，向上扶了扶压低的风帽，露出浓重的眉毛来。这时迎面驶来一辆骡车，他急忙闪在一边。骡车擦身而过，冷不防身后传来一声并不熟悉的喊声："在竹兄吗？"当他闻声止步，回头看时，那骡车又飞快地去了。他怔怔地望了一阵，路上并无熟人，转身继续赶他的路。

这人正是钱谦益的内弟陈在竹。自钱谦益被锁拿进京，他便尾随赶来。近日根据钱谦益的指示，他几次前来拜见曹化淳。因为明朝历代皇帝都严禁大臣交接内官，所以他每次来曹府，钱谦益都再三嘱托，要小心行事。今天他给曹化淳带来了钱谦益收藏的几幅珍贵字画和一枚东珠，希望从曹化淳口中得个实言儿，打听一下姐夫的案子几时能结。曹化淳告诉他，皇上看了吴伟业的奏章，对案情始末已经有了新的看法，只等苏州提学御史倪元珙复奏到京，便可结案。曹化淳再三说，这多亏他央求田娘娘在皇上面前说情，圣意才得以回转，案子已了无大碍。他得到这个答复，满心欢喜，准备立刻去刑部监狱，告诉钱谦益。

正所谓螳螂捕蝉，黄雀在后。陈在竹只顾高高兴兴地走路，不提防迎面过来了一辆骡车，而骡车上坐的正是陈履谦和张汉儒。二人刚从温体仁的相府出来，准备去见蔡奕琛，路过厚载门曹化淳府前，从车窗中看见从曹府出来一人，面目很像钱谦益的内弟陈在竹，立刻惊觉起来。因为是同乡，以往经常见面，为了准确无误，骡车过后，张汉儒又故意叫了一声，引得陈在竹回头张望，二人看了个清清楚楚。一路上二人猜想，陈在竹此时来曹府，肯定是为了营救钱谦益。于是立刻向蔡奕琛禀报。蔡奕琛得报，当即备轿去见温体仁。二人经过一番琢磨，写了一奏章，联名参奏钱谦益在押期间，不思悔改，贿通厂臣曹化淳，共同作弊。奏章进呈御前，崇祯帝立即宣召曹化淳入宫。

曹化淳来到乾清宫，崇祯帝正在御案前批阅奏章。司礼太监轻声禀报："曹化淳在宫外候旨。"

"着他进来吧。"崇祯帝没有抬头，仍在手不停书地批阅。

曹化淳走进宫来，先偷偷看了一眼，见皇上专注地批阅奏章，脸上并没有什么异常表现，于是一颗心放了下来。连忙趋前几步，在御案前跪倒，叩头道："奴才曹化淳给皇上请安！"

"是曹伴伴吗？"崇祯帝仍然没有抬头，边写边说道，"起来说话吧！"

"谢皇上恩典。"曹化淳叩头谢恩，起身垂手站在一旁，等候皇上问话。

"近来东厂有什么事情吗？"崇祯问道。

"回皇爷的话，"曹化淳躬身奏道，"前些日子京畿有百姓伏阙叩请蠲免练饷，奴才怀疑有人唆使，抓了几个为首的，其余的都遣送出京了。"

"值此多事之秋，不可动辄抓人。"崇祯帝放下朱笔说道，"百姓伏阙，只要不是诚心作乱，要好言劝勉，让他们体谅国家的难处，明白征收三饷是不得已而为之。俟剿灭流贼，消弭战乱，朝廷立即免赋减徭，与民生息。"

"皇上宽仁爱民，体恤下情，实为圣明之君。"曹化淳说，"臣回去之后，立即遵旨办理，问明情由，把所抓无辜尽行释放。"

"也不必过于操切，放与不放，还须问明白再说。"说到这里崇祯帝突然话锋一转，冷不防问道，"你和钱谦益有何交情？"

曹化淳大吃一惊，马上意识到钱谦益请托之事可能走漏了风声。但他毕竟是提督东厂的大太监，宦海中的惊涛骇浪见得多了。一惊之后，马上沉静下来，不慌不忙地答道："说不上什么交情。钱某昔日是圣上侍从之臣，奴婢在皇上身边当差，几乎天天见面。但奴才谨记祖宗家法，内臣不准与外官交接。和钱某也只是传旨交旨的公事，并无私谊可言。"

"果真如此吗？"崇祯帝的话突然冷峭起来，"近日可有什么来往？"

曹化淳听出话音不善，连忙跪倒在地，口中说道："奴才不敢欺妄，近日和钱某绝无任何往来。"

"拿去你自己看吧！"崇祯帝说着从御案上拿起一道奏章，扔到曹化淳跟前，自己背负着双手，踱出了御案。

曹化淳扑伏在地，双手拾起奏折，仔细看起来。他一边看，一边飞快地转着念头。他发现温体仁和蔡奕琛的奏章多是捕风捉影的猜测之词，并没有真正抓住什么真凭实据，胆子渐渐壮起来。他捧着折本，膝行至崇祯脚前，流着眼泪，哽咽着说："奴才冤枉！圣上明鉴，奴才实在冤枉！"

"你有何冤枉？有人亲眼看到钱谦益的妻舅进出你府，难道诬陷你不成？"崇祯帝问道。

"皇上容奴才回禀：奴才府中每天都有人出入，奴才入值东厂，早出晚归，府中都有些什么人出入，奴才哪能尽知？奴才尚不能尽知，外人缘何知道得那么清楚？除非有人天天守候在奴才门口侦伺窥视。此人为何要这样做？除非此人与奴才有仇隙。如果此人挟嫌诬陷奴才，随便就可以指某人为钱谦益的妻舅。欲加之罪，这还不是易如反掌？"

曹化淳越说越伤心，越说越激动。最后说道："圣上烛照幽微，奴才就不多说了。万望圣上与奴才做主！"说罢一连在地上磕了几个响头，抽泣起来。

"曹伴伴不必如此，"崇祯的口气缓和起来，"照你说来，温体仁、蔡奕琛和你有什么仇隙？"

"也算不得什么仇隙，"曹化淳用袍袖擦了擦眼泪说，"奴才职司所关，对京师臣民行踪可疑之人难免关注。去冬今春，温相和蔡侍郎家中不三不四之人来往骤多，厂卫侦缉人员不能不疑。一日在一家酒肆中两个汉子喝醉了酒，胡言乱语，奢言宫闱秘禁之事，被东厂缉获。审问之下，一个叫陈履谦，一个叫张汉儒，声言上书有功，不日皇上将有封赏，官职将在陈启新之上。奴才见其酒醉未醒，将其暂时收押，待其酒醒之后再审。正当此时蔡侍郎和温阁老接连派人前来要人，奴才婉言拒绝，言明等问清之后立即放回。温、蔡二人坚执不肯，一再证明被拘押者是皇上征辟的上书之人。奴才考虑到既是皇上征辟之人，不能拘押厂卫，立命释放，不想因此得罪了温相和蔡侍郎。"

"温体仁也太狂悖了！"崇祯帝生气地说，"朕何曾征辟过什么人！曹伴伴起来吧，朕这就拟旨，命你彻查陈履谦、张汉儒来京上书，究系何人指使！"

曹化淳意想不到事情这么快就发生了如此奇妙的戏剧性变化。他暗想，怪不得人们说圣上喜怒无常，果真如此。他暗暗警告自己，今后更须小心在意，千万不要惹恼这个难以捉摸的主子。他叩头谢恩，感激涕零地说："奴才万死难报主恩，一定小心办差，不负圣意！"

"朕不疑你。但人多口杂，说你挟东厂之势，招权纳贿的人不少。你要好自为之！"崇祯把一纸手谕递给曹化淳。

"是！"曹化淳又连忙跪下双手接过手谕，"奴才记下了！"然后起身，倒退着出了乾清宫，转身去了。

曹化淳回到东厂，立即命人捉拿陈履谦、张汉儒到案，严刑拷打。二人自恃有温体仁撑腰，和盘托出如何秉承温体仁旨意来京上书的过程。曹化淳如实回奏。崇祯帝览奏大怒，暗骂道："身为首辅，口口声声说别人树党营私，原来你也在树党营私！"于是立降谕旨：温体仁身为首辅，自应持正守中，以率百僚，不意树党营私，徒事攻讦，甚失孤望。即着削职待勘！

温体仁前一天得到陈履谦、张汉儒又被东厂拘押的消息，以为是曹化淳不忿上次的登门要人，寻衅报复，并没有放在心上。他思忖着如何再上弹章，参劾钱谦益、曹化淳相互勾结的事情。丫鬟送来了一碗燕窝羹，他刚端起来喝了一口，忽然家人进来报告有中使到来。他连忙放下碗筷，换上袍服出来接旨，刚到院里，就见司礼监的太监尖着嗓子喝道："温体仁接旨！"

他连忙跪倒在严霜如雪的青砖地上，聆听圣谕。当他听到"削职待勘"四个字时，脑袋嗡的一声，不禁昏倒在地，等他清醒过来，宣旨太监早已出府去了。到了晚上，蔡奕琛、薛国观等人前来看望他，谁也弄不清这场变故为何来得这样迅速。商讨到夜半，还是蔡奕琛脑子管用，忽然想起症结所在。他拍着突出的前额说："是我误了阁老！是我误了阁老！我好糊涂啊，怎么就没有想到这一层！"

温体仁、薛国观大惑不解，忙问道："蔡公何故如此？这事与你何干？"

蔡奕琛道："事情一定是坏在我们那道奏章上。二位想一想，圣上一贯信内臣胜过外臣，信厂卫胜过部院，我们奏参曹化淳不是自找倒霉吗？当时我要是想到了这一层，给阁老提个醒儿，事情何至于此？"

薛国观点头称是。温体仁倒显得胸怀大度起来："这哪能怨你？奏章虽是你执笔起草，我不是又看了一遍，怎么就没有想到这一节？事已至此，蔡公不必自责。我入阁已经八年，还有什么不满足的？我明天就上疏乞骸骨，看皇上是否允准。"

又是一阵沉默。还是蔡奕琛先开口："阁老这步棋也是高招。以退为进，可以试探一下圣意究竟如何。"

薛国观道："国家正值多事之秋，谋国全靠老成持重之臣。皇上定会有恩诏挽留。"

"若能如此，这盘棋就走活了。"温体仁道。

事情却完全出乎温体仁和他的亲信们的预料。温体仁请求辞职的奏疏一递进宫中，崇祯帝无一字挽留，允准辞职的圣谕立刻就发布下来。温体仁只好依依不舍地离京还乡。还乡后，过了一年就一命呜呼了。

为绝后患，曹化淳酷刑拷打陈履谦、张汉儒，不久二人在东厂狱中毙命。原告已死，谋主也倒了台，复社的官司一时被搁置下来。

3. 就讲文华殿

温体仁罢官出京，复社的敌对势力核心顿失，形势急转直下。苏州提学使倪元珙的复奏进京，奏章上说："臣奉诏董诸生，而复社多高才生，相与考德问业，不应以此为罪。文声挟私憾，满谰抵欺，荧惑上听，所奏故不以实。昧死以闻。"崇祯帝览奏，犹豫不决，暂把奏章留中。

崇祯十一年二月初七，皇太子出阁，就讲文华殿。东宫各官属随驾听讲。伟业讲罢一章，崇祯帝亲问《尚书》大义，伟业一一回奏，语甚详明。问毕，命内侍赐御用瓜果甘梨等物。诸臣退出，崇祯帝独留伟业召对。崇祯帝问道："闻庶吉士张溥乃卿之业师，其人品学问究竟如何？"

吴伟业连忙跪倒回奏道："张溥与臣有师生之谊，皇上不疑，垂询于臣，臣敢不冒死据实以陈？溥学究天人，忠心耿耿。倡立复社，尊经复古，诲生徒致君泽民。请假还里之后，廉于郡邑，无所私谒。唯生性好士，穷乡末学，粗知古好文之士，辄加勖勉。赖其奖擢成名者数十百人，臣即为其一。

不必讳言，以此附丽者益不在少数，或乘其气凌压人者亦不可免。因此，邑中人不快于溥、不快于复社者亦不可免。谓其以阙里自拟，曰配曰哲，傅会指目，盖缘于此。"

"有人奏称张溥僭拟天王，可有此事？"崇祯帝又问。

"臣敢以身家性命作保，绝无此事。"吴伟业顿首道，"张溥熟读圣贤之书，安能如此狂悖？若如此狂悖，何以为人师表？但此事也绝非空穴来风。张溥回乡葬母，门下士以古文作墓表，误把'配'字写作'妃'字。张溥很快发现，手自改定。可是原稿已有流传。周之夔辈草《复社或问》，遂大书之，讦为僭端，实为诬枉之词。"

"原来如此。"崇祯帝微笑颔首，接着又问，"张溥其才具如何？"

"臣以为旷世奇才。"吴伟业道，"微臣虽为其弟子，绝不敢虚饰溢美，欺瞒圣聪。陛下若欲验微臣言之真伪，可容臣将张溥所撰《五经注疏大全》《礼书》《乐书》《名臣奏议》等进呈，一览便知。"

"如此甚好，卿可明日进上。"崇祯帝温和地说，"出宫去吧。"

次日，吴伟业把张溥的著作带进宫来，进呈御览。崇祯帝看后大加赞许，即问吴伟业道："张溥何时销假进京？"

吴伟业闻言跪倒在地含着眼泪回奏："张溥已身患重病，缠绵病榻，难以效忠于陛下了！"

崇祯帝闻言，也不觉神色黯然，唏嘘起来。

温体仁罢相，张至发继任。二人虽非一党，但张至发仇恨复社有过之而无不及。一日，崇祯帝召见诸位大臣商议如何处理钱谦益及复社这桩悬而未决的公案，不少人都说倪元珙已经核查复奏，原告二人已死，一人不知去向，可以结案。唯有张至发以为不可，他说："前辅温体仁孤直不欺，既劾钱谦益、张溥等树党营私，必有所据。焉能对三人不加讯问，便草草结案？"崇祯皇帝于是降旨，命钱谦益、张采明白回奏。

钱谦益接旨即刻回奏道："臣先张溥成进士二十余年。结社会文，止为经生应举，臣叨任卿贰，不应参涉。奕琛以旧辅臣温体仁亲戚，疑臣报复，真伪自有睿断，非远臣所得知。"

紧接着张采也回奏说："复社之事起在臣令临川之日，自此臣杜门病废已十年。谓复社是臣事，则臣非其时；谓复社非臣事，则张溥实臣至友。"

崇祯帝近日正为清兵犯边、闯献难制、粮饷不继等事烦恼，哪有心思日日为这等无谓之争费神分心？崇祯帝于是降旨，讲的话颇为人所称道：朝廷不以语言文字罪人，复社一案准予注销。钱谦益、瞿式耜开释回籍。钦此！

历时两载的参劾复社案终告结束。周之夔偷鸡不着反蚀了把米，被判流徙，后来死在了谪戍之地。

但斗争并没有彻底结束。张至发入主内阁，接连援引薛国观为次辅，蔡奕琛、史范、黄应恩等也都担任要职。吴伟业等人看到这种形势，当然不愿处处被动受制于人。一有机会便主动出击，力图抢占主动地位，朝堂之上，表面平静，实则暗流仍旧涌动不已。

明代制度，实录馆、编修官、东宫侍讲等"词臣"与殿阁大学士为同官，身份地位相当尊贵。吴伟业与前边提到的杨廷麟、杨士聪同在实录馆，负责记录皇帝的日常生活起居情况，关系尤其密切。杨廷麟，字机部，生性亢直；杨士聪，字凫岫，生性凝重。张至发的亲信黄应恩，原来是内阁中书。明制中书是"词臣"从官，即使将来升迁到九卿，也不能与"词臣"平起平坐，均应以礼相待。黄应恩倚仗张至发的信任，小人得志，在杨士聪面前趾高气扬，骄矜无礼，引起杨士聪极大不满。杨士聪当众责问张至发。张至发因为是从外任升迁到首辅的，不熟悉这种朝章制度，一味袒护黄应恩。杨士聪忍无可忍立刻具疏参劾黄应恩骄纵失礼。田唯嘉是张至发的门生，由吏部侍郎为张援引入阁，也极力为张至发、黄应恩辩护。尤其佥都御史史范，更为嚣张，他在朝房中公然指斥意见不同的大臣。杨士聪与之针锋相对，当众揭发他们的罪行，并连章参奏。为了应援杨士聪，吴伟业也上了一道《劾元臣疏》，直接参劾张至发。吴梅村开宗明义，坦然说道：奏为时艰亟藉元臣，责重宜祛积习，敬抒忠告，仰乞圣裁事。臣束发登朝，依光明，蒙思考满，荣及所生。顷者慎简端良，以臣备员辅导，感激图报，矢竭愚诚，窃效涓埃，以当拜献。他在疏中进而写道：

伏见我皇上敬天求治，宵旰忧劳，当兹国事艰难之时，正藉元僚匡弼之益。得其人则理，不得其人则乱；得其人而抱公绝私则理，不得其人而背公行私则乱。首臣张至发者，遭逢隆遇，致位孤卿，今复总辑群司，具瞻朝宁。臣以为新猷方始，治忽攸关，其能回心易虑，从善图功，改比周之积非，谋公忠之实效，臣之所厚幸也。若复怀私徇庇，固陋因循，滋巧伪以为工，视忠贞为周益，臣之所大恐也。

语曰："前事不忘，后事之师。"首臣今日之鉴，取之去辅温体仁足矣。体仁学无经术，则当讲求仁义，练达朝章；体仁性习险鄙，则当矢志光明，立身公正；体仁比昵小人，则当严杜谗谀之辈；体仁护持悍党，则当力维忠孝之经。专精神以图平治，毋如体仁之泄沓偷容；画可否以决危疑，毋如体仁之游移饰诈。如此而圣恩庶可副、众望庶可塞也。

臣所忧者，首臣积习未化，故辙犹存。臣读其近日辨揭，盛称体仁之美：一曰孤执，一曰不欺。夫体仁当国也，有唐世济、闵洪学、蔡奕琛、吴振缨、胡钟麟之徒参赞密谋，有陈履谦、张汉儒、陆文声之徒驱除异己，何谓孤？庇枢贰则总理可不设而事败乃设，徇凤抚则镇可不移而事败乃移，何谓执？皇上之决去体仁，正为其善欺耳。家窝巨盗，产遍苕溪，自诡曰清；孽子招权，匪人入幕，自诡曰谨。何谓不欺？然则首臣真以为孤执不欺乎？夫使聊为尝试之言，实作更新之计，涤心饰行，以收后效，臣何敢议？如其不然，则必因私踵陋，尽袭前人之所为，大臣公忠正直之风，何时复见？海内干戈盗贼之患，何日就平？为首臣者亦何以副圣恩而塞众望也？

臣念切忧时，义存报主，敢以惩前毖后之道，首效箴规，首臣而虚怀乐善者，不讶臣言之过也。臣区区愚诚，惟皇上鉴察。臣不胜惶恐待命之至。

吴伟业的奏章进呈御前，崇祯帝仔细琢磨张至发的才具，自从他入阁以来，确实事事因循，无论筹边、治乱还是用兵、筹饷从无一言可用；而在官吏的除授迁选方面不无结党之嫌。和周延儒、温体仁相比，其才具似乎等而下之，确乎不是辅弼之材，于是就萌生了再度易相的想法。

三日之后，崇祯帝宣召吴伟业进宫，问道："卿之奏章，朕已看过。有一事朕甚不解：自朕御极以来，敬天法祖，宵衣旰食，委心腹于诸臣。但朝堂诸臣，泄泄沓沓，人浮于事，遇事推诿者多，锐身实任者少。以卿之见，症结何在？"

吴伟业回奏道："朝廷设百官，原本各有其责，在其位不谋其政，即为失职。失职之臣不唯虚縻俸禄，还往往偾事误国。恕臣直言，神宗之朝，政务废弛，天子二十年不见臣工。台省空虚，阁臣只剩叶向高一人，不得不闭门三个月；六卿中只余一个赵焕，户部、礼部长期只有一个侍郎虚应门户；都察院三年正职空缺。奏牍堆积，盈箱实匮；各级衙门、百官职司形同虚设。贤者得不到褒赏，愚者得不到汰除，上下混乱不堪。先帝时魏阉擅权，顺者昌，逆者亡，是非多有颠倒者。大小臣工的黜陟赏罚不由天子，而缘阉竖。这便是不少臣工不明职司，难尽职守，甚或失职渎职的历史原因。"

"朕御极已十有一年，也深知前朝流弊，曾力图救治，但收效甚微。卿以为如何处治，方能奏效？"崇祯帝又问道。

"圣上励精图治，天心可鉴日月。"吴伟业继续回奏道，"臣窃以为欲挽颓风，必重其责于大臣，广其才于庶僚。皇上明鉴：冢臣职司九品，若冢臣所举不当，何以责之台省？辅臣任寄权衡，若辅臣所用不贤，何以责卿寺？"

崇祯帝耸然动容，旋即温语说道："卿言至当，朕当依卿所奏，端本清源，徐徐图之。"

吴伟业叩头退出，回到家里，杨士聪、杨廷麟已经等候多时。他把崇祯帝召见的情况向两位好友详细地讲了一遍，两位朋友都为他感到高兴。杨廷麟说："骏公深荷天子厚望，高飞远举，指日可待！"杨士聪也说："士为知己者用。吴兄既蒙圣上如此垂青，何不再参奏张相一本？"

"圣上垂询时，我已进端本清源之论。"吴伟业说，"'辅臣所用不贤，何以责卿寺'，其意圣上自明所指。我想无须再上弹章了吧？"

杨士聪道："你说得也有道理。不过张至发这人也太可恨了，前番皇上简选东宫讲官，我们都极力推荐石斋先生。平心而论，黄先生人品、才学、声望，满朝诸公谁人比得上？就我们几个，哪个不是把黄先生当作老师看待？唯独他张至发，嫉贤害能，生怕先生大用，连忙上两疏攻讦先生。此人一天不去，贤能的人一天难有进身之望！"

杨廷麟也说："当时我曾上疏，力辞讲官之位，荐先生代之。黄先生谦虚推辞，说自己难以胜任。张至发却借机进谗，说先生狂傲。其实先生的风节谁人不敬？只不过君子敬，小人惧。他张至发畏先生之正罢了！"

"其实黄先生毫无狂傲之性。"吴伟业说，"我曾把先生所著《洪范》进呈御览。该书四部，每部两册。书中遍引经史百家之言，批根溯源，条分缕析。更加一笔钟、王楷书，圣上喜欢得了不得。立命秉笔太监传宣黄先生。先生入对，整整三个时辰，皇上一连数次口称'先生'。这恐怕是任何辅臣也没有的至荣殊遇，可先生没有一点骄矜之色。"

"这也正是张至发之流嫉妒的原因吧！"杨廷麟、杨士聪几乎异口同声地说。

"二位知道，我的棋艺很差，"吴伟业接着说，"黄先生爱弈、善弈，精于此道，闲暇时便下棋。一次我去寓所看先生，黄先生要我陪他下棋，我不愿献丑，先生勉励我说'你只管随着我下子'，还不时称赞我哪一着妙，并讲解'妙'在何处。谆谆娓娓如讲经授徒，真叫人敬佩。"

"就是这样一位忠厚长者，正直君子，却不能见容张至发辈，岂不让人心寒！"杨廷麟忿忿地说。

杨士聪说："坐看此辈得志，我心中实在不甘。我有一计，不知可不可行。"

吴伟业忙道："说来听听。"

"确有实据，史范在巡按淮扬任上贪赃枉法，侵吞罚没银及盐课银数十万两，已有其家仆首告，可能被张至发等人压下。我们不妨上章参奏史范敲山震虎。二位意下如何？"杨士聪说。

"好！落其爪距，去其党羽，也不失为妙策，"吴伟业道，"说不定圣上会因此黜免张贼！"

说干就干，三人立即动手，很快一封奏章拟就，略加润色，即由杨士聪缮写清楚，次日一早就呈进御前。

果如吴伟业所料，崇祯帝览奏，龙颜大怒，立刻下诏曰：朕日夜忧心，躬自撙节，志在中兴。史范何物，竟敢攫盐课入私囊，贪墨数十万两。着立即拿问，严惩不贷。首辅张至发体弱多病，着回籍调理。钦此！

其实张至发何曾有什么病！这明摆着是被体面地罢官了。于是满朝文武戏谑说，张相是奉旨回乡养病去了！

张至发罢官，次辅薛国观名正言顺地当上了首辅。因为他与温体仁、张至发一脉相承，和复社的仇隙丝毫没有减弱。加之他原籍陕西韩城，和东南朝臣难免有地域之界。复社成员吴昌时，字来之，原在行人司任职。为了调任官职，曾经贿赂薛国观。薛国观答应把他调到吏部任给事中。但后来，薛国观听蔡奕琛说，吴昌时是复社中人，不可重用。薛国观便把他调为礼部主事。吴昌时心中当然不满。薛国观府中有一亲信管家名叫王陛彦，原本是云间府吴家的孩子，后来为王姓收养。他和吴昌时认了同宗。从王陛彦口中，吴昌时得知，史范曾有赃银十万两交给薛国观收藏，另外蔡奕琛也曾用大笔银两贿赂薛国观，他便就此上疏参弹薛国观贪赃受贿。恰在这时，史范的家人刘安也到东厂告发薛国观吞没了史范的银子十万两。东厂提督曹化淳据实陈奏。

崇祯帝正当粮饷无着，焦头烂额之时，最痛恨臣下贪污，他一见这两道奏章，勃然大怒，立降谕旨：薛国观身任首辅，贪渎营私，成何话说！着六部、九卿、翰、詹、科、道，即速议处奏闻！

朝旨下达，六部、九卿、大小臣工谁都明白皇上为国库空虚、粮饷难筹忧心如焚，故而对贪贿官吏处分极严。即使和薛国观本来关系不错的大臣，也不敢替他开脱。复社中人自然不会放弃这一穷追猛打的难得机会。于是，又一道圣旨很快就从宫中传出：薛国观身任首辅，系朝廷股肱之臣，本应佐朕振刷朝政，燮理阴阳，以图中兴，却营私贪贿，殊负朕倚畀之重。本应交三法司，从重议罪，姑念其往日不无微劳，着即削职回籍，不准逗留京师。钦此！

就这样，又一个首辅灰溜溜地离了北京，接着蔡奕琛也被投入了刑部大牢。以温体仁为首的仇视复社的庞大势力居然一时溃不成军了。

4. 黄道周三疏

温体仁、张至发、薛国观相继倒台，吴伟业、杨士聪二人心中顿觉轻松许多。东宫侍讲之余，便去向黄道周学《易》。

黄道周，字幼平，福建漳浦人，比吴伟业年长二十四岁。漳浦境内的海岛上有座铜山，山上有石室，黄道周自幼读书于石室，自号石斋。他天启二

年进士及第，曾任经筵展书官，为天启皇帝讲授经史。崇祯帝登基后，先后任右中允、右德谕、詹事府少詹事。因屡次犯颜强谏，多次被贬，但不改节操，坚持正义，不谐流俗，"公卿多畏而忌之"。吴伟业认为黄道周学问深不可测，既有汉儒京房、翼奉的深厚学养，又有董仲舒、刘向的斐然文采。黄道周生活极其简朴，在京居官，不带眷属，只有一个侍童，室中无有任何摆设。和吴伟业高谈阔论到深夜，饿了，只吃一碗白面，连菜都不用。

黄道周像

一天，吴伟业和杨士聪携带着酒馔来

到黄道周寓所，边饮边谈。吴伟业道：

"自春徂夏，天象屡屡示警，今春黄风过后，圣上深为诫惧，开启了多年不曾开启的'修愆殿'，入殿省修。先生以为天象与人事果真合契若符节？"

"汉儒治易，推阴阳，言灾异，我本不取，"黄道周投箸拈须言道，"但易理精微幽深，'占候''卦气'，尤其玄妙，天象人事确有不谋而合者。相传文王序易，以坎、离、震、兑为四时之卦。自复至乾、自姤至坤为十二月消息卦。汉代京房等大儒又据此把所余四十八卦分布于十二月，每月加上消息卦，共五卦，凡三十爻。以每月三十日计，每日一爻。又把五卦分属君臣，比如乾卦象天、象君、象父、象阳；坤卦象地、象臣民、象阴，此谓之'卦气'。汉郑玄说，'乾坤成列，而易立乎其中矣'，可见易是讲阴阳和谐的。而天象示警是阴阳不调的征兆。其实天象并不可怕，可怕的是不知顺逆。顺之则吉，逆之则凶。吉凶之变，全在于人事。当初，武王伐纣，占曰：大凶。太公推蓍蹈龟而曰：'枯骨死草，何知吉凶！'终于大捷牧野，兵临朝歌。"

杨士聪道："依先生之见，何为顺，何为逆？"

"比如今春黄风，京师日月无光者三日，天寒地冻，京畿哀鸿遍野，饿殍载途。朝廷若能当此之时发库府以赈之，使寒者得衣，饥者得食，万民皆沐圣恩，无异重生再造，此即为顺。民心既顺，何患天象？"黄道周呷了一口酒，接着说道，"无奈天子深居九重，不闻饥民嗷嗷啼号，地方官赋敛征求不息，继'辽饷''剿饷'之后又开'练饷'，百姓何堪重负？昨闻山东饥民伏阙请命，反被锦衣卫驱散。这无异为渊驱鱼，为丛驱雀，此即为逆，自然天象就成为凶兆了。"

"那场黄风，依易理而言，主何吉凶？"吴伟业一边为黄道周布菜，一边问道。

"礼曰，以五云之物辨吉凶，可见古已有之。"黄道周说，"风，应为巽卦。晋陶潜诗云'山川一何旷，巽坎难与期'，言行役艰难。有此大风，主命将出师不利。班固《幽通赋》说'巽羽化于宣宫兮，弥五辟而成灾'，曹大家为其兄作注说，'易巽卦为鸡，鸡者羽虫之属，故言羽也'。汉宣帝时，未央宫中雌鸡化为雄鸡，至平帝五传而王莽篡逆。南宋范至能诗云：'滕六无端巽二痴，翻天作恶破春迟。'滕六雪神，巽二为风神，可见历来都把这种黄风当作不祥之兆。"

黄道周把话说完，三人相对默然。过了一阵，吴伟业为他斟满一杯酒，然后说道："先生于《易》，可谓进乎技矣。何不以易理进谏，以矫时弊？"

黄道周摇头喟叹道："难啊，恐怕无力回天意呀！"

三人喝着聊着，直到深夜方散。吴、杨二人走在大街上，忽然听见不远处传来阵阵哭声，还夹杂着厉声呵斥，清夜里显得格外惊心动魄。走近一看，原是五城兵马司的兵士在驱赶露宿街头的饥民。这一群衣衫褴褛的男女老少在夜风中瑟瑟发抖，在兵士的驱赶下缩成一团，仿佛随风滚动的破棉絮。二人自然想起刚才黄道周说的话来，都心头沉甸甸的。

这天是三、六、九日常朝，五凤楼上钟鼓声动，黄道周便同文武百官一道进入端门，到朝房候驾。因为时辰未到，午门尚未打开，大臣们在朝房无事，便窃窃私议起来：有议论战争消息的，有议论灾荒粮饷的，有议论京师饥民的，也有说些不关国计民生的趣闻奇事的。黄道周一言不发，正襟危坐在一个无人注意的角落里。三通鼓罢，掖门开了，众文武匆匆从朝房走出，进入午门，文东武西，按照品级，在丹墀之上屏神静气恭候圣驾到来。只听净鞭三响，内侍传呼："圣——驾——到！"群臣连忙跪倒，口呼："万岁！万岁！万万岁！"三呼已毕，各归本位，按部就班，恭立如仪。只见崇祯帝头戴羽善冠，身穿圆领赭黄绣龙袍，在四个太监的服侍下下了龙辇，升入御座。御前太监尖声宣谕："六部九卿、科、道诸臣，有事早奏，无事各归本部办差！"

话音刚落，文官队中走出一位老臣，在御案前撩衣跪倒奏道："臣詹事府詹事黄道周有事启奏！"

崇祯帝向下一看，见跪着的是黄道周，立刻产生了一种强烈的反感。原来日前他一连上了三道奏折：一道参劾东阁大学士、督师辅臣杨嗣昌，兵部右侍郎陈新甲"夺情视事"有违孝道；一道参劾蓟辽总督方一藻私开和议；还有一道请求停征练饷。这三件事无一不令崇祯帝头疼。杨嗣昌正是朝廷倚为干城的股肱之臣，对清"议抚"是朝廷讳莫如深的机密，练饷是朝廷不得已而为之解燃眉之困的必要措施，哪容你这个迂腐透顶的书呆子妄议？但考虑到黄道周名声太大不便痛加驳斥、原奏掷回，更不便交下议处，崇祯帝只好把奏折留中不发，"阴干"了事。没有想到这不识时务的老头子又在朝堂上公开提出来了，他既然跪在了御案前，总不能不准他开口说话。崇祯帝于是冷冰冰地说道："卿有何事？——奏来！"

"臣日前上了三道奏折，不知可曾恭呈御览？"黄道周问道。

"朕已看过。"崇祯帝道，"不知卿还有何事要奏？"

"臣请圣上严惩佞臣，停征练饷。"黄道周朗声说道，"圣上仁孝治天下。杨嗣昌、陈新甲'夺情视事'有违孝道，即使朝廷人才甚乏，奈何使不忠不孝者连苞引蘗种其不祥于天下乎？"

崇祯帝不禁勃然大怒，立刻斥责道："汝既知朕仁孝治天下，为何还要肆意攻讦！汝饱读史书，自古以来夺情视事，甚或墨绖出山的例子还少吗？难道仅仅是杨嗣昌、陈新甲吗？倘若杨嗣昌、陈新甲都拘泥礼法，守孝三年，你能代朕督师讨贼去吗？嗣昌诏令夺情，立献四正六隅之计；出京以后，颇著辛劳，近日连有捷报到京。朕正要优诏褒奖，卿还是捐弃门户之见，与杨嗣昌和衷共济为好。万勿负朕之望！"

黄道周并没有被崇祯帝的赫然震怒所吓住，反而亢声说道："民为国本，治国之道首在养民。陛下御极以来，已有辽饷、剿饷之征，如今又听信杨嗣昌之言，加征练饷七百三十万两。三饷合起来一千六百七十两，百姓何堪其苦！原来陛下曾有煌煌诏谕，向天下承诺'暂苦吾民一年'，迄今已有四年，仍不见有免征练饷的诏旨，这是失信于民。臣请皇上严惩杨嗣昌以谢天下，轻徭薄赋，收拾已溃之人心！"

崇祯帝想不到黄道周如此大胆倔强，一时气得面色发白，翼冠乱摇，厉声呵斥道："朕因建虏猖獗，闯献流贼炽张，府库空虚，不得已增加练饷，以解燃眉之急。你身为朝廷近臣，为何如此昏聩，不谅君父之苦？'兵马未动，粮草先行'，庶民尚且知之，难道尔就不知？这东虏、西贼无饷无兵怎么剿平？练饷用以训练新兵，停征练饷用什么训练新兵？尔只知空谈以邀敢谏的清名，何知谋国之难！当此国事艰难之时，不务实效，徒逞书生之见，与社稷何益？毋再多言，下殿去吧！"

崇祯帝把话说到这里，便要离开御座，准备退朝，不想黄道周又顿首奏道："臣请陛下容臣把话说完，不然骨鲠在喉，不吐不快！东虏猖獗，京畿震动，致使皇上夙夜忧心。可恨蓟辽总督方一藻与辅臣杨嗣昌、兵部侍郎陈新甲，不思为主分忧、整军经武、抗敌御侮，却暗中与东虏议款求和，使边关将士寒心，使我天朝大国颜面无存……"

崇祯帝顿然间惊呆了。他完全没有想到黄道周会把他最不愿公之于众的最高机密当众揭了出来。不待黄道周把话说完，他就拍案喝道："大胆黄道周，竟敢信口雌黄，肆意攻讦朝廷大臣，速速退下，听候议处！"说罢袍袖一甩，走下御座，退朝去了。

"退朝！"一个太监尖着嗓子喊了一声，也匆匆追着主子去了，只剩下面面相觑的文武大臣。群臣看着愣愣怔怔跪在御案前的黄道周，有的摇头叹息，有的神情麻木，有的幸灾乐祸。等大家陆续走完，黄道周又朝御案叩了一个响头，然后站起来，踉踉跄跄地走出了紫禁城。

第二天朝旨传出：黄道周贬官六级，降为江西按察司。

吴伟业、杨廷麟闻讯，连忙赶到寓所去看望黄道周。黄道周已经收拾好行李准备即刻离京。吴、杨二人心情十分沉重，不知如何安慰老先生才好。想不到黄道周却像往日一样平静如常，反而宽慰起他们两位来了。

"雷霆雨露皆是天恩，二位贤契不必为我伤怀。为人臣者尽忠而已。朝政如此糜烂，众公卿个个尸位素餐，明哲保身，无一人敢作仗马之鸣，这如何了得？"说到这里，黄道周拉着二人的手说，"大丈夫立朝，进退荣辱不必萦怀，只是不能为国除奸、为民请命，问心有愧。二位正当有为之年且才华绝世，必有宏图大展之时，不必以老夫为念，还是尽心王事，为国报效吧。"

吴伟业道："忠不必用，贤不必以，自古皆然。先生高风亮节，永为我辈楷模。"

杨廷麟说："绝学当传，大贤难遇。我和骏公宁愿弃官随先生而去，到铜山跟先生读书，先生意下如何？"

黄道周连忙摇手说："这可万万使不得！朝廷正当用人之际，你们哪能产生这种荒唐想法？这样不恰恰贻人口实，让人说我们树党营私吗？"

吴、杨二人一直把黄道周送到城外。吴伟业当即赋诗《送黄石斋谪官》一首，为其送别：

> 旧学能先天下忧，东西国计在登楼。
> 十年流涕孤臣事，一夜秋风病客舟。
> 地近诗书防党禁，山高星汉动边愁。
> 匡庐讲室云封处，莫问长江日夜流。

送走了黄道周，吴伟业一连多日如有所失，心绪难平。夜晚独自坐在书房里，对着昏黄的油灯，那日廷议的情景便又浮现在眼前：他和许多大臣一样，垂手恭立在丹墀上，距离皇帝听政的"金台"尚有十步之遥，崇祯帝的怒喝，黄道周的琅琅回奏，他都听得清清楚楚。他深深为黄道周刚直不阿的品节所感动，时而为他感到痛快淋漓，时而又为他提心吊胆。他偷看自己旁边的那些大臣，不少人听得两股战战，额头冷汗津津，几个殿前侍卫也吓得目瞪口呆。唯有御案前的黄道周神情激昂，毫无惧怯。直到崇祯帝怒不可遏，拂袖退朝，他才看到黄道周颓然跌坐在御案前闭目不言，老泪纵横。他本来想上前搀扶他，但抬头看见金台前那朱漆的护栏和带刀的御前侍卫，猛然想起这是礼法森严的禁苑，只好伤心如捣地离开了午门。黄道周人格、品节的感染力，使吴伟业的心灵受到震撼，他不禁热血奔腾，激情难已，在灯下展开一卷宣纸，提笔写下一首七言歌行：

殿上云旗天半出，夹陛无声手攀直。
有旨传呼召集贤，左右公卿少颜色。
公卿由来畏廷议，上殿叩头辄心悸。
吾丘发策诎平津，未斥齐人惭汲尉。
先生侍从垂金鱼，退直且上庵西书。
况今慷慨复遑惜，不尔何以乘朝车。
秦京盗贼杂风雨，梁宋丘墟长沮洳。
降人数部花门留，抽骑千人桂林戍。
至尊宵旰谁分忧，挟弹求凤高塘谋。
老臣自诣都诏狱，逐客新辞鹓鹊楼。
先生翻然气填臆，口读弹文叱安石。
期门将军须戟张，侧足闻之退股栗。
吾闻孝宗宰执何其贤！刘公大夏戴公珊。
夹城日移对便殿，造膝密语为艰难。
如今公卿习唯唯，长跪不言而已矣。
黄丝历乱朱丝直，秋虫局曲秋雕起。
呜呼！
拾遗指佞乃史臣，优容愚憨天王仁。

他又吟咏了两遍，加上"殿上行"三字作题目，把笔放下，长长地舒了一口气，心情才平静了许多。抬头一看，发现窗纸已经发白，索性不再睡觉，略加漱洗，上朝去了。这大致是吴伟业最早的一首歌行体长诗了。

第三章　长歌当哭

1. 一夜蓟门风雪里，军前樽酒卖卢龙

吴伟业来到午门前，只见文武大臣已经聚集了许多。已到卯正时分，午门尚未开启，大臣们都诧异起来。因为崇祯是个十分勤政的皇帝，平常辰初要准时临朝，寅时午门就开了。正当大家纷纷猜测的时候，一个御前太监从皇极门匆匆走了出来，站在刚刚打开的东掖门口高声说道："各位大人请回吧，圣上有旨，今日辍朝！"有人刚想打听辍朝的原因，那太监却把门一关，回头走了。众文武议论着，猜测着，有的上轿，有的骑马，陆续散去。

吴伟业正要上轿，杨廷麟、杨士聪二人走了过来。杨廷麟轻声说道："骏公，我和凫岫正要找你，今日辍朝，我们到太白居小酌如何？"

吴伟业道："横竖闲着无聊，二位有此雅兴，弟当然乐于相陪。"

三人于是一同上轿来到太白居。这太白居是离紫禁城不远的一家颇有名气的酒馆，三人来到这里，堂倌连忙迎上前来笑嘻嘻地招呼："三位爷楼上请吧，雅座清净，吃什么，喝什么，只管吩咐。"三人上得楼来，临窗找了一个雅座，点了几样精致的小菜，叫了一壶酒。堂倌斟上酒，又满脸堆笑地

说:"三位爷慢慢饮,要什么只管言语,随叫随到。"说完转身下楼去了。

杨廷麟端起杯来先饮了一杯,然后说道:"二位爷先把这杯酒喝了,然后我再言事。不然,听我一说,骏公这酒就难以喝下去了。"

吴伟业闻言笑道:"什么事这般惊人?不要先故作惊人之语,说出来却稀松平常。"说着,他把面前的酒杯端起来一饮而尽。他给杨廷麟、杨士聪把酒斟上,又问道:"什么事,快说吧?不然,这一杯我可又喝了!"

"二位可知圣上今日为何辍朝?"杨廷麟一脸凝重地问。

"不知。"二人同声回答。

"东虏已经进入了长城,破了密云。"杨廷麟说,"据说正向通州逼进。"

"这话当真?你是从何处得来的消息?"二人同时急不可耐地问。

"前内阁大学士孙承宗的仆人回京报信儿,昨晚进城时天色已晚,宫门已经落锁。他在宫门外哭叫,被五城兵马司拿住盘问。问清之后,五城兵马司觉得事情重大,连夜把他送进宫去。天不亮圣上就召几位阁臣进宫去了。今日辍朝正是为了此事。"

"长城各处关隘皆有重兵防守,东兵何以如此迅速就能进关?"杨士聪问。

"此次东兵入侵早有预谋。"杨廷麟说,"敌人兵分两路,一路由多尔衮率领,一路由岳托率领,避开各处有兵防守的关隘,从墙子路、青山口,先毁坏一段城墙,然后攀缘而上,大军两天三夜就进入关内。"

"两天三夜,我军竟一点也没能察觉?"吴伟业问道。

"这一天正好是监军太监邓希诏的生日,镇守墙子路的蓟辽总督吴阿衡、总兵官吴国俊和其他偏裨将校都去给邓希诏祝寿去了。"杨廷麟叹息道,"哎!其实东兵刚入塞时,疲惫不堪,如果守军趁其立足未稳发动攻击,必获全胜。可惜吴阿衡酩酊大醉,得到警报时,连马都上不去了。他仓促回到驻地,还没有摸着头脑,敌人就杀了进来,结果一触即溃。吴国俊败走密云,吴阿衡死于军中,监军太监邓希诏没命地奔逃,清兵尾随着追到牛阑山。总监军高起潜带着数万人马在那里扼守,想不到这个平时作威作福的大总管竟然望风先逃。东兵如入无人之境,一路烧杀掳掠,由卢沟桥直趋良乡。兵临高阳时,前大学士孙承宗闲居在家,带领全家老小和全城百姓登陴守城。但哪里守得住?结果孙阁老服毒自尽了,子孙十几人尽数战死,阖门殉国。孙家一个老仆幸免于难,日夜兼程赶到京师,在五城兵马司连哭带诉,足足讲了两个时辰，听的人无不扼腕叹息。一大早这个消息就传出来了。"

"吴阿衡死有余辜！大明江山非生生葬送在这班奸佞手中不可！"吴伟业愤愤地说。

"岂止是一个吴阿衡？"杨廷麟道，"祸根还在奸贼杨嗣昌！他和阉臣高起潜辈狼狈为奸，暗中和东虏眉来眼去，使边将心存侥幸，疏于防守，最终造成这种糜烂局面。要挽回危局，非除去这帮奸贼不可！"

"谈何容易！圣上对这帮奸佞宠信有加，我等一腔热血又有什么用处！"吴伟业不禁神色黯然。这场酒无法喝下去了，三个人又枯坐了一会儿，相继默默离席。临别之时，吴伟业如痴如醉地朗声吟咏道：

> 匈奴动地渔阳鼓，都护酣歌幕府钟。
> 一夜蓟门风雪里，军前樽酒卖卢龙。

吴伟业此《墙子路》绝句，显然是化用李商隐《无题》诗句而来。墙子路是长城要塞，守军在风雪之夜樽酒酣歌而敌军却悄然而至，轻易入关。据谷应泰《明史纪事本末补遗》载，此事发生在崇祯十一年九月，即 1638 年。

次日五鼓，满朝文武又陆续来到午门，等候早朝。大家心照不宣，一个个忧形于色，在料峭的寒风中恭候皇上驾临。约莫过了半个时辰，景阳钟响起，掖门打开，群臣鱼贯而入，按部就班，屏气凝神，在丹墀下鹄立。文华殿上宫灯荧荧，笛歌阵阵，崇祯帝在御座坐定。净鞭三响，群臣三呼万岁，跪拜如仪。只听御前太监谕："东虏鸱张，文武臣工有何良策退敌，一一奏来！"

话音甫落，就有一人出班奏道："蕞尔建虏，小丑跳梁，不劳圣虑。主上可命五军营、神机营速张挞伐，然后檄调近畿之兵入援，以策万全。"伟业偷眼看去，说话的竟是兵部侍郎、协理戎政张四知，不觉暗骂一声："糊涂透顶！"正思忖间，只听御座上崇祯帝略显不快地驳道："卿为兵部堂官，不得搪塞，要想出切切实实的策略来。三大营各有防地，当此虏气焰嚣张之时，岂可擅离？卿言调兵入援，究竟何处之兵可调？"

张四知闻听圣上驳斥，不觉额头生出汗来惶恐退下。稍停，又有一人出班奏道："适才圣上言道无兵可调，臣有一策，可纾圣忧。"说话的原来是兵部主事沈迅。

"卿有何策，快快奏来！"

"天下僧众不下十万，女尼、道姑亦不下十万。此辈僧尼养尊处优，耗粮无数。何不降旨命他们结为夫妻，编入里甲，择其精壮者编入行伍。此计可得精兵十万，又不必各省督抚筹饷。岂非可行之策？"

沈迅话音刚落，群臣中就有人窃笑起来。崇祯帝不禁勃然变色，怒斥道："亏你想出这'妙计'，以诵经礼佛的僧众驱之而战，岂不偾事！？着革去官职，永不叙用！"

文华殿里空气一下子紧张起来。看着这个头发花白的迂夫子手提纱帽，连滚带爬地出殿而去，大家既可怜又鄙夷，不少人还有点兔死狐悲物伤其类的感觉。沉默中又听一位大臣奏道："臣本为兵，不能为君分忧，部属又出如此一些颠顶无能之辈，冒渎天听，实在难辞其咎。但臣窃以为沈迅出言荒唐，但愚忠可悯。求圣上网开一面，从轻发落，给他一个赎罪改过的机会，也免得他风烛残年衣食无着。另外，臣保举一人，可退东兵。"

众人看时，说话的正是崇祯帝的宠臣，刚刚入阁的兵部尚书杨嗣昌。也只有他才敢在皇帝赫然盛怒之时，为沈迅求情。只听崇祯帝温和地问道："卿荐何人，可以退敌？"

"宣大总督卢象升，可当此任。"

文华殿里立刻议论起来：有人说毕竟是杨嗣昌，知人善任，所举之人是再恰当不过了；也有人说这卢象升文武双全，是当今为数不多的良将，只是

卢象升像

他身在宣府、大同，也是国家极重要的地方，能不能分身前来就任呢？正窃窃私议间，又听崇祯帝问道："只是卢象升刚刚丁忧离职，如何是好？"

杨嗣昌奏道："卢象升忠义素著，何况古今良将，每当国难当头之时，夺情挂帅、墨绖出征的不乏其人。象升定会深明大义，奉召进京的。"

"如此甚好，就请卿代朕颁旨吧！"

崇祯帝刚要宣布退朝，只见又有一人出班跪倒。吴伟业看时却是好友杨廷麟，正不知他要奏何事，只听他开口奏道："圣上命将

已定，大略既安，臣有微言上奏。"

"卿有何事，只管奏来。"崇祯帝连日忧劳，睡眠不定，大事有了着落，不觉有了倦意。

"自古用兵，赏罚必须分明。吴起之诛须贾、武侯之斩马谡便是明证。今日之祸，盖由吴阿衡、邓希诏玩忽职守，丢失墙子路关隘所致。臣请陛下，明正纲纪，斩吴阿衡、邓希诏以谢天下。"

殿内群臣惊愕之后，又议论起来：有人对吴阿衡丢失墙子路关口的来龙去脉尚不清楚；有人说是吴阿衡已死，无从追究；更有人担心，邓希诏和大太监高起潜关系密切，都是皇帝幸臣，杨廷麟无疑是给皇上出了个大难题。

默然良久，只听崇祯帝道："依卿所奏，理当如此。只是吴阿衡殁于军中，邓希诏另有徇地，不当株连。当此东虏觊望京城的非常时期，似此细节，姑且搁置。待虏兵退后，再定赏罚吧！"说罢袍袖一挥，转身下殿去了。杨廷麟只好和大家一道退出文华殿来。

散朝后，吴伟业、杨廷麟、杨士聪三人又去太白居小酌。杨廷麟犹自恨恨不已。吴伟业劝道："得饶人处且饶人吧！"

杨廷麟则说："饶了一个吴阿衡，还会有第二个、第三个，如何得了！"

杨士聪扑哧一笑，对吴伟业说道："贵同乡张四知怎么那副德性？也不看看什么时候，只管隔靴搔痒言不及义？"

吴伟业冷笑道："没有这副德性怎能为上侍郎，跻身卿贰？这还是得自敝同乡陆元学、陆阁老的不传之秘哩！"

"此话怎讲？"杨士聪、杨廷麟同声问道。

"这次回朝，我去拜望这位前辈，"吴伟业道，"张侍郎亲口对我说，当年陆阁老告老还乡，张侍郎去为他送行，讨教为政秘诀。陆阁老对他说有四字相赠，'所行无事'耳。张侍郎奉为圭臬，又准备传我。我说：'国之大事在戎，何云所行无事！'张侍郎一听我这样顶他，面红过耳，无言以对。从此我们不再来往。"

"这就叫'道不同，不相谋'！"杨士聪道。

"朝堂之上，充斥如许无所事事之辈，岂不误国！"杨廷麟又愤愤然起来。

2. 诸将自承中尉令，孤单谁典羽林兵

崇祯十一年冬季，是一个严寒难耐的冬天。除了风雪早降，天寒地冻以外，战争的消息更加重了京师的寒意。清兵入关之后，兵分三路，直趋京南：一路攻衡水、武县、枣强、阜城、献县；一路攻文安、鸡泽、平乡、南和；另一路又攻破了元氏、赞黄、临城、高邑。清军兵锋所指，势不可当，明军望风而溃，一败涂地。败报雪片般飞来，弄得京师九城震动，一夕数惊。崇祯帝在紫禁城内急得团团转，一连下了数道诏书，征调各地人马来京勤王。宣大总督卢象升，本是一位文武兼备、能征惯战的大将，但不巧父亲刚刚去世，已经上表请求丁忧奔丧。当此国难深重之时，崇祯帝命他夺情起复，火速来京，总督各路勤王兵马。卢象升坚辞，不得允准，只好迅速北上，临危受命。他一方面带领本部精锐，星夜兼程，救援昌平，一方面催调其他勤王之师来京会师。但满怀忠义的卢象升，一到京师，就听到了一个令他十分震惊的消息：杨嗣昌、陈新甲、高起潜等人，秉承崇祯帝的旨意，暗中与清人议和。

起初派一个往来于辽东和关内的周元忠不过是一个江湖相士，没有资格充任信使，清方拒绝了明朝的议和条件。杨嗣昌又派兵部主事马绍愉偷偷悄然出关，答应清方提出的割地、输款等条件。清太宗同意议和，并给杨嗣昌、陈新甲写了一封回信。陈新甲匆忙中把这封十分机密的回信和一般日常塘报放在了一起，亲随又把它当作普通公文下发，于是消息泄露出来，不胫而走，满城风雨。等到杨嗣昌、陈新甲发现收回，早已传得沸沸扬扬几乎路人皆知了。卢象升听到这个消息，如迎头一盆冷水泼在身上，冷彻肺腑，绕室徘徊再三，决定在崇祯帝召对时，痛陈和战利害，请求皇上明令主战，丢掉幻想，激励士气，同仇敌忾。

卢象升京中没有眷属。天交寅时，自己起来略作洗漱，对着父亲的灵位焚香叩拜已毕，内穿孝衣，外罩朝服，乘轿来到午门，等候召见。刚到朝房坐定，就见杨嗣昌、陈新甲联袂而来。想起日前听到的消息，卢象升心中不禁泛起一阵憎恶，连忙闭起眼睛，装作养神，仿佛没有看见两人进来。杨嗣昌毫不介意，主动上前寒暄道："九翁！谋国之忠，真正令人敬佩！一路鞍马劳顿，大清早又来候驾。一件风衣也没有穿，当心着凉啊！"

卢象升不能再装聋作哑，连忙起身拱手道："杨阁老，陈大人，二位早

安！学生昨日回京，天色已晚，还没有来得及到府上拜望，万望恕罪！等圣上召见过后，一定过府请训！"

"卢大人说哪里话来？"陈新甲忙道，"大人赴京勤王，在下和杨阁老还没有为你接风洗尘，哪敢劳动大驾？"

卢象升不愿多和二人周旋，简单寒暄过后就单刀直入地问道："东虏兵临城下，风闻朝廷和战未决。二位身居枢辅，不知意见如何？"杨嗣昌、陈新甲想不到卢象升说话如此直率，不留余地，不由面面相觑，无言以对。

"圣上很快就要在平台召对，不知九翁有何高见？"不等杨嗣昌一开口，陈新甲反过来问卢象升。

卢象升义正辞严地说："在下主战！"稍后，杨嗣昌勉强一笑说道："杨某也主战。"

"如此甚好！"卢象升精神振作起来，"有杨阁老这句话，学生心中就有底了！只要朝廷决意主战，京师三大营加上各路勤王之师，兵力数倍东虏，以逸待劳，稳操胜算。"

"不过，"杨嗣昌说，"圣上英明天纵，许多事思虑深远，宸衷独断。和战大计，还是等召对以后再说吧。"

"难道圣意主和？"卢象升问道。

"你我哪能妄加揣度？"杨嗣昌狡猾地笑了笑说，"等圣上召对以后，我们再详细商议吧。"

卢象升还想再问，一个太监出来传宣道："卢象升速到平台见驾！"

卢象升听见传宣，不敢怠慢，慌忙整理衣冠，跟随御前太监，过皇极殿，进右顺门来到平台。崇祯帝早在御座上等候。卢象升在丹墀上行了三跪九叩的君臣大礼，跪在御座前，手捧朝笏，屏息敛神等候皇上垂询。

"卿夺情起复，千里勤王，为朕分忧，忠勤可嘉。平身，赐座。"崇祯帝仔细打量了跪在面前的卢象升一番，然后语气温和地说。

卢象升连忙叩头谢恩，后退一步，坐在太监移过的绣墩上，拱手回道："臣本非将才，加上臣父新丧，方寸大乱，深恐辜负圣恩。"

崇祯帝温语安慰道："朕以孝治天下，岂会不体谅爱卿的一片孝心？无奈东虏入犯，国步艰难，非卿难当此任，不得已命卿为国夺情。自古尽忠即是尽孝，望卿节哀，专心任事。凯旋之后，朕将立即降旨，准卿驰节归里，安葬卿父，朝廷当隆重旌表。"

　　一番天语慰勉，卢象升不禁心情激荡，热泪盈眶，他连忙离座躬身答道："臣当肝脑涂地，报答圣上天高地厚之恩。"

　　崇祯帝微微颔首，示意让卢象升坐下。然后问道："东虏兵锋甚盛，文武莫衷一是。以卿之见，何为上策？"

　　卢象升正为刚才崇祯帝的天语褒奖所感动，一腔忠义，唯思报效，听到皇上问及战和之计，不假思索，立即答道："微臣深荷圣恩，决意主战！"

　　崇祯帝没有想到卢象升如此忠直，一时语塞。他顿时感到自己选错了人：如此胸无城府，岂是庙堂之幸？若让他统驭勤王兵马，怎能和杨嗣昌、高起潜和衷共济？正在进行中的"议抚"大事他是否知晓？会不会从中阻挠？一连串的问题在他头脑中飞快闪过，停了好大一会，方才冷冷说道："招抚，乃外廷之议尔。此事关系重大，稍后卿与杨嗣昌、高起潜、陈新甲等仔细商议吧。以卿之见，不用'议抚'，战守何者为上？"

　　"臣以为战为上，"卢象升斩钉截铁地说，"自古用兵，能战方能言和，能战方能言守。若不能战，处处受制于敌，和与守均不可能。"

　　"京畿兵力单薄，粮饷匮乏，卿但言战，恃何而战？"崇祯帝有点不满，焦躁起来。

　　卢象升听出了崇祯的不满，也听到了他意在主和，意识到京中的流言所传不虚。他觉得劝阻皇上与清议和是自己义不容辞的职责，此刻正是他向皇上进献忠言的大好时机。于是，他扑通一声跪倒在御案前，神情激昂地说："请陛下容臣斗胆直陈，目前所患，并不在京师兵少粮缺，患在朝廷和战不决！宣、大、关、宁各路勤王兵马不下五万，京师三大营亦有数万之众，其势不弱于敌。至于粮草问题，京中达官显宦、公侯勋戚、绅商之中，殷实富足者甚多，即是畿辅百姓广有田产的富豪之家也不少，只要朝廷劝谕捐输，定有不少深明大义、散财纾国急难之人。东虏屡犯京畿，百姓深受其害，只要朝廷激以忠义，数万之众不难募集。如此合军民之力，驱除建虏、保卫京师，胜算在握。唯圣上思之！"

　　崇祯帝又是一阵沉默不语。一方面他觉得卢象升忠勇可嘉，一方面他又担心万一战败，局势更难收拾。对于募集民军一事他觉得尤为不妥：万一这些募集的百姓聚众杂议产生二心，怎么办？李自成、张献忠已经让他焦头烂额，万一再出现个"扫帚星"如何得了？想了一阵，他开口说道："卿所奏各节，容后再议。战守事宜，可与杨嗣昌、高起潜商议施行。卿连日鞍马劳顿，歇息去吧！"

卢象升还想有所陈奏，崇祯帝已经从御座上站起，他只好叩头辞出。

第二天，卢象升遵照崇祯帝的旨意，与杨嗣昌、高起潜、陈新甲还有几位王公大臣共同商议战守事宜。卢象升慷慨激昂，无奈举座默然，和者甚寡。他实在气愤不过，拂衣而起，厉声说道："强敌压境，兵临城下，诸公如此犹豫，难道就忍心让京畿遭虏骑蹂躏、生灵涂炭不成？"

几个王公大臣尴尬地说："哪能，哪能呢！"

杨嗣昌却依然不急不躁地说："九翁少安毋躁，一切还需从长计议。"

这时城外依稀传来阵阵炮声，卢象升气得脸色苍白，他冷笑一声说道："战局瞬间万变，诸公久议不决。学生军务繁忙，实在无暇陪诸位'从长计议'了！请诸位大人多多原谅！"说罢，头也不回地走了。

卢象升走后，杨嗣昌、高起潜奉召进宫。崇祯帝问道："卢象升一味主战，以为关、宁、宣、大之兵不难破敌，你们看果能一战而胜吗？"

杨嗣昌回奏道："微臣以为卢象升之言未可轻信。自古攘外者必先安内。如今流贼未平，关守铁骑是陛下完成剿贼大业的一支劲旅，如果任由卢象升驱遣，和东虏拼杀，即使侥幸获胜，必然元气大伤。一旦剿灭流贼需要调兵遣将，如何是好？"

崇祯帝颔首问道："依卿之见，东虏如何处置？"

"东虏迭次入塞，骚扰京畿，每次均是掳掠之后，携带金银玉帛退去，可见其志在财货，不在土地；而流贼志在江山，真正是心腹大患。"杨嗣昌偷偷瞟了一眼御座上的崇祯帝，接着说道，"故为社稷计，对东虏议抚为上，诱之以利，拖延一年半载，等到剿灭流贼，陛下无内顾之忧，然后对其大张挞伐，量尔边鄙小丑，实难与我天朝大国抗衡，到那时不唯可雪今日之耻，子女玉帛自然亦重归于我矣！"

"卿言甚善。"崇祯帝道，"但亦不可一味避战，让东虏过分藐视我天朝大国，横生要挟，议款之时，漫天要价。告诉卢象升，不可浪战，但当战之时，当鼓勇一战，务求必胜。"

"圣上所言极是。"杨嗣昌、高起潜同声说。

卢象升回到自己的公寓，心中五味翻腾，越想越烦：父亲去世，理应辞官奔丧，却不能得到允准，为子不能尽孝，望着父亲的灵位，不由阵阵心酸；夺情起复，本为抗击东虏，偏偏朝廷和战不决，自己空有满腔忠义，却又报效无门，心中又气又恨，又急又忧；回京路上，亲见百姓流离失所，江山满目疮痍，身为朝廷大臣，不能救国救民，内心不禁愧疚。绕室彷徨一阵之后，卢象升决定给皇上再上一道奏章，痛陈和议之失。当他剔亮油灯，将要动笔时，平台召对的情景又历历呈现在眼前，崇祯帝的脸色、眼神都告诉他皇上希望议和，不愿战争。尤其当他说出"决意主战"时，崇祯帝的窘态，使他深感失望。他早就听说当今圣上生性多疑，刚愎自恃，很难听进臣下的意见。召对之时，已经看出了圣上的不悦，现在还有必要再自找晦气，上这道奏章吗？他想了又想，把笔在磨好的墨汁里蘸了又蘸，最终还是把笔放在了山字形的笔架上，一直枯坐到深夜，才无可奈何地吹熄油灯，上床安歇。

第二天早上，他照例起得很早。在天井院子里打了一套长拳，略加洗漱，胡乱用了早茶，正准备去午门陛辞，回转昌平，想不到司礼监太监前来传旨，加封他挂兵部尚书、都察院右都御史衔，总督各路勤王兵马，并赐尚方宝剑一把，御马千匹，即日出京，奔赴前敌。卢象升一夜的烦恼忧愁又一下子烟消云散，精神顿时振作起来，心中暗道："当今天子毕竟是英睿有为之主，关键时刻还是能够辨别忠奸、庙谟独运的！"

卢象升午门陛辞之后，杨嗣昌代表崇祯帝亲自为他送行，临别又拉着他的手，悄悄说道："九翁！圣意如何，你我心里都明白。朝廷心腹之患不在东虏而在闯、献，千万要为皇上保留一支剿灭流贼的劲旅。"卢象升一言不发，铁青着脸，猛然抽出手来，抱拳一揖，然后转身上马，猛抽一鞭，头也不回地走了。

卢象升回到昌平，立刻召集各路统兵将领，宣布朝廷决意主战的旨意，研究作战方略。不少将领建议，乘敌人立足未稳、屡胜易骄的时候，出奇制胜，发动突袭，打敌人一个措手不及，以便挫败敌人锐气。卢象升同意这种看法，他积极筹划、精心进行战斗部署。刚刚部署就绪，正伺机准备发动进攻的时候，总监军高起潜大摇大摆地来到了昌平。一进辕门，他见象升正忙着调兵遣将，立刻制止道："卢大人，圣上有旨，各路人马不得轻举妄动，原地驻防待命，听候调遣。"卢象升十分气愤，大声质问道："总监军，圣上命我都督各路兵马，为何又不准我调兵遣将？"

"九翁息怒，圣上密谕在此，一看便知。"高起潜说着把一纸密谕递给了卢象升。卢象升一看，原来是朝廷旨意，为便于调遣，互为应援，命令卢象升把勤王兵马分为两部，关宁骑兵交高起潜统带，移驻鸡泽；留下宣府、大同、山西三镇兵马归卢象升指挥。卢象升无奈，只好遵命交割。交割完毕，高起潜皮笑肉不笑地说："王命在身，不便久留。军中诸事，少不得还要向卢大人请教。好在鸡泽距此不远，后会有期！"说罢把手一拱，带兵扬长而去了。

剩下三镇人马不足两万，卢象升刚刚拟订好的作战计划全部被打乱。部队调走大半，士气不能不受到影响。总兵杨国柱、王朴、虎大威齐来问计，卢象升安慰他们说："三位都是久经沙场的老将，自古兵不在多，而在精；将不在勇，而在谋。宣、大、山西之兵，以能战著称，只要我们指挥得宜，不乱阵脚，还是能够有所作为的。"

"兵马未动，粮草先行。"王朴道，"我山西之兵，远离故土，粮饷若还需从晋中接济，难免远水不解近渴、贻误军机。还望总督大人早做准备。"

"王大人勿虑。"卢象升道，"昨日我已致书直隶巡抚张其平，促其火速押运粮草来军中交割。出京时皇上也曾面谕杨嗣昌，责令户部按时供应粮饷。我想军中粮饷不会有什么问题。"

"日前兵多将广，防线绵延数十里。如今关宁人马已经撤往鸡泽，如果还照原地驻扎，岂不过于单薄？"杨国柱道。

"杨总兵所虑甚是，"卢象升道，"愚以为，我三镇人马暂时收缩到昌平为宜，既可屏蔽京师，阻止敌人援兵，又可寻机攻击南窜之敌，不知诸位意下如何？"

"如此甚好。"三位总兵同声道。

"兵贵神速，事不宜迟，三位分头行动吧！"卢象升拱手站起，三位总兵应命而去。

三天后，宣府、大同、山西三镇人马齐集昌平，卢象升立即整军备战，加紧操练。经过短时间的休整，这支部队士气逐渐恢复，卢象升派出几路侦骑，打探敌兵动向，一俟捕捉到有利时机，便准备主动攻敌。正当此时，杨嗣昌代天巡狩，到昌平来了。两人甫一见面，杨嗣昌就恭维道："九翁果然治军有方，宣大之兵实各路人马所仅见。如果全国之兵，都训练得如此雄壮，何愁边患不靖、流贼不灭？"

卢象升听到杨嗣昌的恭维，心中没有一丝喜悦，冷冷说道："宣、大、山西之兵全凭忠义之气激励，上下同仇敌忾，誓死报效朝廷，可惜粮饷屡屡不继，总非长久之计，还请杨阁老从速解决！"

被冤杀的袁崇焕像

"怎么？张其平还没有把粮草运到昌平？"杨嗣昌故作惊讶地说，"早在三日之前，张抚已经回报说，粮饷已由藩库拨出，怎么迟至今日尚未运到？"

"阁老不知，学生哪会知道？"卢象升不满地说。

"九翁不必焦急，如今这地方大员，有几个不是这般疲沓？"杨嗣昌像是为张其平开脱，又像是安慰卢象升，"急惊风遇见慢郎中，急也无益。好则，这次我来昌平，给你带来了赏银三万两，其中一万两是赏给你自己的。虽是杯水车薪，也可暂解燃眉之急。"

"我代全军将士多谢阁老了！"卢象升对杨嗣昌深深一揖，然后转身对王朴说，"三万两赏银，悉数发给将士，一两不留！"王朴一愣，马上应命而去。

"还有一事，需要告诉九翁。"杨嗣昌笑着说，"这也是圣上的意思。"

"什么事？"卢象升忙问。

"宣、大、山西之兵，还需要分出一部。"杨嗣昌道。

"分给谁？为什么？"卢象升怒不可遏，"我卢象升还靠什么报国杀敌？"

"九翁！我刚才已经说过了，这是圣上的意思。"杨嗣昌解释说，"陈新甲已经接替你任宣大总督，山西之兵理应由他节制，你总不能让人家做光杆制军吧？"

"这样也好。"卢象升淡然一笑，"我本来不该夺情起复，负不孝之名。明日我就回京交旨，回家奔丧。免得贻误戎机。"

"这样公就有负圣上之望了！"杨嗣昌说，"圣上的意思，时至今日，难道你还不明白？"

"在下愚鲁，"卢象升忽然产生了一种被人愚弄的感觉，不由激愤起来，"我只晓得受命督师，与东虏不共戴天，其他一概不知。阁老身居枢相之位，当知城下乞盟，春秋所耻。长安口舌如锋，难道不怕做袁崇焕第二吗？"

袁崇焕是抗清良将，因崇祯误信清人反间之计，说他暗中与清人通款议和，蒙冤被害。这是崇祯三年的事情，杨嗣昌焉有不知？听到卢象升如此相讥，不禁面红耳赤，冷笑一声道："看来，总督大人的尚方宝剑是想拿杨某开刀了！"

卢象升道："卢某夺情督师，奉命前驱，为国杀敌，如今，身在前线，又不能战，尚方宝剑当先加诸己颈，怎得加人？"

"杨某言已尽此，九翁好自为之！"杨嗣昌愤然离座，拂袖而去。

第二天新任宣大总督陈新甲来到昌平，又带走了一万余众，卢象升所剩之兵不足万人。在强敌环伺的昌平城中，如坐针毡，一筹莫展。这一天，中军禀报："东宫侍候杨翰林来访！"卢象升慌忙迎出辕门。

来访的杨翰林正是杨廷麟。他和卢象升文武殊途，年龄相差又较大，本没有什么源渊。但只因"忠义"二字，二人相互仰慕，交往不知不觉多了起来，私谊日渐深厚。卢象升回京勤王，杨廷麟曾经到公馆拜访，但没有见面；卢象升陛辞之后，原想见见杨廷麟，但王命在身，不容耽搁，只好作罢。今日杨廷麟来访，卢象升既意外又高兴。

"伯祥！当此虏骑遍地，烽火连天之时，你还来看我，万一遇上了敌兵，如何是好？"卢象升又关切又激动地说。

"有你卢九翁在，我怕什么？"杨廷麟笑呵呵地说，"东虏惮九翁威名，避开昌平，直赴畿南，这一路上相对要安全得多。这你还不知道吗？"

"果真是这样吗？"这几天卢象升只顾烦恼，竟然没有注意到这种情况。

一听卢象升烦恼兵少将寡，杨廷麟不解地问，"不是说昌平城中有精锐十万吗？"

"那已是陈年老皇历了！"卢象升喟然叹道，"昌平原本有兵五万，高起潜带走铁骑三万；杨嗣昌又让陈新甲分去一万，如今昌平实有人马已不足一万了！"

"这些奸贼！"杨廷麟咬牙骂道，"大敌当前，不思勠力同心报效朝廷，反倒三番五次釜底抽薪破坏抗敌方略。这不仅仅是坑害大人一人，也是要断送大明江山呀！"

"伯祥所言，卢某何尝不知？"卢象升道，"无奈朝廷上下，只关心一个'和'字，不欲象升一战，如何是好？"

"九翁何不上疏痛陈利害，剖析得失，向皇上揭露权奸、东虏的狼子野心？"杨廷麟道。

卢象升又连连摇头道："依伯祥之见，圣上肯相信我们的肺腑之言吗？"

两位好友陷入了尴尬的沉默。杨廷麟不便久留，和卢象升匆匆一晤，便要回京。临别卢象升告诉他说："空城计不能唱时间太长。一则久驻昌平，师老兵疲会销蚀自身的锐气；二则虏骑既已南下，自己仍在昌平，形同避战，恐招物议。弟回京后，我马上就要移师南去，随后再联系吧。"

杨廷麟同意卢象升的意见，点头说道："九翁曾在畿南为官多年，至今畿南百姓感恩戴德。民心可用，兵力不足时，不妨招募民勇，以济缓急。"

卢象升送出辕门，目送杨廷麟远去，方才回营，他随即召集部下各将，商议移师南下的事宜。

3. 惟有君参幕府谋，长望寒云悲巨鹿

卢象升移兵畿南之后，不断寻机歼敌，时有小胜，但其他各路人马畏敌如虎，从不敢与清兵交锋，清兵仍然攻城略地，气焰嚣张。十一月，清兵自德州渡河，南下山东，连破数县，接着攻陷济南。德王朱由枢系明英宗皇帝的七世孙，封地就在济南，竟然被清兵俘虏，布政使张秉文自刎，巡抚宁学朱、御史周之训被杀。败报传到京师，全城哗然。杨嗣昌、高起潜、陈新甲一伙，群起攻击卢象升，有说卢象升调度乖方，贻误战机的；有说卢象升畏敌避战，纵敌玩寇的；也有说卢象升辜恩无能徒有虚名的。崇祯帝赫然震怒，立刻下诏，免去卢象升兵部尚书、右都御史之职，收回尚方宝剑，着其戴罪报效，若依旧玩忽职守，不思报效，应当重处。不少人也明明知道卢象升冤枉，但害怕杨嗣昌、高起潜的威焰，皆缄口不置一词，只有杨廷麟咽不下胸中恶气，出班奏道："国事如此，责不专在卢象升。事权不一，大多观望犹豫。皆因朝廷和战不决，将士无所适从。"

不等杨廷麟把话说完，崇祯帝立刻斥责道："谁说朝廷和战不决？"杨廷麟道："京师已是满城风雨，非臣一人所知。"崇祯又斥道："纯系捕风捉影的无稽之谈，身为朝廷大臣，你也相信？无须多言，下去吧！"

杨廷麟当众受到呵斥，满面羞惭而退。他回到寓所，越想越气，心潮难平，连夜又写了一道奏章，进呈御前。崇祯帝一看，龙颜大怒，连呼："反了！反了！这杨廷麟简直要造反了！"这时杨嗣昌恰巧被召进宫，连忙问道："圣上何事震怒？"

"你拿去看吧！"崇祯随手把杨廷麟的奏折掷到杨嗣昌的面前。杨嗣昌俯身拾起，只见上面写道："陛下有挞伐之志，大臣无御侮之才；谋之不臧，无不以国为戏。杨嗣昌与蓟辽总督吴阿衡内外扶同，朋谋误国。与高起潜、方

一藻倡和议款，武备顿忘，以至于此。今可忧在外者三，在内者五。督臣卢象升以祸国责枢臣，言之痛心。夫南仲在内，李纲无功；潜薪秉城，宗泽殒命。乞陛下赫然一怒，斩佞臣之头悬之国门，明正议和者之罪，以示与东虏势不两立。如此则将士畏法，咸知效忠，无有二心。召见大小臣工，咨以方略，俾中外臣工共体皇上有战无和之意，卧薪尝胆，发愤图强。更请陛下谕象升集诸路援师，乘机赴敌，不从中制。此乃今日之急务。"

杨嗣昌一边看杨廷麟的奏折，一边飞快地盘算。他表面上不显山，不露水，内心里恨得咬牙切齿。等他把奏折看完，恭恭敬敬地放到御案上，一个阴毒的主意已经在心中构成。

"满纸书生之见，一派胡言！只知肆意诋毁，不知谋国之难。自古清谈误国，莫过于此！"崇祯帝一边激愤地说着，一边观察杨嗣昌的神色。只见杨嗣昌神色平和，不见丝毫愠怒，像平日一样垂手肃立仔细聆听着他的每一句话。心中不禁暗暗赞道："好一派宰相气度、庙堂风范！"两相比较，他更觉得杨廷麟轻狂浮躁，不是廊庙之器。心中暗道："亏他还是东宫侍讲，空有一肚子学问！"稍停片刻，他征询杨嗣昌的意见道："先生以为，杨廷麟当如何处置？不加严谴，何以堵空谈偾事口舌？"

"杨廷麟的奏章事涉微臣，臣本当回避"，杨嗣昌温和地说，"但臣蒙陛下倚为心膂，臣不能不尽一得之愚。臣以为当此国步艰难之时，人才难得。廷麟虽然出言无状，把圣上比作南宋之主，但其忠心可嘉。朝廷用人，唯用其反，据臣所知，廷麟所学，绝非一般，何处屯兵，何处布防，了若指掌，且熟读《孙子兵法》等书，极富韬略。当此用人之际，陛下何不法外施仁，命其军前效命，以赎罪愆？"

崇祯帝嘉许道："朕虽深居九重，也曾听有俗谚道：'将军臂上跑战马，宰相肚里行舟船。'先生对这句俗谚可以当之无愧了！杨廷麟把卿比作耿南仲、黄潜善一类祸国奸佞；你却把他当作难得贤才。以德报怨，自古名臣谁及先生？"

"圣上谬奖，微臣何克以当？"杨嗣昌谦虚地说，"臣是耿南仲还是李纲，是黄潜善还是宗泽，天知、主知，绝非廷麟一人说了算，还须百年而后，盖棺而定。臣只要无愧于圣主，无愧于社稷就罢了。"这一番表白过后，杨嗣昌神色忧伤地垂下了头。

"先生任劳任怨，为国受谤，朕心里明白。"崇祯帝安慰道，"庸者可与乐成，难与虑始。只要你我君臣同心同德，共济时艰，不必计较那些流言蜚语。"

"臣唯有竭忠尽智以报主恩。"杨嗣昌道。

"杨廷麟究竟如何处置为宜？"崇祯帝又问。

"臣请调杨廷麟改任兵部职方司主事，前往卢象升军中赞画军机。"杨嗣昌奏道。

"依卿所奏，代朕宣旨去吧。"崇祯帝说道。

杨嗣昌叩头辞出，脸上不禁泛起一阵得意的笑意。他心里暗暗骂道："不知死活的杨廷麟，为卢象升殉葬去吧！"

第二天，杨廷麟由东宫侍讲改授兵部主事、到卢象升军前赞画军务的朝旨传出，朝房里立刻窃窃私议起来。有人说，杨廷麟毕竟圣眷不衰，触忤圣意，也只是文改武职到军前赞画，目前虽吃点苦头，焉知非福？将来立了军功，不难飞黄腾达。略知内情的人，立刻猜到是杨嗣昌的奸计，把一个只会舞文弄墨的一介书生弄到兵凶战危的军中，分明是借刀杀人的伎俩。杨廷麟倒心情坦荡，接到圣旨，立刻到午门谢恩，打点行装，准备动身。吴伟业、杨士聪等人来为他送行，人人心头都沉甸甸的。可是杨廷麟仍然神采飞扬，神色如常，他对朋友们说："大丈夫生有何欢，死有何惧。国难当头，能够为国尽忠，当是平生快事，诸位当为我高兴，何必黯然神伤！"

吴伟业一直把他送到城外。望着一身戎衣只身匹马消失在暮色里的挚友，吴伟业心潮难平，临风吟咏道：

> 同时迁吏独从征，人道戎旃谴责轻。
> 诸将自承中尉令，孤臣谁给羽林兵？
> 忧深平勃军南北，疏讼甘陈谊死生。
> 犹有内谗君不顾，亦知无语学公卿？

几天后，他把这首诗托人带给了杨廷麟，同时他把另一首诗寄给了卢象升：

> 蓟门山伏浑河通，犄角骄阳两镇中。
> 大小一身兼百战，是非三策任诸公。

射雕塞下秋风急，戏马营前落日红。

闻道青陂无堠火，骠姚已立幕南功。

事实远非吴伟业听说的那样，"青陂"已无"堠火"，卢象升在畿南打了大胜仗，卢象升此时正陷于举步维艰的困境。数次主动寻战，虽获小胜，但更引起了主和派高起潜、杨嗣昌等人的嫉恨，也引起了清兵的仇视。多尔衮已经看出明朝的勤王之师，真正敢于和他的部队交锋的只有卢象升一部，其他的只是虚张声势、隔岸观火。多尔衮于是集中兵力，对卢象升的这支部队集中发动攻击。杨廷麟到军中时，卢象升的队伍正转战至巨鹿以南的贾庄附近。两位志同道合的朋友在烽火连天中见面感慨万千，杨廷麟看见卢象升数日之间竟然两颊深陷，鬓生白发，苍老得让人难以辨认，不禁鼻子发酸。他泪光盈盈地拉着卢象升的手说："九翁！你要为国珍重自己呀！"

"伯祥！你来得太不是时候了。"卢象升苦笑着说，"何苦为我殉葬呢！邸报我已看到，徒逞口舌之快，有什么用呢！"

"骨鲠在喉，不得不吐。"杨廷麟说，"国事糜烂至此，如若三缄其口，还要我们这班词臣何用？"

"话虽如此，作此无谓牺牲，太不值得。"卢象升叹道，"我身为统兵大将，马革裹尸，原是本分；贤弟本是文臣，来此不测之地，冒刀剑矢石之险，愚兄何忍！"

"九翁，我是奉命来军前赞画军务的，为何尽说些令人丧气的话？"杨廷麟有意岔开话题，笑着说，"快给我谈谈军中情况，分派差事吧！"

"伯祥，你哪里知道，我现在差不多已是身临绝境了。"卢象升苦不堪言地摇了摇头，"我统兵十载，身经百战，从来没有遇到过这种困境。主疑相妒，内外交攻。奉命督师以来，三次分兵，屡受严谴。以戴罪之身，誓死报效，却有人处处掣肘，目前军中已经绝粮，将士枵腹而战，士气低沉，时有流亡，军纪也难以整肃。民以食为天，士兵也要吃饭呀！"

"大人何不早日奏闻朝廷，责令兵部催粮？"杨廷麟问。

"伯祥真乃书生之见。"卢象升笑了笑说，"我身为大将，焉有不知'兵马未动，粮草先行'的道理？无奈催粮奏章上了无数，不见一纸回音。前日我亲往城外，随行将士忍无可忍，扬言要攻城，张抚才从城头上抛下一千两折色银子。可这兵荒马乱的年头，拿银子去哪里买军粮？银子能当粮食吃吗？今天多亏畿南的乡亲送来了一点粮食，将士们才勉强掺些草根、野菜吃了一顿。"

"既然如此，九翁何不率部南下广平、顺德、大名，一来可解粮饷之困，二来可以补充兵员。兵强马壮之后，卷土重来有何不可？"杨廷麟急切地说。

"伯祥之言，诚为上策，可我能用吗？"卢象升又是一声叹息，"圣上为杨嗣昌、高起潜之流所误，屡屡责我畏敌避战；前天密云巡抚赵光，捉获一东虏奸细，搜查到高起潜和辽东总兵祖大寿，秘密串通，妄图降虏的书信，转奏朝廷。想不到朝廷听信高起潜一面之词，反把赵光锁拿进京。这赵光原是由我保荐升任巡抚的，杨嗣昌就据此诬陷我是赵光的主谋。若非战事紧急，恐怕缇骑早就来缉拿我了！当此身处危疑、动辄得咎之时，我能带兵南下三府旧地？"

"那也总不能坐以待毙吧？"杨廷麟说。

"与其遭人诬陷身死两市，何如为国捐躯，战死沙场？！"卢象升略一沉吟又说，"适才侦骑来报，东虏正有一队人马向我攻来，很快将有一场恶战。高起潜驻军鸡泽，离此只有五十里，请你辛苦一趟，知会他务必要带关宁之兵前来应援。如果他尚念袍泽之义，肯以国事为重，战胜东虏尚有希望。见过高起潜之后，不必回来复命，你还要到保定府去一趟，面见刘绵竹，他是奉命督师的阁部大臣，请他务必督责附近州县，把粮草押运到军中。"

说完，卢象升立即写了两封简短的书信，交给杨廷麟，交代他明天早上动身。杨廷麟觉得军情紧急，连夜就匆匆出发了。

其实卢象升这样安排，完全是为了支走杨廷麟，不让他做无谓牺牲。他知道恶战即将开始，高起潜起兵相助不大可能；刘绵竹远在保定，况且属杨嗣昌一党，给自己催粮催饷也没指望。即将到来的战争，凶多吉少，自己以死报国，堵塞谗佞之口，早有思想准备，再赔上个才华出众的杨廷麟实在于心不忍。他要明明白白让杨廷麟离开军中，不唯杨廷麟绝对不肯，事后授人口实，还会给杨廷麟还会带来麻烦。足智多谋、宅心仁厚的卢象升一转念间，就想出了这个办法。

杨廷麟离开巨鹿军中的当天晚上，杨嗣昌又给卢象升送来了一封紧急公文，声言清兵进犯山西，要他火速派兵驰援。卢象升身在军中，明明知道敌人就在自己周围，而身在京师的杨嗣昌只是凭道听途说的消息瞎指挥。正在考虑如何向杨嗣昌报告的时候，山西总兵王朴也接到了同样的公文，借口山西军情紧急，不向卢象升报告，竟然私离阵地，连夜移营，退回山西去了。这样一来，卢象升的部队只剩下五千疲敝之卒了。

两天后，清兵的前锋已到巨鹿，卢象升立刻率领自己的疲惫部队迎敌。他知道自己的实力远远比不上敌人，只有乘敌人立足未稳，发动突袭才有可能侥幸取胜。接近中午，大队清兵正要埋锅造饭，卢象升亲率自己的标营当先冲出，虎大威、杨国柱各率本部人马从左右两翼夹击，附近的老百姓也自动前来助战。清兵猝不及防，潮水般地败退下去。这一仗，卢象升大获全胜，但他正乘胜追击之时，清兵的援军到了，只听见篥声四起，尘埃蔽空。卢象升自知力量单薄，不敢恋战，连忙鸣金收兵。当晚扎营在贾庄附近的一个小土丘上。清兵也一时摸不清虚实，不敢贸然发动攻击，陆续到来的部队围绕贾庄安营扎寨。

卢象升夜晚在营外的高岗上极目四望，只见四面都是灯火，知道敌兵势大，自己已被包围。如果高起潜肯发兵相助，内外夹击尚有胜算；如果高起潜隔岸观火，自己这支小部队难免全军覆没。他连夜修书求援，派去的人回来了，高起潜声称自己也被敌兵所困，爱莫能助。卢象升幽幽叹了一口气，把牙一咬，恨声骂道："奸贼！今生不能杀敌，变成厉鬼也要食尔之肉、寝汝之皮！"

他当机立断，命令将士速用战饭，把几尊仅有的红衣大炮推至前沿，瞄准清兵帐幕最密集的地方，打算从这里撕开缺口，展开攻击。一切准备就绪，卢象升令旗一挥，几尊大炮怒吼起来，确实炸得清兵人仰马翻。等炮声过后，卢象升把马一催，立即挥舞着战刀冲入敌阵，将士们紧随其后，一阵风似的卷下土丘。一开始，清兵的阵地被撕开了一个缺口，但这个缺口很快又合拢起来。卢象升的部队很快被分块切割包围起来，再想聚拢已十分困难。卢象升杀敌骁勇，他的坐骑也神骏无比。他在战场上密切关注着自己的部属，哪里吃紧他就往哪里冲杀，左冲右突，来往应援。敌人也自然把他当作主要攻击目标，他到哪里，哪里也就成了战斗的旋涡。他渐渐被重重包围起来，虎大威、杨国柱拼命冲杀，才把他救出重围。掌牧官杨陆凯紧拉住缰绳劝他突围，他怒喝一声："松手！"挥刀朝杨陆凯手上斩去，杨陆凯一松手，他又跃马杀了回去。

这是一场众寡悬殊的厮杀，是一场慷慨悲壮的搏斗。从卯时直杀到未时。杨国柱已经战死，虎大威率部突围走了；卢象升的标营也已死伤殆尽；

他已经不知道身负几处重伤，仍然疯狂地挥舞着他的大刀在敌阵中驰骋，清兵个个为他的神勇震慑，只是围成一个圆圈，像围猎一头猛虎，用弓箭向他攒射。他终于被射中了要害，从马上一头跌了下来。掌牧官杨陆凯，生怕别人残害了他的肢体，一跃猛扑在他的尸身上。一阵箭雨把他两人穿在了一起。

杨廷麟星夜兼程自鸡泽赶到保定，听说刘宇亮的行辕迁往安平；他又马不停蹄赶到安平。谁知刘宇亮早一天不知从何处得来的消息，听说清兵来攻安平，吓得六神无主，连夜起兵，逃往晋州。晋州太守陈宏绪早就听说这位督师辅臣胆小如鼠、畏敌如虎却又作威作福，不敢放他进城。在他到来时，四门紧闭，吊桥高悬，任其喊破喉咙，只是没人应声。他又连夜逃往真定。到真定后，惊魂少定，立刻上疏参了陈宏绪一本，把陈宏绪逮京治罪。杨廷麟正要向真定赶去，遇到了贾庄逃难的百姓，得知卢象升全军覆没、战死沙场的噩耗，杨廷麟便又急忙赶回贾庄。

往来刚刚六天，贾庄已经成为一片焦土废墟，到处是尸体狼藉，颓壁残垣。大部分尸体折臂断股，血肉模糊，甚至被人马蹄得腑破脑裂，烂碎如泥。杨廷麟找到半夜，还没有找到一具和卢象升相似的尸身，他有点绝望了。不禁悲愤莫名，仰头对着当头的明月高声喊道："苍天啊！苍天！你竟这样的忠奸不辨、贤愚不分，不长眼睛吗？九翁啊，九翁！你英灵不泯，难道就不容老朋友再见你一面吗？"

呼声刚落，他忽然听到前方低洼处传来一声战马的嘶鸣，循声望去，只见月光下一匹战马奔来，仿佛是卢象升的坐骑"千里雪"。杨廷麟跌跌撞撞地跑过去，一看果然不假。他轻轻地抚摸着千里雪的鬃毛，悲怆地说："马啊，马啊！人言一马三分龙，你能告诉我，你的主人在哪里吗？"那马果然有灵性，低头便去触摩旁边的尸体。杨廷麟急忙俯身细看，一个尸身背插二十四箭，形同刺猬，月光下，依稀是卢象升的掌牧官杨陆凯。他把杨陆凯的尸体挪开，只见下面一具尸体血污满面，二目圆睁，残破的战袍里，露出一片麻衣。这正是卢象升！杨廷麟连忙把他抱在怀里，热泪夺眶而出，如急雨一样滴落在他的面上。杨廷麟轻轻用袍袖拭去尸体面上的血污，然后把尸体平放在地上，撩衣跪倒旁边，失声痛哭起来。

第二天，杨廷麟安置好卢象升和杨陆凯的尸体，赶回京师，他要把卢象升为国捐躯的壮烈情况及巨鹿之战失败的因因果果向朝廷报告，他要再次参劾误国害民的杨嗣昌和高起潜。但是他万万没有想到高起潜已经恶人先告状，把巨鹿之战失败的责任横加到为国捐躯的卢象升身上，枉称卢象升轻敌浪战，丧师误国。崇祯帝偏听偏信，竟然怀疑卢象升是否殉难。杨嗣昌派几个亲信差役前去贾庄调查，暗中指使他们，回来后诬陷卢象升。部役俞振龙到贾庄后亲见亲闻卢象升殉国的惨烈情状，回来后据实报告，边说边哭，泣不成声。杨嗣昌大怒，严刑逼他改口。俞振龙受尽酷刑无改一词，最后竟被杨嗣昌榜掠致死。临死，俞振龙用尽力气喊道："死就死吧，卢督师是大忠臣，我们这些小人，岂敢欺天昧心，诬陷忠良！"

杨廷麟到京，听到这些消息，怒不可遏，立即具章为卢象升辩诬。奏折请吴伟业和冯元飚转呈。冯元飚看后，对吴伟业说："这道奏章一达御前，机部必死无异，我们也难脱干系。"吴伟业道："为什么？"冯元飚道："你仔细看看，机部折子里直斥高起潜见死不救，杨嗣昌多次抽调卢九翁的兵力。高、杨二人被圣上依为心腹，圣上能听信机部的话吗？机部以戴罪之身，这不是自寻死路吗？"吴伟业点头称是。于是二人连夜为他改写奏折，删去了弹劾高起潜、杨嗣昌的内容。崇祯帝看了杨廷麟的奏章，不便再追究卢象升的罪过，但仍以"轻战误国"为由，没有给卢象升任何赐恤。而杨廷麟也得免一死，贬到江南。当他得知吴伟业、冯元飚为他改写奏折的事情后，反而埋怨道："你们好心删去高、杨一段，却让后世人说我杨伯祥反不及一个部役！"

杨廷麟离京前写了一首长诗，名曰《悲巨鹿》，诗中写道：

岁星夜半犯东辕，群胡筚篥穿林宿。
木羽飞山昼气昏，日中未食我师覆。
尚书自斗落雕儿，奋呼訾怒声达目。
自言丈夫生不封侯死不辱，握手祖甲上下逐。
血染苴中四镟立，死君旁者一掌牧。
书生独死武臣存，赢得将军从杨仆。
上谷诸骑喘未定，半学胡语入人屋。
辽兵南屯五千里，谢使退舍如鼠伏。
噫嗟！
义军忍饥搏饷粮，十日不得呼麦麴。

> 一炬焦土忠人心，猛士八千什亡六。
> 苇沙风化魂未归，贾庄夜夜新鬼哭。
> ……

他把诗抄送给伟业诸人，希望相机为卢象升伸张正义。

吴伟业等人强颜欢笑为杨廷麟送行。短短数日之间，好友两次贬官，几经凶险，吴伟业心头笼罩着挥之不去的阴影。卢象升之死，给他的心头带来了巨大震颤，他对目前的宦海生涯，实在有点厌倦了。前天，他读了杨廷麟的《悲巨鹿》一诗，深深为朋友的美风豪气所感动，他由衷地敬佩卢象升，敬佩杨廷麟，自愧缺少他们那种视死如归的刚烈气魄。他把刚刚写好的一首题为《读杨参军〈悲巨鹿诗〉》的歌行送给了即将离别的朋友，诗中写道：

> 去岁敌入王师蹙，黄榆岭下残兵哭。
> 惟有君参幕府谋，长望寒云悲巨鹿。
> 君初出入铜龙楼，焉支火照西山头。
> 上书言事公卿怒，负剑从征关塞愁。
> 是日风寒大雨雪，马蹴层冰冻蹄裂。
> 短衣结带试羊羹，土锉吹灯穿虎穴。
> 高揖横刀卢尚书，参卿军事复何如？
> 宣云士马三秋壮，赵魏山川百战余。
> 岂料多鱼漏师久，谓当独鹿迁营走。
> 神策毬场有赐钱，征东戏下无升酒。
> 此时偏将来秦州，君当往会军前谋。
> 尚书赠策送君去，滹沱之水东西流。
> 自言我留当尽敌，不尔先登死亦得。
> 眼前戎马饱金缯，异日诸公弄刀笔。
> 君行六日尚书死，独渡漳河泪不止。
> 身虽溃落负知交，天为孤忠留信史。
> 呜呼！
> 美人骑马黄金台，萧萧击筑悲风来。

乃知死者士所重，羽声慷慨胡为哉！

即今看君《悲巨鹿》，尚书磊落真奇才！

君今罢官且归去，死生契阔知何处？

杨廷麟读罢慨然说道："天为孤忠留信史，吾愿足矣，卢公可以不朽矣！"连饮数杯，即日南下。

4. 风雨怀友生，江山为社稷

入塞的清军直到三月份才退出关外。清军这次入侵，转掠两千余里，下城六十余座，俘获人口四十余万，弄得明朝元气大伤。到了五月，张献忠、罗汝才又在湖北房县起事。朝廷命左良玉起兵征剿。张献忠、罗汝才大败官军于罗喉山中。崇祯帝震怒，将督师大臣熊文灿下狱，命杨嗣昌出京督师。

自杨廷麟走后，吴伟业、杨士聪整日心情郁闷，这日二人又到太白居来，借酒解闷。三杯过后，杨士聪道："近闻左良玉兵败罗喉山中，损兵折将。朝廷一反常态，未示惩戒，反有慰勉，这是为何？"

吴伟业道："左良玉不闻诗书之训，骁勇过人，一向被视为'福将'，甚得圣上爱重。听说川中有一女将，名唤秦良玉，训练了一支善使杆棒的娘子军，颇为骁勇。圣上称二人'男女双良玉'。既然爱重，当然要分外呵护了。"

"左良玉兵败罗喉，有人说非战之罪，"杨士聪有点神秘地说，"这罗喉乃是曜星，与日月星辰逆向而行。张献忠、罗汝才选择在这里立足，莫非另有深意？献、曹（罗汝才诨号曹操）皆是曜星，在这里作战自然吉利，而于王师当然不利了！"

伟业不禁莞尔。"凫岫！你何时相信起星相来了。岂不知罗喉还有一义？"

"你什么时候信起佛经来了？"杨士聪也笑了，"我岂不知罗喉乃佛祖的儿子，怀孕六载方才降生，是佛祖座前的十大弟子之一。这也都是前人杜撰，我们姑妄言之，姑妄听之罢了！"

二人边饮边谈，心情顿觉轻松了许多。正在这时，同馆好友王二弥来找伟业。他一进门便说道："二位在此逍遥，让我一番好找。骏公快回实录馆去，中使在馆中候着，有圣旨。"

伟业不敢怠慢，急忙回实录馆去，回到馆中，传旨的太监果然在馆中等候。伟业连忙摆设香案，跪倒接旨。宣旨后方知，皇上命他前往河南禹州，充任封王使臣。前不久延津、孟津两位藩王接连薨逝，其世子嗣封继承王位，但还没有举行嗣封大典。这次派伟业前往，就是代表朝廷，主持封王大典的。

这是一项十分荣耀的使命，朋友们都来祝贺。伟业却另有心事。一来，正当盛夏酷暑；二来，北方道路不靖，时有盗匪出没；三来，他于宦海生涯已经厌倦。因此心中并不十分高兴。但圣命难违，不管心中是否乐意都要恪尽职守。动身前，他仔细阅读了郑王世子朱载堉的传记，对郑世子潜心历算、乐律，淡泊名利，敝屣"千乘"王爵，让位他人的高风亮节大加赞赏，把他比作伯夷、叔齐，还有秦汉的东平侯和春秋的吴国泰伯。而延津、孟津二王正是郑世子之后。有了这些"功课"准备，典礼中的言谈应对可能会更加从容得体。

王命在身，伟业顾不得暑热难耐，七月初陛辞出京。过了漳河，到了河南地界，偶然想起同年张天机正是大梁人，此时正丁忧在家守制，何不趁此机会，登门拜访，在大梁歇息两天再走？此时的开封颇为富饶，城郭险峻坚固，宫观高大巍峨，车马辐辏，士女杂沓，五方百货，罗布错列。张天机难得有同年来访，极尽东道之谊，酒酣耳热之余，陪着伟业登繁塔，游梁孝王歌吹台，兴会淋漓。吴伟业在繁台最高处，北望黄河之水天上来，汹汹乎奔伊阙以走龙门，不禁心旷神怡，诗兴大发，题诗于壁曰：

> 登台雅吹列仙闻，客散梁园只夕曛。
> 天子旌旗怜少帝，诸王兵甲属将军。
> 两河词赋凌寒雪，千骑歌钟入暮云。
> 我亦倦游称病免，洛阳西去不逢君。

原来这歌吹台在开封东南，本是春秋时期晋国乐师旷歌吹之地。汉梁孝王刘武又踵饰繁华，加以修筑。当年辞赋大家司马相如、枚乘、邹阳等都曾登台作赋。台上有三贤祠，唐代大诗人李白、杜甫、高适都曾客游梁苑，如今供奉祠中。王安石也曾有《梁亡吹台》：繁台繁姓人，埋灭为蒿蓬。况乃汉骄子，魂游谁肯逢。缅思当盛时，警跸在虚空。蛾眉倚高寒，环佩吹玲珑。大梁千万家，回首云蒙蒙。仰不见王处，云间指青红。宾客有司马，邹枚避其锋。洒笔飞鸟上，为王赋雌雄。借今此不传，楚辞擅无穷。空余一丘土，千载播悲风。伟业登台凭吊有抚今思昔，缅怀先贤，与先贤生不同时，难得一遇的感叹。

梁苑虽好，却不是久留之地。两天之后他便告别张天机，继续向禹州进发。途经开封西南的朱仙镇，不禁又生思古之幽情。相传朱仙镇为朱亥故里，北宋名将岳飞曾在这里大败金兵。当他正准备再接再厉、直捣黄龙的时候，朝廷却一天连发十二道金牌，召他回京，结果壮志未酬，被秦桧一伙害死在风波亭。这宋代岳飞矢志不渝要抗的"金"，也就是现在的"建虏"，雄踞关外、虎视中原的"后金"。如果当年岳飞把金贼彻底歼灭，哪里还有今日无穷的东虏之患呢？思念之此，吴伟业决定停骖前去拜访朱仙镇的岳飞庙。祭拜之后，他又在庙中题诗一首，发抒感慨：

少保功名绛节遥，山川遗恨未能消。
故京陵树犹西向，南渡江声自北朝。
父子十年摧劲敌，士民三镇痛天骄。
嗟君此地营军险，祠庙丹青空寂寥。

古吹台今影

　　吴伟业离了朱仙镇，迤逦西行，数日后抵达禹州。稍事歇息，由当地地方官员陪同前往延津、孟津两藩府邸。封藩的各种礼仪是早已安排妥当的，天使到来依礼举行，一切都很顺利。吴伟业见两藩属地民生凋敝，田园大半荒芜。这里本是春秋时郑国封邑，地处黄河故道，灵昌津、棘津、石济津、延寿津、孟津，五津相连，统称延津。而今荒草黄沙一片，人烟稀少，数里之内不闻鸡鸣犬吠之声。至于孟津，在州邑之南，相传周武王伐纣，八百诸侯在此会盟，故又名盟津。西晋杜预曾在此处造桥南征。如今这些古迹早已荡然无存，令人兴味索然。

　　礼仪一毕，吴伟业立刻动身回京赴命。归途又到朱仙镇，正准备到驿站安歇，家人吴忠突然自家中赶来。吴忠告诉伟业，他的母亲朱氏安人背上长了痈疽，病势十分沉重。伟业闻讯，焦心灼骨。他顾不得回京复命，只在驿中修下表章两道，一以复命，一以告假，命人送表进京，自己则和吴忠连夜启程南归。到家以后，母亲幸得良医救治，病势大减。但外症虽痊，元气未复。伟业日夕守候床前，侍奉汤药起居。日子一长，忧劳兼至，自己竟然也生起病来。

　　再说杨廷麟到江西贬所后不久，就告假回乡。杨廷麟名声益重，在家稍停，便前往宜兴，访寻卢象升的家人和子孙，赠以金银布帛。他接着又放舟娄东，来寻访吴伟业、张溥等人。吴伟业、张溥遍请太仓及附近州县的复社社友和名流，为杨廷麟接风，会饮十余日。嘉定画家程孟阳专意为杨廷麟画像一帧，名曰《髯参军图》；钱谦益等人都有赠诗，盛赞杨廷麟的风节标高。吴伟业与杨廷麟交情最深，对他担任卢象升的参军，与卢象升共生死，进京为卢象升伸冤诸事了解最为清楚，于是写了一首长诗，名曰《临江参军》，赠给杨廷麟。杨廷麟表示衷心逊谢，伟业则说：此诗述事最真，论其事最当。即谓之诗史，也当之无愧。其诗曰：

> 临江髯参军，负性何贞栗。上书请赐对，高语争得失。
> 左右为流汗，天子知质直。公卿有阙遗，广坐忧指摘。
> 鹰隼伏指爪，其气常突兀。同舍展欢谑，失语辄面斥。
> 万仞削苍崖，飞鸟不得立。予与交十年，弱节资扶植。
> 忠孝固平生，吾徒在真实。去年羽书来，中枢失筹策。
> 桓桓尚书公，提兵战力疾。将相有纤介，中外为危慄。
> 君拜极言疏，夜半片纸出。赞画枢曹郎，迁官得左秩。

天子欲用人，何必历显职。所恨持禄流，垂头气默塞。
主上忧山东，无能恃缓急。投身感至性，不敢量臣力。
受词长安门，走马桑乾侧。但见尘灭没，不知风惨慄。
四野多悲笳，十日无消息。苍头草中来，整暇见纸墨。
唯说尚书贤，与语材挺特。次见诸大帅，骄懦固无匹。
逗挠失事机，倏忽不相及。变计趣之去，直云战不得。
成败不可知，生死予所执。予时读其书，对案不能食。
一朝败问至，南望为於邑。忽得别地书，慰藉告亲识。
云与副都护，会师有月日。顾恨不同死，痛愤填胸臆。
先是在军中，我师已孔亟。剽略斩乱兵，掩面对之泣。
我法为三军，汝实饥寒极。诸营势溃亡，群公意敦逼。
公独顾而笑，我死则塞责。老母隔山川，无繇寄凄恻。
作书与儿子，无复收吾骨。得归或相见，且复慰家室。
别我顾无言，但云到顺德。犄角竟无人，亲军惟数百。
是夜所乘马，嘶鸣气萧瑟。椎鼓鼓声哀，拔刀刀芒涩。
公知为我故，悲歌壮心溢。当为诸将军，挥戈誓深入。
日暮箭镞尽，左右刀铤集。帐下劝之走，叱谓吾死国。
官能制万里，年不及四十。诏下诘死状，疏成纸为湿！
引义太激昂，见者忧谗疾。公既先我亡，投迹复奚恤。
大节苟弗明，后世谓吾笔！此意通鬼神，至尊从薄谪。
生还就耕钓，志愿自此毕。匡庐何巀嶪，大江流不测。
君看磊落士，艰难到蓬荜。犹见参军船，再访征东宅。
风雨怀友生，江山为社稷。生死无愧辞，大义照颜色。

吴梅村的《临江参军》，有一小注：杨公廷麟，字伯祥，临江人。崇祯中以兵部赞画参督师卢象升军事。此五言长诗着力叙述、刻画了卢象升、杨廷麟的大义凛然、浩然正气，读来令人荡气回肠、感奋不已。此后，杨廷麟抗清复明，坚定不移，后投水自尽殉国，壮烈昭然。数日后，杨廷麟应钱谦益之邀前往常熟，程孟阳陪他前去。吴伟业为他们依依送行。三人刚刚登舟而去，京中传旨的使节就又到了家门。吴伟业想脱离宦海，悠游林下，看来是不大可能了。

5. 襄王置酒云台中，贼骑已满清泥东

吴伟业回乡后迟迟不肯销假回京，引起朝廷种种猜测，于是便连连降旨敦促。这次天使到来，又是催他回朝复职的。他少不得又写了一道情辞恳切的表章，此即《升任请养疏》，其中写道：

> 微臣受生尫脊，善病虚羸，往年给侍殿廷，时忧陨越。奉使中州，在途忽闻臣母背疽危笃，焦心灼骨，昼夜兼程。抵家之日，幸而得救。外症虽痊，元神难复。从此臣母不离伏枕，而臣亦以忧劳兼至，抱病困劣矣。为此投诚君父，拜表陈情，天地陶成，著于南雍供职。所冀讲授之暇，养身事亲，仰答生成。

吴伟业表章送达御前，崇祯帝悯其纯孝，准其所请。着内阁以南京请职处之。辅臣是薛国观的门生魏照乘，他巴不得去掉一个碍手碍脚的人，立即拟旨，命他任南京国子监司业。

明朝是我国封建王朝中一个十分特殊的王朝。明太祖朱元璋开国之初建都南京，明成祖朱棣从侄儿建文帝手中夺得了皇位后，改都北京，但以南京为陪都，或称留都。为了加强统治，或说为了搞政治平衡，北京、南京各有一套大致相同的政府机构。首都北京有的衙门、官吏，陪都南京照样都有，只不过北京有皇帝，南京没有皇帝罢了。南京的官员大多是皇帝或宰辅既讨厌又需要安抚的角色，被称为"清职"。吴伟业调任南京国子监也是这种情形。

南京国子监，位于鸡鸣山南麓，始建于洪武十四年，气势宏伟，有房舍一千多间。监内成贤门、集贤堂、明伦堂等建筑高大壮丽，蔚为壮观。因为成祖迁都后，北京又建了国子监，南京国子监被称作"南监"或"南雍""陪雍"。它的附近是碧波粼粼的玄武湖，朝晖夕阴，气象万千，背后是万木葱翠的鸡鸣山，绿树掩映中，隐约可见钦天监、功臣庙、同泰寺金碧辉煌的琉璃屋顶。院内古木参天，松柏杂植，枝柯交错，荫翳蔽日。

司业是国子监负责教学事务的六品文官，官职不大，但颇受士人敬重。司业居住的院落，厢房九间。院中有莲池，池岸栽种着垂柳。坐在厢房里，推开窗户，满室漾溢着芬芳的荷花香。院南端有一个八角亭子，旁边栽着梧

桐和翠竹，即使盛夏，也会感到微微凉意。出门不远便是功臣庙，中间供奉的是徐达、常遇春，左边供奉着李文忠、邓愈，右边供奉着沐英、汤和等人。配食的十六位开国功臣威武雄壮，栩栩如生。

尤其使吴伟业高兴的是南京国子监藏书丰富，这里有许多难得的善本、珍本图书，可供他阅读和研究，这是其他地方都难以具备的条件。另外，国子监是朝廷的最高学府，是青年彦俊聚集的地方。得天下英才而教育之，是人生一大快事，这又是使吴伟业感到满意的一个原因。上任第一天，就有两个才华横溢的年轻秀才来拜访他。一个是湖北黄冈的杜睿，他避乱来到金陵，长于诗词，五言律诗尤其作得好，深得老杜神韵；另一个是漳州镇海人涂仲吉，慷慨有奇节。交谈之后，知道他是天启年间当过通政使的涂一棒的二公子。涂一棒当年和顾宪成交厚，是著名的东林党人，曾经三次上书参劾魏忠贤的党羽汤宾尹，被阉党仇视，屡遭陷害。魏忠贤一伙败亡后，涂一棒已经病故，涂仲吉为父亲没有等到阉党败亡抱恨终天深感遗憾。他和黄道周同乡，十分敬重黄道周的人品学问。在这一点上，吴伟业和他最有共同语言，一见面二人便觉得分外投缘，相见恨晚，遂成为忘年之交。

吴伟业的同年叶树声也在南京做官。伟业来到南京以后，二人经常来往。叶树声也是乌程人，和温体仁是同乡。在温体仁当政时，同乡们趋炎附势，都争相巴结温体仁，唯有叶树声不趋附，多次受到同乡们的抨击，但叶树声仍然不肯屈服，后来被贬往南京。这日他和伟业到祖堂山中游玩，天色已晚就借宿在山寺中。祖堂山又名幽栖山，是牛首山的分支，也是南唐的皇家陵墓。叶树声告诉伟业，阮大铖、马士英贬黜后都在南京，仍旧不甘寂寞，每日奔走权要之门，造请无虚日，目的自然是希望东山再起。有一天竟然到叶树声府上拜访，被叶树声挟枪带棒地挖苦了一通，灰溜

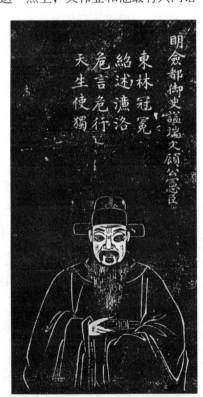

"东林先生"顾宪成石刻像

溜地走了，说到这里，叶树声感慨道："阮大铖为人阴险多端，此人不死，必乱天下。"伟业深以为然。

这天，叶树声又邀了几个朋友来拜访吴伟业。他们是叶的同僚詹月如和号称"金陵二白"的白梦鼎、白梦霱兄弟二人。他们告诉伟业，合肥龚鼎孳刚来金陵娶了秦淮名妓顾媚娘，不少朋友前去贺喜，希望伟业能够同往。伟业和龚鼎孳颇有交情，多日不见，正好叙旧，于是欣然应约。刚和龚鼎孳见面，顾媚娘的一伙青楼姐妹就来了。她们缠着龚鼎孳行令饮酒，戏谑逗笑，伟业颇觉无聊，悄然离座，和叶树声、詹月如寻个僻静小船，荡到旁边去了。三人饮酒赋诗，谈古论今，游兴颇高。无意之间，叶树声和詹月如谈到了朝中刚刚发生的一件事情，引起了伟业的关注。

"骏公兄可知漳浦黄石斋先生受廷杖的事情吗？"

"什么时候？"吴伟业大吃一惊，"黄先生不是已到江西去了吗？"

"也就在八月之初。"詹月如道，"石斋先生贬官不久，成宝慈上疏参劾杨嗣昌擅权误国，并为石斋先生鸣不平。皇上大怒，把成宝慈革职提讯，锁拿进京。这时黄石斋刚到江西任上，江西巡抚解学龙又疏荐黄石斋忠直博学，才可大用。皇上怀疑三人朋党为奸，遂把黄、解二人逮进京中。三人拒不认罪，黄石斋遂被廷杖下狱。"

吴伟业闻听此言，哪还有心思饮酒作乐？他于是佯称身体不适，告别二人，匆匆回到国子监来。鉴于成宝慈、解学龙的前车之覆，吴伟业亲自上疏申救黄道周，不仅于事无补，反而会增加崇祯帝的怀疑。他想，如果由一个名不见经传的太学生上书皇上，或许会引起崇祯帝的重视，使他较为冷静地处理这件事情。找谁合适呢？他想到了涂仲吉。

深夜，他把涂仲吉请到了自己房中。

"德公！深夜请你前来，有一件紧急的事情要和你商量。"伟业叫着涂仲吉的表字，亲切地说。

"先生有事只管吩咐，"涂仲吉爽快地说，"但凡仲吉能办的，一定不遗余力。"

"你坐下，"伟业十分踌躇地说，"这事非同小可，弄不好会毁了你的前程，甚或……"

涂仲吉不禁一愣。但稍一定神，立刻站起，抱拳当胸，平静地说："先生只管吩咐。我知道先生绝不会要仲吉去干什么不忠不孝之事。只要有利于国家社稷，不要说什么个人前程，即使身家性命也在所不惜。"

"贤契请坐。"伟业激动起来，"如此一说，我先替漳浦先生谢过贤契。"说罢，伟业深深一揖，惊得涂仲吉又站了起来。

"石斋先生怎么了？"

"贤契你听我慢慢说来。"于是伟业从头至尾把黄道周遭廷杖下大牢的事情讲了一遍，并把自己的想法告诉了涂仲吉。涂仲吉毫不迟疑，慨然应诺。第二天，他便带着吴伟业草拟的疏稿和送给黄道周的银两衣帛等物，赶往北京去了。

涂仲吉一到京师，立刻上疏为黄道周辩冤。奏疏说："道周一生学问，只知君亲。虽言常过憨，而志实忠纯。昔唐宗不杀魏徵，汉武优容汲黯。皇上远法尧、舜，奈何出汉、唐主下！"崇祯帝怒不可遏，将涂仲吉投入刑部大牢，严刑拷打，追问幕后主使。涂仲吉高声说："此事何用人主使？可剖吾心肝呈献皇上，以明道周之无罪！"由于涂仲吉死不招认，最终被判了流刑。而吴伟业得以幸免，没有受到株连。

崇祯十四年春，好友穆苑先、吴志衍、宋子建接连来访。朋友们倾心交谈，自然会谈到已成燎原之势的农民起义。曾经一度被朝廷招抚的张献忠，经过一年多的休整，又元气渐复，重新举旗造反，攻破襄阳，纵横湖北、巴蜀，打乱了杨嗣昌"四正六隅"的围剿计划。李自成南原大败之后，隐伏于商洛山中，此时趁朝廷重兵围剿张献忠的时候，又从商洛山中杀出，由郧阳、均州入河南。适逢河南大旱，斗谷万钱，民不聊生，流离失所。义军所到之处，饥民云合响应。时间不长，"闯"字大旗之下就聚集起几十万人马。接着李自成兵破南阳，杀死唐王朱聿镆。被崇祯帝倚为塞上长城的督师辅臣杨嗣昌畏罪自杀，大明江山已在风雨飘摇之中。襄阳、南阳都是军事重镇，是大明封藩所在，接连失陷，难免使吴伟业深感震惊和忧虑。

"襄阳、南阳城高池深，又有重兵把守，怎么会失守呢？"

"听说张献忠兵过宜城，探得襄阳守军尢备，就挑选二十名奇兵，由张可旺带领，假扮成官兵，夜晚来到城下，骗开城门。张献忠亲率大队人马疾驰而至，趁势入城。城中大乱，贼兵打破襄王府，活捉襄王。襄王朱翊铭，系仁宗六世玄孙，承襄王爵。平日养尊处优，被擒之后，备受榜掠羞辱。张献忠高坐华堂，命人把襄王牵至面前，奚落他说：'俺老张本无心杀你，但杨嗣昌尚在四川，只好借一借你的头颅，赏杨嗣昌一个陷藩大罪，将来让他还你一颗头颅好了！'说罢迫他饮酒一杯，然后斩首。王府眷属尽皆杀害。"吴志衍说罢，众人无不叹息。当天晚上，伟业忧心忡忡，难以入睡。想想白天朋友们的谈话，张献忠焚掠襄阳，杀害襄王的情景如在眼前。他一气呵成写下了七言古诗一首，名为《襄阳乐》。其中写道：

百余年来乱再起，青袍白马来秦仓。吾闻襄阳城北七十二峰削天半，中有黑帝時，白玉为阶陀，黄金为宫观。曾佐真人起冀方，今日王师下江汉。江汉耀兵逍遥歌，祝鳌祠下诸军过。庙中燕王破阵乐，襄阳小儿舞傞傞。新都护，称相公，知略辐辏承明宫，带刀六郡良家从。相公来，车如风，飞龙厩马青丝骢。襄王置酒云台中，贼骑已满清泥东。嗟呼！呼鹰台畔生荆棘，斩蛇渚内波涛立。夜半城门门牡开，蒲胥剑履知何及！襄阳之乐，乃在汉水广，岘山高，故宫落日风萧萧。

诗里既有对襄王之死的哀叹，又有对杨嗣昌的嘲讽，更有忧时伤世的感喟。当好友吴志衍离开南京要回太仓时，伟业为他送行，临别时说："天下大势既然如此，我又何必久恋腐鼠不归呢。兄长回乡洒扫草堂等着我吧，大丈夫终当脱朝服，挂虎门，不能作老博士久署纸尾。"

吴志衍则慨然说道："河朔风烟四起，诸拥兵大将玩敌养寇，纵兵掳掠。朝廷若命我为将，只需五千人马，我一定把流贼和误国奸佞尽数诛杀，让百姓安居乐业。可如今朝政混乱，清浊不分，我辈报效无门，不归隐又有何用！"

二人相对慨叹一番，握手而别。吴伟业送别志衍，苏州老诗人、老画家邵弥又来拜访他。邵弥，字僧弥，本来是钱牧斋的弟子，多才多艺，诗学陶潜、韦应物；绘画宗宋元画派，而楷书逼似虞世南、褚遂良，但怀才不遇，被人当作迂腐。每当宾客来访，他还慢条斯理，顾左右而言他，过了一个时辰还不出迎；和人一起饮酒，喝不了半杯，便似醉非醉地垂头熟睡。就这样一个怪人，和伟业却颇为投缘。二人共登鸡笼山，东望皖楚，共话时事，忧生伤乱，泣下沾襟。伟业暗道："世人皆道邵翁迂僻，真是有眼无珠，不识贤愚。"吴伟业临别赠诗道："归鸟欲争山，山中自掩关，不知云去住，但见鹤飞还。梅影参差冷，松声动静闲。唯余一溪水，流出到人间。"邵弥非常喜欢这首诗，和伟业相约，等伟业辞官归来，同隐山林。

此后，来拜访吴伟业的还有南都兵部职方司郎中钱位坤。钱位坤，字大鹤，长伟业三岁，与伟业同年，文武全才，熟知兵机。但他不满于上司的醉生梦死，尸位素餐，愤然辞职。他和伟业共游钟山，浮舟长江，论及天下大势，慷慨激昂。伟业赠诗曰："极上层城千里峰，少年白袷耀军容。沿淮车骑高牙壮，横海楼船画戟重。士女吹箫梁苑柳，江山鼓角孝陵松。如君莫负驱驰志，三十通侯已实封。"伟业想劝朋友不要消沉，莫失驱驰之志，但他自己却决心挂冠归隐了。

辞官归隐，总要有一个名正言顺的借口。不然朝廷是不会轻易允准，开笼放鸟的。崇祯十四年六月，朝廷连降恩旨，提拔吴伟业为左中允、左谕德兼侍讲学士。恰在这时，他的伯父去世了。他的伯父没有亲生儿子，吴伟业立刻上疏，称自己早年过继给自己的伯父，伯父也就是嗣父。嗣父亡故，告假丁忧，是合情合理、顺理成章的事情。得到允准后，他连忙"拔脚风尘际"，离开南都，回到了太仓。

6. 梅村别墅

吴伟业辞官归来，脱却官服，摘去乌纱，顿觉浑身轻松。在太仓卫的东边，原万历朝吏部郎中王士骐（王世贞之子）有一处别墅，名叫"贲园"，占地百余亩，有山有水，风景秀丽。但王家家道中落，不能守业，只好易主。吴伟业罄尽为官多年的积蓄，买了下来，把他的朋友、江南著名园林艺术家张南垣请到家中，为他设计改建。

这张南垣本是华亭人，后来迁居秀州。少年学画，善画人物，兼擅山水，后来醉心于园林艺术。他把水墨画的匠心技巧化用于园林设计，所以构建的园林极富诗情画意，尤其善于营造假山，其他工匠概莫能及。他所建筑的假山，好像奇峰绝嶂，山势"优而起，突而怒，为狮蹲，为兽攫，口鼻含牙，牙错距跃，若似乎处大山之麓，截溪断谷""有林泉之美无烦登之劳"，毕肖名山气势，只是具体而

王世贞像

微。他和吴伟业交情颇深，不拘形迹，造园时一边谈天论地，一边指挥工匠施工。整个园林的构造布局，仿佛早就在他心里，"山未成，先思著屋；屋未就，又思其中之所设施；窗棂几榻，不事雕饰，雅和自然"。这座本已残破的老园子经过整改，焕然一新：园外绿树四合，垣墙环绕；园内假山池沼，亭台轩榭，错落有致；于清水萦绕、花树掩映之中，建造了乐志堂、梅花庵、交芦庵、娇雪楼、旧学庵、苍溪亭等房舍。吴伟业把整个园子取名为"梅村"。园子竣工后，吴伟业曾写《梅村》诗一首抒怀道：

> 枳篱茅舍掩苍苔，乞竹分花手自栽。
> 不好诣人贪客过，惯迟作答爱书来。
> 闲窗听雨摊诗卷，独树看云上啸台。
> 桑落酒香卢橘美，钓船斜系草堂开。

梅村别墅建成后，吴伟业有了一个躲避政治风浪的港湾。虽然表面看来他似乎已经离群索居，甚至对友人的书信也"惯迟作答"，但来梅村做客的朋友还是络绎不绝。周肇、顾湄、黄与坚、许旭等朋友和后辈经常陪伴他吟咏于旧学庵中，日子颇不寂寞。有时兴致所至，他还和朋友们开个玩笑。譬如，周肇，好黄老之学，嗜酒好赌，读书爱用方言，他就写诗调笑说：

> 大隐先生赋索居，比来诗酒复何如？
> 马融绛帐仍吹笛，刘向黄金止读书。
> 穷赖文章供饮博，兴因宾客卖田庐。
> 莫临广武频长叹，醉后疏狂病未除。

一次张南垣讲了一个在苏州行院遇见年轻妓女的笑话，在座的人都笑得前仰后合。吴伟业写诗嘲笑他说：

> 莫笑韦郎老，还堪弄玉箫。
> 醉来惟扪腹，兴极在垂髫。
> 白石供高枕，青樽出细腰。
> 可怜风雨夜，折取最长条。

　　来梅村做客的众多朋友中，引人注目的还有一些方外之士，著名僧人。因为此时的吴伟业由于政治上的苦闷，归隐之后又转而向佛经中寻求解脱。这些方外之交中，最为著名的有苍雪和继起两位和尚。苍雪和尚俗姓赵，自幼便出家为僧，十九岁远游来到苏州一带，拜巢松和尚为师，后来成为东南佛门大师。继起和尚俗家姓李，早岁出家，法名洪储，字继起，先后做过天台国清寺、吴县灵岩寺等著名寺院的主持。他听说吴伟业归隐后有心向佛，特来梅村造访，临别时吴伟业赠诗相送：

《送继起和尚入天台》
振锡西泠渡，潮声定后闻。
屐侵盘磴雪，衣湿渡江云。
树向双崖合，泉经一杖分。
石林精舍好，猿鸟慰离群。

　　此外他还和照如禅师、心函上人、无生上人等名僧交往谈禅。这时隐居梅村的吴伟业俨然是一个佛家子弟了。

　　正当吴伟业在梅村别墅悠悠逍遥之时，忽然接到告假在家的礼部主事吴昌时的书信，邀他到自己在嘉兴老家的别墅"竹亭湖墅"做客。吴骏公久静思动，他不断听张南垣说起，吴昌时的竹亭湖墅是他建造的园林中最得意的一所，很想去亲眼看看，和自己的梅村作个比较；更为重要的是，吴昌时刚从北京回来，必然了解京师的近况，自己正好打听打听，了解时局。于是，次年二月，吴伟业便动身到嘉兴去了。

　　吴昌时，字来之，是复社社友，吴伟业的乡试同年，崇祯七年进士，后来当了礼部主事。此人热衷权势，嗜名躁进，又贪财好利，人品不怎么好。吴伟业后来在《复社纪事》中评价他说："来之不知书，粗有智计，尤贪利嗜进，难以独任。"由此可见他对此人看法之负面。但毕竟是同一个政治圈子里的人，何况在复社同温体仁、薛国观等人的斗争中，吴昌时多方奔走，确实出了大力，因而吴伟业和他交情还不错。后来，薛国观倒台之后，他又怂恿张溥，动员复社的力量，支持周延儒复出。恰巧崇祯帝这时比较先后罢黜的几任首辅，觉得周延儒还比较令人满意，于是周延儒得以再次入阁。吴昌时自以为智计非凡，神通广大，难免忘乎所以，更为骄横起来，成为政敌们攻击的靶子，终于引来了杀身之祸。不过这都是后话了。

正当吴昌时踌躇满志的时候，吴伟业来到了嘉兴。他对吴伟业的来访，表现出了极大的热情。他陪同吴伟业观赏了竹亭湖墅的各个角落，其景色秀丽、布局奇绝，令吴伟业大开眼界。吴昌时还陪吴伟业游历了别墅不远的鸳鸯湖，遍邀当地名流为吴伟业举行了盛大的宴会；会上唤出家中的乐工优伶侑酒助兴，其奢华排场，高调张扬，令吴伟业暗暗吃惊。可能是对这种不合时宜的虚骄奢靡不以为然，吴伟业在竹亭湖墅没有多留，便告辞吴昌时，到杭州游西湖去了。

游罢西湖归来，他和好友冯元飚一同泊舟杭州北面的塘栖。二人刚刚置备小菜四碟，美酒一壶，举杯小酌，忽然听人说"福建黄太史来了"。二人猜想"福建黄太史"，可能是黄道周。其他人断然不会有这么大的名气，所到之处，引起如此轰动，于是连忙前去寻找，终于找到了一只小船，阔别四年的黄道周果然正在船上。"廷杖"是明代皇帝惩治大臣的酷刑。它一改历代封建王朝"刑不上大夫"的传统，对触忤圣意的大臣，在朝堂之上当众杖责，既使他们皮开肉绽，又使他门颜面扫尽。黄道周被廷杖八十，自分必死。但监刑的东厂提都太监曹化淳多了一个心眼，他知道崇祯皇帝喜怒无常，说不定有朝一日，出于什么原因不得不为黄道周平反昭雪时，会随手把责任一股脑儿推到自己头上，拿自己当替罪羊。这样的前车之鉴已经不少了，他不能不为自己留个后路。于是在行刑的时候，暗示手下"杖下留情""雷声大，雨滴小"。棍棒打得劈里啪啦，表面看皮开肉绽，鲜血淋漓，其实没有伤及筋骨和内脏，如其不然黄道周早就没命了。廷杖不死，黄道周被关押诏狱。后来形势变化，杨嗣昌剿贼无功，朝野一片攻讦，后来畏罪自杀，黄道周的案子自然也就有了转机。到了年底，案子被定了下来，死罪得免，谪戍湖南辰阳。因为杖伤未愈，直到崇祯十五年春天，他才离开北京前往谪所。当时张献忠的农民军已经攻占长沙，三湘四水一片烽火，明朝的桂王、惠王、吉王结伴奔逃。黄道周不得不绕道浙江，恰巧在这里遇到了吴伟业和冯元飚。

黄道周的小船十分狭小，一床简单的被褥就铺在船板上。舱内只有一只小几，上面放着砚台和两支笔。黄道周在床铺上盘膝而坐，吴伟业、冯元飚各坐在一段横木上。吴伟业百感交集，详细询问黄道周的身体情况；黄道周只简单地作了回答，便拿出他在狱中所注的《易经》两卷，让吴伟业观看。

吴伟业看到纸页上斑斑血染的指纹，不禁热泪盈眶。冯元飚正要开口对黄道周不幸受到杖责进行宽慰，黄道周却先开了口："我辈读书人为官事君，只问所言所行是否有利于君国，不问是否有利己身。当此国势危急之时，直言极谏以匡朝政之失，正是我辈立朝事君之道。雷霆雨露皆是皇恩，何必戚戚于自身荣辱？所憾者唯言不为听，计不为用。不唯上负国恩，下负百姓，亦深负平生所学。"说罢又自责地叹息起来。

"岁寒然后知松柏之后凋，"吴伟业道，"先生风骨实为万世楷模。还望先生为天下爱惜身子，多加保重。"

黄道周惨然一笑道："圣上虽刚愎好胜，仍不失为有为之君。比诸嘉靖、天启，我辈幸运多多了。杨椒山劾严嵩、杨文儒劾魏阉，只论是非，不计祸福，最终杀身成仁，才是我辈的楷模呢，我在诏狱，正关押在'白云库'，也就是周忠介、周宇建归天之所，自忖不久将追随二位先贤于九泉，不料命不当绝，苟活到今，还能与二位重逢。"

"上天有眼，先生绝学，亦不当绝。"冯元飚手捧黄道周狱中所注的《易经》，无限感慨地说。

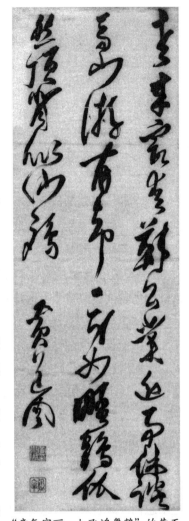

"意气密丽，如飞鸿舞鹤"的黄石斋书法

"以先生的年龄、身体，廷杖之后，身陷北司，我等实在担心。"吴伟业抚摸着黄道周杖伤未瘥的两膝说。

"能够不死，多亏了吕先生，"黄道周说，"廷杖之后，气若游丝。抬入镇抚司大牢时，我已昏迷不醒。厚载门外，有一吕先生，善治杖伤。听说我因参劾杨嗣昌、谏请废练饷受杖责，命在旦夕，不顾八十高龄，亲到狱中为我施治，敷以祖传膏药，饮以秘藏金丸散，才把我从鬼门关里救了出来。伟业的高徒涂仲吉也蒙吕先生医治，现已无恙。多谢二位高义，为老朽费心了。"

"吉人天相。先生忠义，感天动地。晚辈所为，不足挂齿。吕先生的义举，正是被先生高风亮节感动的结果。"吴伟业道。

"国事如此糜烂，留此微躯何用？"黄道周忽又痛苦地说，"贼势日炽，杨嗣昌劳师糜饷，丢城失地，仰药自裁；洪享九松山城破被俘，丧师十余万，日前有消息说，已经绝食殉节；又听说汪乔年、傅宗龙在襄城被李自成打得大败，开封城危在旦夕。就连我谪戍的辰州，也在献贼的围困之中。这可如何是好！"

吴伟业、冯元飚也只有摇头叹息。黄道周的家童煎好了茶，为三个人各斟了一盏，放在矮几上。刚退出船舱，又掀帘进来禀报说，岸上又有人来拜见先生。吴伟业出来一看，原来是陈子龙和陈达情。于是小小的船舱里显得更局促了：陈子龙紧挨着吴伟业盘膝坐下，陈达情背对着舱门斜倚着。陈子龙在绍兴做推官，刚从塘报得知，洪承畴松山被俘后并没有尽节殉国，而是认贼作父，投降了东虏。于是黄道周又感慨起来："时穷节乃见，这话一点不差。洪承畴陷没之后，人人以为他深蒙圣上知遇，天高地隆，必然血洒虏廷，断无惜死之理。必将与文信国前后辉映，与张睢阳、颜长沙一样名垂竹帛。想不到他竟然如此没有骨气！"

"不久前的塘报上还说'洪总督已绝食数日，一任敌人百般劝诱，只是不理，最终为国殉节'，怎么刚过了几天，就又变节了？"吴伟业问道。

"从前大概是讹传。"陈子龙说，"朝廷也被蒙在鼓里。各种褒奖荣典已经颁布，什么赐谥忠烈，赠太子太保，并且在正阳关帝庙边还为他建立了一座昭忠祠，御笔亲题'忠魂不朽'四个大字，圣上还亲自写了祭文，前往祭奠。这下可好，算把朝廷的颜面丢光了！"

"会不会又是以讹传讹？"吴伟业又问。

"哪能呢？"陈达情接口说，"圣上已有诏旨：着将洪承畴之子及其在京家人，不论男女老少，一律逮入狱中，听候发落，并将其在京家产籍没。听说，祭祀已经终止，灵棚已经拆除。洪家的门前泼满了屎尿，合府上下没人敢走出大门。"

"唉，这也是罪有应得。"冯元飚说，"既不能作张睢阳和文文山，又不能作苏武和班超。竟然辱节降虏，岂不贻羞父母妻子？"

"但愿他能成为王景略，虽然身陷夷狄之邦，千万不要为虎作伥，为祸父母之邦。"吴伟业道。

"他未必能够，也由不得他。"黄道周说。

夜深了，四个人和黄道周依依作别，各回住处。第二天黄道周不等他们前来送行，留下一封长信，勉励他们为国效力尽忠，悄然提前离去。

吴伟业游兴阑珊，告别陈子龙、冯元飚，准备回太仓去。一路上，洪承畴变节降清的事在他脑海里翻腾不息。他想松山、锦州既失，洪承畴、祖大寿都是熟知明朝军政情形的人，既为清人所用，为祸不可估量。通过山海关的道路已经畅通无阻，东边的形势将更加危急，亡国之祸已迫在眉睫。他越想心头越觉沉重。船行在京杭大运河上，夕阳如血，映得河水一片胭脂色。他猛然想起松山城下，十三万将士血流如河的惨状，不禁打了个寒战，心里泛起阵阵凉意。他极目向北眺望，苍茫的天际依稀传来阵阵喊杀声，仿佛大队清兵已越过风雪边城，漫山遍野杀来。定睛看时，却是河岸上的林木在晚风中摇曳，飒飒作响。不知何时，太阳已经落山，他转身进入船舱，点起油灯，想闭起眼睛养一养神。但听着波浪拍打船舷的声音又神思飞跃心潮难平，他索性拿起笔来，口中吟哦，笔下挥洒，把胸中郁结的情感写在纸上：

拔剑倚柱悲无端，为君慷慨歌松山。

卢龙蜿蜒东走欲入海，屹然撑拄当雄关。

连城列障去不息，兹山突兀烟峰攒。

中有垒石之军盘，白骨撑距凌嶙峋。

十三万兵同日死，浑河流血增奔湍。

岂无遭际异，变化须臾间。

出身忧劳致将相，征蛮建节重登坛。

还忆往时旧部曲，喟然叹息摧心肝。

呜呼！玄菟城头夜吹角，杀气军声振寥廓。

一旦功成尽入关，锦裘跨马征夫乐。

天山回首长蓬蒿，烟火萧条少耕作。

废垒斜阳不见人，独留万鬼填寂寞。

若使山川如此闲，不知何事争强弱。

闻道朝廷念旧京，诏书招募起春耕。

两河少壮丁男尽，三辅流移故土轻。

牛背农夫分部送，鸡鸣关史点行频。

早知今日劳生聚，可惜中原耕战人！

　　两行清泪，从脸上流下，滴落在纸上。吴伟业实在写不下去了。他掷笔于案，和衣倒在舟内简单的床铺上，让伤心欲碎的梦，随着大运河的流水一起漂流……

第四章 甲申之变

1. 初识卞赛

　　船到苏州，吴伟业忽生重游虎丘之兴，于是命舟子转舵白洋湾，徐徐驶入七里山塘。荷香菱风里，只见画舫如织，琴声莲歌和着呀橹声随水漂流。前面不远处一只画船，装饰并不华美，有一绿衣女子，正在凭栏弹琴，铮铮琴声里传出清脆歌声。吴伟业侧耳细听，唱的却是范成大的两首七言绝句：

> 南浦春来绿一川，石桥朱塔两依然。
> 年年送客横塘路，细雨垂杨系画船。
>
> 西风初入小溪帆，旋织波纹绉浅蓝。
> 行人闹荷无水面，红莲沉醉白莲酣。

　　吴伟业悠然神往，满怀愁绪顿时消散，正想听下韵，却听不见了，不禁随口吟咏道：

> 一川新涨熨秋光，挂起篷窗受晚凉。
> 杨柳无穷蝉不断，好风将梦过横塘。
>
> 饭后茶前困思生，水宽风稳信篙撑。
> 不知浪打船头响，听作凌波解佩声。

吴伟业吟咏的也是范成大的绝句，况且末句隐含着《列仙传》中江妃解佩赠郑交甫的典故。诗一出口，吴伟业深自后悔，觉得有失庄重。正自歉疚间，前面船上的琴声忽然停了下来，一绿衣丫鬟从舱内出来，扬声对吴伟业说道："后面船上的相公如有雅兴，请到前面普福桥桥头亭上一聚，我家姑娘先行恭候了。"说罢转身回舱去了。

吴伟业虽然不是风月场中的常客，但宿娼狎妓也非第一次，见此情景，自然心领神会。他觉得一路烦闷正可借此排解一下，于是便尾随着那只画船，到普福桥来。人在船上老远就看见桥南头有座八角琉璃亭，鸟翼状的檐角倒卷着，角下悬挂铜铃。每当一阵风来，铜铃便叮当作响。檐下的匾额上写着"横塘古渡"四个大字。船在桥头靠岸，吴伟业下了船，背着双手，径直向亭上走来。来到亭上，却不见一个人影，吴伟业不禁哑然失笑，顿生受人捉弄之感。他举目四望，只见山塘南岸，东边不远处，几株垂柳下，停着一只画船，模样儿依稀便是方才那艘。就在画船停靠的河岸上有一座院落，虽不甚大，但颇严整。门前几竿翠竹，院内绿树掩映，一幢小楼居中，数间茅屋环卫。吴伟业正端详间，一阵铮铮琮琮的琴声从小楼传出，仔细一听正是刚才画船上那绿衣女郎弹奏的曲子。他不禁望着小楼怔怔出神。一阵清风拂面，只听那女子和琴声唱道：

> 夏半横塘风日多，画船载酒压晴波。
> 高田得雨皆粳稻，长荡翻云足芰荷。
> 未必他年成故事，也须随处结行窝。
> 悠悠十里城西路，此是登山第一歌。

吴伟业知道这是成化年间苏州状元吴宽的诗句。"未必他年成故事，也须随处结行窝"两句寓意明显不过，他不禁一阵狂喜，心头鹿撞。吴伟业不是那种随处拈花惹草的浪荡文人，但他深喜这一女子的才思诗情，觉得能够结识这样的风尘女子，也是人生幸事。正当他意马心猿的时候，耳边忽然传来一串银铃般的声音："相公果然是我家姑娘的知音，听得如此专注，快请家中去吧，我家姑娘已经等候多时了！"

吴伟业不禁面红过耳，转头看时，正是画船上那个丫鬟，连忙掩饰性地笑了笑说："承蒙你家姑娘谬托知音，其实在下于琴知之甚微。但不知你家姑娘芳名怎么称呼？"

"我家姑娘姓卞，单名一个赛字。"那丫鬟不无骄矜地说，"相公如果来过苏州，不会不知道我家姑娘的芳名吧？"

"姑娘勿怪。"吴伟业笑着说，"在下初来苏州，孤陋寡闻。"

"我家姑娘对相公可是心仪已久了。"那丫鬟狡黠地一笑。她见吴伟业发愣，连忙笑着催促道："快到家里去吧，一见面，什么谜底不都揭破了？"那丫鬟说罢，一溜小跑转身去了。

吴伟业不再迟疑，望着那丫鬟的影子，跟在后边。"卞赛"这个名字，他早就听说过，那还是在南京国子监司业任上的时候。在秦淮河畔诸多青楼女子中，她虽不是风头最健的名妓，但也绝不弱于李香君、柳如是、董小宛、顾盼盼等人。当时吴伟业"职司雍贰"，为人师表，断不能游冶青楼妓馆，虽闻卞赛艳名，但不曾谋面。令他不解的是，原本在秦淮逍遥自在的卞赛，何故来到吴门？边走边想，不觉已经来到门口，只听那丫鬟笑着说道："到了！到家了！相公还到哪里去？"

吴伟业闻声止步，一抬头才发现自己已经来到一座竹树掩饰的雕花门楼前。门楣上一块不大的匾额，写着"幽兰居"三个字，字迹娟秀，颇得《黄庭经》精髓。门开一扇，朱帘低垂，隔帘可见院内假山照壁。那丫鬟撩起帘笼，请吴伟业进门，便随手把门掩上。吴伟业刚过假山，进入天井院内，架上的鹦鹉便连声叫起来："客来了！客来了！"

听到鹦鹉叫声，一个年逾不惑的女人从楼下客厅里迎了出来，满脸堆着笑容，亲切而又庄重地寒暄道："我们母女初来姑苏，想不到有贵客临门，有失迎迓，还望相公恕罪！"

吴伟业见这女人沉静雍容，完全没有寻常鸨母那种风骚轻浮的庸俗之气，暗暗称奇，不觉产生了几分好感，连忙逊谢道："在下初到吴门，仓促造访，还望妈妈不要见怪！"

"相公光临，乃是小女的福分，快快进屋吧。"这妈妈一边让客，一边望着楼上边喊道："赛丫头！贵客到了，还不快下来！"回头又对那小丫鬟道："柔柔！还待着做什么？还不快去请你家姑娘！"那小丫鬟抿嘴一笑，一阵风似地上楼去了。

吴伟业步入客厅，架上的鹦鹉就又叫起来："奉茶！奉茶"鸨母请吴伟业坐下，忙去张罗茶点。楼梯上一阵脚步声响，一位妙龄女郎从楼上缓步下来。吴伟业眼前顿时一亮，来者正是画船上弹琴的女子。只见她瓜子形的脸庞上一双剪水瞳子，丹凤眼配着两弯淡淡的柳叶眉，秀发如云，又黑又亮，梳着苏杭一带姑娘们常见的髻，浅浅的一对梨涡，笑如桃花。一身绿底暗花的苏缎长裙，苗条匀称的身段显出丰姿绰约的轮廓。吴伟业一时想不起于何处见过，但隐约觉得亲切，正思忖间，那女子却笑盈盈地开了口："吴大人确实是诚信君子，小女子孟浪邀约，原不敢奢望大人践约，不成想大人这么快就移玉寒舍。小女子真是三生有幸了！"

说话间，那丫鬟双手托着一个描金茶盘，茶盘上放着一把兰花白底的瓷茶壶，一对茶盅，放在吴伟业面前的几上，一边沏茶一边笑着说："这是我家姑娘亲手为吴相公煎的碧螺春，相公到时刚刚煎好。相公可要细细品味啊！"

旧传卞玉京像

吴伟业虽是三十多岁的人了，但不谙风月场上的调情应酬，难免面现窘色。卞赛连忙说道："柔柔这丫头就爱耍贫嘴，就不怕吴大人见笑！"说着把一个盅儿移到几的一端，然后自己在一侧的椅子上落座。吴伟业端起茶盅浅浅啜了一口，只觉得清香甘美，满口说不出的芬芳爽适。他把茶盅放在几上，含笑问道："姑娘芳名，在下早就知晓。但从来不曾亲睹芳颜，不知姑娘何以识得在下？"

卞赛灿然微笑道："天下认识大人的人何可胜算，大人哪能尽都认识？"

"姑娘这话原也不假，"吴伟业道，"但姑娘在什么地方见过我呢？"

"去年在秦淮河畔荷叶山房，金陵'二

白'为兵部龚芝麓大人和顾媚娘接风，旧院和顾家姐姐有交情的几位姐妹都去了，大人也应邀赴宴。只是刚刚入席，大人忽然听说福建黄太史被锁拿进京，就匆匆起身去了。大家都见到了你，只是你心有急事，对别人视若无物罢了。"卞赛说着又笑了。

"啊，姑娘这一说，我也想起来了，"吴伟业不无歉意地笑着说，"我和黄先生有师生之谊，乍闻消息，乱了方寸，至今还觉得对不起龚芝麓和白氏昆仲，也请姑娘多多见谅！"

"大人说哪里话。"卞赛接着说，"那日在座的几位爷，没有不佩服大人重友情讲义气的，就是我们这些女流之辈，也打心眼里敬重。自打那日起，奴家就盼着能和大人见上一面……"说到这里，赛赛竟然脸红起来。

"诸位谬奖，伟业何克以当？"吴伟业也不好意思起来。他连忙端起茶盅，借品茗来掩饰窘态。一连饮了几口香茶，心情才平静下来，又开口说道："今日遇见卞姑娘，实乃学生之幸。河上听见弹琴吟诗，仰慕之情顿生。早就听说卞姑娘琴棋书画样样精通，今日能否让吴某一饱眼福？"

"精通二字愧不敢当，各样都是粗通皮毛而已。"赛赛满面娇羞地说，"今日幸有名师在侧，小女子安肯放过就教的机会？待会儿接风酒饮过，赛赛少不得要多多请教。"

话音刚落，丫鬟柔柔进来回禀说酒馔已经备好，问姑娘何时开宴，席设何处。赛赛说："端到楼上去吧，楼上清静，妈妈和二姑娘都过来，全家人一起给吴大人洗尘。"于是，吴伟业和赛赛先行上楼，楼的正中和楼下的客厅布置大致相仿，只是桌椅几案都显得小巧玲珑，窗户吊着湘帘，临窗放着盆景花卉，几上放着瑶琴，壁上挂着四幅形态各异的兰草。整个摆设极其简单淡雅，和一般的青楼妓馆相比，少了点富丽和脂粉气。赛赛等吴伟业端详了一阵之后，才笑着开口说："如此寒碜的居室，吴大人还不多见吧？"

"室雅何须大，花香不在多。登斯楼也，令人顿生超尘脱俗之念。"吴伟业赞道。

"居室虽然粗俗，但室外景色还是不错的。"一边说着，赛赛伸手卷起了南窗的湘帘，花香随着徐徐清风马上灌满小楼。吴伟业凭窗远眺，近处的闾阎民居鳞次栉比，远处的寺观古塔、园林楼阁尽收眼底，淡淡的远山恰巧又成了亭台楼阁古刹塔影的背景。后退一步看，仿佛一幅丹青妙手刚刚画好的姑苏山水画镶嵌在小楼的窗口。吴伟业脱口赞道："真是风景如画，画所不到呀！"

"既然如此，相公何不在此盘桓几日？"

吴伟业回头一看，不知何时那妈妈和一个十五六岁的少女已经站在身后。赛赛连忙介绍说："这是舍妹，闺名卞敏。"那小姑娘连忙把双袖叠在膝上笑着福了一福说："吴大人安好，奴家有礼了！"

吴伟业连忙抱拳还礼说："卞姑娘好！"

礼让一毕，杯盘罗列，吴伟业被让至尊位，卞氏姐妹轮流把盏，鸨母和丫鬟柔柔殷勤侍奉。酒过三巡，不待吴伟业开口，赛赛便走到几案前，转柱拨弦，抚琴侑觞，先弹了一曲《春江花月夜》，接着又弹了一曲《渔樵问答》。琴音似应似和，清响远扬；似隐似显，轻韵缓度，令人神思悠悠，仿佛徜徉于山林泽畔，如对青松明月，百瀑清泉。吴伟业正神思飞越时，一曲已了。小丫鬟柔柔笑着问道："吴相公莫不是听得入迷了吧？"

吴伟业闻言回过神来，随口吟道："'但得琴中趣，何劳弦上音。'伟业虽不通音律，但只觉余音袅袅，不绝于耳，恐怕真要三月不知肉味了！"

"若得二姑娘清唱，大姑娘伴奏，相公更要神魂颠倒了！"那柔柔又笑着说道。

"那就请二位姑娘同赐一曲，让吴某一饱耳福，开开眼界。"吴伟业笑道。

于是赛赛又抚弦操琴，卞敏喝了一杯香茶，润了润喉咙，婉转歌喉，放声唱起来：

问人间情是何物？直教人生死相许。天南地北双飞客，老翅几回寒暑！欢乐趣，离别苦，是中更有痴儿女！君应有语，渺万里层云，千山暮景，只影为谁去！

横汾路，寂寞当年箫鼓，荒烟依旧平楚。招魂楚些何嗟及，山鬼自啼风雨。天也妒，未信与、莺儿燕子俱黄土。千秋万古，为留待骚人，狂歌痛饮，来访雁丘处。

一曲唱罢，吴伟业击节叫好。卞氏姐妹齐声道："惹吴大人见笑了！音律不谐，宫商错乱之处，还望吴大人不吝赐教！"

吴伟业笑道："端的'此曲只应天上有，人间哪得几回闻'！伟业虽然无师旷之聪，但也知道琴弹得好，曲唱得也好，真是珠联璧合，各擅其妙！"

那鸨母见已经是该离去的时候了，便借口尚有其他客人来访，带领下敏告辞下楼去了。丫鬟柔柔也十分乖觉，收拾好杯盘，侍候好茶水，也下楼去干别的事情。楼上只剩下赛赛和伟业两人。赛赛说道："小女子平生所好，除琴棋之外，尚喜书画。特别喜欢画兰。房中刚刚涂抹了几幅，不登大雅之堂，正要就教于大方之家。今天遇见了先生，正好请先生指点指点。"一边说着，一边带领伟业进了自己的卧室。

吴伟业进房暗暗打量，赛赛的闺房和外间客厅的格调一样俭素淡雅：靠墙放着朱漆雕花的八步床，上罩一顶藕荷色覆斗形纱帐，配着粉红色流苏；床上放着一叠翠绿色被褥。北窗前妆台上放着妆镜、梳子、钗盒等几样简单物品；南窗前当窗放着一张书案，案头几卷线装图书，文房四宝齐全，几卷刚画的幽兰就放在书案。案侧墙上挂着琵琶，案几上放着古筝。案右侧墙壁上挂着四幅仕女图，落款是"姑苏卞赛临摹唐解元明妃出塞、文君当垆、文姬归国、红拂夜奔四帧于壬午年仲春"。字迹娟秀洒脱，颇得《黄庭经》笔法。两边配着一副对联也是卞赛笔迹：好把园林入图画，乐将琴棋对潇湘。吴伟业暗暗称奇："风尘中竟有这等女子！"

伟业浏览四壁，赛赛一直沉默不语。等伟业看毕，赛赛方才开口说道："室中字、画全是小女子涂鸦之作，难入先生法眼。这是日前学画的几幅幽兰，请先生指教。"说着，她把书案上的画幅打开，一一展示在伟业面前。只见丛丛幽兰，风姿婀娜，枝叶纷披，配嶙峋山石，更见生机。伟业连连称好。

赛赛趁机说道："既然先生认为这几株兰草尚不致污人眼目，烦请先生挥毫品题如何？"

伟业道："只恐污了这些幽兰。"于是，赛赛研墨，伟业挥笔分别在几幅画上题写了"滋兰九畹""秋兰为佩""石兰芳馨"等语。

赛赛笑道："这是屈大夫的兰草，先生移植到小女子房中，岂不蓬荜生辉？"

吴伟业道："卞姑娘与屈子同心，尺幅之间'树蕙百亩'，难怪满室芬芳。"

赛赛幽幽叹了一口气道："小女子命薄如纸，沦落风尘，哪能和屈子同日而语？先生的话，愧不敢当。"说罢神色黯然。

吴伟业忙宽慰道："卞姑娘蕙心兰质，虽在青楼，品性高洁，和屈子笔下的幽兰一样气韵芳馨，令人喜爱。"

"先生，你看这几幅仕女图如何？"赛赛有意岔开话题说，"能否也赐几个字，为她们贴贴金？"

吴伟业点头应允，沉吟端详了一阵，挥笔题写了《出塞》《归国》《当垆》《奔拂》四首：

玉关秋尽雁连天，碛里明驼路几千。
夜半李陵台上月，可能还似汉宫圆？

董逃歌罢故园空，肠断悲笳付朔风。
赎得娥眉知旧事，好修佳传报曹公。

四壁萧条酒数升，锦江新酿玉壶冰。
莫教词赋逢人卖，愁把黄金聘茂陵。

歌舞侯门一见难，侍儿何得脱长安？
乐昌破镜翻新唱，换取杨公作旧官。

吴伟业题写一首，赛赛吟咏一首。伟业题毕，赛赛拊掌笑道："点石成金，化腐朽为神奇，真不愧是榜元手笔！"吴伟业把笔放下，赛赛连忙捧过一盏香茶，递到伟业手中。吴伟业浅啜一口，赞叹道："自古至今这脂粉堆中，有多少英杰，真是巾帼不让须眉！这明妃、文姬自不必说了，就以这红拂而言，真是千古一奇！其胆略器宇几个男儿能比？"

"先生所言诚然不假，"赛赛道，"但红拂女如果遇不到李卫公，又该如何呢？由此看来，古今女流，奇也罢，庸也罢，全靠一个'命'字。古人不必说了，即如今人，秦淮旧院那些姐妹中，不敢说人人可比红拂，但这样的顶尖人物也不是没有。哪个遇见李卫公了？柳如是嫁了钱牧斋一个糟老头子，便被看作'飞上枝头作凤凰'了；顾媚娘嫁了龚芝麓，也被众姐妹羡慕得要死，都说她们命好。其实好歹只有她们自己知道。"

"以姑娘之见，什么才算是命好呢？"吴伟业放下茶盅，笑着问道。

赛赛叹道："我们这些薄命女子，一入青楼，就命中注定要苦一辈子了，哪还有什么好不好？只要遇见一个真心相爱，知冷知热的主儿，作婢作妾倒无所谓了。"

"十步之内必有芳草，"吴伟业安慰道，"世上有情有义的人还是不少的。以赛赛姑娘的人品才貌，一定会有个如意的归宿。"

"但愿如先生所言。"卞赛低头道。

当晚吴伟业留宿在幽兰居。次日，柔柔侍候二人洗漱已毕，鸨母、卞敏便来道贺。青楼的规矩，过了夜的狎客，便像上门的女婿，大家都改了称呼：鸨母称伟业为"姑爷"；赛赛不再称伟业"大人""先生"，改口称"相公"，而卞敏则称伟业为"姐夫"，仿佛是一家人。伟业则每人赏一锭银子。早饭后，伟业和卞氏姐妹品茶、弈棋。卞敏看了吴伟业给姐姐画上题的诗，非常喜欢，便撒起娇来，一定要吴伟业也给自己的画题诗。原来这卞敏也喜欢画兰草，只不过姐妹二人的风格不同。姐姐所画多是枝叶繁茂，丛丛集集；而妹妹所画则寥寥几笔，稀疏淡雅。吴伟业慨然应允。卞敏便铺纸挥毫，时间不长，一幅"山中幽兰图"便画成了。吴伟业把姐妹二人的画放在一起，发现一以繁密取胜，一以稀疏见长，竟是各得其妙。他略一思索后说道："还是借花献佛吧。"挥笔题写了"纫蕙结茝"四个字。卞敏不解，转首问姐姐说："这四个字是什么意思？从哪里来的？"

赛赛道："这是《离骚》上的话，'矫桂以纫蕙，揽木根以结茝'。屈大夫的意思是说用兰、蕙一类香草做衣裳。"

卞敏拍手笑道："姐夫是借屈大夫的话，说自己志向高洁，哪是借花献佛啊！"

吴伟业心中称奇，实在佩服这姐妹两个的聪慧，笑着说道："我写首诗送给你们如何？"

"那可是隔河作揖，承情不过了！"卞敏说着，笑嘻嘻地弯腰作了一个揖，转身取来一沓薛涛笺，放在吴伟业面前。吴伟业提笔写道：

> 画兰女子年十五，生小琵琶怨春雨。
> 记得妆成一见时，手拨帘帷便尔汝。
> 蜀纸当窗写畹兰，口脂香动入毫端。
> 腕轻染黛添芽易，钏重舒衫放叶难。

似能不能得花意，花亦如人吐犹未。
珍惜沉吟取格时，看人只道侬家媚。
横披侧出影重重，取次腰肢向背同。
昨日一枝芳砌上，折来双鬟镜台中。
玉指才停弄弦索，漫拢轻调似花弱。
殷勤弹到别离声，雨雨风风听花落。
花落亭皋白露溥，旧根易土护新寒。
可怜明月河边种，移入东风碧玉栏。
闻道罗帏怒离索，麝媒鹅绢闲尝作。
又云憔悴非昔时，笔床翡翠多零落。
今年挂楫洞庭舟，柳暗桑浓罥绮楼。
度曲佳人遮钿扇，知书侍女下琼钩。
主人邀我图山色，宣索传来画兰笔。
轻移牙尺见匀笺，侧偃银毫怜吮墨。
席上回眸惜雁筝，醉中适口认鱼羹。
茶香黯淡知吾性，车马雍容是故情。
常时对面忧吾瘦，浅立斜窥讶依旧。
好将独语过黄昏，谁堪幽梦牵罗袖。
归来开箧简啼痕，肠断生绡点染真。
何似杜陵春褉饮，乐游原上采兰人。

吴伟业写毕，姊妹两个轻声吟诵了一遍，齐声道好。卞敏问道："姐夫，这诗是送给姐姐呢，还是送给我呢？"

伟业道："送给你们两个的。"

"不对吧？"卞敏道，"诗中明明写道，'画兰女子年十五'，而姐姐已经十八岁，分明是送给我的。"

"那就送给你吧。"伟业道。

"那就多谢了！"卞敏说罢，又福了一福，拿起画和诗，脚不点地一样，笑着下楼去了。

自此，吴伟业在横塘幽兰居住了下来，每日和卞氏姐妹弹琴听曲，品诗论画，泛舟游山，饮酒品茗，乐不思蜀，一住就是数十日。这天吴伟业忽然想起囊中银子已经不多，遂生归意。当晚，他于灯下填了《醉春风》一首词：

门外青骢骑，山外斜阳树。萧郎何事苦思归，去、去、去。燕子无情，落花多恨，一天憔悴。

私语牵衣泪，醉眼偎人觑。今宵微雨怯春愁，住、住、住。笑整鸾衾，重添香兽，别离还未。

赛赛读了这首词，心知其意，不声不响地把自己的私房银子取出数十两，悄然放入伟业的行囊里，想挽留他再住几日，伟业十分感动。赛赛道："天下没有不散的宴席，梁园虽好，终非王孙久恋之家。相公此去不知何日才能重逢？小女子欲以终身相托，不求名分尊卑，只求生死相随。不知相公意下如何？"

几天来，吴伟业最担心最害怕的问题，今天她终于提出来了。他不是不喜欢赛赛，而是心头有许多无可奈何。家中有双亲在堂，正室郁夫人温顺贤淑。因为没有子息，他已先后纳了两妾，如果再纳一青楼女子为妾，不仅父母难以应允，自己心里也觉得对不起郁夫人和两个侧室，何况于情于理也都难以向乡里亲友交代。和赛赛相处月余，感情日深，一旦分离，还真有点难以割舍，如果断然拒绝赛赛的美意，定会使她非常伤心，自己也于心不忍。他想乱以他语进行搪塞，又找不出婉转恰切的话来。正踌躇间，丫鬟柔柔急急忙忙地走上楼来禀报说："楼下来了两位相公，自称是姑爷的好朋友，在客厅奉茶。不知姑爷姑娘见与不见？"

吴伟业连忙问道："可曾问过姓名？"

"不曾问过。"

"请他们稍候片刻，我和姑娘随后就来。"吴伟业猜想可能是苏州哪位朋友，知道了他的行踪，前来相会。等赛赛稍作打扮，二人便一前一后走下楼来，来到客厅一看，原来是穆云桂和吴继善。吴伟业连忙上前见礼。

"原来是二位兄长到了，何时到了吴门？"

"刚刚来到。"

"府上都好吧？"

"都好，"吴继善说，"动身前我们两个专程去太仓看过老师和师母，二老嘱托，务必要见到你。"

卞赛上前见礼，吴伟业忙介绍说："这两位兄长，和伟业情同手足。这位兄长姓穆，讳云桂，表字苑先。与吴某学同师，居同室，出必偕，宴必共。这位是伟业同宗兄弟，长伟业四岁，讳继善，表字志衍。伟业幼年时，跟随家大人在志衍兄府上五桂楼中读书，志衍兄待伟业情逾骨肉。二位兄长才华过人，通经史，善诗词，工绘画，谙习音律，六博琴棋无不毕解。伟业虽交满天下，相知相交莫如二位兄长者。赛赛不必拘礼，多多亲近。"

赛赛一边见礼，一边连道"久仰"。等三人寒暄已毕，赛赛又道："既是相公的兄长，也便是赛赛的兄长，都不是外人，何妨到楼上说话，也免得外客搅扰？"

伟业点头道："如此甚好。"于是赛赛带路，三人相偕登楼。时间不长酒菜齐毕，三位好友边饮边谈，赛赛在一旁布让、侍奉茶水。

伟业道："两位兄长此来吴门，是专程来寻小弟？"

"正是。"

穆云桂道，"志衍丁忧期满，进京销假。朝廷又命志衍出知成都，不日就要远行，特来见你一面。"

"原来如此，"伟业道，"方今天下大乱，成都远在万里之外，荆、襄已经陷没，江鄂旅途不通，兄长何能匆匆就道？"

志衍道："既受朝廷成命，人臣守官，安敢以利害惜身？况且放眼今日宇内，何方还有乐土？大丈夫当此乱世，任艰巨，分君忧，为国家驰驱奔走，义不容辞，愚兄不得不行。"

"嫂夫人和侄儿一同赴任吗？"伟业又问道。志衍道："当此兵革不息之时，与其两地牵挂，日夜惊心，不如一处厮守，相濡以沫。愚兄打算全家老小一起入蜀。"

"这样妥当吗？"伟业关切地问。

"不妥当又该如何呢？"志衍无奈地说。

伟业不禁神色黯然。他一边离座为吴继善斟酒，一边劝道："弟有一言请兄长三思。昔日余在金陵，曾对兄长说过相约挂朝服于神虎门，同归林下，请兄长洒扫草堂待我，今日犹未为晚。兄长既不肯负平生志节，坐视社稷糜烂，还望兄长暂把嫂嫂和侄儿安置在家乡，独自一人赴任为好。等局势稍安，再接他们入川不迟。"

"骏公之言不为无理，"穆云桂也说，"当此兵荒马乱的时候，拖家带口，也不方便。"

"二位的美意我知道。"吴继善笑道，"覆巢之下焉有完卵？山河破碎，风雨飘摇，还说什么家庭？依眼前形势看，江南半壁还算安宁。但这种局面能维持多久呢？"

吴伟业不禁惊愕，连忙问道："朝中又有什么重大变故？闯贼到了哪里？"

"愚兄离京时，听说闯贼大败孙白谷于郏县；接着攻破了汝宁，活捉了崇王和河阳王；路上又听说襄阳已经失守。李贼已经拥兵百万，南跨大江，北临大河，东到归德，西到潼关的大片江山尽入敌手。上月，老福王的世子朱由崧袭封福王，但洛阳在闯贼手中，无法归藩，只好在怀庆军中接受恩旨，草草举行了封藩礼仪。你看这还成什么体统！简直是国将不国了！"

吴伟业、穆云桂一齐嗟叹唏嘘起来。这酒也就再没有什么兴趣喝下去了。吴继善行期迫近，还有一些家事需要料理，不能久留。临别，吴伟业作一首《送志衍入蜀》为他送行道：

> 去年秋山好，君走燕云道。
> 今年春山青，君去锦官城。
> 秋山春山何处可为别？把酒欲问横塘月。
> 人影将分花影稀，钟声初动箫声咽。
> 我昔读书君南楼，夜寒拥被谭九州。
> 动足下床有万里，驽马伏枥非吾俦。
> 当时东国贱男子，傲岸平生已如此。
> 今朝乘传下西川，賨户巴人负弓矢。
> 黄牛喘怒嘳银涛，崩剥苍崖化迹劳。
> 石断忽穿风雨过，山深日见鱼龙高。
> 江头老槎偃千尺，接手猿猱掷橡栗。
> 云移断壁层波见，月上危滩远峰出。
> 缥缈楼台白帝城，月明吹角唱花卿。
> 栈连子午愁烽堠，水落东南洗甲兵。
> 摩诃池上清明火，蹲鸱山下巴渝舞。

岂有居人浣百花，依然风俗输铜鼓。

有日登临感客游，楚天飞梦入江楼。

五湖归思苍波阔，十月怀人木末愁。

别时曾折阊门柳，相思应寄郫筒酒。

末下盐豉谁共尝，蜀中蒟酱君知否？

愧予王粲老江潭，愁绝空山响杜鹃。

乞我瀼西园数亩，依君好种灌溪田。

赛赛也写了一首七言绝句，题写在一把扇子上，预祝志衍一路顺风：

剪烛巴山别思遥，送君兰楫渡江皋。

愿将一幅潇湘钟，寄与春风问薛涛。

吴伟业送别了吴继善，心头沉甸甸的，有一种难以言喻的惆怅与失落。他没有想到，这竟是和这位挚友的永诀。晚上，他对赛赛讲述了他和志衍年幼的种种往事，并由朱由崧承袭福王的事情谈到了万历年间的"国本之争"，谈到了老福王朱常洵的倍极宠荣及骄奢淫逸，谈到了李自成的兵破洛阳及朱常洵的被杀身亡。"当年万历皇帝有皇子多人，大皇子朱常洛由恭妃王氏所生。按照皇家立嗣建储的常规，立嫡、立长、立贤的原则，朱常洛是理所当然的皇位继承人。可是王恭妃年老色衰，不为万历所喜，郑贵妃正得专房之宠，三皇子朱常洵由郑妃所出，备受钟爱。神宗一心要立朱常洵为太子，但碍于常洵年幼，国赖长君，不得不一拖再拖，故意把常洛搁置一旁。部分大臣阿附圣意，怂恿神宗立常洵为储君，而另有一部分大臣，坚守无嫡立长传统，请求立常洛为太子。于是朝廷分成两党，势同水火。这便是本朝党争的开始。"

"那后来常洵为何没有当上太子呢？"赛赛问。

"原因很多。"伟业道，"宫中传闻，万历皇帝的生母慈圣太后，为立储之事专门召见了万历皇帝。太后说：'你难道真的不顾天下臣民反对，一定要废长立幼吗？'神宗对曰：'我宁可让天下臣民反对，也不让那个宫女生的孩子当储君！'太后勃然大怒，斥责神宗道：'你难道忘记自己也是宫女所生吗？我就是宫女出身，你把我也废了吧！'神宗惶恐万分，连忙伏地请罪，不再提改立常洵之事。也有传闻说，一次神宗身染时疫，郑贵妃数日不敢近前，唯恐传染了自己。神宗昏迷中依稀觉得有人给自己喂药，泪水滴在脸上，睁眼一看，原来是自己一向疏远的王恭妃，心中大为感动，于是打消了废掉长子常洛的念头。还有人说，神宗的老师首辅申时行，因谏阻神宗废长立幼被罢黜还乡。二十年后，神宗思念老师，派专使携重金和许多珍奇之物专程来苏州看望申老相国。申老相国把礼品金银原封璧还，写了一道谢恩折子，重问立储大事，极言不可废长立幼。神宗十分感动，决意不再立常洵为太子。还有人说，神宗和郑妃某年七夕，在宫中小酌，酒酣情浓之时，曾立下密旨，答应某年某月某日，改立常洵为太子。密旨藏在金匣之内。及至约定的日期已到，神宗迫于种种压力，却不再提及此事。郑贵妃咽不下这口恶气，撒起泼来。可是当她打开金匣子看时，那道密旨却被虫子蛀蚀烂了，一个'洵'字无影无踪，只剩下一圆孔，一时目瞪口呆，觉得天意如此，争也无益，从此打消了争储的念头。"

"后来呢？"赛赛听得入了迷，又接着问。

"后来三皇子朱常洵被封为福王。"伟业接着往下讲道："郑贵妃和福王宠荣不衰。福王的封地在洛阳，按照祖制，藩王年满十五就要离京赴藩。可福王受封十年迟迟不肯离京。京中流言又起，众大臣连章奏请，神宗无奈，直到万历四十二年才不得已命福王到洛阳去。神宗赐给老福王庄田四十万顷，远远超过历朝历代的藩封。这又惹得众大臣连番谏阻，最后降至二万顷。营建王宫耗银二十八万两，大婚又费了三十万两，超过常制十倍。当今圣上登极之后，福王以皇叔之尊，备受荣宠，每年赏赐数以万计。但福王不知戒惧，豪奢无度，藩封之内，民怨沸腾。李自成兵临城下，还舍不得拿出府库中点滴财帛犒赏守城将士。故而城破之后，立被处死，合城百姓竟然拍手称快。"

"这小福王不知品性如何？"赛赛继续问道。

"这倒不得而知。"伟业道，"但愿不要应了'有其父必有其子''自古纨绔少伟男'这些老话吧。"

夜已深了，赛赛又不知不觉沉入梦中。吴伟业却无论如何难以入睡。他披衣起来，拨亮了油灯，把福王由倍极尊宠到被杀身亡的因因果果想了又想，由此联想到国家的盛衰变迁，产生了不尽感伤。他边想边写，洋洋洒洒写满了九张薛涛笺，方才停下笔来，然后吹熄了油灯，和衣倒在赛赛身边。

　　赛赛醒来，已是旭日临窗。见伟业沉睡未醒，悄悄起身，把一条藕荷色绒线毯轻轻盖在他身上，然后来到书案前，拿起伟业夜间写的诗稿慢慢看起来。越看越爱，不禁轻声吟唱起来：

诏书早洗洛阳尘，叔父如王有几人？

先帝玉符分爱子，西京铜狄泣王孙。

白头宫监锄荆棘，曾在华清内承值。

遭乱城头乌夜啼，四十年来事堪忆。

神皇倚瑟楚歌时，百子池边袅柳丝。

早见鸿飞四海翼，可怜花发万年枝。

铜扉未启牵衣谏，银箭初残泪如霰。

几年不省公车章，从来数罢昭阳宴。

骨肉终全异母恩，功名徒付上书人。

贵强无取诸侯相，调护何关老大臣。

万岁千秋相诀绝，青雀投怀玉鱼别。

昭丘烟草自苍茫，汤殿香泉暗呜咽。

析圭分土上东门，宝毂雕轮九陌尘。

骊山西去辞温室，渭水东流别任城。

少室峰头写桐漆，灵光殿就张琴瑟。

愿王保此黄发期，谁料遭此黑山贼。

嗟乎龙种诚足怜，母爱子抱非徒然。

江夏漫裁修柏赋，东阿徒咏豆其篇。

我朝家法逾前制，两宫父子无遗议。

廷论鳏来责佞夫，国恩自是优如意。

万家汤沐启周京，千骑旌旗给羽林。

总为先朝怜白象，岂知今日误黄巾。

邹枚客馆伤狐兔，燕赵歌楼散烟雾。

茂陵西筑望思台，月落青枫不知路。

今皇兴念繐帷哀，流涕黄封手自裁。

殿内遂停三部伎，宫中为设八关斋。

束薪流水王人戍，太牢加璧通侯祭。

帝子魂归南浦云，玉妃泪洒东平树。

北风吹雨故宫寒，重见新王受诏还。

唯有千寻旧松栝，照人落落嵩高山。

赛赛越念声音越高，伟业被惊醒了。他又仔细地听了一遍，开口对赛赛说："'袅柳丝''袅'字拗口，改为'弱'字吧。'从来数罢昭阳宴'，'从'字改为'后'字更妥帖，和上句'几年'照应得更好些。末句的'嵩高山'改为'古嵩山'吧。赛赛，你看还有哪里不妥当，不妨替我改过来。"

赛赛笑道："为会元公改诗，岂非班门弄斧？"

"愿卿如前贤，成为一字师。"伟业也笑着说。

"'玉妃'典自何出？"赛赛问道。

"什么'玉妃'？"吴伟业一看，原来是"王妃"的"王"字多了一点。于是拍手笑道："妙啊，果然是一字师！'帝子'对'王妃'，哪里有什么'玉妃'？"

"愧不敢当。"赛赛道："全诗音韵和谐，四句一韵，穿插交错，回环往复，琅琅上口，最适合吟唱。只是用典太多，过于典雅，像我们这些读书不多的人，有些句子难以读懂。"

"有哪些典故过于艰深了呢？"伟业问道。

"'玉符''铜狄''百子池边''鸿飞四海'都还罢了，'少室峰头写桐漆，灵光殿就张琴瑟'就费解了。"赛赛道。

"这两句典出《诗经》。"伟业解释说，"诗经《鄘风·定之方中》中说：'定之方中，作于楚宫。揆之以日，作于楚室。树之榛栗，椅桐梓漆，爰伐琴瑟。'根据朱熹的注释，意思是卫文公迁都楚丘，大兴土木，修建宫殿，广植林木。椅、桐、梓、漆皆树木名称。四木皆琴瑟之材。'写桐漆'，是说福王为兴建王宫，从少室山砍伐桐木、漆木；'张琴瑟'，则是说王宫盛陈歌舞。全句意在讽咏福王的豪奢。'灵光殿'则是说汉代鲁恭王修造灵光殿，好治宫室苑，蓄狗子，好音乐，这和福王差不多。这也正是福王亡国丧身的根本原因。"

赛赛还待要问，只见柔柔进来禀告说："客厅来了一位陈大人，等着要见姑爷。"吴伟业连忙起来，草草洗漱已毕，下楼来到客厅。

"卧子！原来是你！"吴伟业又惊又喜。

"骏公你倒会享清福，"陈子龙从椅子上站起，笑着说，"不管外边刀光剑影，血雨腥风，你躲进这香巢里，不闻不问，真能安闲自在！"

"我辈书生，不安闲又有何用？"吴伟业无可奈何地说，"百无一用是书生啊！"

"唐朝的李邺侯，本朝的新建伯，难道不也是书生？"陈子龙道。

"古往今来有几个李邺侯？又有几个新建伯？"吴伟业道，"我辈怎敢与前贤相比？"

"时势造英雄，"陈子龙说，"安史之乱起，邺侯应运而生；宸濠叛逆，新建伯得建奇勋。如今国难当头，正是你我为国效命的时候，岂能一味消沉，碌碌终日？"

"卧子有何宏图？"吴伟业不无揶揄地笑道，"莫非想效仿李邺侯为圣上献平贼奇谋，还是学王阳明举兵讨贼？"

"骏公休要取笑。"陈子龙道，"我这次从杭州回来，确实想约你一道，邀集复社社友，商讨救时之策，望兄不要推辞。"

吴伟业见陈子龙一脸严肃，不便再戏谑，于是邀陈子龙上楼密谈。赛赛立备精致小菜四碟，美酒一壶，让二人边谈边饮。

"国事已经危若累卵，你心中苦闷可以理解。"陈子龙三杯酒下肚，神情更加激昂："但总躲在这里也不是办法。你也许还不知道，怀宁阮圆海，近来在南都到处钻营，甚至不惜重金贿赂宜兴周阁老、皖抚马士英，妄图东山再起。周仲驭在南都开馆授徒，实在忍无可忍，暗中命陈定生、吴应箕等一班后生写了一篇《留都防乱公揭》，鸣鼓而攻之，阮胡子算是又夹起了尾巴。但他贼心不死，想通过牧斋老先生出面调停，仲驭不答应。一天阮圆海摆下了酒宴，仲驭倒是去了，幼弟我容后才到。与阮圆海三句话没说到底，我辈等人便掀翻了桌子，仲驭起身带领我辈等一般年轻人哄笑着扬长而去，把阮大铖气了个半死。"

"国事已经到了这种地步，还顾得上这种党派之争？"吴伟业不以为然地说，"阮圆海虽是阉党，但早已是落水之狗，声名狼藉，值得和他再争高低吗？"

"你这话就不对了，"陈子龙说，"君子小人无论何时都难两立，越是国家多事之秋，越要提防阮胡子这类小人。若让此类小人得势，国家岂不更加糟糕？"

"你说得不错，我只是说，当此国难当头之时，我社君子，应当把主要心思用在救时济苍方面，不宜和宵小纠缠不休。"吴伟业解释说。

"当此非常之时，不少社友都想再开一次大会，商定应变之策。到时候这些事情都要仔细商量商量。"陈子龙道。

"如今干戈不息，不好召集吧？"吴伟业犹疑道。

"中原烽火遍地，只有东南一隅尚还安宁，不少社友都在江左。召集当不太困难。"陈子龙满有把握地说道。

"那我们一道先回太仓见过南张夫子如何？"吴伟业终于同意了陈子龙的意见。

"如此甚好。"陈子龙高兴地说。

正事谈毕，吴伟业让赛赛把昨晚写的诗拿出来让陈子龙观看。陈子龙喜爱得不得了，不由大声朗诵起来，读罢品味再三，他对吴伟业说："你的诗越写越好，甚得唐人精妙，诗风酷似李颀。"

"何以见得？"吴伟业高兴地问道，"我的诗哪敢与古人相比？"

"李颀诗风沉郁、苍凉，转咏自然。你的诗甚得李诗之妙。用韵四句一转，平仄互换，回环往复，朗朗上口，颇似李颀的《古从军行》。'早见鸿飞四海翼，可怜花发万年枝。铜扉未启牵衣谏，银箭初残泪如霰'等句放诸李诗之中也毫不逊色……"

"不要乱戴高帽了！再戴我可难以抬头了！"吴伟业笑着打断了陈子龙的评论。

"好！那我就不说了。还是李白说得好，'莫见长安行乐处，空令岁月易蹉跎'。我们现在就回太仓吧！"陈子龙说罢，便催促吴伟业快快动身。他们告别卞赛一家，乘船离开了盘桓三个月的苏州，回转太仓。

2. 梅村惊魂

陈子龙、吴伟业的多日奔走收效甚微。因为张溥去世之后，南张夫子张采威望有限，复社内部缺少一个极具号召力的核心，分裂日益严重。周镳以元老自居，和后起的陈贞慧、吴应箕矛盾日深，与自己的堂弟周钟也水火难容，各人又都有一帮亲信，相互攻讦，很难和好如初。眼看年关将近，吴伟业向张采复命，回梅村过年。

　　此时的吴家四世同堂。吴伟业的祖母汤太夫人还健在，全家上下百余口，共叙天伦，其乐融融。江南春早，腊梅未谢，其他花木，就已含苞怒放，争艳斗奇。梅村竹木亭榭间，芳馨四溢，春日融融。元宵刚过，吴伟业的母亲朱太夫人便请太仓西郊华雨庵的照如禅师来讲佛经，一家人老少齐集一堂，都来听讲。

　　这照如禅师，俗家姓曹，名询，字元孟。吴伟业的外祖母是他的亲姑姑，他和朱太夫人是姑表姐弟。吴伟业幼年的时候，曾跟随母亲去看望外祖母。外祖母正在佛座前念经，把他抱在怀里，抚摸着他的头顶告诉他，说自己的父亲鲁川公原来在朝为官，居官清正廉洁，因为上书触忤了宰相，辞官归里，从此潜心向佛。著述一百余卷，论述佛教的思想和儒家的思想原本是相通的、一致的，并且把这种思想传授给子孙。这鲁川公，就是照如禅师的祖父。受祖父的影响，照如禅师在考中秀才之后，便抛弃功名，出家为僧。他从祖父的"儒释合一"到悉心向佛，游遍闽、瓯、伊、洛名山古刹，遍谒卿相贤豪，得到馈赠无数，全部施舍一空。归来囊空如洗，居室唯有一床，床上连毡毯都没有，整日趺坐诵经。因为他学识宏富，见闻广博，讲经说法中，常常穿插些奇闻轶事，娓娓动听。他说，金碧辉煌的宫殿楼阁，名贵无比的琥珀珊瑚碧玉翡翠，劫火烧灼，尽成瓦砾。"微尘具世界，世界具微尘"，只有皈依佛门，才能不生不灭，获得解脱。他的讲解阐发对吴伟业产生了一定影响。吴伟业在《照如禅师生塔颂》中称赞他说：皎然绍灵运，智永嗣右军。是为鲁川孙，释道合而一。

　　这里吴伟业把他比作了历史上的名僧皎然和智永，伟业觉得听了他的讲解，佛恩亲恩如醍醐灌顶，使自己"觉筏开迷津""三世诸眷属，共成无上道"。

　　自此以后，伟业和名僧交往日益频繁，并自号"梅村居士"，俨然以佛门弟子自居。二月间，吴伟业的方外至交苍雪和尚来太仓海印庵讲经，当然少不了到梅村造访。吴伟业除了极尽地主之谊之外，还天天听讲，随时请教佛经中的诸多问题。苍雪把自己心爱的一件娑罗多宝叶染成的袈裟赠送给吴伟业。吴伟业高兴地披上袈裟，盘禅打坐在佛旁诵经，活像一个虔心敬意的僧人。苍雪极口称赞他有"慧根"，见佛性。吴伟业为此写诗一首《谢苍雪赠叶染道衣》表示感谢：

> 娑罗多宝叶，煎水衲衣黄。
>
> 不染非真色，拈来有妙香。
>
> 足趺僧相满，手绽戒心长。
>
> 一笠支郎许，安禅向石傍。

苍雪不仅佛学渊深，还精于诗道。虽然身在空门，他却非常关心国事，留意时局。在朝政的得失利弊兴革等很多方面和吴伟业见解一致，很有共同语言。在旧学庵里，二人剪灯谈禅，促膝论诗，彻夜不倦。一天晚上风雨大作，苍雪又有哮喘病，语音伧重，喉间咯咯有声，但仍然谈锋不减。他对伟业说：

"当今世上，狐禅盛行，一部大藏教将毁于尘世。且不要说佛学，即求一诗人也不可得。今有幸和君相识，实乃有缘。这次我襆被而来，不曾携带诗卷，现在给你背诵几首，请你指教。"于是慷慨击案，背诵道：

> 剪尺枝头挑宝志，山河掌上见图澄。
>
> 休将白帽街头卖，道衍终为未了僧。

吴伟业赞叹道："诗言志，大师虽在空门，豪气干云，实令伟业佩服。若令大师生逢成祖之时，安知不是道衍？"

苍雪则说："能够不像宝志那样被齐武帝投入建康大牢就不错了，哪敢奢望像道衍那样建下不世奇功，再说道衍身为佛门弟子，却又热衷功名，有什么可值得仰慕的？只不过聊以表达昔日情怀罢了。"说罢又背诵道：

> 霜气一湖飞远梦，月明今夜宿孤峰？
>
> 朝来无限尘中事，回首西山路几重？

"这是赠陈百史那一首了。"话音刚落，吴伟业就评论说，"苍深清老，出尘脱俗。前些日子曾听陈卧子转述过。"

"近来余还有一《焚笔诗》，还请梅村居士雅正。"苍雪饮了几口茶又缓缓背诵道：

土冢不封毛尽秃，铁门断限字原无。

欲来风雨千章扫，望去苍茫一管枯。

　　"妙！妙！"吴伟业赞道，"'欲来风雨千章扫'，横绝一世，真乃茅颖绝唱。我师禅机诗学，当为诗中第一，不徒僧中第一也！"

　　"梅村居士谬奖了！"苍雪谦虚起来。

　　这一夜二人轩眉抵掌，慷慨击案，一直谈到曙色临窗，漏下三更，阶下雨深二尺全然不觉。临别，吴伟业写了一首五言歌行《赠苍雪》给这位方外至交：

我闻昆明水，天花散无数。

蹑足凌高峰，了了见佛土。

法师滇海来，植杖渡湘浦。

藤鞋负贝叶，叶叶青莲吐。

法航下匡庐，讲室临玄圃。

忽闻金焦钟，过江救诸苦。

中峰古道场，浮图出平楚。

通泉绕阶除，疏岩置廊庑。

同学有汰公，两山闻法鼓。

天亲偕无著，一朝亡其伍。

独游东海上，从者如墙堵。

迦文开十诵，广舌演四部。

设难何衡阳，答疑刘少府。

人我将毋同，是非空诸所。

即今四海内，道路多豺虎。

师于高座上，瓣香祝君父。

欲使菩提树，偏荫诸国土。

洱水与苍山，佛教之齐鲁。

一屐游中原，五岳问诸祖。

稽首香花严，妙义足今古。

苍雪离开海印庵时，写诗赠别，感谢吴伟业对他的照顾：

> 风自为波海不扬，城南一夜冷秋霜。
> 护持太史情偏剧，惭愧真僧世未忘。
> 到岸不知春水涨，还山开遍菜花香。
> 茅庵住久今犹在，莫负偷闲白日长。

苍雪走后，吴伟业对佛经兴趣更加浓厚，每得闲暇，便在旧学庵中研读佛经。转眼到了四月，梅村中"残红退尽青杏小"，满园绿荫，清幽静谧。吴伟业仿佛置身桃花源中。这天他正手捧经卷，口诵心唯，刚刚觉得心底空明，就要入定的时候，三弟伟光却慌慌张张地闯了进来。

"大哥！完了！完了！一切全都完了！"

吴伟业不满地抬起头来，看到弟弟变貌失色的样子，不由肃容训斥道："孚令！你也是二十四五的人了，亏你还是黉门秀才，入秋就要参加乡试。平日我是怎么对你说的？'每临大事有静气'，就不会沉稳点？什么'完了，完了'？"伟光，字孚令。伟业惯常以表字称呼两个弟弟。

伟业长伟光十一岁。近年伟光的学业多半是伟业传授的。哥哥连科及第，高中会元，一直是弟弟崇敬的偶像，平时敬畏有加。特别是他考中秀才之后，哥哥对弟弟督导更严。弟弟学业进步很快，哥哥对弟弟期望极高。弟兄二人都日夕盼望着天下早日太平，吴家再出一个魁名高中的会元。旧学庵里，日夕晨昏，随时都可听到弟兄二人谈诗论文的声音。弟弟在兄长面前一向是恭谨的，温顺的。但这一次弟弟仿佛没有听到哥哥的训斥，仍然带着哭声说道："大明朝完了！我的功名也完了！"

"不许胡说！"吴伟业一面呵斥，一面吃惊地看着弟弟凄惨苍白的面孔，忽然意识到可能是自己日夜忧心的事变发生了。他慢慢地从书案前站了起来，惴惴地问道："孚令，究竟发生了什么事情？"

"大哥！圣上驾崩了！"

"你说什么？"吴伟业紧紧抓住了弟弟的手，连声问道，"圣上——怎么了？你听谁说的？"

"李自成三月十九日打进了北京，圣上在万寿山自缢驾崩。学院倪大人刚刚接到留都转来的塘报——"

吴伟业没有等弟弟把话说完，突然觉得脑袋"轰"的一声，天旋地转起来。伟光还没有回过神来，哥哥已经昏厥在地。

"大哥！大哥！"弟弟连忙把哥哥抱在怀里哭着喊叫起来，"你快醒醒啊！大哥——你不能这样啊——大哥——"他一面给大哥揉搓胸口，一面对着窗外大声喊，"快来人呀！快来人呀——"

听到喊声，二弟伟节，夫人郁氏，二夫人浦氏闻声赶来，接着吴琨老两口也来了。大家都以为吴伟业得了什么暴病，忙着人去请医生。伟光连忙摇头制止："不是病——不是病！"

"不是病是怎么了？"吴琨忙问。

"是因为皇上——"伟光一面和伟节把大哥往床上抬，一面回答父亲。

"皇上——皇上怎么了？"

伟光正要解释，吴伟业却幽幽醒了过来。他忽地从床上坐起，泪流满面捶胸顿足地痛哭起来："万岁爷呀！你死得好苦啊！都是那班奸贼害了你呀！为臣对不起你呀！主辱臣死，让为臣跟随你去吧——"

听着吴伟业的哭诉，大家渐渐明白了事情的缘由。于是一边劝说伟业，一边听伟光讲述在州学里听来的消息。原来二月间李自成就已经攻陷了太原、忻州，包围了代州。总兵周遇吉，凭城固守，曾经给李自成的农民军以巨大的杀伤。代州失守后，周遇吉全家死难。遇到这一次抵抗之后，大同、宣府接连投降。起义军兵临居庸关，监军太监杜之秩、总兵唐通开关投降。李自成兵不血刃，直达北京城下。三月十八日夜守城太监献关，起义军进入北京，十九日凌晨，崇祯帝自缢身亡。

对于崇祯帝的死，吴家人态度也不尽相同，朱太夫人一边陪着儿子流泪，一边劝说道："儿呀，按理说忠臣尽忠原是本分，可是你也算尽到忠心了。怪只怪皇上他不纳忠言，偏偏信任那帮奸臣，把忠臣一个都逼得死的死，亡的亡；丢官的丢官，坐牢的坐牢。多亏我那场病，你辞官回来了，要不然，还不定给害成什么样子呢？"

"母亲说得不错。"老二伟节也说，"这普天之下会元、榜眼能有几个？大哥这样的才华，对他忠心耿耿，得到他多少好处了？这样的皇上值得为他——"

"清臣，你胡说什么呢？！"吴伟业正在痛哭不已，听到二弟非议皇上，马上止住了哭声，斥责道，"这是臣子应该说的话吗？皇上对我吴家恩德天高地厚，不可一日忘却。愚兄以贫寒之身，连捷成会元。榜下多危疑，几被奸人所害，多赖皇上首肯，方得平安。又蒙皇上赐假完婚，持节返乡。这样的恩宠，古今能有几人？假满还朝，二十八岁奉恩命典试湖广，二十九岁超擢东宫侍讲，当了太子的老师。这样的知遇之恩，愚兄结草衔环也难报答呀——"说着说着他又放声痛哭起来。

伟节见状，连忙认错道："大哥教训得是，弟弟愚鲁，话说错了。只是事情已经到了这个地步，圣上已经驾崩，你纵然哭死，又有何用呢？"

伟光也跟着劝道："哥哥每日以忠孝教导我们，圣上崩逝固然可痛，但也不能不顾我们上有老祖母、父母大人，下有满门妇孺呀。你只顾自己痛不欲生，就没有看到父母伤心焦急的样子吗？"

吴琨也乘势说道："儿呀，圣上龙驭上宾，国家多难，正是忠臣效命的时候，哪能一味痛哭不顾一切呢？还是快点止哀，想想该做的事情吧。说不定马上就有客人上门，岂能乱了礼仪？"

吴伟业终于止住了恸哭，全家人都松了口气。按照吴伟业的意见，在旧学庵中为崇祯帝设置了一个灵位，供上香烛纸马，全家人祭奠了一番。然后他让全家人各回住处，自己在崇祯的灵位前静坐守候一晚。

在摇曳的烛光里，吴伟业回忆了他在朝居官期间，崇祯帝给予他的种种恩宠。尤其使他难忘的是，在他任东宫侍讲期间受到的殊遇。那时太子出阁不久，他每日给太子讲万历朝宰相张居正编写的《帝鉴图说》。太子聪明颖悟，每每提出些意想不到的问题，他总是生动设喻，深入浅出地给他讲解。他讲得娓娓动听，太子听得津津有味。一次刚刚讲完一章，崇祯帝从屏风后走了出来，原来他已经听了多时。吴伟业连忙跪倒接驾，崇祯帝亲手把他搀扶起来，连连夸赞他讲解得好，并传旨赏给他一盘御用的水果。从此，他进讲更为用心。一日早上，他五鼓进宫，只见武英殿中灯火通明。他原以为是皇上准备早朝，谁知太监告诉他，皇上又是通宵未眠。吴伟业感动得潸然泪下。

"圣上励精图治，宵衣旰食，本不应是亡国之主，奈何有此不幸的结局！"想到这里，他不禁暗暗感叹起来。接着他又想到弟弟刚才讲到宦官杜之秩等人降贼献城、为虎作伥的事，又咬牙切齿地骂道："这些千刀万剐的阉奴，全是你们害死了圣上！"他由周遇吉全家尽节的壮烈，又想到了自己，崇祯帝对自己的知遇之恩，确实是旷古罕见的。会试之后，自己突遭温体仁、薛国观等人陷害，险遭灭顶之灾，多亏崇祯帝天语褒奖，方能转危为安；自己参奏蔡奕琛之后，成为温党的众矢之的，又是崇祯帝亲降恩旨，赐假完婚，不仅使他脱离困境，而且获得自古人臣难得的荣耀；尤其是黄道周受廷杖下诏狱之后，自己命涂仲吉进京营救，受到株连，崇祯帝不仅没有究治降罪，还升了自己的官……凡此种种，越想越觉得君恩深重，难以报答。自己一介书生，无力杀贼。何况贼势猖獗，江南半壁江山万难保全。与其苟活到贼兵杀到江南时受辱而死，何如早日追随恩主于地下，以全名节？

想到这里他站起身来，解下腰中束的白色丝绦，搭在梁上，挽了一个结，然后转身跪倒在崇祯帝的灵位前流着眼泪三跪九叩，默默祈祷道："圣上英灵不远，臣生不能尽忠报恩，只有一死相随了！"当他双脚跨上矮凳，正准备悬梁自尽时，猛然想起白发苍苍的父母，及夫人郁氏和侍妾浦氏来。暗想自己一死了之，一了百了，倒是得到了解脱；可自己死后双亲如何经得起丧子之痛？自己三十有六，尚无子嗣，"不孝有三，无后为大"。父母日夜盼望能得一孙；自己和妻妾们也莫不希望早日有人继承后代香烟。自己一死，全家人的希望不都落空了吗？膝下无子的妻妾们晚年将依靠何人？……想到这些他不禁又犹豫起来。从矮凳上下来，绕室徘徊了一阵，他抬头看见了崇祯帝的灵位，思绪又翻涌起来：古人一饭之恩尚不敢忘，滴水之恩尚思涌泉相报。圣上于我有知遇之恩，岂能不报？周遇吉以在籍之身，尚能全家殉国，自古以身殉主的忠义之士，哪个没有父母妻子？自己岂能以私情昧大义？想到这里又不禁热血沸腾，毅然决然地踏上矮凳，把头伸进挽好的丝绦套中，双脚一蹬矮凳翻倒，身子悬了起来……

日近黄昏，到了用晚饭时候，吴琨老两口仍不见伟业到前厅来与家人共进晚餐，放心不下，命伟光到旧学庵中探看。伟光推门一看，立刻魂飞魄散，一边大声呼叫，一边抱住哥哥的双腿往上举。无奈他身体文弱，力量有限，一个人无论怎么用劲，也难以把哥哥从梁上卸下来。正当他手忙脚乱时，伟节和几个年轻仆人闻声闯了进来。于是大家动手把伟业卸下，放在床上。伟节伸手一探鼻息，若有若无；伟光耳朵贴在哥哥心口，仿佛听见仍在跳动。于是众人有的捶背，有的捶胸，有的用指甲掐鼻下人中，有的刺双手合谷。七手八脚折腾了一阵，吴伟业终于喉间喓然一声，两行清泪溢出，慢慢醒了过来。恰巧这时候吴琨夫妇颤颤巍巍地来到了床前，老两口俯身扑在儿子身旁，失声哭道："儿啊！你若一死，我们还怎么活啊！"随着老两口的哭声，妻妾女儿们都哀哀痛哭起来。吴伟业紧紧拉住父母的手，眼泪泉水般地直往外涌，一句话也说不出来了。

吴伟业一病不起，百药难医心病，本来就不健壮的身体，久困病榻变得更加羸弱。这天同窗好友王翰前来探望他，见他瘦骨伶仃的样子，不禁叹道："骏公！这天崩地坼之变，痛不欲生的何止你一个人？我辈自幼读孔孟之书，闻圣人之训，谁不是忠义为心、孝悌为本？但天意如此，你我几个书生能有什么办法？你这样终日愁肠百结，怎么得了？心病还须心药医，自己不想办法劝解自己，却靠何人劝解你？似你这等学富五车之人，还有什么想不开、参不透的道理？"

吴伟业苦笑道："正因为自幼读孔孟之书，受圣人之训，深知这君臣之义，无所逃于天地之间。君父已殉社稷，臣子岂可苟活？"

王翰道："话虽如此，但死又何益于君父，何补于社稷？兄虽不惜一死，但其如令尊令堂何？"

伟业沉默不语，一脸茫然。王翰接着说："处此两难之境者，远非骏公一人。何况苦海无边，各种烦难还会接踵而至。我听说，闯贼攻破京都之后，对被俘官吏百般勒逼，不肯为其所用者，多被屠戮。而变节事仇者为士林不齿，又将遗臭万年。私自逃跑者又受榜掠，苦不堪言。贼兵不久将渡江南下，到那时我辈将何以自处？"

不待王翰把话说完，吴伟业已经惊得目瞪口呆，良久方才问道："依王兄之见，我辈该怎么办呢？"

王翰略一沉吟说道："连日来，我思之再三，唯有一途可行。"

"王兄请讲。"吴伟业挣扎着从病榻上坐起来。

王翰一字一顿地说道："削发为僧，遁入空门。"

吴伟业半晌不语，然后幽幽叹了一口气，摇头说："说来容易做来难啊！"

"吴兄之难我完全知道。"王翰点头说道，"上有双亲在堂，下有妻妾儿女在侧。养育之恩，恩爱之情难以割舍。何况吴兄年近不惑，尚无子嗣。不孝有三，无后为大。一入空门绝了后代烟火，愧对祖先。吴兄之难还有什么？"

吴伟业点头不语。

"吴兄之难何人没有？"王翰接着说道，"若非有这等君父社稷的惨变，吴兄悠游林下，孝敬父母抚育儿女，诗酒琴棋，乐享天伦，当然用不着削发为僧。可是值此亡国惨变，吴兄身负盛名，海内无人不知。若贼兵渡江南来，吴兄想保全名节，逍遥事外，万不可能。到那时不唯自身难保，还极有可能祸及父母妻孥。若今日皈依佛门，削发入山，不唯自己名节能保，父母妻孥都可免受其害。吴兄仔细想想，我的话是否有道理？"

"王兄所言极是。伟业只顾为圣上崩逝伤痛，方寸大乱，虑不及此。多亏兄台指点迷津。"吴伟业终于被王翰说动了心。当下二人商定一个月后同赴天台山拜高僧继起为师，削发为僧。王翰走后，伟业把削发为僧的打算告诉了父母。吴琨夫妇当然不会同意。吴伟业用王翰劝说自己的话劝说父母，吴琨很不以为然。他说大明朝根基牢固，虽然北京失陷，中原沦丧，但有长江天险做屏障，李自成渡江南下绝非易事。江南半壁尚有几十万人马。五胡乱华时，局面何等险恶，晋室南渡还维持了一百多年；靖康之变，赵宋南迁，面对强大的金人也支撑了一百五十多年。吴琨估计南北对峙的局面还会出现。父亲的话吴伟业不是没有想过，他也非常希望父亲的估计能够成为现实。于是，吴伟业原本就不十分坚定的削发为僧的决心又马上动摇了。接着妻妾儿女一哭一闹，使他更加拿不定主意。当妻妾们提出堂前无子，晚年依靠何人的问题时，吴伟业觉得十分愧疚，和王翰一月后同赴天台出家的约定，只好取消了。

王翰倒是个行事果决、说到做到的人。他告别吴伟业回家后，生怕家人亲友干扰他的决心，立即拜松江府的具德和尚为师，取名愿云，削发受戒，当了和尚。一月以后，他僧衣芒鞋，如约来到了梅村。

吴伟业十分抱歉，把自己不能践约的衷曲告诉了朋友。王翰不再劝说他，并且不愿在旧学庵停留，当晚住宿在太仓城西的太平庵。他告诉吴伟业，自己将独自践约，前往庐山。吴伟业后来有诗赠送愿云和尚，诗前有序，叙述了他们这段交往：

愿云二十与予游。甲申闻变，尝相约入山，予牵帅不果，而师已悟道，受法于云门具和尚。今夏从灵隐来，止城西之太平庵，云将远游庐岳，贻书别予。以两人年逾不惑，衰老渐至，世法梦幻，惟出世大事，乃为真实，学道一著，不可不勉。予感其言，因作此诗赠之，并识予愧也。

晓雨西山来，松风满溪阁。

忽得吾师书，别予访庐岳。

分携出苦语，殷勤谓同学。

兄弟四十馀，衰迟已非昨。

寄身苍崖巅，危苦愁失脚。

万化皆虚空，大事惟一著。

再拜诵其言，心颜抑何怍。

末运初迍邅，达人先大觉。

劝吾非不早，执手生退却。

流连白社期，惭负青山约。

君亲既有愧，身世将安托？

今观吾师行，四海一芒履。

大道本面前，即是真极乐。

他年跌深岩，白云养寂寞。

一偈出千山，下界钟磬作。

故人叩松关，匡床坐酬酢。

不负吾师言，十年践前诺。

在这首诗里，吴伟业还专门说道，"师名戒显，字愿云，姓王氏，少为州诸生，乱后弃儒冠入道，先大夫同学友也。"他除了表达愧疚之情以外，他又向老朋友许下了十年之后，必践前约出家为僧的诺言。

3. 南中立君

经过一段生死抉择的煎熬，吴伟业的心情渐趋平定，每日在旧学庵里诵经礼佛口诵心唯，这一天，三弟伟光送来了一张请柬。

"大哥，奉常王大人请您过府饮宴，您看去不去？"

"值此国难当头之际，还有什么心思饮宴？"伟业头也不抬地说，"就说我身体不适，改日登门道谢。"

"大哥，王奉常世受国恩，亡国之痛不亚于我们。今日相邀，不单单是饮酒赋诗吧？"伟光提醒哥哥，"如果王大人有要事和哥哥相商，托病不去，不大妥当吧？"

伟业沉吟片刻，抬头说道："好吧，就说我如约前往，不作答书了。"

伟光转身走后，伟业暗想：王家和自己虽说同居一城，从前并无交情，今日相邀，莫非真的有什么大事情？他走出书房，抬头看了看太阳，觉得时辰已经不早，连忙回到自己居住的"鹿樵溪舍"更换衣服，吩咐家人备轿去了。

伟光所说的王奉常，就是王时敏，字逊之，号烟客。他的祖父王锡爵做过万历朝的首辅，谥号文肃；父亲王衡做过翰林院编修，父子双榜眼。到了王时敏时，虽说科名不及祖父两代，但蒙荫官至奉常，能诗善画，是当时的画坛领袖，和王鉴、王翚、王原祁合称"四王"。王时敏年长吴伟业十七岁。吴伟业入仕前家世清贫，王家三世显宦，地位悬殊，所以彼此交往不多。后来吴伟业高中会元，名动江南，渐渐成为文坛巨擘，二人接触多起来，但也算不得深交。

王时敏居住的"南园"，在太仓卫南隅，距离梅村别墅一里许。吴伟业

王时敏画像

修建梅村时，曾经和张南垣一道来过一次，时值初春，园内梅花盛开，飞雪溢香。王家的客厅就在梅花丛中，取名"绣雪堂"。在绣雪堂的东侧有一幢顶底两层的小楼，取名"香涛阁"，是王家眷属居住之处；两侧是王时敏的书房兼会友之所，名叫"潭影轩"。轩前是荷花池，池中有湖石堆造的假山——这是王家南园前院的大概情况。几座主要建筑间，有黛瓦粉墙连接，把前后两进的宅子分开，后院隐在竹木花石之中。吴伟业没有登堂入室到过后院。

今天吴伟业轿到南园门首，早有王府家人迎了上来："吴老爷大驾到了！我家老爷和另外几位老爷正在后院'烟垂雾接斋'候着您呢！"

吴伟业下轿，王府家人带路，穿堂过室向后院走来。路过潭影轩，池中红裳翠盖，娇艳欲滴，清气扑鼻，幽香袭人。吴

伟业无心观看，沿池来到月洞门前。一株苍然虬枝老梅，横斜而出，枝桠低拂池上，上掩门额，依稀可见"乐极"二字。月洞门内有两丛摇曳生姿的竹篁，两侧的粉壁上有方形菱格窗，隔窗相望，竹影如画。门内门外松竹梅翠影掩映，饶有风韵。迎门不远，有黄石叠岩为架的紫藤萝，盘曲嶙峋、夭矫拏云的枝干上，紫英累累，仿佛珠光宝气的翡翠屏风。绕过这架紫藤屏风，踏着青砖铺就的甬道，曲曲折折在林木掩映的花间小径中走了好大一阵，只听家人说道："过了'双峰入云'便到了！"

吴伟业抬头一看，只见两柱石笋，分别两旁拔地而起，青葱的凌霄攀缘着石笋，把绿叶红花直送到阴翳的林木之上。吴伟业暗道："怪不得叫'双峰入云'，却也贴切！"思忖间，忽觉眼前一亮，原来眼前又是一个荷花池，四周是较为开阔的绿地。池面上片片睡莲，平静地躺在深碧似镜的水上，浅浅圆圆的绿叶，点缀着朵朵粉红的花，日光下分外妖娆。四周的绿地上星散地栽着些牡丹、芍药、丹桂、海棠之类的花卉，或开或谢，香气氤氲。

连日来，吴伟业病榻缠绵，精神萎靡，心情郁闷。进入南园，曲径通幽，移步换景，不知不觉，心情好了许多，触景生情，轻声吟咏起来："清晨入古寺，初日照高林。曲径通幽处，禅房花木深。山光悦鸟性，潭影空人心……"

现存的南园一角

吟咏未已，忽听有人冷笑一声道："太史公好雅兴，此时此刻，还有心情吟诗！"

吴伟业瞿然一惊，不觉尴尬起来。抬头看时，已经来到了一座明三暗五的房舍前面。主人王时敏和几位先到的客人正降阶相迎。吴伟业紧走几步，仔细看时，一是南张夫子张采，一位是陈子龙，一个是穆云桂。还有一人满面风尘，正一脸冷笑地看着他。他觉得面熟，但一时又想不起名姓来。正思忖时，那人又是一声冷笑道："贵人多忘事。吴大人难道连姜某也忘了？"

吴伟业一拍脑袋道："我道是何人，原来是如须兄呀，休怪我二目昏花，尊容变化也太大了！"一边说着，他连忙拉住对方的手连声问道，"你何时到娄东的？为什么没有知会我一声？令兄如农年兄还好吗？"

"还好。"姜垓苦笑了一下，接着说，"真是一言难尽。家兄忧急时艰，连上三十余疏批评朝政，触怒先皇和周阁老，先下镇抚使司，受尽拷掠。后被杖责一百，皮开肉绽，已是奄奄一息。在下叩头泣血，幸蒙先皇恩准，把家兄背回寓所，多方延医求治，才总算保住了性命。两月后，被谪戍宣州卫。出京时棒疮犹未痊愈，我只好辞官一路同行。途中听说京城已失，先皇崩逝，宣州已为流贼占据。我劝家兄暂回家乡东莱，但家兄无论如何不肯。我只好陪着他辗转过江，暂栖吴门。他自己又给自己起了个别号'宣州老兵'，等道路通了一定还要到宣州戍所去服刑。除非新君嗣位，降下赦罪恩旨，才肯回乡。我拗不过他，只好只身返乡，把老母接来苏州，好歹母子总算得以团聚了。你说，家兄行事是不是迂腐得太过分了？！"

"君命如天，臣子尽节，正该如此。令兄实乃我辈楷模。"吴伟业叹道，"哎！朝中诸臣如果都能像如农年兄这样，先皇何至落得今日这样下场！"提到崇祯帝，吴伟业又流下泪来。

姜垓接着说道："我日前来到太仓，先去拜访受先兄。他把你的近况都告诉了我。卧子刚从留都来，本来想结伴去看望你，王大人说，不如请你过来，一同聚一聚。骏公啊，你和家兄是同榜进士，但论交情我们可能更深厚些。值此国破家亡之际，你可要多多珍重啊。刚才你说我面容变化太大。你何尝不是如此呢？日月曾几何，你已经鬓生白发！"

吴伟业不禁举手抚了抚鬓角，神色黯然地说："花发苍颜羞自照。我们这些孤臣遗子，能苟活至今，已不大易，几茎白发算得了什么！"

听吴伟业如此一说，大家都一齐伤感唏嘘起来。一向豪爽的陈子龙连忙打破凄惨的局面说："这里不是新亭，各位何必作楚囚相对？"

王时敏也连忙说："快快进屋，有话慢慢说吧！"

于是大家略作揖让，联袂进入这烟垂雾接斋来。宾主落座，仆人献上茶来。吴伟业一面品茗，一边偷眼细看室内的格局摆设。这精美绝伦的客厅，处处令人觉得心底空明舒适，透出一个"巧"字，四周一律玻璃透花长窗，窗上图案庄重典雅，虚中缀密，质朴中透着宰相之家的富贵气象。由室内向室外逆光透视，东南西北各个方向，每扇窗户都是一幅光影谐调的风景画。而日光从室外射入，窗格的图案花纹，连同厅内家具、陈设的投影，明暗交织，整体又仿佛一幅画，室中人又宛然在画中。吴伟业暗暗称奇，心想：这么一座明亮轩敞的厅堂，为何取名叫烟垂雾接斋呢？

王时敏仿佛猜透了吴伟业的心思，一边为客人倒茶，一边娓娓说道："骏公一定是在想，这烟垂雾接斋得名的缘由吧？"

吴伟业不觉一笑道："正是。往日我曾经听张南垣说过，园子亭榭房舍的题构，或述古，或即景；或单题，或双题、多题，要在恰切典雅。这房子轩敞明亮，却题作'烟垂雾接'，雅则雅矣，不知这烟雾自何而来？"

王时敏道："这园子原是先祖辞官后购置，后经先大人多年营修，成此规模。这后院主要有两座房舍，一座就是这'烟垂雾接'，另一座是东边的'水边林下'，原是先祖游憩之所，匾额也是先祖父的手泽。时敏幼时，也不解先祖题名的缘由，后来我在读书作画，适遇晨雾迷蒙，我抬头向窗外看，房前的挂落，檐下的美人靠栏杆，两侧的廊柱，构成深色画框，乳白色的晨雾笼罩的园中林木山石亭台就像一幅淡雅优美的画面。'双峰入云'隐隐约约，朦朦胧胧，虽有似无，虽无似有；而山石林木的倒影接着水面反光，反倒清晰得多。屋前池边曲桥栏杆、藤萝、花木，影影绰绰，在晨雾中延伸不尽，远比天清气朗时深邃、广阔得多。我猛然想起了梁代萧绎《咏雾》的诗句'乍若飞烟散，时如佳气新'，一下子明白了先祖文肃公题写'烟垂雾接'的缘由。后来我问先大人，先大人告诉我，正是如此。彼时房子刚刚竣工，先祖正寻思题一个恰当的名字时，刚好遇到一场晨雾，于是即景生情，题写了'烟垂雾接'四字。"

"原来如此。"客人们异口同声地说。

话音刚落，想不到，王时敏却感伤地说："先人治下的产业，不知时敏还能否守得住啊！"

"王大人何出此言？"伟业问道。

"骏公是真的不知呢，还是明知故问呢？"王时敏反问吴伟业。还没有等到吴伟业回答，他又接着说道："我辈生逢离乱之时，遭此亡国之祸，贼兵不日就要渡江南下。覆巢之下焉有完卵？你我一介书生，手无缚鸡之力，无兵无勇，何以保得住田产家园？听说贼兵所过之处，中原士族，官宦人家，荼毒殆尽，少有不家破人亡的。一旦贼兵过江，这三代经营的祖业还能保得住吗？时敏将有什么面目见先祖父文肃公于九泉之下！"说着说着王时敏竟然伤感得流下泪来。

"烟老不必如此伤感。"王时敏号"烟客"，年龄又比在座诸位都大，故而陈子龙以此相称。"国家前途尚不至毫无希望，或许有一线转机。"

"希望何在？转机何在？"在座宾主一齐问道。

"晚生此番自南中来，临行曾拜见过留都诸公。各位正在筹划拥立大事。史道邻、高阁老都说，我大明江南、江北可用之兵尚有数十万，粮赋充裕，加上长江天险，退可保半壁江山，进可报君父之仇。只要江南诸君，经此大难之后，精诚团结，同仇敌忾，国事尚大有可为。"陈子龙颇有信心地说。

"卧子，留都准备拥立何人为君？！"张采问道。

"这个——目下尚有争议，有些事情我也不太了了。"一向快人快语的陈子龙，这下却支吾起来，"听说，凤阳总督马瑶草和几位统兵大员、留都勋旧主张拥立福藩朱由崧。史道邻和高研文、吕俨若等人主张拥立潞藩朱常淓。也有人主张前往广西迎立桂王朱由榔。"

"已经火烧眉毛尖儿了，尚没有定下正主儿，还说什么保半壁江山，报君父之仇！"王时敏不觉先懊丧起来。

"立君事关社稷，当然草率不得。"姜垓道，"匆匆忙忙把菩萨安到了神坛上，一个头磕下去，君臣名分一定，再有什么不妥，后悔就来不及了。国家再也经受不起折腾了！"

"自古立君以嫡、以亲。"王时敏道，"福藩乃神宗皇帝的嫡亲孙子，老福王的长子，先帝的堂弟。从血统看，当然立福藩名正言顺。潞藩不过是大行皇帝的远房叔父，以亲疏伦序相较，远了好几层，恐怕不宜作为嗣君吧？"

"立君以亲以嫡，固是祖宗家法，"张采接言道，"但那是太平年代传位继统的常规。如今亡国惨祸迫在眉睫，只能从权行事，立君以贤。听说这福世子，纨绔积习很重，本是一个花花公子。在藩邸时就曾偷盗老福王的宝物；闯贼破洛阳时，他保护生母福妃逃难，竟然抛弃母妃，自己只身逃跑。这等不忠不孝之人如何能够君临天下？何况其祖母郑贵妃，当年勾结奸佞、权阉，几番倾陷光宗，致有'梃击''红丸''移宫'诸案迭起，无数东林君子受害。福藩历来和阉党关系密切，如果拥福藩为君，我江南士林恐怕永无宁日了！"

"以夫子之见，还是拥立潞藩为上了。"陈子龙接口道。

"自然优于福藩。"张采接着说，"潞王远在南国边陲，和朝中各派均无恩怨，号为'潞佛爷'，当此危难之时，由这种人继承君位，正好收拾人心，笼络整合团结各方势力。"

"不过……"陈子龙犹豫了一下，终于接着说，"听说，马瑶草和江北四镇总兵都主张拥立福藩，和史道邻、高研文已经闹得很不愉快，没有办法，史公只好退而求其次，准备迎桂藩入继大统。"

"桂藩素有贤名，只是远在广西，如果让马士英辈着了先鞭，岂不误了大事？"张采不无忧急地说，"另外，我听别人说，这在怀庆府册封的小福王身世真伪颇为可疑。"

"有何可疑之处？"在座各位几乎是异口同声地瞪大眼睛问道。

张采忽觉失言，连忙掩饰道："似此兵荒马乱之时，道路传言，不足深信。有人说这福世子是凤督马士英和一太监从民间觅到的，空穴来风，流言自然就产生了。"

大家不觉默然。良久沉默之后，吴伟业叹道："如果太子和永、定二王弟兄三人中有一人活在人世，事情就好办了！"

"谁说不是这样呢！"陈子龙接口道，"史公迟迟不肯拥立别人，也正有这层意思。他已经派出多路得力侦骑，四处打听太子和诸王子的消息，但至今没有佳音。听说，闯贼破城之时，天将破晓，太子和永、定二王弟兄三人曾由两太监护送，前往周皇亲家求庇，周家闭门不纳。接着被贼兵发现，一太监被杀，另外两太监献出了太子和定王。永王逃脱，不知卜落。但愿上天为我大明保留一脉血胤。"

陈子龙说到这里，大家又陷入了沉默。吴伟业和太子及永、定二王有师生之谊，心中更加伤感，鼻酸眼热，几乎又要流下泪来。

几人个个愁绪满怀，只顾感叹伤情，不知不觉过了午时。厨下早已备好酒馔，王时敏催了几次，客人方才入席。面对美酒佳肴，几位亡国孤臣谁都难以下咽。主人再三相劝，大家胡乱吃了几杯，便起身告辞。陈子龙还要回南京去，先行走了。吴伟业邀姜垓到梅村小住，于是和张采结伴，三人一道回梅村而来。

回到梅村，三人在旧学庵中坐定，家人献上茶来，一边品茶，一边说话。吴伟业捧杯在手，问姜垓道："如须兄一路护兄南来，又往返迎接高堂，对中原情况见闻一定真切。北边势局现在究竟如何？"

"道路传言倒是听了不少，说不上真切，"姜垓迟疑了一下，接着说道，"护送家兄南来之时，贼兵兵锋正盛。官军南逃，狼奔豕突，烧杀抢掠与流贼无异。风闻李自成已派降将唐通招降辽东总兵吴三桂。后来回乡迎接家慈，又听说吴三桂并未降贼，已从关外借得清兵十万，向京城进发，要为先皇报仇……"

"什么？从关外借得清兵十万？"不等姜垓把话说完，张采先惊叫起来，"这不是引狼入室吗？"

吴伟业也忧心忡忡地说："建虏一向与我大明为仇，焉有不乘人之危落井下石的道理？一旦与闯贼联手图我，如何是好？"

姜垓道："二位所虑甚是。不过，只是道路相闻，未必真切。一路上我和老母只是选择偏僻小道行走，所见多是山野小民，官绅甚少，消息未必准确。"

"但愿不要恶狼未除又引来了猛虎。果真如此，我大明半壁江山也岌岌可危了！"张采满腹忧愁起来。

吴伟业忽然问道："方才在南园时，卧子说到马瑶草准备迎立福藩，夫子说小福王身份真伪十分可疑，后来欲言又止，这是为什么？"

"只是传闻。"张采神秘一笑，接着说道，"事涉建储大事，多谈无益。何况卧子和马瑶草颇有渊源，我话一出口，顿觉失悔，故而不再往下说了。"

"这倒不必。"吴伟业道，"卧子生性豪爽，是我社中挚友，断不会和马瑶草搅和到一起。福藩身份可疑，你是从哪里听到的？"

"这里有揭帖一张，是有人从南京捡到的。"张采说着，从袖中掏出一张黄麻纸来。吴伟业看时，只见上面写道：

> 金陵昔丧乱，炎运值摽季。
> 忽从大梁城，仓皇走一骑。

偶窃藩邸璋，自言某王嗣。

贵阳一奸人，乘时思射利。

奇货此可居，何暇论真伪。

卜者本王郎，矫诬据神器。

……

吴伟业匆匆一瞥，随手递给姜垓，接着不以为然地说："马瑶草再糊涂，还不至于如此荒唐。国家已经到了这等地步，万不可再相互猜疑了。这种东西和当年徐怀丹、陆文声之流诬陷我等的文字有什么不同呢？"

姜垓也说："新君未立，留都诸公已经闹得水火不容，绝非国家之福。"

张采道："令人担忧的正在这一点。但愿他们不要再起门户之争。但正邪自古不能并立，马瑶草辈能容得下史道邻、高研文、吕俨若诸公吗？"

三个人都陷入了沉思。

自从与王时敏、陈子龙等人南园之会以后，吴伟业一直关注着留都时局的发展。转眼到了五月底，这天他正在旧学庵中读书，三弟伟光喜气洋洋地跑了进来："大哥！快去前厅接旨，天使到了！"

"清臣！你说什么？"他把书本合上，抬头问道。

"天使到了，正在前厅候着。父亲正在摆设香案，等候你去接旨呢！"伟光又说了一遍。

吴伟业略一迟疑，跟随弟弟来到了前厅。和天使略作寒暄，吴伟业忙在香案前跪倒。天使手捧圣旨朗声念道："着吴伟业从速赴京，任少詹事之职。钦此！"

叩头谢恩已毕，宾主落座。经过询问，吴伟业方知：正当史可法、高宏图、吕大器等官员筹划安排到广西迎立桂王的时候，马士英勾结重兵在手的刘泽清、留守太监卢九德等抢先一步，把福王从江北仪征接到南京，匆匆告庙，先称监国，接着便正式登基，改元弘光，定明年为弘光元年。新朝刚刚建立，正在积极延揽人才。吴伟业熟知的钱谦益、黄道周、陈子龙、杨廷麟等都在征召之列，有的已经到京。

吴伟业接旨后一则以喜，一则以忧。喜的是崇祯帝驾崩后，天下无主的局面终于结束，大明朝的半壁江山总算又有人掌管；忧的是听说继承皇位的小福王，其昏庸不亚于乃父。当此国难深重之时，立了这样的一位昏君，不仅中兴无望，恐怕这半壁江山也守不住。何况匆忙中组织拼凑起来的小朝廷，开始就围绕着立"福"立"潞"，还是立"桂"，矛盾重重，甚至水火不相容。在这种情况下，自己如果盲目应召，一不小心，陷入这纷乱之中，再想拔脚也就难了。

送走了天使，他把自己的想法告诉了父亲和两个弟弟。一家人反复商量，觉得不能从一个泥潭跳入另一个泥潭。吴伟业于是决定暂时不去赴任，观望一段时间再说。为了不使别人生疑，他上了一道情辞恳切的《辞职疏》，疏中如此说道：

祗以微臣受生尪劣，积疚缠绵，重荷矜怜，得宽休沐，尚冀瘳损，仰效驰驱。不谓祸难殷流，凶徒干纪，痛深九服，悲结万方。况在孤臣，扣心饮血，身虽在野，官列近臣，不能从难，罪应万死。皇上傲于有位，宜肃刑章，天泽沛然，顾加优擢。夫今日盈廷发谋，群帅戮力，畴功论德，启邑承家，而一二老臣犹以大仇未复，国步方艰，用舍勿轻，是非当定。三事以降，毋启殿陛之争；五等初开，宜重河山之赏。况如臣者，文史末流，其于国家，无裨尘露，岂可取紊朝典，忝窃金章也哉？

吴伟业追念先帝，极为沉痛，期望新朝，能有振作。但自己实在是疾病缠身，力不从心：

臣宜归罪有司，陈诚阙下，请免其见职，退就处分。而自国难惊心，旧疴弥剧，病痁两月，复加下痢，清羸困弊，几不自支。臣虽不才，粗知大义。当日寇变初闻，九流失序，若非皇上整齐万品，光启中兴，则臣余生，已填沟壑。今日躯命，咸荷生成，君恩未报，岂敢言病？无如夙婴沉痼，杂患屯邅，纵欲扶病登途，少明尽瘁，而狼狈不前，叹息而止。每思国事，涕泗横流，以急装累茧之诚，抱偃息在床之恨，拊髀慷慨，宵旦彷徨，臣独何人，自隔兴运？先朝被遇，愧纳肝刿胆之忠；新诏加恩，失倍道兼行之赴。伏惟圣断，先赐处分，俾臣免于旷官，安其素分。仰祈覆载，俯念盖帷，容臣在籍调理，俟病瘥之日，泥首阙廷，陈力谢罪。庶几犬马之疾，自放山林；藜藿之忱，长依日月。稍堪鞭策，终效涓埃。感恋天恩，无涯极矣。臣不胜悚慄待命之至。

这封奏章拜发后，倏已月余，陈子龙带着吏部的公文又前来催促。两位好友在旧学庵中促膝长谈，吴伟业的精神也逐渐振作起来。

"骏公，是出山的时候了！"陈子龙说，"今上虽说是马瑶草拥立的，但并不一味倚重马瑶草。史公在内阁中执牛耳，高研文居次辅之位，张慎言掌管吏部，你我乡试的座师姜居之先生、吕俨若掌管兵部。内阁中我东林人士占了大半，马瑶草仍以凤督身份驻守江北。此时正是你我竭忠尽智大显身手的时候，不要再犹豫了！"

"依你之见，今上是何如之君？"吴伟业几经踌躇，终于大着胆子问道，"比先皇如何？"

"这个……这个，还很难有确评，"陈子龙一边思考一边说道，"今上初登大宝，能够任用史道邻诸正人君子，选贤与能，我看还算有为之君。虽不及先皇英睿果决，有史公等人翊赞，我复社诸人鼎力襄助，中兴大业还是有望的。听说新皇已经颁布革新政令二十五条，留都官绅士民对此颇为鼓舞。"

"哪二十五条？"吴伟业颇感兴趣，连忙问道。

"弟还不甚了了。"陈子龙道，"行前听说史公同各位文武正在商议如何逐一实行。其中要者，大概有从速起用贤才，如钱牧老、黄石斋、刘蕺山几位老先生，还有足下和维斗等人；又设江北四镇，加强军备以为进取之基，分任黄得功、高杰、刘泽清、刘良佐为总兵官；又废除练饷及崇祯十二年以后增加的各项钱粮，拟订新税法；此外还有招募义勇，更定南都营制，增设江防水师等项。特别是废练饷、蠲钱粮、行新税几项，尚未实行，就赢得了绅商士民的交口赞誉，给留都带来了一片清新的气象。"

"若能如此，真乃江山社稷之福。"听到这里，吴伟业不由精神振奋起来，心中充满期待，"有此复兴良机，不能共襄大业，略尽绵薄，实在愧对先帝在天之灵。卧子代我转致留都诸公，一俟贱躯痊疴，便赴留都供职。"

"那太好了！"陈子龙高兴地说，"我和社友们翘首以待，等着在莫愁湖为你接风洗尘！"

4. 就任少詹事

送别了陈子龙，吴伟业便积极准备行装。他略带几分兴奋地对父母和家人说："'万事皆由天定'这话一点不假。当年我春闱高中之后，晚上做了一个梦，陈卧子、夏彝仲等朋友把我迎入一座府第，推我上座。饮酒微醉后，大家散去。我回头看那府第的匾额时，正是'詹事府'三字。不想应在今日！"

过了八月中秋，他告别了父母妻子，带着三弟伟光登舟启程，取道苏州、无锡、常州、丹阳，沿运河入长江。船到镇江已是留都的门户，万里长江浩浩荡荡奔涌澎湃的壮阔景象，使他多日郁积心头的绝望、悲哀、忧愁渐渐消散，心情不觉开朗起来。他站在船头举目远眺，只见江岸上旌旗猎猎迎风，依稀听得见金鼓号角之声，仿佛军营中正在操练；江面上战船不多，但油漆得黄澄澄的，船上的兵勇号坎鲜明；有的士兵驾着过江划子，不停地在江上游弋，盘查来往船只。吴伟业暗暗点头：有如此天堑，再加上新皇整军经武、励精图治，各镇将校同仇敌忾，流贼渡江南下谈何容易！稍假时日，何患不能中兴！看起来父亲还是有见地的，南北对峙的局面定会出现，江南半壁断不会轻易沦入流贼之手！

船到下关码头，吴伟业弃舟上岸。他带着弟弟先到孝陵拜祭，然后到吏部报到。南京的六部衙门，多在皇城南面御道两旁。皇城位于正阳门内。明太祖朱元璋定都南京之初，皇城内宫殿鳞次栉比，气魄宏大；玉砌朱栏，雕梁画栋，巍峨壮观，各部衙门也都气象森严。但自从成祖"靖难"，迁都北京之后，迄今已有两百多年，皇城的宫殿大多年久失修，六部衙门更是早已不复昔日气象。天官冢宰主政的吏部衙门，蜷缩在皇城南面的御街东侧，正堂不过五间；正中三间是议事厅，也是尚书理政之所；迎门一个书案，案后一把交椅；案前堂下左右放着几把椅子，便是尚书的同僚们议事时的座位。东西两间耳房，上首是尚书大人的书房兼起居室，下首是幕宾们的文书房。院子里东西厢房各三间，分别是左右侍郎处理政务的地方。

吴伟业来报到时，吏部尚书张慎言奉诏入宫尚未退朝；左侍郎吕大器在衙当值。张、吕二人俱是东林党人，吴伟业是复社中坚，东林、复社一脉相承，彼此早就熟悉。所以彼此一见面，吴伟业还没有行廷参礼，吕大器就双手拉住了他，十分高兴地说："张大人和我，还有令师姜阁老，早就盼着你来，终于把你盼来了。听说你有恙在身，上了辞职的奏疏，令师着急得很，连忙派陈卧子去探病带催驾。不管是心病还是真病，来了就好了！"说到这里，吕大器不由爽朗地笑了起来。

吴伟业连忙解释说："多蒙各位前辈挂念，伟业本来就身体孱弱，再加上经此亡国惨变，惊闻先皇崩逝的噩耗，确实肝胆俱裂，魂飞魄散，万念俱灰，不复有生的希望，所以一病不起，实非矫情！"

"当此风云骤变，宇内动荡之时，谁无疑惧、犹豫之心？"吕大器笑呵呵地说："审时度势而后决定行止，是人之常情。骏公当年初立朝班之时的凛然风骨，至今为同僚所敬仰，忠义之心人所共知。当此天步维艰之时，料你不会安居林下。因而令师姜居老才命陈卧子登门催请。今上初登大宝，留都百事待举，也正是足下大展雄才之时。正所谓'疾风知劲草，板荡识忠臣'，支撑危局，再图中兴，是我东林、复社诸君子义不容辞的责任。目下史道邻居中调度，令师和高研文先后入阁，马瑶草也还算识大体、顾大局，颇能和我东林复社诸君相安无事。如此开局，今后的事情大有希望！"

"如此方是社稷之福，"吴伟业连连颔首，"伟业自当竭尽绵薄，与诸公共图中兴！"

"这正是大家所盼望的！"吕大器兴奋地说。

吴伟业看看檐下日影，觉得时光已经不早，连忙起身告辞道："初到留都，尚未拜见家师及其他朋友，张大人尚未回衙，我就不再久候了。烦劳吕大人代为致意，容改日面聆謦欬。"

吕大器忙道："都是老朋友了，不必客气。等你见过令师，我们一同为你洗尘。"于是二人拱手作别。

当他来到姜曰广的寓所时，恰好陈子龙、杨廷枢也在那里。三位同年略作寒暄，便一边品茶一边等候老师回来。三人同为崇祯三年庚午科举人，杨廷枢高中解元，吴伟业、陈子龙皆为魁选。座主正是今日刚刚入阁的姜曰广。因此三人同为姜曰广的门生，和姜均有师生之谊。三人言谈之中难免忆起昔日秋闱高中之后的金陵大会，众社友在西张夫子的带领下，登钟阜，游秦淮，意气扬扬，踌躇满志的情景。弹指之间已经过了十四年，三个人均已鬓生二毛。且不说十四年的宦海沧桑，仅就刚刚经历的这场天崩地坼之变，也足够使三位同年感慨万端、唏嘘不已了。

"骏公，辛未年京师会试，恍然如昨，那时卧子年方弱冠，你也不过二十二岁，天如和我刚到而立之年，大会成钧，名动京华，士林望风影从。你在翰林院应对的联语还记得吗？"杨廷枢一边回忆一边问道。

"哪能不记得呢？"吴伟业不禁被朋友的回忆带入了昔日的繁华，随口答道，"陆机词赋，早年独步江东；苏轼文章，一日喧传天下。"

"是啊，那是何等的豪壮啊！"杨廷枢接着说，"卧子本应巍科高中，但宜兴周相惮于乌程温相的攻讦，不顾倪学使的极力推荐，被摒斥于孙山之后。各位同年愤愤不平，唯卧子毫不气馁，与众社友饮酒赋诗如旧。骏公问你最为得意之作是哪些篇什，你是怎么回答的？"

"苑内起山名万岁，阁中新戏号千秋。"陈子龙接口答道，"这是我联中得意之语。记得结句可诵者还有'词官流涕松风路，回首长安出塞年'等语。"

"不错，一点不错。"杨廷枢击案叹道，"日月曾几何，昔日豪情而今安在？"

"卧子总是豪气干云，吴某自愧弗如。"吴伟业道，"三年前读卧子《渡易水》一诗，至今难忘。当朝者如果能知卧子之心，能像卧子那样忧劳国事，局势何至如此！"

"位卑未敢忘忧国呀，"陈子龙道，"可我辈忧又有何用？可怜白发生！"

三人不禁又叹息起来。

三位同年正在唏嘘感叹的时候，老师下朝回来了。三人连忙迎上前去见礼。姜曰广一边逊让一边请三位高足回客厅叙话。

"骏公，几时进京？病体痊好了吗？维斗和卧子事先知道你今日进京吗？"姜曰广一落座就连声问道。

"弟子辰初进京，吏部报到后就来请安。恰巧维斗和卧子都在府上。"吴伟业满含感激之情地回答老师的问话，仿佛童子对塾师那样恭敬，"多蒙恩师关怀，卧子上次去寒舍时，病体尚未痊愈，及至中秋，身子才稍微复原。圣命师命宣召，不容惜身延宕。尽管如此，赴命已经迟了，俯惟恩师鉴谅。"

"来了就好。"姜曰广笑着说，"新君刚刚登基，亟须人才，若不奉诏，难免招致别人猜疑，于国于己都不方便。来了就好。黄石斋不久就要进京，就礼部尚书之职，掌管詹事府。你和徐九一分任少詹事。都是老朋友，遇事好商量。稍事休息，就到衙视事吧。"

"恩师教导的是，"伟业道，"弟子受先皇殊遇，敢不泥首以报？"

"师座今日下朝何以如此之晚？"杨廷枢问道，"每天都是如此吗？"

"新朝肇造，百事待举；内忧外患，事事孔急，几乎天天如此。"姜曰广感叹道，"棘手之事太多了！即如江北高、黄、二刘四镇将如何驾驭处置，就令人左右为难。"

"新君不是已有恩旨，个个封侯了吗？"陈子龙、杨廷枢同时问道。

"正是为了这事，惹了许多责难和非议。"姜曰广叹道，"实在难呐！国难当头，江南半壁河山全仗此辈捍卫；但骄兵悍将，不啖以名利又难驾驭，不肯用命；而此辈又大多来路不正，或出身流贼，或出身盗匪，拥兵为乱、鱼肉百姓，劣迹昭著。故而封侯的诏旨一下，朝野哗然。尚在北方前线的将士们纷纷抱怨说，盗匪叛贼因劫掠杀人而得封侯之赏，忠心报国者反而一无所获。朝臣中不少人也不知朝廷的苦衷，纷纷上书反对，刘念台尚未就总宪之任，就在杭州上疏朝廷，请抑藩屏、慎爵赏。刘念老在奏疏中直言不讳地指斥朝廷：'刘泽清、高杰有寄家江南之说，尤而效之，又何诛焉？败逃之将而得封侯，谁当不封者？'并声言朝廷如果不改变成命，他将拒绝征召，不赴左督御史之任。史道邻成了风箱里的老鼠，两头受气，我和高研文、张金铭也跟着挨骂。你们看冤枉不冤枉？"

"位高任重，谤亦随之，自古皆然。"陈子龙道，"没有史公与师座及高、张诸公支撑危局，谈何中兴？任劳任怨，是贤者美德，局外人不知个中苦甜酸辣不足为怪。史公和师座认为该如何处置为当？"

"卧子身为兵科给事中，想必知道，四镇之中以高杰的四万晋陕壮士战斗力最强，但其出身流贼，军纪涣散；其次是黄得功，精通韬略，曾经屡挫献贼，建立奇功。史公位兼本兵，深知北伐重任非高、黄二镇莫属。至于刘泽清和刘良佐，一向军纪松弛，并且畏敌如虎。前年驻防山东时，贼兵未到，闻风先溃，一路抢掠，直到江淮。史公原本打算让四镇轮番保卫京师，以便将四镇置于朝廷掌握之中，免得他们久在防地，拥兵自雄，不听宣召。但又担心这些骄兵悍将离京师太近，骚扰京师。只好命刘泽清驻守淮安，统辖淮安、海州 11 县，待机进取山东；刘良佐驻守凤阳，统辖凤阳寿州 9 县，将来进取淮阳；高杰驻防徐州，统领徐泗地区 14 个州县；黄得功驻守庐州，兼管和州、滁州 11 个州县，将来光复河南。四镇之上设督师大臣一人调度各方，目前由马瑶草担任。但眼下府库如洗，朝廷无力供应粮饷，只能以名器爵位相羁，不得不作出种种让步。局外之人哪里知道这种种难处呢。"姜曰广不禁又摇头叹息起来。

"听说淮安士绅一听闻刘泽清要来驻防，立刻上书朝廷要求召回刘泽清，并且禁闭城门，拒绝刘军入城。不知可有此事？"杨廷枢问道。

"那是一月以前的事情了。"陈子龙接口道，"巡抚路振飞率淮安绅民登陴守城，刘泽清环攻不下。各有奏章到京，民以兵为贼，兵以民为叛。朝廷无奈，以马瑶草的妹夫田仰代路振飞巡抚淮安，刘泽清趁机进驻淮安。刘军入城后大肆抢掠，百姓苦不堪言。"

"身为督师的马瑶草呢？"杨廷枢问道，"他一向和刘泽清交情不薄，和田仰又是郎舅之亲，为何不居中调停呢？"

"这正是令人难解之谜，"姜曰广道，"当初拥立今上，正是马瑶草邀请高、刘诸镇南下，如今却又作壁上观，推说无能为力了。"

大家于是又叹息起来。

"现在江北局势如何？"一直沉默不语的吴伟业问道。

"经史道邻提议，朝廷答应每年为四镇筹饷二百四十万两，各镇可以自行征税，今后各镇从流贼手中收复之地归各镇管辖，俟天下一统，四镇一律晋封公爵。经此安抚，兵民相攻之事总算平定下来。就目前来看，江北总体尚算平静。"姜曰广说，"史公也正是为此，惹下不少谤咎。"

"卧子，"杨廷枢望着陈子龙含笑问道，"令尊和马瑶草是同年，作为年家子，马瑶草对你颇为关怀。你觉得四镇在江北是非不断，和他有无关系？"

"驾驭无方，无力控制或许有之，"陈子龙皱着浓眉说道，"煽风点火，纵容唆使，还不至于吧？"

"他对我东林、复社究竟是何态度？"杨廷枢又问。

"马瑶草对我东林、复社并无太深成见，"陈子龙说，"当年他在宣府巡抚任上，因受贿丢官，后得阮大铖鼎力相助，得以脱困，因而对阮大铖感恩戴德。阮圆海名在逆案，是我东林、复社的仇敌。不少社友厌恶和尚，恨及袈裟，视马、阮为一丘之貉，这是情理之中的事情。岂不知马瑶草能够东山再起，担任凤督，完全是周宜兴之力。周延儒和我东林、复社的关系马瑶草不是不知道。这其中的恩恩怨怨本就是一笔糊涂账，加上前一阵的拥'福'、拥'潞'之争，隔阂更深了一层。但自今上登基之后，马瑶草还算识大体，明大局。据我所知，他很有和我东林、复社捐弃前嫌和衷共济的意思。"

"卧子所言不错。"姜曰广说，"国难正殷，当以和为贵。凡我东林、复社君子，今后对马瑶草要推诚相待，他毕竟是定策元勋，拥立之功不可没灭。至于阮圆海，阉党余孽，当然不可与马瑶草同日而语。"

杨廷枢、陈子龙、吴伟业三人齐声应道："师相教诲甚是。"

时间不早，三人起身告辞。姜曰广说："詹事府眼下也没有什么事情，房舍尚未修缮齐毕，骏公就暂住在我这里吧，遇事也好有个商量。"

吴伟业点头应允。大家一起送走了陈子龙和杨廷枢，吴伟业就暂时在姜曰广寓所住了下来。

次日由陈子龙出面，在莫愁湖的湖心亭设宴为吴伟业接风。在南京的社友和前辈东林人士不少人都来了。莫愁湖在水西门外觅渡桥西，号称"南都第一名湖"。十里湖滨，绿柳成行；千亩湖面，碧波荡漾。相传南齐莫愁女曾在这里居住，因而得名。梁武帝《河中之水歌》云："河中之水向东流，洛阳女儿名莫愁。莫愁十三能织锦，十四采桑陌上头。十五嫁为卢家妇，十六生儿字阿侯……"

明太祖建都南京后，在莫愁湖畔大造亭台楼阁，以待宾客，极具盛名的"胜棋楼"便在这里。相传明太祖朱元璋与开国元勋中山王徐达曾在楼中对弈。明太祖棋艺本不及徐达，但徐达却有意避让，让明太祖以三子的优势取胜。当明太祖高兴地站起时，却发现徐达的棋局以云子代笔墨，布列成"吾皇万岁"四个大字，顿时明白徐达是谦让自己，深感徐达的恭谨忠诚，当即把这座楼赐给了他。

吴伟业从姜曰广的寓所乘轿出来，走在街上，扬起轿帘，看见街上人群熙来攘往，市面颇为繁荣。行人脸上露着新朝建立带来的自信和喜悦，很少有亡国丧君的悲哀，自己心头也渐渐轻松起来。一会儿又看见大车小辆满载着砖瓦和木材结队而过，大街上扬起阵阵尘土，他知道这是运往皇城，修建兴宁宫和慈禧殿的。虽然新朝初建，不宜大兴土木，但这毕竟是兴旺气象。轿出水西门，吴伟业下轿登船。他见时光尚早，便沿秦淮河向南附近观光——因为这里是城西最为繁华之地，靠近西水关。六朝以来，桑田沧海，但此处一直是废而复兴，为商业重地。相传陈友谅曾经在这里设关津以征百货，从此这里就成了商贾集中的地方。吴伟业正要上岸看看，却看到迎面划来数艘油漆得黄澄澄、亮锃锃的战船，船头上站着几个身穿平民服装外罩号坎的水兵，神情颇为精悍。船家告诉他，这些战船是三汊河附近"龙江宝船厂"刚刚造好的，而船上的水兵也是刚刚招募的。

吴伟业不由产生了兴趣，他问水手："这龙江宝船厂在什么地方？还会打造战船吗？"

水手答道："大人是刚到南京来的吧？前面二里之遥，便是龙江关，过去便是下关三汊河。河上有'上四坞''下四坞'，也就是龙江宝船厂。大大小小的船只都能打造。当年三宝太监郑和下西洋乘坐的船只，号称'大宝船'，长四十四丈，宽一丈八尺，九桅十二帆。大海之上洪涛接天，巨浪如山，大宝船云帆高张，如履平地。这小小战船何足道哉！"

听水手这么一说，吴伟业不觉怦然心动。他于是改变了上岸的想法，决定沿河往北去龙江宝船厂看看。

船在平静的水面上划动如飞，一刻工夫便到了三汊河。"上四坞"原来是依河修建的四个大水塘，岸上便是龙江宝船厂。每座船坞一端都连着江水，船造好后可以直接进入长江。岸上木匠、铁匠等各种工匠都在忙碌着，一艘刚刚造好的大船正准备下水，工匠和纤夫们的号子声震耳欲聋。吴伟业看得心潮激荡，他眼前仿佛出现了一支千船竞发、乘风破浪的水军，正在横渡长江，杀向江北。

吴伟业正在心驰神飞之际，岸上来了一队水兵，高声喝道："前边是船坞禁地，闲杂人等不得擅入！"

吴伟业这才醒过神来。水手正要解释，他连忙抱歉地一笑，对水手说："我们还是回去吧！"于是小船掉过头来，又驶向了水西门。

天到巳时，吴伟业乘小船来到了莫愁湖。湖面碧波如镜，秋水长天一色，船如在蓝天白云间行驶。吴伟业站在船头，只见胜棋楼下海棠花红如胭脂，赏荷厅前荷叶如大片翡翠。与胜棋楼东西相对的抱月楼四周林木苍翠，葱茏蓊郁，掩映在碧绿丛中的飞檐斗拱，展翅欲飞。亭台楼阁湖光山色相辉映，真令人心旷神怡。正在忘情处，湖心亭中飞出了阵阵喧闹："史公这时候如何能走？"

"这明明是马瑶草的诡计，史公如何不察？"

"什么'国事为重，以和为贵'，老马得寸进尺怎么办？"

……

吴伟业怔怔地听着，小船已经到了湖心亭边。只听有人叫道："骏公到了！不妨听听骏公的高见！"只见陈子龙带头，杨廷枢、吴应箕、陈贞慧等复社友朋一齐迎到亭下小码头边。

吴伟业一边抱拳行礼，一边和朋友们寒暄。亭子里还有几位年长的朋友等候着，他们是复社元老周镳、东林官员雷縯祚、吕大器。吴伟业连忙上前见礼，略作揖让，朋友们一一落座。吴伟业含笑问道："吴某在船上老远就听见各位争论不休，究竟是为了何事？"

众人把目光投向身为吏部侍郎的吕大器，吕大器看了看坐在上首的周镳，笑着说道："还是请仲老说给骏公听听吧！"

周镳，字仲驭，座中年龄最长，又是张溥死后最负威望的复社元老，他也并不谦让，开口说道："昨晚我去拜会高阁老，听高阁老讲，马瑶草在凤阳送回了一封奏章，先讲江北各镇相互抢地盘夺粮饷，难以驾驭；又写自己年老体衰难任繁巨，力请回京，坚辞凤督之任。这分明是拥兵自

史可法像

重，以武力要挟朝廷，理应受到严谴。史道邻却不顾高、姜二人的反对，自请到江北督师，并上疏皇上，盛赞马瑶草拥立有功，同意马瑶草回京任兵部尚书入阁当大学士。你们说这事情荒唐不荒唐？"

"岂止荒唐，简直是引狼入室！"周镳话音一落，性情爽直的兵部员外郎雷缜祚就忍不住批评起来，尽管他平日对史可法十分尊敬，此时也难以掩盖对史可法此举的不满。"史阁部只知以德报怨，容忍退让，岂不知对方欲壑难填！马瑶草自恃拥立有功，早就不满凤督之任，梦寐以求入阁拜相。几次三番又当巫婆又当鬼，制造事端。当初挑动高杰去扬州的不正是他马士英？如今高杰肆虐扬州，并且和黄得功动起干戈，为何不派他去排难解纷、调解弹压？"

"怎么没派？忻城伯赵之龙、兵科给事中袁继贤连本保奏马士英过江督师，皇上却说：'他不去怎么办？'"吕大器接口说。

"高、黄两镇动起刀兵来了？"吴伟业吃惊地问道，"究竟为了什么？"

"岂止两镇交讧，还伤及许多绅商百姓，"吕大器接着说，"这正是史公决心自请离京到扬州督师的主要原因。"

"史公难呐！"一直沉默不语的陈贞慧不由感叹起来，他近来在史可法幕中参赞军务。"高杰本是闯贼部下，因和李自成的侍妾邢氏私通叛离李自成，所部多强悍凶狠之徒。起初受人唆使，垂涎维扬富庶，率兵屯驻扬州城下，扬州绅商百姓素知高部军纪败坏，宁肯进献大宗财货，也不愿让其进城。谁知高杰接受财帛后，不仅不肯退兵，反而把扬州层层包围起来，并且在城郊纵兵抢掠。高杰声言，他是朝廷总兵，守城有责，扬州百姓不让他进城就是

据城作乱。扬州百姓绅商视高部如流贼，组成民军，紧闭城门。知府黄加瑞左右为难，只好请我们复社的扬州社长郑元勋出面到高杰营中居间调停。"

"超宗及第后不是在京供职吗？"吴伟业问道。

"原本在京供职，后来告假回籍。神京陷落后一直在家帮助其兄郑元化照料家事，其兄是扬州富商。"陈慧贞接着说，"超宗到高营费尽口舌，高杰终于答应大军撤围，只带标营（亲兵卫队）进城，并答应严格约束部下，禁止抢掠。谁知扬州百姓误信奸人挑拨，认为超宗和高杰暗中勾结，出卖了扬州人民。一些愚妄之徒竟然把郑超宗活活打死了。你说郑超宗死得冤不冤？"

大家不禁嘘唏惊讶起来。吴伟业和郑元勋十分熟稔，备觉伤感。过了片刻，他又接着问道："后来呢？"

"这下高杰更有了借口，于是起兵攻进扬州。这伙强盗'杀人积尸盈野，淫污辱及幼女'，令人发指。史公得报，火速派兵部职方员外郎万元吉带重金前往扬州抚慰，劝高杰撤出扬州，高杰拒不听命。据说是马瑶草暗中煽惑，目的正是逼史公离京，于是高杰扬言，除非史公亲临扬州，断然不肯撤兵。"

"这样说来，史公此去扬州，不是十分凶险吗？"吴伟业不由得担心起来。

"谁说不是呢？"陈慧贞接着说，"一波未平，一波又起。谁知觊觎扬州的并非高杰一人。靖南伯黄得功也不甘心让高杰独占扬州，于是借护送其族人黄蜚过江之由，自庐州起兵到达淮安。高杰则认为黄得功是来和自己争夺扬州，于是双方动起了干戈。你说史公能坐视淮扬局势就此糜烂吗？"

"史公之难正是国家之难。"吕大器环视四座之后说道，"我东林复社中人，倚史公为柱石，担心史公一旦离京，阉党余孽乘虚而入。于是不少人埋怨史阁部软弱退让，这也是情理中的事情。日前国子监的生员们联名上书，伏阙哀吁；众社友奔走呼号，挽留史公。人人都说，史公在朝不仅可保留都安定，而且可保江南太平；史公在朝，中兴大业有望，史公离位，一切将成泡影。喁喁属望，殷殷之情，史公焉有不知？无奈国事不容他不去也。昨天太宰张公讲，这几日史公寝食俱废，彻夜绕室彷徨。一方面忧心维扬是江南门户，北征前哨，一旦有失，进退无据；一方面忧心朝中，大局初定，隐患在在皆是，稍有疏虞动摇根本。非史公亲临，扬州祸乱难以消弭；无史公在朝，大局恐生动荡。实在是难啊！"吕大器说着低下了头。在座诸人也不由受到感染，深为史可法进退为难而痛心。

"尤为难者，还在于史公不愿因自己的去留加深和马瑶草的嫌隙，引起新的党争。"陈贞慧片刻沉默之后接着说，"前天苏松巡抚祁彪佳大人来看望史公。史公垂泪对祁中丞说道：'拥立之争刚刚平息，当此危急存亡之秋，国家再也经不起动荡了！为报先帝之恩，我不入地狱谁入地狱！'祁中丞本来也是来劝止史公的，听了这番话只有陪着落泪，再也说不出话来。"陈贞慧自己也说不下去了。

湖心亭顿时陷入了静寂，只听见秋风吹起湖水兴起的微波，轻轻拍打礁石的声音。停了好大一阵工夫，吴伟业才开口说道："思虑之深，谋国之忠，举朝莫出史公之右者。既然时势所迫，史公非去扬州不可，我们也不必再扰乱他的决心了。我想史公离京之后，朝中尚有阁老、我师姜公、太宰张公、少宰吕公维持大局，有仲驭周公、定生、次尾诸兄领袖清议，合我东林、复社之力，不难力挽狂澜。何况马瑶草当此国运艰难之时，也不至于昧于大体，不顾大局。说不定山重水复之后，便是柳暗花明。"

因为陈子龙的父亲和马士英是同年，两家是世谊，当大家纷纷议论马士英和史可法这场进退纠葛的时候，他一直不便插言。直到这时候，他才有了接言的机会。他接口说道："骏公所言极是。经此天崩地裂的亡国惨变，什么个人恩怨、门户之争都应该放在一边了。史公能不计前嫌，他马瑶草也是食君之俸的大明臣子，能丝毫不念社稷之重？其人名利之心或许重点儿，自以为拥立今上有功，当入阁而未能入阁，动了点个人意气，也不见得就会做出什么太荒谬离谱的事情来。"

"但愿他能如卧子所言，"雷缜祚冷笑道，"嘿，我倒听说史公此番离京，有一个极为重要的原因，是今上听了马瑶草的谗言。"

"有这等事？"陈子龙不由红了脸，接口问道，"什么谗言？"

"听说，当初立'福'、立'桂'，还是立'潞'争执不下之时，史阁部曾致书马瑶草，极言今上种种瑕疵。后来当今皇上登极之后，马某曾答应毁掉这封书信。谁知，马瑶草为了逼史公离京，前不久把这封信转呈御前，以此要挟史公。"雷缜祚不无气愤地说道，"据此看来，马瑶草纯系小人一个，谁能保证他不会施出更阴毒的计谋来？"

陈子龙低头不语。吴伟业则接口问道："皇上相信了马瑶草的话吗？"

"皇上虽未表现出对史公的怨恨，但史公深恐君臣相疑，日后生出事端。

所以，他决意离京，其中也有远祸的意思。"雷缜祚是个直肠子，他全然不顾陈子龙的不快。

吴伟业和陈子龙交谊深厚，唯恐二人发生争执，连忙说道："当初建储之争，世人皆知，我东林、复社中人极言今上'七不可立'，也不是什么隐秘之言。想必今上早有所闻，不必待马瑶草进谗而后知。皇上英明天纵，自应知道当时不是君择臣，而是臣择君。不论立谁，都是为了大明江山，断不会为此而计较。"

周镳乃姜桂之性，老而弥辣。平时君子小人界限最为分明，一向疾恶如仇。他似乎没有考虑吴伟业的话是为了缓和雷缜祚、陈子龙之间的不快，大声说道："马瑶草如此品性怎能侧身庙堂！这等小人入阁，恐怕国无宁日了！"

倒是吕大器听出了吴伟业话里的弦外之音，连忙接口道："马瑶草即令如愿以偿，入阁当了大学士，但根据我朝惯例，论资排辈，也当不了首辅。前面还有高宏图、姜居之二位阁老压在上头。只要适时裁抑，他也不见得能够随心所欲事事得逞。"说着抬头看了看亭外的日影说道："今日本来是为骏公接风，却无休无止地议论起朝政来了。宫詹大人千万不要见怪哟！"

陈子龙本不是小肚鸡肠之人，何况又都是志同道合的朋友，刚才心中虽有少许不快，一经吴、吕二人转圜，立刻烟消云散。他趁势笑着说道："再不开宴，我这腹中就要响起战鼓了！"说着起身走到亭子外面，一招手，随行仆人立刻把酒馔端进亭来。顿然间，杯盘罗列，觥筹交错，朋友们推杯换盏饮起酒来。

第五章　半年詹事

1. 卧子纵谈

　　詹事本为总管东宫内外庶务之官，弘光帝既无皇后又无太子，詹事府形同虚设，吴伟业闲着无事，便邀约了陈子龙准备在史可法未离南京之时前去拜会。姜曰广告诉他们说，不用去了，史可法已于昨日——正是吴伟业他们在莫愁湖相聚之时，悄然离京。吴伟业听后心中不禁怅然若失。过了几天，各种传闻纷至沓来：有人说史可法一到扬州，行装甫卸，便去高营，结果被高杰囚禁起来；也有人说史可法已被高杰杀害；后来又听说史可法趁人不备化装成道士逃出了高营，到了黄得功营中，正在组织黄镇兵马讨伐高杰。这些传闻搅扰得吴伟业心神不定，他既为史可法担心，也为国家命运忧虑。

　　正当他忧心忡忡的时候，史可法的得力幕僚、吴伟业的同年阎尔梅奉史可法之命来到了南京。他告诉吴伟业，史可法确实曾经被高杰软禁过，但后来高杰被史可法晓以大义、动之以情，接受了史可法的调处，和黄得功罢兵言和，撤离了扬州，前往瓜州驻扎，并且派部将李成栋前往徐州、王之纲前往开封，准备出师北伐。至于黄得功，史可法以高杰的名义送去了一批粮饷，怒气也渐渐平息，带兵回到了自己的驻地。目前史可法正在扬州整训兵马，待机北伐。听了阎尔梅的话，吴伟业心中一块巨石落了地。他深深为史可法的牺牲精神所感动。他既为史可法高兴，也为国家庆幸。晚上在寓中想象史可法整军经武的种种情形，伟业对国家的前途又萌生出新的希望，心情出奇地兴奋起来，他提笔写道：

> 六师长奉翠华欢，王气东南自郁盘。
> 起殿榜还标太极，御船名亦号长安。
> 湖吞铁锁三山动，旗绕金茎万马看。
> 开府扬州真汉相，军书十道取材官。

吟罢这一《甲申十月南中作》，他掷笔在案，眼前仿佛呈现出一派生机勃勃的中兴景象：新建的朝廷兵强马壮，南京城王气郁盘，山河形胜，有贤相史可法辅佐，百废俱兴；连弘光帝不顾国运艰难，大兴土木兴建宫殿也成了开国盛事，简直像唐初建造的太极宫；而前几天他在水西门外看到的新战船就好像三国时孙权乘坐的战舰"长安"号。这一夜他兴奋得直到半夜还没有睡着。

意想不到的是，事隔一天，朝局却剧烈动荡起来。

随着史可法前往扬州督师，马士英回京当了兵部尚书。为加强东林党人在朝中的势力，吏部尚书张慎言、侍郎吕大器又力荐另一位东林党人解学龙任兵部左侍郎；而解学龙又举荐黄道周为吏部右侍郎；黄道周又荐叶廷秀作户部主事。马士英见势不妙，立刻进行反击。他以朝廷急需知兵大员为名，奏请弘光帝起用废置多年的阮大铖。高宏图、姜曰广、张慎言则认为阮大铖是魏忠贤的余党，名在逆案，加以反对。阮大铖则上了一道很长的《孤忠被陷之由疏》，声称他并非魏忠贤一党，甚至还劝阻过其他人追随魏忠贤，自己虽然在天启年间和魏忠贤共过事，但只有70天，就回乡隐居了。正因为他的孤傲忠诚受到了东林党人和复社的恶毒攻击，而这群攻击他的人，不少在李自成进北京后投降了"闯贼"，为杀害逼死先皇的流贼腼颜效力。究竟谁是忠臣，谁是贰臣，请皇上明鉴。

这封奏章颇能打动弘光帝的心弦。但由于"逆案"是先皇钦定，阮大铖是东林和复社人士的众矢之的，他不敢贸然作出决定。接着马士英又推荐勋臣刘孔昭入阁当大学士。张慎言则提出刘孔昭非科第出身，有明以来，勋臣入阁担任大学士从无先例。这样就轻而易举地否决了马士英的提议。刘孔昭因之大怒，立刻伙同另一勋臣赵之龙等群起攻击张慎言。一天早朝，不待皇上宣召，刘孔昭就越次奏道："张慎言身为吏部尚书，不能任人唯公，拒绝任用武臣，却滥用和闯贼有勾结的罪臣吴甡、朱三俊等人，显系图谋反叛。似这等排斥武臣、结党营私的老奸，非杀不可！"张慎言气得发抖，正要出班回奏，刘孔昭却从怀中掏出一把匕首，气势汹汹地向张慎言刺来。众人连忙阻止，殿上登时大乱。高宏图正待请旨宣召殿前侍卫，弘光帝却匆匆传旨退朝。

次日张慎言愤然上表辞官。弘光帝不敢得罪那班勋臣武将，只好照准。首辅高宏图和另一位大学士姜曰广也双双呈上辞官表章，弘光帝不由为难起来，只好温言劝慰道："国家正值危难之时，二位先生是国家柱石，寡人正有许多大事倚重先生，千万不可妄动意气，因张先生之事轻言辞官，舍朕而去。"

"臣绝非因张慎言一人之事妄动意气，"高宏图不紧不慢地说道，"张慎言端方正直，身为天官冢宰，任人唯贤，简选正人君子，摈斥奸邪小人，并无差错。武臣不能入阁，是我朝成例，并非张慎言标新立异，一人之见。刘孔昭为此心怀怨恨已属荒谬浅薄，更不该纠合勋臣、宗室寻衅滋事，朝堂之上谩骂追杀大臣，实属藐视君上，目无国法之甚。此例一开，国将不国，君将不君。若不严惩，臣等将有何颜面身率百僚，尸居首辅之位，立于庙堂之上？"

"这样对待张慎言实在太不公平，"姜曰广也叩头说道，"刘孔昭之流仇视谩骂张慎言，无非是因为张慎言举荐了黄道周、刘宗周、解学龙等正直忠贞之士，拒绝阮大铖等魏阉余党复起。这正是吏部天官的职分所在。如此尽职尽责之臣正是国之珍宝，反被轻易舍弃，岂不令忠贞骨鲠之臣寒心？如果众人相率离去，还谈何中兴大业？"

弘光帝见二人轮番陈奏，以去留相争，非要惩办刘孔昭不可，心中为难，只好搪塞道："二位先生所奏，朕心中明白。无奈朕初登皇位，国难方殷，勋臣、阁臣都是国家股肱，朕实在不愿损伤任何一方。朕幼在藩邸，长遭劫难，颠沛流离之中，无暇研习经史，朝章国典多所不知。处置张先生一事错在朕躬，还望二位先生见谅。"

二人见皇上把过错揽在了自己身上，并且说出"见谅"二字，不觉为难起来，一时无话可说。弘光帝趁机连忙说道："今后诸事，朕当时时垂询。二位先生请回东阁办事去吧！"说完一脸倦容地离了龙案。高、姜二人见此情景，也只能无可奈何地退了出来。

姜曰广回到寓所，吴伟业、陈子龙二人正在家中等候。二人见老师满面倦愁，知道是为张慎言辞官一事烦心，一时不便多问。等姜曰广落座，端起茶来，吴伟业才试探着问道："刘孔昭大闹朝廷，皇上怎样处置？张大人辞官，皇上可有温旨挽留？"

姜曰广摇了摇头，叹息一声说道："皇上一味迁就勋臣武将，是非不分，令人寒心。今日走了一个张金铭，明天还会走第二人。如此君子日退，小人日进，国家如何是好？"

"我有一个想法，如果可行，或许可以扭转这种局面。"陈子龙望着姜曰广说，"不知恩师觉得怎样？"

"什么想法？不妨说来听听。"姜曰广放下手中的茶杯，连忙问道。

陈子龙略作思忖，开口说道："我东林复社中人和魏阉余党势同水火，相仇远非一日。而马瑶草和我东林复社本无仇隙，只是拥立之初，以嫡以贤，以亲以疏，政见不同而已。阉党余孽阮大铖之流见鹬蚌相争，渴望坐收渔人之利，从中挑拨，致使嫌隙越来越深。同人中不少人把马、阮看作一丘之貉，甚或把马瑶草当作靶的，这样做只能把马某推向阉竖一边，对我东林复社有何好处？何况国难当头，和则两利，争则百害。如果能够结好马瑶草，以马瑶草和今上的关系，若能与我东林复社化敌为友，朝中政争自可平息，阮大铖辈自然无隙可乘，说不定张大人还会去而复返。"

"马瑶草能够和我化敌为友捐弃前嫌吗？"姜曰广、吴伟业不约而同地同声问道。

"事在人为，"陈子龙颇有把握地说，"前几天我去拜访马瑶草——先大人和马瑶草是同年，这层关系大家都知道，马瑶草告诉我，他和西张夫子颇有交情，十分赞赏西张夫子的人品学问。天如师的葬礼他还专程参加了——骏公想必知道，这事可是真的？"

"当时参加葬礼的官员极多，一时记不大清楚了。"吴伟业道，"揆情度理，马瑶草的复出，得力于周宜兴的提携，以宜兴周相和天如师的关系，马瑶草肯定会去的。"

"正是出于这种渊源，马瑶草言下颇有和我东林复社和好之意，"陈子龙接着说，"前几日黄澍等人对他的参劾，弄得他狼狈不堪。我辈如果趁此机会，对他表示和好，我想他会领情，趁坡下驴，从此和我们友善起来。"

"卧子的话有道理。"吴伟业眼望老师，恭敬地问道，"恩师以为如何？可否让卧子去见见马瑶草，代恩师转致结好之意？"

姜曰广端起茶杯，呷了一口，微微颔首道："卧子去吧，为了江山社稷，什么恩怨不能化解呢？但愿马瑶草能如我们所望。"

姜曰广的善意和解、陈子龙的努力斡旋确实使东林复社人士和马士英之间的矛盾暂时得到了缓和。但相安无事的局面没有维持多久，终因一纸诏书又引起了轩然大波。

诏曰：阮大铖前时陛见，奏对明爽，才略可用。朕览群臣所进逆案，大铖并无赞导实迹。时事多艰，须人干济。着添注兵部右侍郎办事。钦此！

诏书甫一传出，东林复社派官员奏章雪片一样飞来。吏部侍郎吕大器在奏章中怒斥道："先帝血肉未寒，爰书凛若日星，而士英悍然不顾，引用大铖。不唯视吏部如刍狗，抑且视陛下如弁髦……"

御史詹兆恒则说："召见大铖，还以冠带，上伤先帝在天之灵，下短臣民忠义之气……"

当代大儒、阳明学派的一代大师、刚刚莅任的左都御史刘宗周也说："大铖或非无才，其奈心术不端。恐一经见用，便党邪而害正。其才适足以坏人心、乱纲纪……"

马士英、阮大铖见势不妙立即纠集诚意伯刘孔昭、忻城伯赵之龙等勋臣武将进行反击。他们采取种种流氓无赖手段，在南京城内散布流言，张贴"无头告示"，诬陷刘宗周"谋逆"；刘孔昭则上书参奏姜曰广七款"谋逆"大罪……一时之间，刚刚建立的弘光小朝廷，又被搅闹得浊浪翻卷，乌烟瘴气。姜曰广、吕大器、高宏图、刘宗周等人一个接一个辞官而去，朝政很快就落入马士英、阮大铖一伙人手里。

吴伟业心中刚刚萌生的政治热情和中兴希望很快便熄灭了。他深悔自己不该卷入这汪浑水之中，想抽身却步，一时还没有机会。只好每天去詹事府应卯之后，便回寓所闭门读书，或指导三弟伟光写应试文章，不再过问朝堂是非。

这天，兄弟二人正在寓中读书，陈子龙来了，并给他带来了一封李雯的信。李雯和陈子龙是同乡，表字舒章，是李自成进北京时死难的李逢申的儿子，和陈子龙、夏允彝齐名，被时人称为"云间三子"。甲申之变消息传来，李雯在家中听到父亲殉难的消息，泣血行乞前往北京。他守着父亲的棺材，日夜痛哭，气息奄奄。后来吴三桂引清兵入关，李自成仓皇败逃，听说他为了给父亲报仇，已经投降清人，也不知是真是假。且看他信中写些什么。谁知信中政事一字未提，他只写了一首诗，题为《寄赠吴骏公太史假满还朝》：

> 轩辕台高栖凤凰，奇毛特立天苍茫。
> 自恨一身无羽翼，不得与之俱翱翔。

吟咏至此，吴伟业暗道："舒章人在北，心在南，故国之情显而易见。"接着他又向下看：

> 翰林主人有吴子，霜骨嶙嶙映秋水。
> 银管淋漓九殿明，洪钟一叩龙颜启。
> 欲遂莱衣身不能，诏书屡下延西清。
> 铜龙门下鸡初晓，天鹿阁中藜欲明。
> 此时言语风泠泠，何异仙人朝玉京。
> 况君风雅更清发，赋诗足以凝皇情。
> 高节微吟神骨惊，此曲乃是《洛阳行》。
> 会稽李官三叹息，嵩高明月延松声。

读至此处，吴伟业又连连颔首，心想："舒章身在北京，对我的情况了如指掌，连卧子和我谈诗的话都知道，想必卧子与他曾有书信来往。"只见接下来写道：

> 一空海内文章伯，衙官七子何唐突。
> 樊候补衮穆清风，不与诸生同翰墨。
> 虽然凤凰在天上，鸷斯亦在荆棘中。
> 垂头鼓翅鸣喷喷，自言困苦随飞蓬。

全诗读完，吴伟业不禁暗暗吃惊道："李雯对我眼下的处境似乎十分清楚。似乎有所提示，提示些什么呢？"他正在思忖，却听陈子龙道："舒章写些什么呢？他有没有谈到北方的事情？"

"没有。"吴伟业边说，边把信递给陈子龙。陈子龙接过来，匆匆一看，还给吴伟业道："云山雾罩。凤凰既在天上，又在荆棘之中，垂头鼓翅，鸣声喷喷，苦随飞蓬。岂不是说处境艰难？舒章莫非有所暗示耶？"

"我也是这么想。"吴伟业道，"国事如此，举步艰难，是明摆着的事情。何用暗示？"

"不必苦苦索解这些了。与其寓中苦坐，何如出去走走？"陈子龙提议道。

"卧子意欲何往？"伟业问道。

"泛舟秦淮如何？"陈子龙道，"小船载酒，与君一醉。"

吴伟业与陈子龙二人便到秦淮河边，觅得一只小船，顺水漂流。三杯两盏之后，陈子龙喟然长叹一声说道："骏公，国事如此，留都已无可留恋。维斗先生已经离京，彝仲和伯祥不肯就职；瞿稼耜刚擢升金都御史又去了广西。树还未倒，猢狲先就散了，这还有什么希望？我也准备回松江去了。"

"天下事知其不可为而为之，是忠臣的本分。"吴伟业劝道，"事情不到万不得已，便抽身却步，有违你我初衷。你何不再苦撑一段时日？"

"你以为还没到山穷水尽吗？"陈子龙痛苦地说，"自高、姜诸公去后，马瑶草入主机枢，倚阮圆海为心膂，呼朋引类，力翻逆案。杨维恒、郭如闇辈纷纷复出窃据要津，扬言要重修'三朝要典'。听说你的老对头蔡奕琛已于昨日到京，一场新的政争已迫在眉睫。皇上被马、阮玩于掌股之上，淮扬鼙鼓动地，全然不闻，只知每天在宫中听戏玩乐。近几天又受阮胡子的怂恿，大选秀女，闹得不成样子。左懋第使北，有消息传来，被建虏拘禁，生死未卜。凡此种种，哪一条是好兆头？我和刘蕺善都多次上书劝皇上振作精神，御驾亲征，出师北伐，不唯得不到允准，刘总宪反被奸人攻讦为'谋逆'，不得已愤然辞官。这朝廷还有什么中兴之望？"

"你招募义勇、组建新军的建议，皇上可曾采纳？"吴伟业问道。

"听说皇上曾批转兵部议决，但泥牛入海，至今没有消息。"陈子龙悲愤地说道，"皇上为诸逆所隔，即使诸葛武侯再世，恐怕也无可奈何！本来一个大有作为的局面，糜烂到如今这个样子，还有什么希望？先朝致乱之由，就在于上下相猜，朋党互角。先帝尸骨未寒，新朝便重蹈覆辙，岂不令人痛心！史阁部布置两淮，以为安南之本；刘总宪建议兵分两路，一路攻取徐州，一路西入安徽攻取襄阳，广招贤才，结纳中原豪杰之士，这些都是可行良策。可惜马瑶草、阮圆海辈唯恐史、刘二公成大业、建奇勋，故而左右掣肘，处处作梗，致使奇计都成虚话。我为巩固后方、保卫留都安全计，上疏请求从京城驻军中精选万人，组成三支标营和一支游骑部队，另外再募新兵四万，抓紧训练，留都安危可保无虞。疏入月余，竟被置诸不闻不问之列。"说到这里，陈子龙难过地摇头叹息起来。

"江北四镇不是尚有几十万人马吗？"吴伟业问道。

"这些乌合之众，虽多何用？"陈子龙鄙夷地说，"刘泽清、刘良佐辈一向不知忠义为何物，只知要粮要饷，荼毒地方。前番守山东，不战而溃，一路抢掠，无异流贼。今番驻兵淮安，职膺东平伯的崇荣爵位，手绾二十万大军的兵权，不思北伐，却在淮安大造宅第，雕梁画栋，亚赛皇宫。至于刘良佐，原本是北直隶盗贼，绰号'花马刘'，无知而又贪婪，这等人如何依靠得住？"

"尽管如此，你回家乡又于事何补？难道能够心安理得坐视天下糜烂神州陆沉？"伟业问道。

"你想我能坐得住吗？"陈子龙扬声说道，"此番入朝之前，我已经在松江老家组建乡兵水勇，修造战船数十艘，回乡后要抓紧时间再招募一批人马好好训练，以备应急之用。吴兄可能还不知道，建虏已经集结重兵准备南侵，史阁部密奏到京后，却被马、阮弃之一边，反而欺骗圣上说史公是故意谎报军情，危言耸听，目的是索要粮饷。事情已经到了这等地步，留都上上下下人情泄沓，不异平常。真个是清歌漏舟之中，痛饮焚屋之下，岂不可悲？"

"左懋第离南中之时，不是带有密旨，让他联结吴三桂，说服建虏退出北京撤回关外去吗？"吴伟业问道。

"那只不过是一厢情愿罢了！"陈子龙冷笑道，"据北归之人说，闯贼入京之初，吴三桂已有降贼之意，只是因为闯贼伤害了其家人妻妾才改变了念头。清兵未曾入关，他就已经接受了建虏'平西伯'的封爵。李自成退出北京，吴三桂一路追杀，所过之处，打的旗号，出的文告早已是大清平西伯了！左懋第到北京后，就被拘禁在四夷馆，吴三桂等人则避而不见。指望他们说服建虏退回关外，岂非痴人说梦、缘木求鱼！"

"江北四镇拥兵数十万，尚难阻北虏，你就是练成乡兵水勇又有何用？"吴伟业疑惑地问道。

"自然有我的用处。"陈子龙满怀信心地说，"当今之势，唯民心可用。皇上及当朝诸公见不及此，骏公难道也不清楚？如今江北、山东、河南等地，百姓心向大明，豪杰忠义之士纷纷组建义勇民军，修建堡坞，既抗流贼又抗北虏。这是一支不可忽视的力量。一旦王师北伐，必然云合响应，赢粮影从。中兴之望庶几在此。"

"可惜当今圣上不是汉光武和唐肃宗啊！"吴伟业感叹道。

两位挚友一边谈论一边饮酒，不觉都有了几分醉意。陈子龙指叩船舷大声吟道：

> 并刀昨夜匣中鸣，燕赵悲歌最不平。
>
> 易水潺湲云草碧，可怜无处送荆卿！

这首诗原是他前年母丧服阕入京途中渡易水时所作。日月曾几何，不仅神京已失，中原也早已沦丧。卧子吟罢不觉汪然出涕。吴伟业面对此时此景也难以自已，他随口吟道：

> 已闻羽檄移青海，是处山川困白登。
>
> 征北功惟修坞壁，防秋策在打河冰。
>
> 风沙刁斗三千帐，雨雪荆榛十四陵。
>
> 回首神州漫流涕，酹杯江水话中兴。

此时有歌女前来索诗。吴梅村听陈卧子讲到从北方归来之人的所见所闻，放眼身边，愁绪萦怀，他又作五言诗一首赠送歌者：天宝遗音在，江东妙舞传。旧人推贺老，新曲唱延年。白眼公卿贵，青娥弟子妍。醉中谈往事，少小侍平泉。歌女欣然而去，二人醉卧舟中，顺水漂流。申末时分，船到白鹭洲。吴伟业蒙眬中听见岸上有人喊道："家兄宫詹吴伟业可在船上吗？烦请传禀一声，就说他的弟弟在此等候。"不待艄公传禀，吴伟业听出是三弟伟光的声音，连忙整饰巾帻走出舱来。

只见岸上站着一男一女。男的是伟光，女的穿着打扮仿佛是富贵人家的丫鬟。觉得面熟，一时又想不起在何处见过。正凝望间，那女子却笑着先开了口："吴老爷真是贵人多忘事，我是柔柔啊。家主卞姑娘，望眼欲穿，有急事要见老爷。奴婢跑遍了九城十八门，就是不见您的影子。谁知道竟然在我们家门口！"

吴伟业听完这丫鬟连珠炮似的讲述，不觉莞尔，连忙问道："你家姑娘何时来到南中？住在什么地方？"

"自从老爷离开幽兰居，我家姑娘便举家迁回白门。家就在大功坊附近，离此不远。请老爷移玉前往吧。"说到这里，这丫鬟不禁诡秘一笑，"我家姑娘恐怕早就等急了！"

听丫鬟这么一说，吴伟业不由两颊有点发烧。他偷眼看了看弟弟，还好，弟弟正在观看远处的一只花船。平日里在弟弟面前他既是兄长又是严师，总是举止庄重道貌岸然。如果让弟弟知道自己狎妓的隐私，岂不难堪？想到这里他连忙喊道："孚令！陈卧子酒醉未醒，你来舟中照料一下。等他酒醒以后，送他回府，不必等我。"伟光连声答应着，走上船来。伟业则由柔柔带路，匆匆向大功坊走去。

2. 又遇卞玉京

这大功坊本是中山王府前的两座石碑坊。当年洪武开基之初，为了酬谢元勋，把自己还是吴王时的旧府第赏赐给魏国公徐达。徐达诚惶诚恐，不敢居住，又在对面建造了新府第，府内极尽竹树花木、亭台楼阁之盛。明太祖特意命人把宋徽宗赵佶修建皇家花苑的花石纲从开封运到南京，赐给徐达，故而，徐府又多奇石。后来徐达晋爵中山王，这里就变成了中山王府。明成祖的仁孝皇后本是徐达之女，永乐初年，仁孝皇后又把白鹭洲的一大片土地赐给中山王府做菜园。徐家后人又把它建成广袤里许、雄爽绝伦的私家园林，号称"东园"，成化年间徐达五世孙袭"魏国公"的徐天赐，便被称作"东园公"。近三百年人间沧桑，这位勋塞天地的"开国中山异姓王"，后世子孙几经枯荣，园林数易其主。大功坊附近不仅盖起了民居，而且还有青楼妓院。卞赛的幽兰居便在这里。

幽兰居与秦淮河畔的许多河房布局大致相同：前门临街是上下两层小楼，

后窗面水，底层正厅对河开着落地大窗，以便欣赏秦淮风光。吴伟业来到幽兰居，果如柔柔所言，赛赛早已烹好香茶，扫榻以待。架上鹦鹉仿佛识得故人，一连声地报道：贵客到了！贵客到了！赛赛望着伟业一句话也没说，两眼里似乎有几分忧怨，但面上却强作一丝微笑。直到伟业落了座，她亲自给伟业斟上香茶，方才幽幽地说道："到底把你请来了！"

伟业歉然一笑说道："吴门一别，倏忽一载。非是吴某绝情，无奈时势惨变，天崩地裂，伤心君父崩逝，痛不欲生，不得不把儿女私情置之度外。南中立君，抱病复命，行装甫卸，尚不知赛赛也在白门，还望见谅。"

"奴家也是刚刚得知相公的消息。"赛赛黯然道，"若非万般无奈，原想今生不再见你了！"一语未毕，赛赛不禁流下泪来。

"姑娘遇到什么烦心事情了？不妨说说，让吴某帮着想个办法。"伟业连忙放下茶盅，安慰道，"但凡吴某办得到的，一定尽力而为。"

"已经闹得满城风雨沸反盈天了，吴相公难道还没听说？"这时候柔柔端着点心恰巧进来，见赛赛只顾流泪，接口说道："还不是那个'老神仙'瘟皇上要选妃子、贡秀女？宫里太监带着官差兵丁到处抓人，弄得家家户户鸡犬不宁。谁家的姑娘被看中了，不论青红皂白，额上贴黄字拉了就走。吓得有姑娘的人家封门闭户，东躲西藏。差役借机敲诈勒索，已经逼死了几条人命。良家女子不敷名额，又来秦淮行院挨家搜寻。不知哪个挨千刀的，把我家姑娘的名字报了上去，镇抚使司的差役已经来了两次。今天留下话来，明天就要抬人……"

吴伟业惊得目瞪口呆，好久才回过神来。他从座椅上站了起来，在屋里来回踱着步。也不知是安慰赛赛，还是自言自语道："这选妃纳嫔，律有明典，理应礼部衙门，知照各地督抚府道依律而办，哪能这般胡作非为？"他忽然想起钱谦益刚刚起复，正是现任的礼部尚书，这事情正该由他来管，而他和钱谦益交情不算太薄。他于是猛然击掌说道："有办法了！有办法了！"

赛赛和柔柔不约而同地问道："什么办法？"

"我去找钱牧斋，"吴伟业兴奋地说，"钱牧斋身为大宗伯，执掌礼部大印，这是他主管的事情，我和他一向交情不薄……"

"罢了！罢了！相公还是不要提那个老棺材瓢子吧！"不等吴伟业把话说完，柔柔就又连珠炮似的嚷起来，"我家姑娘已经去求过他了，一丁点儿事不济，白白赔了一份厚礼……"

赛赛连忙拦住柔柔的话头说："不得胡说！钱老爷也是实在想不出办法来。以我和如是姐姐的情分，钱老爷如果不是无能为力，断不会坐视不管的。柳姐姐讲，钱老爷名为礼部尚书，实则手中无甚权柄。马士英、阮大铖辈天天鸡蛋里寻骨头，找寻他的不是。他在朝中人单势孤，皇帝又不信任，随时都有丢官去职的可能。似这等泥菩萨过河，自身难保的处境，哪还能揽我们这档子事情？"

吴伟业微微颔首道："这也是实情。卞姑娘和河东君相熟吗？"

"河东君"是柳如是的别号。柳如是本是秦淮名妓，色艺俱佳，尤擅诗词，是名噪一时的女诗人。她曾经痴恋陈子龙，而陈子龙则称她为"女侠、名姝、文宗、国士"。柳如是后来嫁给钱谦益做了妾侍，成为当时不大不小的新闻。这次钱谦益起复后担任弘光朝的礼部尚书，她也随夫重来南中。卞赛和柳如是、董小宛、陈圆圆、顾媚娘等人原本是秦淮旧院中十分稔熟的姐妹，青楼女子，"同是天涯沦落人"，相互扶持，相互救助是自然而然的事情。

"岂止是相熟，是姐妹之中最为知心的。"赛赛接口道，"如是姐姐古道热肠，最为我们这些青楼薄命人所敬重。何况她如今做了尚书太太，姊妹们有了难处，还能少了找她？正是她和钱老爷告诉我，你也到了南中，我万般无奈，才打发柔柔到处去寻你。危难之中，我才真正知道女人的无用。一个弱女子……唉！没有个男人做靠山，怎么在这个世上生活！"卞赛止不住流下泪来。

吴伟业也不禁神色黯然，摇头叹息。良久，他才开口道："以钱牧老的官职地位，尚不敢拂逆马、阮之意，无能为力；吴某一个手无寸柄的詹事府少詹事，又有何用？"

"事到如今，我也顾不得什么羞惭、自尊了，"赛赛擦了擦眼泪，抬头望着伟业道，"柳姐姐教我一法，唯吴相公能救我。"

"我？"吴伟业大惑不解，"什么办法，请道其详。"

"相公没有留心这几日大街上的情况吗？"卞赛问道。

"什么情况？"伟业仍然不解。

"相公难道没有发现，这几日京城中嫁女娶亲的人家特别多吗？"

"这是为什么？"

"为什么？都是为了逃避皇上选妃呀！"赛赛不禁破颜一笑道，"会元公聪明过人，这里边的道理还不明了？皇上能选已嫁女子做嫔妃吗？"

"原来是为了这个。"吴伟业恍然大悟。

"柳姐姐正是由此想到一个方法，"赛赛不觉面红耳赤地说道，"她让我向相公求助。如若相公不鄙薄卞赛一介烟花，卞赛情愿效河东君于钱谦益，蒲柳弱质，托身乔木，终身侍奉相公，为妾为婢，均无不可。如果相公怕卞赛玷污清名及家声，也属常情，赛赛也决不怨恨。事在燃眉，愿相公一言决之！"赛赛把话说完，眼中泪光莹莹，直望着吴伟业。

面对赛赛那期盼的目光，吴伟业十分为难。这是赛赛又一次亲口向他求婚。如果说前次求婚尚可寻找借口，婉转回绝的话，这次无论如何不能回绝了。因为这次不单单是为了男女私情，而是为了脱困解难，救人水火。在吴伟业来说，救人危难的道义，不允许他无情回绝。

"如果别无良策，就照河东君的计策办吧！"吴伟业略作思忖之后，终于点头应允。赛赛不禁泪如泉涌，怔了一怔，猛然俯在伟业肩头嘤嘤抽泣起来。

吴伟业从幽兰居出来，满怀心事地回到寓所。几个客人早就等候着他：一个是苏州医生、姑母的小侄子郑三山；另外两位是他的好友熊开元和郑友玄。熊、郑二人都是湖北人，又都是天启年间进士，应该说是吴伟业的前辈。这二人早年都在太仓、华亭一带做过县令，对复社的创立曾经大力支持，因而和张溥、吴伟业等复社人物交情很深。

崇祯九年，吴伟业和宋九青奉旨到湖广担任乡试主考，恰巧熊、郑二人都赋闲在家，便相偕到武昌去看望他们。四位好友，酹酒黄鹤楼，纵谈天下大势，酒酣耳热，流涕纵横。熊开元即席赋诗称道吴伟业和宋九青说："剖斗折衡为文章，天下娄东与莱阳。"吴伟业逊谢不已。后来二人都奉诏进京做了谏官：熊开元当了吏科给事中，郑友玄则当了监察御史，均以正直敢言而闻名朝野。熊开元曾和姜埰一同参劾首辅周延儒欺君误国，同受廷杖。二人罢官去职不久，李自成攻破北京，湖北又兵连祸结，二人有家难归。南中立君，弘光登基，朝廷征召的文书上早见二人之名，但迟迟不见二人奉诏进京。吴伟业和朋友们也时常提到他们，却没有人知道他们的确切消息。意想不到，他们突然出现在自己面前。

"鱼山兄！澹石兄！想煞小弟了！"他顾不得和郑三山打招呼，就紧紧抓住二人的手久久不放。三人不禁热泪盈眸，唏嘘感叹。

停了片刻，等二人归座，伟业方回头给郑三山倒茶请安。他不无歉意地对郑三山说：“前辈不要怪罪骏公失礼，我们三人见面实在太不容易了！分别兵戈后，相逢离乱中。一别十年，恍若隔世呀！”

“老朽理解，”郑三山道，“刚才我已听他们二人讲述了自京师到江南的千辛万苦、九死一生。千万不能让战火烧到江南呀。哎，只怕也在劫难逃！”

说话间，伟光命人摆上酒来。四人边饮边谈。郑三山告诉吴伟业，由苏州知府所荐，他奉诏来太医院当太医。

“普天之下莫非王臣。医卜星相之流，虽比不上你们读书人尊贵，没有什么经邦济世的大用处，但忠君爱国之心也一样有。奉诏来留都之初，我一心一意要把自己的微末技艺献给皇上。如今我算心里凉透了，今天来见见骏公，明天我就准备回苏州去。皇上老子咱伺候不了，还是回吴门给乡亲们看病去吧！”三杯酒下肚，老医生便牢骚起来。

“老先生这是为何？”吴伟业不禁问道。

“贤侄有所不知，”郑三山略一迟疑说道，“在座没有外人，老朽才敢口没遮拦。初到京城，我原以为当今圣上是中兴英主，入宫伺奉虔心敬意。不成想，他竟是个荒淫酒色之徒。国事如此艰难，竟然一切委命于马、阮之流，每日只是饮酒观戏，渔色幼女。马阁老和阮侍郎偏偏又投其所好，借选妃为名，不断选送美色女子进宫。如此荒淫无度，酒色淘虚了身子，却又天天服用参茸大补之药。这且不说，还秘嘱太监田成命我配置春药，这如何使得！前朝红丸药案谁人不知？弄不好是祸灭九族之罪……”

吴伟业见老医生滔滔不绝，唯恐他说出更加不知天高地厚、大逆不道的话来，连忙乱以他语，岔开话题说：“鱼山兄，近来可有九青宋兄的消息吗？”

“骏公难道还不知道吗？”熊开元道，“九青已经阖家殉难一年了！”

“啊?!”吴伟业不禁目瞪口呆，“怎么会这样？”

“去年北兵犯山东，围困莱阳。九青正罢职家居，他率族人登埤守城。城破之后，九青被俘，不屈而死。全族老幼尽被杀害。”郑友玄接着说。

三人于是相对流泪。正沉默间，郑三山又有了说话的机会，接着前边的话题说道：“三位有所不知，选妃征嫔正进行得热火朝天，当今天子的原配妃子却找到了留都。”

“有这等事情？”熊开元、郑友玄同声问道。这事情其实吴伟业日前已有耳闻，不等他开口，老医生就又打开了话匣子：“这位妃子姓童，曾经给今上生过一位龙子。可是今上坚决不肯相认，硬说童妃是疯妇。有内监说，从前在洛阳王府，确曾见过这位王妃。阮大铖竟然秉承今上的旨意，把这位妃子投入天牢，不日就要处死。"说到这里老医生猛地喝干了一杯酒，愤愤不平地说："丧尽天良啊！"

吴伟业不愿沿着这个话题继续说下去。一边给客人斟酒一边问道："二位兄长，家中尚有何人？可安好吗？"

"皮之不存，毛将焉附？"郑友玄道，"余离京之时，家中只有一妾，途中听说已经亡故。如今已是孑然一身，还说什么家？"

"覆巢之下，焉有完卵？我已经决心遁入空门。此番前来南中，原想看看情形再定行止。如今一看如此局面，万念俱灰，还是早断尘缘的好。"熊开元痛苦地说。

吴伟业一边和客人说话，一边看外边将暗的天色，想起赛赛求助之事，不禁忧形于色，愁在眉梢。时不时暗暗一声轻叹，老医生人老眼尖，似乎发觉吴伟业有什么心事，不禁趁着酒意问道："三位好友重逢，本该千杯不醉。我看骏公愁锁双眉，似有满腹心事。与其一个人烦恼压在心里，何如讲出来让大家听听，共同想个办法？"郑三山一说，熊开元、郑友玄也有同感。大家于是一起说道："老太医所言极是。彼此都不是外人，骏公何事烦心，不妨说来大家听听。"

吴伟业被郑三山说破了心事，不禁脸上一红。他本是诚人君子，不会说谎，何况面对的是几个知心朋友，更不好虚言搪塞。他便把卞赛求助之事原原本本说了出来。

熊开元道："河东君聪明一世，糊涂一时，百密一疏，怎么能出这样的主意？钱牧斋身当大宗伯之任，选妃本应礼部操办，这是他职掌的事情，还不敢直言谏君，怕得罪马瑶草、阮圆海。怎么能让骏公去揽这个麻烦事？何况卞赛原本不是你的妾侍，人所共知，偏偏皇上要选妃，你抢着纳妾，这不是欺君罔上，又是什么？一旦有人弹劾，你何以置辩？"

"你只顾救人危难，脱人出困，全不想这如何能够使得？"郑友玄也说，"先帝崩逝，正值国丧之时，你身为天子近臣，能够纳妾吗？"

吴伟业不禁遍体生津，手拍前额，跌足叹道："真乃当局者迷。让我急昏了头，这等大关碍竟然忘记了！若非三位提起，岂不铸成大错！"

"这是情义二字所致，何足怪哉！"郑三山笑道，"骏公是个重情重义的诚人君子，只顾为卞姑娘着急，全然忘了自己安危。卞姑娘明白了这一层不知该如何感激骏公呢！"

"老前辈休要取笑了，吴某确实方寸大乱。三位有何高见，能解这等燃眉之急，骏公先代赛赛谢过诸位。"吴伟业诚恳地说。

"这事不难。"郑三山不假思索却又胸有成竹地说，"只要骏公或者赛赛姑娘备一份厚礼，让老朽去见一个人，其人只要接受了贿赂，满天乌云就可散尽，卞姑娘就可太平无事。"

"此人为谁？"吴伟业迫不及待地问道。

"御前太监田成。"郑三山道。

"前辈有把握吗？"吴伟业又问。"不敢说稳操胜算，至少有九成希望。"郑三山道。

"如此就多多拜托了！"吴伟业深深一揖，连忙和弟弟伟光去翻箱倒箧，准备礼品。熊开元和郑友玄则和老医生闲聊起来。

"老太医和这位田公公有何交情，敢笃定他肯帮卞姑娘说情？"熊开元含笑问道。

"老朽原本不过一乡间医生，御前太监田成原本是今上在福王府时的随身小太监，从亡数载，深得皇上宠信，说得上言听计从。马阁老、阮侍郎要取悦皇上，少不得靠这位田公公做内线，内外勾结，上下其手。这选妃之事多半由他操持。而太监又有一个通病。"说到这里老医生不禁扑哧一笑。

"什么通病？"郑友玄问道。

"好色而又无能为力。"老医生微笑道。

熊开元、郑友玄相视莞尔，老医生则笑得前仰后合，笑罢接着说道："心有余而力不足，偏偏异想天开，要什么还阳丹。希望吃了这种灵丹妙药，再生出阳物来。这田公公刚刚二十四五，正当青春鼎盛，这种愿望特别迫切。天天缠磨着我，要我给他配还阳丹。你想，我让他帮个小忙，他能不答应吗？"

二人笑着点头。时间不长，伟业备齐了礼品。事不宜迟，郑三山马上带上礼品，乘着夜色前去拜访田公公去了。果如郑三山所言，接了礼品，郑三山又悄悄塞给他一包还阳丹，田公公立刻大包大揽地告诉郑三山，卞赛的事情全包在他身上，放心过日子好了。吴伟业喜出望外，立刻到幽兰居把事情的经过告诉赛赛，不想赛赛闻讯后一则以喜，一则以悲，只淡然地说了一声："多谢吴老爷了！"就再也没有说什么。吴伟业心头虽然如释重负，但也殊无轻松感。他只默默地讪讪地吃了盅茶，便回自己的寓所去了。

次日，熊开元、郑友玄便要离京。吴伟业知天下事已不可为，寻思自己也要尽快择机回乡，于是没有对二人说挽留的话，便为他们饯行。梅村临别赠诗曰：

> 风尘满目石城头，樽酒相看话客愁。
> 庾信有书谈北土，杜林无恙问西州。
> 恩深故国频回首，诏到中原尽涕流。
> 江左即今歌舞盛，寝园萧瑟蓟门秋。

吴伟业送别了熊开元与郑友玄回到詹事府，闲衙冷曹，百无聊赖。瞥见书案上刚到的宫门抄，只见上面写道：着蔡奕琛任吏部左侍郎、郭如阁任刑部科给事中、周昌晋任监察御史、杨维垣任通政使。以上四臣即日到部视事，不得借故迁延。吴伟业不禁冷汗涔涔。虽说，马士英、阮大铖当政以来，援引私人，起用阉党余孽已经很多，但这些人和吴伟业个人恩怨不多，结仇不深，所以吴伟业并没有十分放在心上。但这一次蔡奕琛的复出并任要职，对他的威胁实在是太大了。

蔡奕琛绝不会忘记崇祯四年自己上疏弹劾他的事情；更不会忘记复社人士参倒薛国观，他被株连逮治、发配充军的深仇大恨。目前朝中东林复社人士已被驱除殆尽，军政要津多是马、阮爪牙，自己人单势孤，蔡奕琛一旦对自己发难，恐怕就难以招架。

面对这种形势，如何全身而退，不能不早做安排。他思前想后，觉得满朝能与他做个商量的大臣已经不多，只有钱谦益，虽说他为了保乌纱过分巴结马士英，已经引起复社社友的鄙视，但他毕竟名在东林，和自己是一个营垒的人，何况私交不薄。于是他决定去拜访钱谦益，商量应变之策。

3. 大兴"顺案"

家家有本难念的经。这几日钱谦益在家也正坐卧不安。在南京商议立君之初，他和许多东林复社人士一样，主张拥立潞王，坚决反对拥立福王，并且亲笔炮制了福王"七不可立"的文章。虽说事情已经过去，他费了九牛二虎之力，总算巴结上了马士英，得以重立朝班，当了礼部尚书，但心里总不踏实。他天天小心谨慎，唯恐马士英、阮大铖一伙重提"七不可立"的旧账，生怕有什么把柄落在了他们手里。这样一来，钱牧斋很为东林派的老朋友们所鄙夷，真是"猪八戒照镜子里外不是人"。

自从阮大铖当了兵部尚书之后，对东林复社的报复逐步升级。他针对东林复社人士抓住"逆案"不放这一策略，以牙还牙，大兴"顺案"进行反击。所谓"顺案"，是指李自成占领北京期间，部分明朝官员投降李自成，在李自成的"大顺"朝中，担任官职的事情。这部分官员当中，很有几个是复社成员，如陈明夏、周钟、龚鼎孳、项煜、杨汝成等人，都是复社中很有影响的人物。

本来钱谦益对此并不太关心，因为他自崇祯初年一直罢官闲居，在家乡常熟过着优游林下的退隐生活，既无从贼的嫌疑，又和这些从贼官员没有什么过命交情。所以，当史可法等人反对马、阮借顺案进行报复时，他基本保持了沉默。史可法说，"北都之变，凡居臣子，皆有罪。若在北者始应从死，岂在南者独非人臣"。他指出高杰、刘泽清都没有坚守北方的防地，而自己和马士英也都没有勤王救驾。如果北京诸臣应该杀身成仁的话，像他们这样深受皇恩的人都应效法。钱谦益对史可法的说法心中颇不以为然。他万万没有料到，事态的急剧发展，很快就危及到了自己。

三天前，马士英上疏弘光帝，要求严惩在北京从贼、李自成兵败后逃归南方的新科榜眼、庶吉士周钟，并连带而及他的从兄周镳：

> 庶吉士周钟者，劝进未已，又劝贼早定江南；闻其尝骤马于先帝梓宫前，臣闻之不胜发指。其伯父应秋、维持皆魏忠贤鹰犬，今钟复为闯贼忠臣，枭獍萃一门，逆恶种两世，宜加赤族诛。其胞兄铨尚厕衣冠之列，其从兄镳俨然寅清之署，均宜从坐，用清逆党。

初闻马士英的奏章，钱谦益甚至有几分快意。因为不久前周镳还曾经当众指责他阿附马士英，为阮大铖复出游说。想不到的是，周钟、周镳被捕的同时，被逮捕的还有雷縯祚。其罪名是"谋逆"，反对当今皇帝登基，凭空捏造当今皇上"七不可立"的大逆不道文章。钱谦益心中明白，马士英、阮大铖是杀鸡给猴看，因为谁都知道"七不可立"的文章出自他钱谦益之手，雷缤祚只不过是马前卒罢了。他明白，马士英、阮大铖断不会就此收手，他们一定还伏有更狠毒的阴谋，不断扩大对东林、复社人士的迫害，说不定哪一天，灾祸就会降临到他的头上。要避免这场灾难，单凭委曲求全、巴结逢迎还很不够，还必须有自卫反击的准备。他要精心准备一篇奏章，必要时反戈一击以攻击敌人保全自己。他手中也握有马士英、阮大铖的一些把柄，比如马士英卖官鬻爵、收受贿赂、和闯献暗中来往等等，不过不到万不得已，这些杀手锏万不能拿出来，因为证据并不十分确凿。怎样利用好这些利器，他颇费斟酌。他正在苦思冥想时，家人禀告，詹事府少詹事吴伟业大人来访。钱谦益连忙放下尚未拟就的疏稿，到门口迎接。

"骏公！我和河东君早就说去看望你，想不到你先来了。快快请进吧！"一见面，钱谦益就拉住吴伟业的手寒暄起来。

"学生也时常想来看望牧老和河东君，"吴伟业笑着说，"詹事府厅事正在修葺，有些俗务总是分身不得。贤伉俪贵体都好？"

"都好！都好！多谢骏公挂念。"二人一边寒暄，一边揖让着进了客厅。分宾主坐定，仆人献上茶来。

钱谦益捧茶在手，望着吴伟业问道："周氏兄弟的事情听说了吧？"

"听说了，"吴伟业道，"介生、仲驭素不相能，兄弟萧墙已非一日。多年来就各授生徒，自立门户，相互排揎。介生巍科高中，门下难免骄矜；仲驭心怀嫉妒，嫌隙更深。介生北都失节的事，多半是仲驭门下之士吵嚷出来的。"

"我说的还不是这些。"钱谦益摇首道，"他们兄弟窝里斗，为人所乘，把事情闹大了！周仲驭惹火烧身，不仅坑了周介生，连自己和乃兄周铨都牵连进去了！"

"你说什么？"吴伟业吃惊道，"周钟从贼，大逆不道有负皇恩。即使斧铖加身，也罪有应得。但也不能无限株连他人啊！"

"你大概还不知马瑶草上疏弹劾周氏兄弟的事情。"钱谦益道，"奏章上说，'宜加赤族之诛''均宜从坐'，岂止罪及兄弟！"

"皇上是什么意思？"吴伟业问道。

"那还用问？"钱谦益接着说，"周钟、周镳已经打入刑部大牢，同时还逮捕了雷介公。"

"越发离谱了，"吴伟业不解道，"这和雷介公有何干系？"

"雷介公的罪名是'勾结外藩,图谋不轨',"钱谦益叹道,"哎!还是当初立'福'立'潞'那档子事。看来是要和我们算旧账了!"

吴伟业沉默不语。他知道钱谦益和雷缜祚一样,都是极力反对立'福',积极主张立'潞'的人。既然雷缜祚已经被抓,钱谦益的处境也就相当危险了。

"来者不善啊!"吴伟业道,"牧老有何良策可救雷介公和周仲驭?应该设法阻止事态蔓延啊!"

"难啊!"钱谦益慨叹道,"实不相瞒,我也是临渊履薄岌岌可危啊!你想,当初'七不可立'的文章,人人都说是出自我之手,我能说清楚吗?皇上连雷介公都不放过,能放过我钱某人吗?"

"我看马士英、阮圆海是非把东林复社中人一网打尽不可。"吴伟业沉吟道,"北部从贼之人远非周介生、陈百史、龚孝升几人,而徐汧从贼只是讹传。阮圆海大兴顺案,闹得沸沸扬扬。杨汝成、项煜宅院被暴徒纵火纷掠,陈明夏化装逃跑,才免遭一死。这种为渊驱鱼、为丛驱雀的做法到底有何益处?这些人走投无路,不从贼便降清,于我大明社稷有百害而无一利。马士英、阮大铖辈真不知是何居心!即如周介生失节从贼一事,也远非马士英奏章所言。称颂闯贼'德比尧舜'的话,其实是陕西知府张嶙然的话,硬附会到了介生头上,岂不太过冤枉!"

"骏公!这话万不可对外人讲。"钱谦益连忙打断吴伟业的话说,"周氏兄弟为'留都防乱公揭'的事,和阮圆海结怨甚深。此番阮胡子必欲把他们置诸死地而后快。我们为他们说句公道话也万难救他们出狱,何必再去惹火烧身?何况以你和陈明夏、龚孝升、项煜、徐汧的关系,众人皆知,避祸犹恐不及,千万听我一句话,少说为佳。"

吴伟业沉默不语。他知道钱谦益是一番好意,但心里却有点鄙夷他的怯懦。钱谦益似乎觉察到了吴伟业的心事,淡然一笑说道:"你可能以为我是惊弓之鸟。但人在矮檐下,不得不低头啊!"

"大丈夫应知屈伸之术,牧老的话实乃金玉良言。"吴伟业道,"但合则留,不合则去。不汲汲于功名富贵,彼能奈我何?"

"去留也要看时机,有个借口啊!"钱谦益道。

吴伟业点了点头,表示赞成,但没有再说话。这时候,家人禀告说酒宴已经安排好了。吴伟业心情沉重,借口有要事,谢绝主人的挽留,告辞回寓。因为周钟事件的影响，他忘记了此行的目的。不过，应变之策已经定了下来：三十六计，早走为上。

这天夜里，吴伟业彻夜难眠。来南京两个月来的所见所闻在他心中翻腾不已。他在灯下边吟边写，以纾胸中的郁闷。他想到了弘光选妃的闹剧，写道："闻筑新宫就，君王拥丽华。尚言虚内主，广欲选良家。使者螭头舫，才人豹尾车。可怜青冢月，已照白门花。"继而想到了混乱的朝政，他沉吟："莫定三分计，先求五等封。国中唯指马，阃外尽从龙。朝事归诸将，军输仰大农。淮南数州地，幕府但歌钟。"又想到了宦竖佞幸的作威作福，愤然写道："贵戚张公子，阉人王保孙。入陪宣室宴，出典羽林屯。狗马来西苑，俳优侍北门。不时中旨召，著籍并承恩。"想到这些小丑得志的嘴脸时，吴伟业更是心绪难平，他简直是拍案呐喊了："御刀周奉叔，应敕阮佃夫，列戟当关怒，高轩哄道呼。监奴右卫率，小吏执金吾。匍匐车尘下，腰间玉鹿卢。"……

他一口气写了十六首，胸臆间仿佛舒畅了许多。但又一思忖，顿觉不妥。为了掩人耳目，他提笔补写了"读史杂感"的题目，方才熄了灯，和衣卧在竹榻上渐渐睡去。

蒙眬中听到有人叩门，伟业不觉惊醒。心想：深更半夜会有何人叩门？莫非是赛赛又遇到了什么麻烦？他不想惊动弟弟，连忙起来前去开门。大门刚开了一条缝，还没等他看清面目，问明来者是谁，那人便挤了进来。伟业提高灯笼一照，不仅大吃一惊：来者竟然是龚鼎孳。

龚鼎孳，字孝升，号芝麓。科名在伟

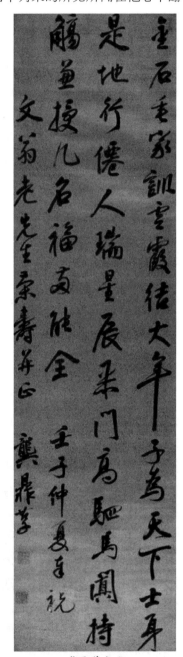

龚鼎孳书法

业之后，进士及第后曾任蕲水知县。崇祯九年伟业典试湖广，龚鼎孳为同考官，分任一经，选中的举人最多。乡试结束，曾和伟业、宋玫、熊开元、郑友玄等人同游黄鹤楼，饮酒赋诗，甚为相得。当时伟业于诗词一道，造诣尚浅；而龚鼎孳的诗做得很好，声调虹健，文笔华美，深为伟业所仰慕。伟业任侍讲时，龚鼎孳在京任吏科给事中，时相过从。伟业南归后，断了音讯。前几日才听说，李自成进北京后，他失节从贼，被授以巡城指挥使之职，负责巡视北城。多尔衮进北京后又献城投降，做了清朝的官员。阮大铖为了报复东林和复社，大兴顺案之狱，龚鼎孳赫然在案，成为弘光朝的钦命要犯。不仅阮、马一伙要捉拿他，东林、复社中人也对他恨之入骨，因为他们使一向以君子自命、崇尚节操的东林、复社人士颜面丢尽，同时也给敌人造成了攻击复社的口实，给社友们带来了灾难。在这个节骨眼上，龚鼎孳竟然还敢来到南京，实在太出人意料了。

"孝升！你也太孟浪了。"伟业等龚鼎孳落座，为他沏上一杯热茶，便开口说道，"你也不看看是什么时候，探探风声，怎么就贸然犯险到此？"

"我在南京已经多日了，"龚鼎孳叹息道，"清兵进京之初，我乘乱离京。千辛万苦回到家乡，听说南中立君，我便打点行囊，匆匆忙忙赶来投效，不想竟是飞蛾扑火，自投罗网。"

"这些日子你在何处栖身？"见朋友形容憔悴神色黯然的落魄样子，伟业不禁同情怜惜起来。

"来留都后，我落脚在媚娘从前的一个姐妹家。"龚鼎孳说，"正准备去吏部报到，听到了阮圆海参劾周仲驭的消息，猜想到将有大波兴起，想留下来，观察一下事态的变化。没有想到事态越来越糟糕，想走也来不及了。特别是自周、雷等人入狱之后，风声越来越紧。媚娘那个干姐姐无论如何也不肯再收留我，我也不愿连累人家，只好藏身到江边一座破庙中。"

"那也不是长久之计呀！"伟业不禁替朋友着急起来，"还是早点渡江北归吧！"

"谈何容易！"龚鼎孳一脸苦笑地说，"且不说城内人多眼杂，城门及各处关隘都有兵丁把守盘查，就是出了城，长江两岸到处是兵营，江上巡江的船只不停游弋，如何过得了江？"

伟业不觉为难起来。眼看曙色临窗，二人枯坐无计。龚鼎孳道："寓中还有何人？"

“没有外人，只有舍弟和我同住。”

“龚某在此不方便的话……”龚鼎孳离座欲走。

“龚兄说的哪里话！”伟业连忙拦住道，“少詹事冷曹闲职，平日客人甚少，寓中颇为冷静。白天龚兄只管扃户蒙被睡觉，等养足精神，有了脱身办法，再作打算。”

按照伟业的意见，龚鼎孳刚刚躺下，厢房里伟光出来了。伟业吩咐弟弟道：“孚令！昨晚来了一个朋友，偶染风寒，在我书房将养几日。外人不要打扰。有客来访，就说我不在家中。早上不用读书了，到街上多买些烧鸡、卤鸭、烧饼之类的食品回来。为兄到衙中应卯后，还要到济生堂药铺去买点药，回来可能迟点。你把酒馔菜肴亲自送到书房，看好门户。”伟光答应一声，上街去了，伟业略作洗漱，也到詹事府去了。

伟业到詹事府点过卯，衙中无事，便去找郑三山。他只说有个朋友得罪了马士英和阮大铖，在南京难以存身，必须离开，问郑三山有没有什么办法。郑三山说：“有这么一个机会，皇上的养娘，当今的皇太后，得了一种奇怪的病，浑身疼痒钻心，听说上元县有个名医，善医各种疑难杂症，特命御前太监田成前去宣召。田太监听说京畿不很太平，不愿犯险，就来找我，让我替他去请这个医生。这不，各种文牒都已送来，就等着明日动身了。”郑三山说着就拿出各种文牒让伟业看。

嫁给龚鼎孳的顾媚

伟业一听大喜，顾不得看那些令符文牒，就对郑三山道："真是太好了！只要你把他带到上元，就太平无事了。"

回到寓中，吴伟业把郑三山说的情况告诉龚鼎孳，龚鼎孳喜出望外。次日一大早，郑三山便乘着马车来到吴伟业的寓所门首，龚鼎孳打扮成宫中御医模样，和郑三山一起登车，一路上畅通无阻来到上元。为了避开盘查，郑三山告诉龚鼎孳不要急于北渡，要先往下游到扬州对岸后再过江北上。龚鼎孳十分感激，告别郑三山，带上吴伟业赠送的银两，顾不得回家就逃往北京去了。

送走了龚鼎孳，吴伟业了却了一桩心事。心神稍定，便又想起了卞赛。自己离京返乡是迟早的事，赛赛如何处置为好？真乃"才下眉头，又上心头"。正自烦恼无计的时候，三弟伟光从外面回来，兴奋地对他说道："西华门外来了一个和尚，法名大悲，自称是永王千岁。不少人都跑去看了，据说，气宇不凡，自然天家风度。五城兵马司得报，已派人将其带进京来。一街两行的百姓，顶礼焚香。都说先帝爷英灵不泯，终于留下了一脉血胤。提督戎政忻城伯赵之龙，亲自迎入辕门，他却非要进宫去见当今皇上不可……"

"你也去看了吗？"吴伟业打断弟弟的话问。

"没有。"

"没有就好。"吴伟业面上殊无一点惊喜，他淡淡地对弟弟说，"读书去吧，对这种事情不闻不问，全然当作不知道。"

伟光十分困惑。他平时常听哥哥讲起当年东宫讲读时的荣耀。那时他方当而立之年，太子出阁，就讲文华殿，崇祯帝亲问《尚书》大义，圣上还亲赐瓜果等物。他也常常提起太子及永、定二王的天资聪明，言谈之中，情义甚浓。甲申之变发生后，哥哥最关心的莫过于太子及二王的下落。南中的诏书下达后，他迟迟不肯复任，就是要等一等太子及二王的消息。今日有了永王的消息，哥哥却为何如此冷漠？他正大感不解之时，只听哥哥说道："童妃的事情刚刚过去，永王就又来了。不是自投罗网吗？"

"难道……"伟光怯怯地问："难道他们敢加害永王千岁吗？"

"要是假的呢？"

4.《永和宫词》

三日后，吴伟业奉诏来到紫禁城的文华殿。同时召对的还有马士英、阮大铖、钱谦益、赵之龙、杨继垣、张捷等人。吴伟业自到南京后，虽然参加过几次常朝，只是随班参驾，距离龙位较远，对弘光帝的龙颜看得并不十分真切。这次在便殿召对，君臣相距要近得多。前边跪着首辅马士英、次辅王铎，还有几位尚书、侍郎。吴伟业偷眼观瞧，只见龙案前坐着的弘光帝，一位面孔白皙、过早发胖而又显得精神委顿的年轻人，满怀心事地坐在那里。和吴伟业印象中的崇祯帝相比较，弘光帝缺少帝王应有的那种睿智、威严和刚毅，一种"望之不似人君"的感觉油然而生。正低头思忖间，只听一种毫无表情的声音问道："僧人大悲之事，众卿以为该当如何处置？"

忻城伯提督戎政赵之龙出班奏道："这个和尚流落江南已非一日，言语癫狂。一会儿说自己是定王，一会儿说是永王，再问又说是吴王。自称是闯贼兵近北都之时，先帝自料京城难守，派人把他送出京来，辗转流离来到江南，声言有先帝近臣和宫监可以证明他的身份。臣不敢妄作主张，奏请皇上圣裁。"

"马阁老以为该当如何处置？"弘光帝望着马士英问道。

"臣并无定见，"马士英躬身奏道，"既然有先帝近臣和宫监认得各位王子，圣上传旨让他们去辨认一下，真伪立判，有何难哉？"

"哪位爱卿在先帝身边当过差？"弘光帝把面前的各位大臣扫视了一遍，然后问道，"如今可记得各位王子的容貌？"

文华殿里鸦雀无声。吴伟业不禁心中一颤，脊背上生出汗来。他生怕有人此时提出他曾经担任东宫讲读，教过太子及诸王读书的往事，皇帝让自己前去辨认。这实在是干系重大的事情。他深知，无论是龙位上的弘光帝还是前排站着的马士英、阮大铖等当朝新贵，都不高兴这个时候有一个皇子来到南京。真也罢，假也罢，只要你说出真情，总要伤及无辜。自己是一个决计要远离是非的人，何必再惹是非上身呢？

越是怕，鬼来吓。吴伟业正在暗自害怕的时候，只听身后一个阴冷的声音说道："臣启陛下，据臣所知，詹事府少詹事吴伟业，先帝在日，曾任东宫侍讲，教授太子及诸王读书，深蒙先帝眷宠，和诸王稔熟。何不传旨命吴伟业前去辨认？"

吴伟业一听，说话的正是自己的老对头蔡奕琛。刚进殿时，吴伟业只顾偷看龙位上的弘光帝，没有发现他就在自己的身后。及至听到声音，他马上意识到老对头又对他发起了新攻势。他飞快地转着念头，考虑应变之策。等蔡奕琛把话说完，他立刻出班奏道："臣启陛下：崇祯十年，臣蒙恩任东宫侍讲，迄今已七八年。当时诸皇子俱未成年，且生在深宫，锦衣玉食，龙凤之姿，天家气韵，为臣至今记忆犹新。可是，居移气，养易体，何况少年人面貌变化之大，往往出人意料。陛下蒙尘之苦，群臣可想而知，陛下知之更深。据此可知，即使真是哪位皇子颠沛流离来到江南，餐风饮露，衣衫褴褛，容貌必与从前迥然不同。微臣哪能辨认得出？此外，臣自先帝崩逝，哀伤过愈，视力大减，二目昏花，数步之内，视物就很困难。此事关系天家血胤，臣不敢草率从命。伏惟圣鉴。"

"吴先生所言，也系实情。朕不难为你。"弘光帝道，"还有哪位卿家认得诸位王子？"

殿内又陷入了沉默。过了一阵，次辅王铎出列奏道："这个和尚言语癫狂，连自己的封爵都说不清楚，何必大费周折？不如把他安置到某个寺院，严加看管起来算了！"

话刚落点，阮大铖冷笑一声道："王阁老菩萨心肠，确实令人钦佩。但这事情我看并不那么简单。前不久陈潜夫从江北弄了个疯女人，冒充王妃。如今江南又来了个疯和尚说是永王。这是偶然的巧合吗？这和尚公开说，他背后的靠山是潞王，来前还见过潞王爷。说不定这又是一桩谋逆大案。即令不是，你不清不白地把他放了，潞王爷答应吗？悠悠众人之口你如何能够堵塞？"

"以卿之见当如何处置？"一直态度漠然的弘光帝，听了阮大铖的一番话，不禁瞿然动容。

"以臣愚见，不如交镇抚使司严加审讯，问出个水落石出，也好给臣民一个明确交代。"阮大铖朗声奏道。

"臣以为不可妄动刑法，"吴伟业慌忙奏道，"以免伤及……"

"伤及什么？"阮大铖冷笑道，"伤及王子吗？"

"事情尚未查清之前，妄动三木，恐怕不妥。"吴伟业道。

"是了，依卿所奏。"弘光帝不耐其烦地说，"阮大铖、杨维垣听旨：大悲和尚一事，务必查明回奏。"

二人领旨。众大臣一一退出了文华殿。蔡奕琛有意等吴伟业走到跟前时，拱手说道："吴大人，我们又见面了！"

吴伟业冷冷道："老朋友了，望多多关照。"说罢侧身一抱拳，扬长去了。

在一般朝臣看来，大悲不过是个疯癫和尚，不必深究。但经阮大铖、杨维垣一加审讯，案情却惊人地扩大了。根据大悲和尚供称，来前曾见过潞王，并认识钱谦益和姜曰广。根据这一线索，阮大铖们认定这是一起阴谋支持潞王篡权谋反的大逆案件。御史周昌晋则奏称周镳、雷縯祚是这起谋逆案件的策划者。接着阮大铖又从大悲和尚的衣袖里"搜出"了一张帖子，上列"十八罗汉""五十三参""七十二菩萨"之名，共牵涉东林复社人士一百四十三人，史可法、高宏图、姜曰广、张慎言、钱谦益、吴伟业、周镳等人无一不在其中。与此同时，阮大铖、杨维垣暗中组织党徒炮制了两册黑名单，一曰《正续蝗蝻录》；一曰《蝇蚋》。这里的"蝗""蝇"都是指东林而言的；而"蝻""蚋"则是暗指复社。

这种东西一经在社会上流布，立刻弄得人心惶惶。钱谦益作为东林派官员硕果仅存的一位尚书，再也不能就此保持沉默，他于是上书辩诬，使这场斗争彻底公开化了。而一些年轻的复社成员则纷纷逃往史可法、左良玉军中避难。马士英立刻觉得阮大铖、杨维垣等人这时发动大规模报复操之过急，不是时机。而一向昏庸的弘光帝，这时却也表现得十分明智和大度，他降旨只需把大悲处死，不许把事态扩大。一场大的政治风波就此渐渐平定下来。

转眼到了年关。为庆贺新朝的第一个元旦，虽然强敌压境，危机四伏，但京城里仍旧比往常热闹得多。吴伟业寓中独坐，不禁又想起了刚刚过去的大悲和尚案引发的一连串风波。据说这和尚确实姓朱，本是皇族子弟，十五岁便在苏州出了家。但世上的事情，真真假假，谁能说得清楚？当今皇上的身世早就有人怀疑，而童妃明明是真的，却被说成是假冒的。这大悲和尚难道就没有可能真是永王？他深悔自己没有去辨认真伪：如果因此而使永王含冤被杀，自己就有不可饶恕的罪过。"我不杀伯仁，伯仁缘我而死"，自己将来有何面目见先帝于地下？永王是永和宫田妃娘娘的爱子，田妃为酬谢自己教儿子读书，这位多才多艺的贵妃娘娘还赏赐过自己"文房四宝"。如果地下有知，她能不怨恨于我？吴伟业越想越觉得自己负疚深重，不觉遍体生津，难以入眠。他踱到院中，凉风一吹，头脑清爽了许多。他转念一想，这永王分明就是假冒的，自己何必过分自责？想到这里，心头一下子又轻松了许多。转身回到室内，在书案前坐下来，东宫教诸王子读书的种种情况和见闻又一幕幕浮现在眼前，多年养成的习惯驱使他拿起笔来，边吟边写起来：

扬州明月杜陵花，夹道香尘迎丽华。

旧宅江都飞燕井，新侯关内武安家。

雅步纤腰初召入，钿合金钗定情日。

丰容盛鬋固无双，蹴踘弹棋复第一。

上林花鸟写生绡，禁本钟王点素毫。

杨柳风微春试马，梧桐露冷暮吹箫。

君王宵旰无欢思，官门夜半传封事。

玉几金床少晏眠，陈娥卫艳谁频侍？

贵妃明慧独承恩，宜笑宜愁慰至尊。

皓齿不呈微索问，蛾眉欲蹙又温存。

本朝家法修清宴，房帷久绝珍奇荐。

敕使唯追阳羡茶，内人数减昭阳膳。

维扬服制擅江南，小阁炉烟沉水含。

私买琼花新样锦，自修水递进黄柑。

中官谓得君王意，银环不妒温成贵。

早日艰难护大家，比来欢笑同良娣。

奉使龙楼贾佩兰，往还偶失两宫欢。

虽云樊嬺能辞令，欲得昭仪喜怒难。

绿绨小字书成印，琼函自署充华进。

请罪长教圣主怜，含辞欲得君王愠。

君王内顾惜倾城，故剑还存敌体恩。

手诏玉人蒙诘问，自来阶下拭啼痕。

外家官拜金吾尉，平生游侠多轻利。

缚客因催博进钱，当筵便杀弹筝伎。

班姬才调左姬贤，霍氏骄奢窦氏专。

涕泣微闻椒殿诏，笑谭豪夺灞陵田。

有司奏削将军俸，贵人冷落宫车梦。

永巷传闻去玩花，景和宫里谁陪从？

天颜不怿侍人愁，后促黄门召共游。

初劝官家佯不应，玉车早到殿西头。
两王最小牵衣戏，长者读书少者弟。
闻道群臣誉定陶，独将多病怜如意。
岂有神君语帐中，漫云王母降离宫。
巫阳莫救仓舒恨，金锁凋残玉筋红。
从此君王惨不乐，丛台置酒风萧索。
已报河南失数州，况经少子伤零落。
贵妃瘦损坐匡床，慵髻啼眉掩洞房。
豆蔻汤温冰簟冷，荔枝浆热玉鱼凉。
病不禁秋泪沾臆，裴回自绝君王膝。
苔没长门有梦归，花飞寒食应相忆。
玉匣珠襦启便房，薤歌无异葬同昌。
君王欲制哀蝉赋，诔笔词臣有谢庄。
头白宫娥暗颦蹙，庸知朝露非为福？
宫草明年战血腥，当时莫向西陵哭。
穷泉相见痛仓皇，还向官家问永王。
幸免玉环逢丧乱，不须铜雀怨兴亡。
自古豪华如转毂，武安若在忧家族。
爱子虽添北渚愁，外家已葬骊山足。
夜雨椒房阴火青，杜鹃啼血濯龙门。
汉家伏后知同恨，止少当年一贵人。
碧殿凄凉新木拱，行人尚识昭仪冢。
麦饭冬青问茂陵，斜阳蔓草埋残垅。
昭丘松槚北风哀，南内春深拥夜来。
莫奏霓裳天宝曲，景阳宫井落秋槐。

伟业刚刚把笔放下，拿着诗稿一边吟哦一边推敲，伟光从外面进来。他不敢打断哥哥的诗兴，悄悄地站在一旁静听。正凝神谛听间，忽听哥哥问道："孚令！知道诗中写的什么意思吗？"

"精微之处尚不甚明了，结尾四句，我揣摩仿佛是影射时事。"伟光道。

"何以见得？"伟业问。

"'南内春深拥夜来'‘景阳宫井落秋槐’，两句中的‘南内’，显指时下的京城，‘景阳宫井’，也就是京城的胭脂井，用的是陈后主和他的宠妃张丽华荒淫误国，终至投井被擒的典故。‘霓裳天宝曲’是玄宗与杨贵妃的典故，其意都甚明显。唯‘昭丘松槚’的含义弟尚不甚明了。"伟光在哥哥面前，已然是馆中的学童回答塾师的提问一样。

"'昭丘'本是春秋时楚昭王之墓，在湖北当阳。嘉靖帝的生父兴献皇帝的坟墓也在那里。甲申五月，宁南侯左良玉曾经收复这一带，先帝为此曾厚赏左良玉。但闻今春这一带又沦入流贼之手。这一带位于南都上游，战船朝发夕至，随时威胁着南都的安全。诗云：‘北风其凉，雨雪其雱。’朱文公是怎样解释这两句的？"

伟光稍一思忖，回答道：《诗集传》中说，‘言北风雨雪，以比国家危乱将至，而气象愁惨也’。不知是也不是？"

"一点不错，"吴伟业以嘉许的目光看着弟弟说，"‘昭丘松槚北风哀’，正是祸乱将至的意思。当时危局，仍然声色犬马，能不重步陈后主、唐明皇的后尘吗？"

"大哥开篇所咏，似乎是前朝之事。具体所指何事，从前不曾听您说过。"伟光试探着说，"现在可否讲来听听？"

"讲的是先帝宠妃田娘娘的故事。"吴伟业把诗稿放在书案上，慢声说道，"田妃就是永、定二王的生母。她原籍陕西西安，后来移家扬州。其父田弘遇，以经商起家，素好冶游。田妃生性灵慧，弘遇遂多方延聘艺师乐工自小教授她各种技艺。凡琴棋书画，刺绣烹饪，无不巧妙。她还擅长蹴鞠、骑射，这便是其他宫妃所不能及的。于是入宫之后，深得先帝宠爱。先帝自登极以来，忧勤国事，宵衣旰食，声音之乐极淡。但每当忧愁烦闷时，田妃总能想出个巧妙的法子，或弹琴，或弈棋，或歌或舞，使他暂时忘记烦恼，获得欢乐。田妃真可谓是后宫的解语花，忘忧草。她也渐得专宠，难免为人所妒。偏偏田弘遇，父以女贵，被封为武安侯、左督都后，恃宠而骄，渐招物议。我朝家法甚严，宫妃不准私通外家。有人参奏田妃私通外家。龙颜大怒，把田妃打入冷宫，三月不准见驾。田弘遇被削职罚俸。皇后周娘娘，为人极为宽厚。一日陪先帝到永和宫赏花，尽管百花争艳斗奇，姹紫嫣红，妃嫔簇拥，莺歌燕语，但先帝依然满面愁云，殊无乐趣。周娘娘暗中吩咐小太监把永、定二王带到皇上跟前。永王刚刚入学读书，生性文弱多病；定王天真烂漫，最讨人喜欢。二人跪倒在地叩头接驾，拉着先帝的龙袍长跪不起。父子天性，先帝怜爱二王，自然想起了田妃。正在这时候，周皇后带着田妃娘娘来到了永和宫。先帝深感皇后的宽厚，当即赦免了田妃。两人自此和好如初。"

"这便是'天颜不怪侍人愁，后促黄门诏共游。初劝官家佯不应，玉车早到殿西头'等句所指的内容吧？"伟光问道。

"正是。"伟业接着说，"可惜天意难料。崇祯十五年后，国事一天不如一天，河南数州接连丢失。李自成大败官军于襄城，杀陕西巡抚汪乔年；再败三边总督孙传庭于郏县；后决黄河之水灌开封。清兵也乘机寇边，洪承畴、祖大寿相继降敌。国事焦头烂额之时，田妃又身染重病，卧床不起。先帝每去探视，她怕先帝看到自己憔悴的面容伤心，总是隔着帷帐和先帝说话。而先帝宵旰忧劳，也实在很少有闲暇去探望她。这年七月底，田妃终于油尽灯枯，不幸崩逝。先帝是个重情重义的人，对田妃的薨逝十分悲痛，故而诗的后面一段我仿照白乐天《长恨歌》的写法，作了较多的渲染。"

"大哥经常讲到先帝勤政节俭。诗中所写'宫门夜半传封事''内人数减昭阳膳'，都是实指吗？"伟光问道。

"先帝焦劳天下十有七年，恭俭似孝宗。素无珠玉玩弄之娱，无声色歌舞之奉，无池台鸟兽之乐。暇时唯喜弹琴，曰'此足以娱心神'。宫中旧例，节日撒金豆于地，令宫人争取之以为笑。先帝即位，命取枣栗代之。外戚以往岁时进甘果，先帝传旨免之。自崇祯初年罢三吴织造局，衣浣濯之衣，履袜以布为之。先帝告诫皇后和诸妃嫔说：'朕方率天下去奢反朴，且令诸子知艰难，哪能不以身作则！'百官奏章，必亲自过目，指授方略，洞悉机宜，朱批圣谕辄数百言。无不援据详备，文切旨明，臣工皆服。愚兄曾有一晚在宫中当值，已经半夜了，御前太监手捧黄封到内阁传旨，大臣们连忙披衣起读。传旨太监说，皇上尚未就寝。哎！先帝如此勤俭尚不能挽狂澜于既倒，当今皇上和先帝相比，难望项背，却沉湎酒色，政事一味委于马、阮。如此荒唐，国家还能有什么希望！"

"大哥写诗的深意小弟明白了。"伟光道，"但是，怎么没有题目呢？"

"愚兄正在斟酌，恰好你回来了。"伟业道，"也好，你就帮我参详一下吧！"

伟光思考了一阵后说："唐人宫掖长篇我认为《长恨歌》《连昌宫词》最为脍炙人口。可否借来一用？"

伟业高兴地说："孚令！你读诗很有长进！和愚兄想到一块去了。这诗主要是咏田妃的，而田妃由失宠到重得眷宠，永和宫观花是转折点。我看就以《永和宫词》命篇好了！"

5. 拂衣归里

元宵节渐近，民间准备糊灯笼闹元宵的人家渐渐多起来。五城兵马司为了保障京城安全，防止奸细混入城中滋生事端，贴出告示，晓谕黎民百姓，国难当头，不准放焰火、闹花灯。吴伟业弟兄二人在寓中读史温经，写诗论文打发日子，也不甚寂寞。这天伟光告诉大哥，著名的说书艺人柳敬亭来到了南京，这几天正在畅吟阁说书，每天听书的人络绎不绝，座无虚席。

吴伟业和柳敬亭本就十分相熟，当年他在南京国子监任职时，公务之余，友人相聚，也常请柳敬亭来说书。柳敬亭原本是扬州府泰兴人，姓曹。他年轻时犷悍无赖，因杀人亡命江湖，改姓柳，以说书为生。其技艺原本平常，后来受到云间儒生莫后光的指点，技艺大大提高，成为说书艺人中的佼佼者。前些时听说，他不知通过何种途径，成了宁南侯左良玉的入幕之宾，深得这位骄横无比的左侯爷的信赖。自从周镳、雷缜祚被捕之后，复社中人诸如侯方域等人都去武昌投靠了左良玉，并怂恿左良玉出兵东下，清君侧，安社稷。一时间弄得南京风声鹤唳，人心惶惶。当此非常之时，柳敬亭来到南京，吴伟业想，他绝非一般性质的旧地重游，一定是负有什么秘密使命。

说书艺人柳敬亭

当吴伟业弟兄二人来到畅吟阁时，前面的座位早已没有了。茶房见来人气度不凡，连忙搬来了两把矮凳，让二人在后排坐下。全场静悄悄的，只听柳敬亭正在讲述时下南京城众说纷纭的左懋第使北的事情：

"话说我大明通北正使、南京巡抚、少司马右都御史左公和太仆寺少卿马公绍谕，还有那左都督陈洪范一行来到北京，北国摄政王多尔衮命人带入四夷馆安置。左公闻听大怒，抗声说道，我乃天朝钦差，安能以下邦使臣对待！此次使北，一为大行皇帝举行奉安大典，督办葬礼，二为酬劳北国收复神京之功。尔等安得如此无礼！多尔衮无奈，再次传命，把南朝使臣迎入鸿胪寺安歇！次日命洪承畴、谢升、冯铨等逆贼和北国内院大臣刚陵等人前往鸿胪寺与我朝使臣会商。那洪承畴、谢升，一见我都督左公，不禁满面羞惭无地自容。而那奸贼冯铨，却厚颜无耻，反劝左公归降北国。左公大怒，愤然啐其面曰：'无耻老贼，你身为大学士，受先帝天高地厚之恩，不思尽忠报国，反而认贼作父。你还有什么面目在大庭广众之下饶舌！'刚陵见此情形，勃然大怒，喝令左右带刀武士，把左公拉下堂去。洪承畴、谢升连忙劝道：'刚大人息怒，俗话说，两国交兵，不斩来使。何况我与南朝尚未交兵，有许多重大事情还要商谈。摄政王交付我们的使命尚未完成，岂可贸然行事？'刚陵闻听此言，略一思忖，随后又把手一挥，命人把左公带了回来。左公昂然问道：'生为大明忠臣，死为大明忠鬼，有何惧哉？'刚陵冷笑一声，讥讽道：'尔口称是大明忠臣，在李自成兵临北京之时，为何不来勤王救驾？先帝驾崩为何不兴兵为先帝复仇，却匆匆拥立福王？'左公答道：'谁道我江南之臣没有勤王之举？只是路途遥远，勤王未果而已先皇崩逝。社稷为重，国不可一日无主。南中立君，正为先君复仇之计，有何不妥？何况此为我大明国事，与尔北国何干？我大明当今天子，特念先帝骨肉手足之情，命我等千里北来祭奠，尔等为何不允？'刚陵答道：'我朝已替你们哭过了，祭过了，葬过了。你们还哭什么？祭什么？葬什么？先帝在时，贼来不发兵；先帝死后，拥兵不讨贼。先帝不受尔等江南不忠之臣的祭奠。'左公正要据理争辩，洪承畴从旁劝道：'先生何不知兴废？'左公反唇相讥道：'经略何不知羞耻？'刚陵拍案喝道：'快拉下去！如此不识顺逆的人留着何用？'左公笑道：'何须咆哮，甘洒碧血于神京，死得其所。'说罢昂首阔步，走出鸿胪寺。正当此时，有人高呼：'刀下留人！摄政王有令，召见南朝使臣！'欲知左公性命如何，且听下回分解。"

众人正听得入神，只听得醒木一响，柳敬亭却戛然收场了。吴伟业正要起身离去，一个仆役模样的人走到跟前，躬身施礼，悄声说道："吴太史稍候片刻，柳将军有话要同大人叙谈。"说罢带领吴氏兄弟来到一处清净雅致的客房。立刻就有人摆上茶点伺候。

一盏茶时，畅吟阁听书的人渐渐散去。柳敬亭自外面进来，一进门就呵呵笑着，双手抱拳当胸说道："恕罪！恕罪！太史公久等了！"伟光偷眼观瞧，从外面进来的是一个中等身材的精干汉子，黑脸麻面，但两眼精光灼人。不待伟业介绍，就转面对伟光施礼道："这位必是太史公的令弟，柳麻子有礼了！"

伟光连忙还礼道："柳将军安好！"

柳敬亭笑道："什么将军不将军，我柳麻子是什么货色，令兄清楚。留都的老爷们，看着左宁南的金面，抬举我，称我一声将军。我柳麻子心里明镜似的，归根结底自己还是一个说书的江湖艺人！"

吴伟业笑道："'将军'二字柳兄当之无愧，古往今来，哪位八面威风的大将，不被你呼来唤去？"

"若这样说，我柳麻子该是古今天下兵马大元帅了！岂止将军！"说罢拊掌大笑起来。

一阵笑罢，为吴氏兄弟斟上茶，方才落座说道："贵昆仲一进畅吟阁，我就看见了。无奈书刚刚开讲，不便过来见礼。匆匆讲了一段，就连忙过来了，生怕错过了叙旧的机缘。"

"多谢柳兄厚谊，"吴伟业抱拳说道，"柳兄得遇宁南，确是奇缘。其中原委，可否讲来听听？"

"说奇，也不奇。"柳敬亭呷了一口茶，淡然说道，"太史公知道，安徽巡抚杜中丞宏域是老麻子的故交。当初左宁南奉旨讨贼，驻节皖城。宁南军军纪一向不好，杜中丞深恐左军荼毒地方，特荐老麻子到宁南幕中，相机劝谏宁南侯约束部下。宁南麾下，将骄兵悍，多百战余生之徒，以为老麻子是舌辩游说之士，等我到来之时，帐下长刀遮客，两廊油锅翻沸。老麻子一看这阵势，就知其意。昂然入帐，谈咍谐笑，旁若无人。宁南暗喜，自以为与老麻子相见恨晚。老麻子得以陈说利害，居中调停，使宁南与杜中丞释嫌结好，自此留在宁南帐下。宁南起自卒武，幼小时孤贫，与母亲相失散。后来显达，请求皇上赐封，却不知母亲姓氏。因而伤心落泪。老麻子得知此事，献计说：'君侯不闻天子赐姓事乎？这是我读书中常有的事。'宁南大喜，立即按老麻子的意思具奏，果获先帝赐封。自此视老麻子为心腹。宁南不知书，幕中饱学儒生不少，所为文檄偏多不合宁南口味。老麻子俗谚俚语，与宁南一拍即合。这也真是缘分。"

"世传宁南骄横无比，柳兄与其相处日久，以为其如何？"伟业问道。

"宁南虽为武人，老麻子观其大节，以为其知古今，识大体，颇重情义。"柳敬亭边想边说，"当年河南归德侯尚书对他有救命之恩，他终生铭记在心。宁南麾下有一爱将，名叫陈秀，南原讨贼时，宁南被困，陈秀冒死救宁南突出重围。为此宁南特请一丹青妙手，绘《关陇破贼图》一幅，以记其事。后来陈秀违犯军纪，依法当斩。宁南又在病中，性情乖张，无人敢进帐求情。老麻子闻讯，来到病榻前，见室中所挂正是此图。图中宁南衲衣扶杖，数童子相从，其中一人负瓢戴笠离宁南最近。老麻子观其相貌，知是陈秀，佯装不知，徐徐问宁南图为何人。宁南指图为我讲述南原之战的情形，讲到陈秀舍命相救时，神情激动，并告诉我陈秀犯法之事。老麻子趁机相劝，宁南终于法外施恩，宽免了陈秀。"

伟业兄弟二人听得入神。良久，伟业又问道："柳兄此番自武昌来京城，莫非负有宁南使命？"

"太史公所料不差。"柳敬亭道，"适才老麻子曾说左宁南颇知忠义，于此也见一斑。左侯闻知周仲驭、雷介公等人为马、阮不容，深以为忧虑。他知老麻子与阮圆海大司马曾有点交情，特托老麻子来为周、雷诸公说项。左侯说，阮司马若能以国事为重，放过周、雷诸公，他保证捐弃前嫌，与当朝诸公和衷共济。"

"见过阮司马了吗？"伟业忙问。

"已经见过，"柳敬亭道，"阮大司马已经答应，说还要和马阁老商量一下，然后联衔上奏。"

二人正谈论间，柳敬亭的随行差役进来禀告说，外面有人要见吴大人。伟业走出畅吟阁一看，原来是郑三山。柳敬亭邀郑三山一同品茶，郑三山说有点急事，请吴伟业回寓一趟。看他那匆急的样子，吴伟业不便久留，当下和柳敬亭作别，离开了畅吟阁。

自从上次选妃风波过后，郑三山结识了卞赛，每遇闲暇，郑三山便来幽兰居坐坐。赛赛知道他和吴伟业是亲戚，又给自己帮过大忙，每当郑三山来时，总要好茶款待，还要弹琴唱曲给他听。这天郑三山又来到幽兰居，正赶上柔柔要去寻他，因为赛赛突然得了一种奇怪的病，时而泪流满面，时而怔忡不语，已有三日不思茶饭。郑三山为她把过脉，开了几服药，仍旧不见好转。柔柔告诉郑三山，赛赛痴恋吴伟业已非一日，曾经不止一次向吴伟业表白，愿以终身相托。特别是这次，情势所迫，吴伟业已经答应要娶赛赛。赛赛原以为因祸得福，当时忘记了处境的凶险，高兴得了不得，不料想心愿未遂，又白白喜欢了一场。吴伟业的难处她也理解，但心头的酸涩苦楚仍然难以忍受。赛赛是个心性十分高傲的人，打掉牙齿，要和血咽到肚子里，硬充好汉。这种过分压抑情感的生活，日子一长难免生出病来。郑三山听了柔柔从头到尾的介绍，心中已知就里，于是连忙来寻吴伟业。

吴伟业正想问郑三山有什么要紧的事情到畅吟阁来寻他，郑三山却先开了口："骏公！去看看赛赛姑娘吧。赛赛病了，病情不轻。"

"什么病？什么时候病的？"吴伟业着急地问。

"怔忡不语，茶饭不进，医药无效。我看八成是心病。"郑三山道。

"她有何心病？为何会这样？"吴伟业接着问。

"你问我，我问谁？"郑三山神秘一笑说道："这病因只有你才知道呀，你还装什么糊涂？"

吴伟业不由面红过耳，一时语塞。半晌方才说道："此番来到白下，我们也只见过一两次耳。"

"两情若是久长时，又岂在朝朝暮暮。这不是你们这些秀才们常说的吗？"老医生调侃之后真诚地说，"烟花女子，也是女子，也有真情呀。一个姑娘家几次三番向你表明心迹，都被你不热不凉地回绝了，能受得了吗？尤其是这次，虽然说你情非得已，毕竟也答应了人家呀。心病还须心药医，寻常药物有何用？才过了几天，一个千娇百媚的女娃，已经瘦得干柴禾一样，叫谁看了都心疼。若是为此送了小命，你要抱愧一辈子哩。快去看看人家吧。"

老医生半玩笑半严肃的一番话，说得吴伟业左右为难起来。赛赛对自己一片痴情，自己心里明白。他于情于理都应该去探望，但见面之后说些什么呢？虚情假意的安慰自己不会；欺骗一个钟情于自己的女子的感情天理难容；答应赛赛的要求，携赛赛回乡，双宿双飞，眼下实不可能。那么这时候去幽兰居又有什么意义呢？不仅不能抚平赛赛心灵的伤痕，还有可能使她旧伤未愈再添新怨，如此看来还是不去为好。想到这里，他止住了脚步。

"都到门口了，又停下来干什么？"老医生催促道，"快进去吧！"

吴伟业闻言一愣，抬头看时，早过了大功坊，确实已经来到了幽兰居门前。此时，已容不得他再犹豫，老医生郑三山已经抢在前面，进门报信儿去了。吴伟业局促不安地跟了进来。

进入客厅，并未看到赛赛主仆的影子，只觉阵阵幽香从河房那边传来，接着便听见铮铮琴声。吴伟业隔窗望见赛赛云鬓蓬松，披着一件豆绿色绒氅，两肩更加瘦削，一副弱不禁风的样子，正在面河抚琴。柔柔在一旁往炉内添香。刚刚进来的老医生郑三山，悄没声息地站在后面。只听赛赛伴着琴声唱道：

恨人间情为何物，直教人生死相许。天南地北双飞客，老翅几回寒暑。欢乐趣，离别苦，是中更有痴儿女！君应有语，渺万里层云，千山暮景，只影为谁去……

吴伟业猛然忆起，赛赛所唱正是他们初识横塘之时，唱的元遗山的《摸鱼儿》。一时间，那段终生难忘的生活又涌上心头：画兰、题诗、抚琴、唱曲……耳鬓厮磨，谈笑晏晏，一切如昨。再看面前的赛赛那瘦削的背影，不禁心头一阵愧疚酸楚。正沉思间，琴声由哀怨而凄厉，只听赛赛悲怆地唱道：

这忧愁诉与谁？相思只自知，老天不管人憔悴。泪添九曲黄河溢，恨压三峰华岳低。到晚来闷把西楼倚，见了些夕阳古道，衰柳长堤。

吴伟业再也抑制不住内心的酸痛，轻声唤道："赛赛，吴某来了！"

声音甫落，铿锵一声，四弦齐断。卞赛手扶琴案，站了起来，身子抖得像寒风中的枯草。她没有回头，任出泪水顺着面颊流淌。柔柔见状，含嗔带怨地对伟业道："吴老爷，还不快点扶住小姐？"吴伟业连忙上前扶住将倒未倒的赛赛。老医生郑三山和小丫鬟柔柔相视一叹，轻轻退出了河房。

这晚，吴伟业留宿在幽兰居。他向赛赛解释了自己的苦衷，再次向赛赛表明心迹，答应赛赛回转太仓之后，一定禀明父母，前来接她，永远不再分离。赛赛不是那种不明事理的人，她理解吴伟业。她告诉吴伟业：从此就杜门谢客，等候他的到来。

回到寓中，刚刚坐定，柳敬亭就来向他告辞。吴伟业道："元宵将至，柳兄何不过了灯节再回武昌？"

柳敬亭笑道："古人宁饮建业水，不食武昌鱼，老麻子如今是宁食武昌鱼，不观建业灯了。"

"这是为何？"吴伟业问。

"月晕而风，础润而雨，征候不妙呀，"柳敬亭神秘一笑，说道，"阮圆海嘴里答应得停停当当，和宁南侯握手言和，共济时艰。可是昨日我听说，他专程巡查西边江防，调兵遣将，加强西面的防御力量。这不是明摆着要防御左兵东下吗？另外，他又有密折进宫，请旨处死周、雷诸人。种种迹象表明，南都不宜久留。此时不走，难道等着东西开战时，老阮拿我开刀祭旗呀？"

"不会闹到这一步吧？"吴伟业疑惑地问。

"但愿不会。"柳敬亭道，"以马瑶草、阮圆海辈的品性，什么事情做不出来？"

柳敬亭没有多停，喝了杯茶，就匆匆告辞了。刚送走柳敬亭，郑三山来了。他告诉吴伟业，蔡奕琛不日就要入阁，升任东阁大学士。

吴伟业闻言大吃一惊，连忙问道："老先生是从哪里听说的？消息可靠吗？"

"完全可靠。是田公公亲口告诉我的。"郑三山微微一笑说道，"田公公天天催着让我给他配还阳丹，瞧见我的影子就要有事没事地搭讪几句，套套近乎。今天他从西阁出来，拿着马阁老写好的票拟往宫里送。不等我问，就对我说：'这人要是交了好运，升官比线儿提着还快。你说这蔡奕琛，吏部侍郎的椅子还没暖热，就又要入阁拜相了！'我说，'蔡某是什么门路？'田公公一撇嘴说'扫尽江南钱，填塞马家口'，只要白花花的银子送给马阁老，还愁没有门路？说着扬了扬手中的票拟说，'马阁老大笔一挥，什么都有了！'田公公亲口对我说的，这还有假？听说，过了元宵，明发圣旨就会下来。"

吴伟业心中不禁翻腾起来。一切都比他预想得要坏得多、快得多。他决不能像周镳那样坐等阮大铖、蔡奕琛等人的宰割。两个月前，阮大铖大兴顺案，周钟被逮之时，不少人劝周镳暂避锋芒，早做脱身之计。但周镳却不以为然，认为周钟是周钟，马、阮之辈不敢冒天下之大不韪，株连无辜。到了身陷囹圄，后悔已迟。说不定阮大铖、蔡奕琛陷害自己的阴谋秘计早已安排妥当，只是等候时机罢了。如今这蔡奕琛升任东阁大学士，便是时机成熟的先兆：一朝权在手，便把令来行。堂堂当朝阁老，要陷害一个区区四品的少詹事，还不是易如反掌？想到这里，他不禁脑后直冒冷气，脊梁骨生出冷汗来。这三十六计，走为上策，该是付诸行动的时候了。

吴伟业只顾想自己的心事，把郑三山冷落在一边，老医生心中不禁嘀咕起来：这小子是不是又为卞姑娘的事犯起难来？想到这里，他打破沉默，开口问道："卞姑娘好些了吗？"

吴伟业猛然回过神来，连忙答道："精神好多了。只是身子太弱，烦劳老先生再为她把把脉，开几剂汤药，补补身子，我想就会好的。"

"我正要到幽兰居去，只是顺路到你这里瞧瞧，没什么事情，我就告辞了！"说着郑三山起身告辞而去。

吴伟业把他送出寓所，转身回到书房又反复斟酌起脱身之计来了。几经推敲，他决定赶在蔡奕琛入阁之前，递上自己的辞官奏章。理由是母亲生病，自己必须回家尽孝。仅此一点，似乎还不十分充足，不如再加上一条，自己从甲申之变以来，身体一直羸弱，乍闻母亲生病，情急之中吐起血来。因母病而己病，告假归养，向以孝道治天下相标榜的当今皇上，一定会允准的。吴伟业思虑成熟，心头反觉轻松起来。

到了晚上，他让伟光把门关好，谢绝任何人夜间造访，油灯下援笔在手，刷刷点点写了起来。草稿拟就，又字斟句酌地润饰了一番。觉得各方面都妥当了，然后缮写誊清。誊了以后，自己轻声念道：

奏为惊闻母病，恳乞天恩，暂假省亲事。微臣起家寒素，臣母朱氏，辛勤俯仰，心力焦枯，自臣未第，已成寝疾；及遭际国恩，获沾禄养，得至今日，成荷生成。其如崦嵫暮齿，锢癖沉疴，参术难支，遂成风缓，支离床褥，转侧需人。微臣少病尫羸，忧亲弥剧，先朝矜览，宽加休沐。母子二人，相须为命，侍调药饵，顷刻难离。此臣家门至情，今在廷诸臣所共洞悉者也。

皇上中兴御极，微臣扶力趋朝，恭逢覃庆新纶，感戴皇恩，极天隆地，非臣顶踵，所能报塞。惟有勉修职事，少答涓埃。乃本月十六日接臣父手书，言臣母久病之余，误触风寒，饮食不进，势甚危急。臣闻之心魄飞越，涕泣忧思，于二十日夜忽呕血数升。自恐颠蹶困踣，旷官废职，公私两愧，负罪悚惶。伏见皇上深仁锡类，孝治宏开，敢不沥陈至情，仰告君父。愿乞圣恩，暂假数月，俟臣母调理少瘥，微臣即遄趋受事，天地隆施，无涯极矣。臣无任激切待命之至。为此具本谨具奏闻，伏惟敕旨。

元宵刚过，一道明发上谕果然下达，蔡奕琛升任东阁大学士，即日入阁办事。三天后吴伟业的乞假养亲表送呈御前。弘光帝一看是个无足轻重的少詹事告假养亲，立刻照准。吴伟业不敢久留，深恐迟则生变，一面命弟弟收拾行装，一面准备东归的船只。一切安排就绪，他到幽兰居向赛赛告辞，不巧得很，赛赛带着柔柔看望柳如是去了。吴伟业想去见见郑三山，把赛赛托付郑三山照顾，不料郑三山刚刚奉诏进宫。他不愿到钱府去见赛赛，因为钱谦益正忙着贡举的事情，每天门庭若市，人多眼杂。如果亲友们见了，少不了要饯别送行，耽误了行期，多有不便。吴伟业于是和弟弟伟光，匆匆登舟，惶惶然离开了南京。

吴伟业的担心并不多余。蔡奕琛一连数日忙着迎来送往，应酬络绎不绝的贺客，等到庆贺荣升的高潮过后，他才得知吴伟业乞假省亲回了太仓。他恨得咬牙跺脚，深悔错过了复仇的机会。他和阮大铖、杨维垣等人商量，绝对不能便宜了吴伟业。先采用欲擒故纵之计，奏请弘光帝，升任吴伟业为詹事府詹事，催促他销假来京。讵料吴伟业不肯上当，连上二疏婉言谢绝。也正是鳌鱼脱却金钩去，摇首摆尾不再来。蔡奕琛、阮大铖辈再想报复吴伟业也没有机会了，这个小朝廷垮台灭亡日也不远了。

第六章　乙酉避难

1.　风雨娄江

　　一场罕见的暴风雨，横扫娄江两岸，三天三夜之后，才渐渐止息。飓风卷起潮水，铺天盖地自长江口上涌，与奔涌而下的娄江水相阻遏，各不相让。于是冲决堤防，灌满湖汊沟渠，淹没田园村庄。一时间太仓城外一片汪洋，成了水乡泽国。

　　早上起来，吴伟业走出旧学庵，只见断枝纵横，残叶满地。门前的苍溪，原本是一条涓涓细流，水面荇藻交织，溪水若隐若现；如今浊流滚滚，裹挟着枯枝残叶，汹涌澎湃，直下鱼梁。这鱼梁原本是伟业闲暇垂纶之所，旁有小桥，人在桥上凭栏观鱼，水清似镜，毫发可鉴。如今浊流冲击得小桥乱颤，泡沫直溅到桥面上，令人阵阵心悸。吴伟业小心翼翼地走过小桥，慢步登上南面的万松岭，一眼便看见那株最为高大的塔松，被狂风连根拔起，直抛到鱼梁西边的河岸上。万松岭南坡那片蓊蓊郁郁的松林，是当年营造梅村时张南垣根据他的建议特意设置的，很多松树是他亲手栽种的。如今满坡亭亭如盖的幼松，已被暴风雨扫荡得溃不成军，折枝断干，歪歪斜斜，满地狼藉，往日那伟岸挺拔的英姿，生机勃勃的阵容，已经不复存在。

他不觉一阵心疼，连忙卷起衣袖，俯下身子，想把那些斜倚的松树扶直。可是刚刚扶起，一松手，它们又倒下去了。如是者再三，他不禁失望地叹息起来。他来到鹿樵精舍，这是他在梅村里又一处读书、著文、参禅静修之所。原本垂杨夹道，桃李纷披，沼芷汀兰，清香四溢。如今百花凋残，满目凄凉，唯有蛙声阵阵。他稍微停了停，看了看门窗栏楔有无损坏，便匆匆离去。梅村百亩之广，等他巡视一遍来到乐志堂时，已经累得遍体生津气喘吁吁了。

这乐志堂，在梅村的最高处，后枕崇冈，前临深涧，是吴伟业日常宴友会客之所。他站在堂前的石阶上，只见涧中的流水涨得几与岸齐，奔腾咆哮滚滚东去，这是他营造梅村以来，仅得一见的壮观景象。面对这种景象，连日郁积的愁闷及一早上的凄凉郁闷感，消散了许多。

自从正月底回到太仓，朝廷连降两道诏书。第一道诏书温语慰勉，召他还朝另有升赏；第二道诏书，则是责怪他借故迁延，有意抗命，措辞十分严峻。他知道，这是政敌们进了谗言，弘光帝对他请假回乡的原因产生了怀疑。他连忙写了一封《自陈不职疏》，派家中一个可靠的仆人吴忠送往南京。吴忠临行，伟业嘱咐他呈送奏疏之后，一定要到大功坊幽兰居去看看卞赛。如果卞赛不在幽兰居，可到郑三山寓所和钱谦益府上去打听。吴忠已经走了七天，计算行程，是该回来的时候了。昨天他派人去码头接吴忠，结果没有接到。是不是因为这场暴风雨耽误了归程呢？

他在乐志堂休息了片刻，又从涧上双桥来到梅花书屋。这里原本是一片参差横斜、暗香疏影的梅树林，如今正是青梅累累挂满枝头的时候，暴风雨打落了一地青梅子。他无限痛惜地俯身捡拾了几颗，小心翼翼地捧在掌中。然后过苍溪亭，又回旧学庵来。他把那几颗青梅放在一个瓷盘子里，凝神看着，一种无可名状的惆怅和烦闷刚刚消散又重聚心头。

天到午时，多日不见的太阳终于从云缝中露出惨淡的面容来。午饭后，伟业连忙让三弟伟光再到娄江码头去看看，有没有过往的船只。他担心江河横溢，舟楫不通，今天吴忠还难回来。伟光走后，他一个人在旧学庵中打坐，但无论如何，总难入静，索性躺到凉床上休息，又辗转难以入睡。直到申初十分，才恍恍惚惚闭上了眼睛。

似睡非睡中，他自梅村出来。刚到大门口，便见一辆马车迎面驶来，近前一看赶车的却是吴忠。他正惊愕间，车帘掀起，从车上下来一个丫鬟，却是柔柔。他连忙来到车跟前，问柔柔为何独自前来，怎么不见赛赛。柔柔也不答话，只是扭头指了指车内。伟业撩开车帘一看，只见车内躺着一个女子，面似金纸，气若游丝，二目微合，正是赛赛。伟业一阵心酸，俯身轻声唤道："赛赛！赛赛！我来接你了！"赛赛闻言，二目刚刚闪了一闪，便又无力地闭上，两行清泪立刻夺眶而出，溢满面颊。伟业一边轻轻为她拭泪，一边安慰道："不必难过了，从此我们再也不分离了！"说罢将身一跃，坐在车前，从吴忠手里接了马鞭，把手一扬，准备驾车进入梅村。谁知这马见了生人不听使唤，不进梅村，却顺着大道狂奔起来。吴忠拦它不住，躲在了一边；柔柔吓得双手捂起眼睛尖着嗓子惊叫。说时迟，那时快，马车风驰电掣般驶上了娄江大堤。堤内是浊浪排空的滚滚江水，堤外是深不见底的万丈沟壑。偏偏在这时候，迎面过来了一乘八人抬的绿呢大轿，前面走着手执"肃静""回避"各种仪仗的执事差役。听到锣响，那马四蹄腾起，马车颠簸起来，一个仄歪，立刻翻下了大堤。吴伟业连声呼"救命"，这时官轿中伸出一张一脸奸笑的面孔，正是老对头蔡奕琛……

"大哥！有客了！"

伟业正在拼命挣扎时，三弟伟光唤醒了他。睁开惊恐的双眼，只见旧学庵西边那棵海棠的影子已经过了门口，扶疏的枝叶间阳光明亮。抹去额头的凉汗，他定了定神问道："孚令，你说什么？吴忠回来了吗？"

"没有。"伟光惊疑地望着大哥惊惧的样子，胆怯地问道，"大哥，有什么不舒服吗？"

"没有。"伟业忙道，"刚才做了一个梦，惊得我出了一身冷汗。"

伟光哑然失笑了。他再次告诉大哥，家里来了客人："我去码头接吴忠，等了很久，不见有一只船来。江水太大了，寻常船只是不会航行的。太阳已经偏西了，我正要回来，却见一只乌篷船顺流而来。我想一定是吴忠，没等船靠岸，就迎了上去。走近一看，船上下来的人却不认识。那人也只顾看我，一个趔趄，跌倒在地。我连忙上前把他搀扶起来。他把我上下打量了一遍，突然开口问道：'你是吴骏公的弟弟吧？'我好生奇怪，一经交谈，却原来是大哥经常提起的杨士聪杨大人。他是专程来看望你的。"

"凫岫兄来了？现在哪里？"吴伟业又惊又喜，刚才梦魇中的惊恐一扫而光。

"正在客厅奉茶。"

吴伟业不及多问，连忙用凉水擦了把脸，匆匆向客厅赶来。

"凫岫兄！想杀小弟了！"一进客厅，伟业就激动地问道，"如此洪水滔天，你从哪里来？"

"贤弟！愚兄也想念你呀！"杨士聪正由吴琨陪着饮茶，一见伟业进厅，连忙站了起来，二人紧紧握着手，热泪盈眸地看着对方。良久，伟业方才开口说道："六年多了，兄长须发全白了！"

"愚兄长贤弟十二岁吧？贤弟翩翩少年，如今已鬓现二毛。愚兄何能不老！"说到这里，杨士聪连忙转身笑着对吴琨道，"亲在不敢言老，吴年伯莫笑士聪妄言！"

吴琨连忙说道："伟业经常讲起你们的情谊，自家人无须见外。文相曾说'满地芦花和我老'，又说'一任萧条白发生'。那时他也不过四十几岁吧？当此国家危亡之时，你们的心情我能理解，但也要善自珍重啊！"说完这番话，他站起身来，交代厨下，安排酒馔去了。

客厅里只剩下两位挚友，一边品茶，一边叙谈。崇祯十二年，吴伟业中州封王途中，因母病辞官。不久杨士聪也因病返乡。到了崇祯十五年，他又奉诏复出，擢升为右中允、左德谕。甲申年春，奉旨宣慰襄藩，并传旨宣调左良玉入卫京师。返京途中，杨士聪得知李自成攻陷北京，崇祯帝吊死煤山，痛不欲生。他咬牙投爱女于井，催促妻妾自尽，自己也仰药自尽。但，后被家人发觉，极力抢救，方得不死。妻子孔氏悬梁自缢，被救复苏；两妾和女儿都不幸身亡。杨士聪离开济宁老家，逃难过江。史可法派他到各镇巡查督战，诸镇各怀异志，或逃或降，难以节制。他见事不可为，辞归武塘，接着辗转到丹阳、金沙。其间他曾去南京寻访吴伟业，偏偏吴伟业回了太仓。前几天他刚刚移居昆陵，抽出时间就来看看吴伟业。

"骏公！你深居梅村，自以为是世外桃源，却不知战火已经烧到了家门口。现在还不预作避乱之计，一旦北兵过江，这太仓卫必先被兵。这满门百口，上有老下有小，可如何是好？"杨士聪不无忧虑地望着吴伟业说。

"江北战事十分吃紧了吗？"吴伟业问道。

"黄河岸上的军事重镇宿迁和邳州去年年底就已失陷。史阁部调兴平伯高杰赴援，不料高杰竟被睢州守将许定国杀害。一向和高杰不和的靖南侯黄得功又乘机抢占地盘，吞并高杰旧部。彼此不断内讧，自相残杀。史公苦心经营的江北防线已经土崩瓦解。北兵趁势南侵，听说徐州已失。"杨士聪只是摇头。

"这许定国是何许人？为何要杀兴平伯？"吴伟业又问。

"这许定国原本是太康人。当年兴平伯高杰本是李自成部下的一员骁将，曾经攻破太康，杀了许定国的父亲及一家老少，和许定国有灭门之恨。高杰被今上封为伯爵时，许定国就曾上书反对。无奈国家正当用人之时，后来高杰又被史公所倚重，许定国复仇无望，于是暗中投降了建虏。兴平伯高杰听到了风声，派人前去质问，并要许定国前来解释。许定国出睢州十里，跪在兴平伯马前痛哭流涕，说自己本不识字，以前给朝廷的奏章是别人假借他的名义写的，指天发誓说自己绝对忠于大明，说自己降清绝对是小人诬陷。高杰信以为真，自恃大队人马就在附近，于是接受了许定国的邀请，只带着他的亲兵卫队进了睢州城。许定国摆下酒宴，盛待兴平伯及其随从，酒酣之际，伏兵四起，高杰及其亲随尽被杀死。等高营将士得到消息，兴兵为主帅复仇之时，许定国早已率部投降多铎去了。史阁部闻讯，跌足痛哭，连呼'天亡我也，天亡我也'追悔不已。"

"如今高营人马由何人统带？"

"高杰的遗孀邢氏，也就是李自成那个侍妾，是个很不一般的女人，"杨士聪道，"她极想保住高杰这支部队，曾请求史阁部任命高杰的门婿李本深代替高杰做统帅，因为李本深在高营颇有威望，同诸将关系较好。史公也认为这是个恰当的人选，便极力向朝廷保举。可是马士英、阮大铖生怕这支队伍成为史公麾下的劲旅，不同意史公的举荐，却派了一个不知兵机的兵部侍郎卫胤文来任总兵。结果高营诸将不服，四散离去，有的竟然投降了建虏。你说可惜不可惜？"

"长城自毁，可惜！"吴伟业连声叹惋。

"邢氏带领残部投史公去了。听说到扬州时已不足三千人。"杨士聪接着说，"为了修复江北防线，史公命我去联系曹州一带的豫园军和河南的刘洪起等地方势力。可惜为时已晚。李际遇等人都追随许定国降清了。清兵一路招降纳叛，声势越来越大。我在南来途中，已经听说李成栋在徐州献城投敌。果真如此，淮扬危矣！"

"淮扬不守，北兵渡江之日不远了！"吴伟业忧心忡忡地说。

"这便是愚兄此次不顾洪水滔天，登门造访的主要原因。还望贤弟早觅避乱之所。"杨士聪道。

"以兄之见，避乱以何处为佳？"伟业忙问。

杨士聪苦笑一声说道："贤弟在江南土生土长，地理熟悉，却来问我这个外乡之人，岂非问道于盲？"

"当局者迷，旁观者清。何况杨兄千里颠踬，久历兵间，见识一定胜伟业万万，还望兄长指点迷津。我确实方寸有点乱了！"伟业诚恳地说。

"既然如此，我只能就常理而论，供你参酌。"杨士聪慢慢说道，"大凡避战乱，地方愈偏僻愈好。或深山老林，或穷乡边陲。三吴崇山峻岭不多，又当富庶繁华之地。所可避兵者唯江河湖沼之间。何况北人不习舟楫，一时兵锋所及，恐难到港汊交错之地。贤弟何不觅一处背静的水乡渔村，暂避一时？"

伟业豁然开朗，连连拍着前额说道："经杨兄一说，我倒想起一个地方来了。在长洲东南五十余里，有一巨浸，名叫矾清湖，西连陈湖，南濒太湖。虽不像太湖那样风高浪险，但也远离尘嚣，十分僻静。河道萦纡，不乏鱼虾菱实之利，平时官府鞭长莫及，赋税较轻，是个富足的鱼米之乡。我有一家远房兄弟就住在那里。"

"如此甚好，贤弟可及早去安顿一下。如果合适，不妨就把老弱妇孺先迁过去。"杨士聪道。

"就依杨兄所言，我马上就去安顿。"

杨士聪没有久留。只在吴伟业的陪同下在梅村转了转，便匆匆告辞了。临别伟业赠给他一笔安家的费用并写诗一首为他送行：

> 萧瑟江湖逐客船，乱离兄弟夕阳边。
> 芜城是处逢寒食，苦叶如人渡汶川。
> 回首风尘生杞棘，伤心缯缴在鹰鹯。
> 曾经召见多封事，一病犹缘明主怜。

送走了杨士聪，吴忠回来了。

"按照大公子的吩咐，到通政使司呈进了奏章，我便到大功坊去寻找卞姑娘。可是幽兰居早关了门，卞姑娘不知去向。我又按您说的地址，找到了郑太医的寓所，房东说，郑太医搬走了。我在京中等候旨意，一连等了三天，没有任何消息。我到钱府去打听。钱老爷说：回去转告你家公子，不必为告假的事操心了，朝中一连出了许多大事，谁还顾得上这点鸡毛蒜皮的小事呢。"

吴忠说到这里，伟业连忙问道："朝中都出了什么大事情？"

"钱老爷说到这里，没有再往下说。我也不便多问。"吴忠接着说，"我按照公子教的话说，'来京的时候，我家公子再三嘱咐，要我拜见老爷之后，务必给柳太太请安，请她多多关照卞姑娘'。钱老爷听后微微一笑，对我说道：'你家公子的心意我知道了，但卞姑娘已经不在南京了，可能回了苏州。'"

伟业一听，心头一震，立刻泛起无限惆怅。吴忠见伟业一脸不快，连忙接着说道："钱老爷见我没有告退的意思，似乎猜到了我的心事，又轻描淡写地说：'你家公子离京之后，卞姑娘虽说又遇到了些麻烦，但有内人和郑太医帮忙，也都化险为夷了，让你家公子放心好了。'"

吴忠的补充还不如不说为好。吴伟业心头的阴云越发浓重起来。赛赛又遇到了些什么麻烦？又是怎么化险为夷的？现在她究竟寄身何处？他没有问吴忠，因为他料想钱谦益没有告诉吴忠，吴忠也不会知道。

正思虑间，吴忠又道："我回到了客栈，恰巧有几个公门中人在吃酒闲谈。只听他们说：前些日子，来了个和尚，说是永王千岁，被糊里糊涂地杀了头；这又来了个真假难辨的太子，八成也性命难保。另一个人却说，此一时也，彼一时也，这个太子无论真假，马阁老和阮胡子也不敢随意处置。听说武昌的左宁南和几位封疆大吏，已经给皇上上了奏章，都说太子是货真价实，绝非假冒。如果胆敢对太子无礼，他们就要起兵清君侧，除奸佞。接着又有人说，左良玉已经起兵东下，前锋已经到了九江，朝中为此乱成了一锅粥。马阁老急调江北刘良佐、刘泽清等人的兵马，去拦截左良玉；部分大臣认为这样做万万不可。左良玉不过是激于义愤，只要不对太子加害，晓以大义，不难劝其退兵；而江北的人马一撤，无疑给清兵打开了大门。清兵如果趁机渡江，亡国之祸立刻就会到来。马阁老和阮大铖却说宁亡于清，不亡于左。连当今天子也劝说不了，听说二刘的人马已和左兵交锋……"

"这话当真？"吴伟业听吴忠说到这里，不由惊得前额冒出汗来，脱口而问。

"只是传闻，真假还不清楚。"吴忠见伟业如此惊慌，连忙解释。

"好了。你下去歇息吧。"伟业挥手说，"有些话不要对老爷和太太说。"

吴忠应声退出。伟业一边擦汗，一边心中翻腾。他知道，果如吴忠所言，左良玉挥兵东下，马士英、阮大铖辈不惜亡国、尽撤御敌之兵与左兵交锋，清兵定会乘虚渡江。南京失陷、国破家亡的滔天大祸已经迫在眉睫。食君之禄，国难当头，应该竭忠尽智，力挽危局，但自己一介书生，身处危疑之地，自身尚且难保，即使身在朝中，又有何用？他绕室彷徨了一阵，猛然想起了杨士聪的话，觉得寻找避难之所已经刻不容缓，成为当务之急。于是，他立即打定主意，等水势稍减，便往苏州矾清湖。

2. 避乱矾清湖

这天风和日丽，吴伟业雇了一只乌篷船，前往苏州。在苏州他没有停留，直接泛舟陈湖，到了离城五十余里的陈墓镇。船到码头，伟业下船上岸打尖。刚到一家客栈坐下，只见两个渔民打扮的汉子，头裹白巾，身穿号坎，手里拿着长柄鱼叉，腰里却挂着刀剑，走进店来。

店家连忙笑脸相迎："二位总爷快快请坐。要点什么，只管吩咐。"

其中一个汉子连忙摇头道："掌柜的！你误会了，我们不是来白吃酒打秋风，我们是奉陆先生之命来办公事的。"

"什么公事？"店家连忙问道，"不是刚刚交过刀枪捐了吗？"

"只有刀枪能下湖打仗吗？这次收的是船只捐，专供修造战船之用。"另一个汉子边说边从口袋中掏出一张白麻纸来，伸手递到店主面前，"白纸黑字，是陆先生的亲笔，还盖有团总的朱红官印，还能有假？乡里乡亲，街坊邻居，我们弟兄哪敢红口白牙瞎骗人？"

店主对告示瞟了一眼，连忙满脸堆笑道："办团保境安民是大家的事，小店哪敢不奉命交捐交税？只是小店本小利薄，兵荒马乱，生意难做。银钱是硬头货，一时难以凑集……"

那两个汉子不愿听店家啰嗦，立刻不耐烦起来。一个乜斜着眼睛冷笑一声道："有苦你向陆先生诉去，我们弟兄能做这个主吗？"

另一个随手把账簿往柜台上一摊，说道："认捐，立刻交钱记账；不捐，我们立马走人。明日就请您亲自去见陆先生。和我们当差的磨嘴皮子有啥用处？"

矾清湖今景

"交，交！哪能不交呢！"店家连说道，"艰难归艰难，捐税哪能不交呢！"

店家如数交纳了银子，两个汉子出店又往别处去了。店家一脸无奈地苦笑着摇头叹息。伟业见状，不禁问道："这两个差人是哪个衙门的？他们一再提起的陆先生是个什么官吏？"

店家答道："这水乡村镇会有什么衙门？他们是镇上的两个乡兵头目。"

"什么乡兵？"吴伟业不解地问。

"先生是外乡人，有所不知。"店家解释说，"我们镇上有位饱学秀才陆世钥，陆先生。他不仅熟读五经四书，而且深通兵法韬略，家资巨富。眼见天下兵荒马乱，湖上盗贼横行，于是变卖田产，招募了一千多名渔民和农家后生，组成了一支不吃皇粮的队伍，就叫乡兵。陆先生亲自教习武艺、操练阵法。日子不长，居然像模像样，颇具声威。湖里'扒平王'等水贼，抢劫客商，上岸到镇上'打粮'，被乡兵打得落花流水，吃了几次败仗，就悄没声息地逃到远处去了。后来伙盗亦脚张二夫妇的队伍，也闻风来降。乡兵的队伍更壮大了。陆先生便按军营的规矩，分营扎寨，在沿湖村镇巡逻防守，当然也要征收捐税派粮派款。后来，崇祯爷归天了，陆先生让乡兵挂素，发誓为崇祯爷报仇。乡兵们人人头上缠着白布，所以又被叫作'白头兵'。刚才那两个汉子就是白头兵的两个什长。"

"这陆先生倒是个人才。"吴伟业不由称赞道。

"那当然，"店家连忙附和道，"听说扬州的史阁部就十分看重陆先生，特意派了一个姓吴的参军大人前来犒赏乡兵，还送给陆先生一把宝刀。"

"如今这一带湖滨太平吗？"伟业又问。

"太平！太平！"店家连声说道，"前两年还有毛二、沈潘、柏相甫等水盗绑票、打粮、抢劫商船，这两年风平浪静，一个毛贼也没有了！"

听店家这么一说，吴伟业暗暗高兴。付了饭钱，连忙回船上去了。

夕阳的余晖，洒满湖面，浮光耀金，一望无际。船得顺风快似马，不用着鞭自奋蹄。艄公时不时搬动一下船尾的舵，校正一下航向，船便稳稳当当地向前疾驰。不知何时，湖水越来越清澈，全然不像陈湖的水那样浑浊昏黄。船头的吴伟业正自惊奇，只听船尾的艄公大声说道："进入矾清湖了！你看，水色清得多了！"伟业这才醒悟过来。在来之前，他就听别人讲，这矾清湖，水下藏有大量明矾，而明矾能够把浊水澄清，所以，无论春夏秋冬，这里的湖水总是清澈见底。今日一见，果然名不虚传。伟业心中暗暗称奇。他还听别人讲过，这矾清湖，原名叫范迁湖，是春秋时期范蠡功成名就之后，辞官归隐之所。后人读音讹错，把"范迁"读成"矾清"了。他原来曾对这种说法深信不疑，如今一见这湖水如此清澈，不禁又怀疑这是读书人附会出来的传说。正自反复揣摩间，又听见艄公在船尾喊道："先生，快到岸了！前面就是你要去的范湖湾了！"

伟业闻声远望，只见前方烟村几家，影影绰绰，绿树葱茏，炊烟袅袅。渐渐离得近了，村前归帆点点，渔歌阵阵。村内鸡鸣犬吠，鹅鸭喧闹之声已经清晰可闻。伟业游目四顾，呈现在面前的是一条绿柳覆盖的环湖长堤，堤内座座茅舍，偶见几座青堂瓦屋。艄公在一排渔舟缝隙中把船停了下来，搭好桥板，让伟业下了船，然后把船系在岸边的柳树上，回舱休息去了。伟业信步上岸，翻过湖堤，来到村头。这是一个不大的湖滨渔村，全村不过数十户人家，几乎家家茅舍柴扉，唯见村东有几座瓦屋，显得格外高大。伟业径直走到一家门首，一经问询，果然正是自己要寻访的族兄吴青房家。

吴青房弟兄三人，排行第二，哥哥由倩，弟弟公益，迁居矾清湖已有四代。还是吴伟业高中榜眼，修坟祭祖那年，见过一面，迄今已十余年。今日伟业来访，弟兄三人十分高兴，自然少不了杀鸡为黍，热情款待。当伟业说明了来意之后，弟兄三人慨然答应。饭后带领伟业在房前房后看了一遍。

吴家这宅子，前院轩敞，后院清幽。四周榆柳掩映，蒹葭芦苇，丛丛集集，并且有小路直通湖边。如果有了意外情况，从后院角门出来，很快就可以上船到湖心去躲避。吴青房告诉伟业，村子里无论穷富，住宅的格局家家如此。伟业看后十分中意，和吴青房弟兄三个约定，回去后立即全家迁来暂住。

因为时间紧迫，吴伟业不敢久留，第二天就告别了三位族兄，返回太仓。事情办得顺利，伟业一时心情轻松起来。归途中，望着渐渐远离的矾清湖，他不禁轻轻吟咏道：

> 百顷矾清湖，烟清入飞鸟。
> 沙石晴可数，凫鹥乱青草。
> 主人柴门开，鸡声绿杨晓。
> 花路若梦中，渔歌出杳杳。
> 白云护仙源，劫灰应不扰。
> 定计浮扁舟，于焉得终老。

后来，他把这些诗句写入了《避乱》这组诗篇中。他实在太喜欢这个地方了，简直想在这里长期隐居，直到终老。

事不宜迟。回到太仓后，吴伟业禀明父母，全家人稍作商议，决定分两批前往矾清湖。第一批先送祖母汤太夫人、母亲、妻妾、幼女等老弱女眷前往。本来有了第一次的经验，熟悉了沿途水路，行程应该是一帆风顺的，但船到陈湖时，偏偏遇上了风雨。平静如镜的湖面，一时波涌浪翻，天地间白茫茫连成一片，连艄公也迷失了方向。乌篷船上下颠簸，雨水、湖水直往船舱里灌。女眷们吓得齐哭乱叫，祖母、母亲跪在舱中一边诵经一边叩头，连声祷告佛祖、菩萨保佑。多亏妻子郁氏，尚能临危不乱，处变不惊，帮助伟业，一边安抚大家，一边不停地向外舀水。眼看天昏下来，风雨威势稍减。伟业发现前面隐隐约约有几点灯光，忙令艄公朝着灯光划去。渐渐近了，顺风传来了岸上几个人的呼喊声。果然是吴青房兄弟迎接他们来了！吴伟业喜出望外，船上人惊恐不安的心情终于平静下来。船进港湾，风浪自然小多了，很快就靠了岸。

吴氏三兄弟，带着左右邻居，或挽或扶，或背或抱，或抬或扛，七手八脚，很快把伟业及家人接回村去。到了家里，吴青房又命家人赶快找出替换的衣服，让伟业和女眷们把湿衣服换了，接着又做了一大锅热汤为他们驱寒。等到一切安顿下来，天已经到了后半夜。

由于受到惊吓和感受风寒，汤太夫人和郁氏都生起病来。又多亏了吴青房兄弟求医寻药，尽心照料，二人的病情很快得以好转。伟业不敢久留，没有等祖母和妻子病体痊愈，便把家事托付三位族兄，又匆匆登上归程。

船入陈湖，伟业便惊奇地发现，往日空旷的湖面上游弋的船只忽然多起来。这些渔船上覆竹片编织而成的翼面，既轻捷便当，又可避风挡雨。船头上站立的不是撒网的渔民，而是手执枪刀的白头兵。渐近陈墓镇的时候，忽听水上一声螺号响，四周十几只快船一齐向吴伟业乘坐的乌篷船飞快划来。伟业正自惊异，只听艄公惊叫道："吴先生，不好了！遇见水贼了！"

伟业尚未回过神来，已有两只快船来到跟前。几乎是同时，快船上飞过两只绳钩，一齐搭在乌篷船的船舷上。快船上的人稍一用力，快船已经和乌篷船靠在了一起。紧接着一腾身，两条大汉已经双双落在乌篷船的船头上。伟业被这突如其来的变故惊住了，正自强定心神，盘算着如何应变，只听其中一人问道："你们是哪里来的船只？为什么胆敢违抗陆先生封湖的禁令，擅闯陈湖？"

伟业一听，心中一下子轻松了许多。他原以为真的遇上了强盗，自己所带金钱有限，恐怕难饱欲壑，枉自丢了性命。不想却是遇上了陈墓镇的白头兵。想到这里，他连忙拱手答道："我们从范湖湾过来，前几天从陈墓镇经过，尚不知有封湖的禁令，故而又从这里经过。在下是太仓人，和陆先生多有交情。改日有了闲暇，定去镇上拜会陆先生，到时少不了请诸位吃酒。今日在下有紧急事情，不便耽搁，还请行个方便。"说着话，从怀里掏出几两碎银子来，笑着递到两个乡兵面前说："给弟兄们买杯酒喝，不成敬意，还望笑纳。"

那两个乡兵看看银子，你瞧瞧我，我瞧瞧你，又看看四周已经围上来的伙伴，突然把脸一沉说："先生是个知书明理的读书人，不要怪我们不懂交情，不给面子。实在是军令如山倒，当差不自由。既然先生和陆先生有交情，我们更不敢得罪。那就只有请您随我们到镇上见见陆先生。一来你们借此叙叙旧，二来我们也可脱了干系。"说罢，回身对着伙伴们一挥手，大声说道："弟兄们继续巡湖吧！我们两个把这位先生送到镇上交给陆先生，马上就回来。"

　　吴伟业的乌篷船被两只快船押送到陈墓镇。靠岸后，他被押送到乡兵总部去见陆世钥。在陈湖被拦截时，为了脱身，他说和陆世钥多有交情，只不过是为了骗骗那两个乡兵而已。现在马上要和陆世钥见面了，假话如果被当面拆穿，岂不难堪？为了避免这种难堪，路上他对两个乡兵说，见了陆世钥，就说太仓吴伟业来访，不必多言，陆先生自会出门来迎。那两个乡兵以为他们确有交情，如实禀报。想不到果然奏效，陆世钥和正在密谈的吴易，慌忙出来迎接。陆世钥虽然和吴伟业没有见过面，但吴伟业名满江南，焉有不知之理？而吴易和吴伟业都是复社社友，论科名远在伟业之后，但曾同在南京为官，来往颇多。在京时，吴易因为参奏马士英，罢职丢官，后来去了扬州做了史可法的亲信幕僚，想不到在这里见到吴伟业。

　　三人相见之后，陆世钥和吴伟业少不了互道仰慕之情；吴易和吴伟业则互道留都别后的思念之意。寒暄之后，吴易问道："太史公不在太仓，为何来到了陈墓？"

　　吴伟业直言不讳地告诉吴易，是为了避乱，准备举家迁往矶清湖。吴易听后连声赞道："太史公深居梅村，想不到消息如此灵通。你迁家的时机把握得真好，如果再迟几日，恐怕想迁也来不及了！"

　　伟业忙问："贤弟何出此言？难道清兵已经过江了吗？"

　　"岂止过江，"陆世钥接口道，"五日之前探马来报，留都龙江关已经失守。昨日又接探报，马瑶草和阮圆海已经挟持当今天子出逃。留守诸公，赵子龙、王觉斯及钱牧斋之辈已经开城迎降。"

　　吴伟业一下子惊呆了。虽然这一切全在意料之中，但听陆世钥讲完之后，他的脑袋老半天还是嗡嗡作响，不知不觉中两行清泪顺着面颊直往下滴。吴易和陆世钥也陪着伤感，唔叹不已。

　　过了一阵，吴易开口说道："事已至此，太史公也不必伤感了。吴易已是曾经沧海之人。申包胥哭秦廷，泪尽继之以血，还能搬兵复仇，我辈纵然哭死，还有何用？四月间扬州被围，朝中奸贼无一兵一卒赴援。易本该和史公一道，与扬州城共存亡，但临危受命，史公让我回乡招募兵勇、催办粮草。想不到尚未回扬州复命，二十五日扬州已破，史公殉难。全城百姓，男女老幼屠戮殆尽，大火十日不熄，淮左明都化为墟烬。当日易若在城中，焉能活到今日？易有负史公，有负扬州百姓，于情于理，不当苟活于世。但想到刚刚招募到一支两千人的队伍，筹集到上千石军粮，未及交付史公，便白白散去，实在心有未安。心想：何如借此一搏？苟能申史公之志于万一，虽死何憾？即便兵败身亡又何足惜？这便是弟前来陈湖，会见陆兄之意。太史公若有此意，等到把宝眷接来之后，与我二人共谋大举，意下如何？"

"百无一用是书生，"伟业拭泪道，"似我这般体弱多病，手无缚鸡之力，虽有心投笔从戎，适足给二位增加累赘，恐怕难有丝毫裨益。我只有衷心祝愿二位旗开得胜，建不世功勋。至于我自己，只能等到对父母家人有所交代之后，追随先帝于地下了。"

陆、吴二人不便再说什么，稍作招待之后，便送伟业登舟开船回转太仓去了。

伟业到家之时，太仓城已经风声鹤唳、一夕数惊了。有人说清兵已到江阴，也有人说正向苏常进发。大户人家纷纷逃往乡下。吴琨在家坐卧不安，一连三天派伟光去接伟业，都没有接到，急火攻心，竟然闹起病来。等到伟业回来，一刻也不敢耽搁，立刻抱病启程，全家立即离开太仓。风声越来越紧，逃难的船只塞满了娄江和运河。岸上的兵丁，也不知是奉调赴敌，还是闻风败逃，南来北往的都有。他们借机要粮要款，拉伕派船，趁火打劫，弄得逃难的人们更加惊慌不安。

船近昆山，忽然停了下来。伟业站在船头，向前望去，只见大小船只挤在一起，几乎水泄不通，只听见吵吵嚷嚷，哭声一片。伟业不知就里，忙让吴忠下船，到前面去打探出了什么事情。过了一会儿，吴忠回来了。他告诉伟业，前面有一队官兵，在河上设了关卡，说是军情紧急：一是征调船只，要到崇明运粮草到苏州；二是听说清兵正向苏州进发，巡抚有令，严禁过往船只前往苏州，以免清军奸细混入。前头正在盘查，不少船只都被扣了下来，充作军用。船上的人被赶了下来，进退两难。妇女和孩子们难免哭叫，乱作一团。有些兵丁借口检查行囊，趁机把人家的贵重物品细软之物塞到自己怀里，难免因抢夺而争吵，更是令人烦躁绝望。

伟业一听，跌足叹道："清人未至，已经这样无法无天，这如何是好！"

吴忠连忙轻声说道："大公子莫要惊慌。我刚才在一旁冷眼旁观，看出了一点门道。"

伟业忙问："什么门道？"

吴忠道："有钱能使鬼推磨。兵丁盘查时，公子只用报出官衔，就说到省城有紧要公务。暗中塞给他们一包金银，自然不能太少。他们得了金银，立刻就会故意高声宣布：'这是某某大人的官船，到巡抚衙门有紧要公务。请放行！'到前边我们只用如法炮制，再塞给他们的头目一包银子，就可过关了。"伟业无奈，只好依吴忠所言，准备了两包银子，以备盘查。

又停了一顿饭工夫，吴家的船只来到了关卡跟前。不待盘查的兵丁上船，吴忠连忙上岸，不卑不亢地朗声说道："我们是京中詹事府宫詹吴老爷的官船，有紧要公务前往苏州去见中丞大人。有劳各位放行！"

那兵丁把眼一横说道："你拿大话蒙混爷们吗？京城已经陷落，百官非死即降。中丞有令，尤其要严防京城清兵派出的奸细。我看你们八成就是！"说着便要登船。

伟业大吃一惊，急中生智，胆随智生，连忙大声喝道："哪里来的混货，胡说什么！吴忠，把公文给他们看！"

那两个兵丁一愣，不由停住了脚步。吴忠心领神会，马上把一包沉甸甸的金银塞到了那个兵丁手中。那兵丁是此中老手，反应也真敏捷，立刻唯唯连声，然后高声叫道："是吴老爷的官船，放行！"艄公听到喊声，把篙一点，乌篷船飞快驶过卡子。来到第二道卡子时，吴忠把早已备好的银子塞给哨卡头目。那头目立刻喝道："验过了！放行！"于是船只总算平安度过了这道卡。伟业颓然坐在舱中，他不禁担心起来：前头还有几道这样的关卡？如此下来，还需多少银子？

这样提心吊胆地过了苏州，竟然没有再遇到麻烦。船到陈墓镇，找一处码头把船停泊了。伟业带着吴忠到镇上买一些急用的物品。刚到一家杂货店门前，只见几个兵丁和一个卖鱼的老汉在争执。原来是镇上新近调来了一营官军，为首的游击将军想吃鲜鱼佐酒，命部下来买。不想这几日人心惶惶，下河捕鱼的渔民少了，市面上鲜鱼涨了价。将军给部下买鱼的钱不足，士兵和渔翁讨价还价产生了口角。那士兵发起火来，把渔翁推倒在地，抢了鱼便走。谁知那渔翁舍不得鱼，随后追了上来，死死揪住当兵的不放。惹得当兵的性起，打得渔翁头破血流，引来不少人围观。那老汉一面抹着脸上的鲜血，一边仍不放手。那当兵的恼羞成怒，把鱼往地上一摔，回手就从腰间拔出刀来。

伟业见状，急忙上前喝道："住手！"

那当兵的闻声一愣，刚刚拔出的刀不由停了下来。他把伟业上下打量了一番，冷笑一声说道："你是什么人，敢来管我们的闲事？"

伟业一转念，一来自己没有功夫，二来和这种人计较有失身份。他压下怒火，含笑说道："你休要问我是什么人，不就是为了一条鱼吗？这条鱼你们只管拿走，鱼钱由我来付不就行了？"说罢回头对那卖鱼老汉说道："鱼值多少钱，我加倍给你，快快回家去吧。"他向吴忠招了招手，吴忠上前，把钱交给渔翁，扶他离开了人群；又弯腰把鱼捡起，递给那个士兵。当兵的自知理亏，接过鱼悻悻离去。

当伟业带着吴忠来到上次来过的那家客栈时，掌柜的正捧着脑袋发呆。伟业一看，店铺里狼藉满地，桌凳四脚朝天，坛坛罐罐被打碎了许多，汤汤水水溅得到处都是。经过打听，才知道是刚刚有几个兵丁在这里酗酒闹事，吃了酒饭不仅不给饭钱，还把店里砸了个稀巴烂。伟业摇头叹息了一阵，胡乱买了一点东西连忙回船去了。

还好，船在陈湖到矶清湖的一路上航行顺利，矶湖湾俨然是一个世外桃源，陈墓镇兵荒马乱的混乱景象离这里仿佛十分遥远。当吴家的乌篷船到岸时，好客的渔村男女老少成群前来迎接，几个渔家女头上插满了野花，淳朴中带着天真秀丽。吴伟业心头泛起阵阵暖意，轻松地笑了。

在吴青房弟兄三人的热心帮助下，伟业一家的生活很快安排就绪。不久就听说苏州、常州乃至太仓被清军占领，诸如扬州十日、嘉定三屠之类的惨不忍闻的消息接连传来。吴伟业暗自庆幸寻到了这样一个避乱的场所，躲过了一场劫难。

长夏深夜，渔村的人们都入睡了，自己的家人也都歇息了，他自己却难以入眠。有时想到自己人到中年，不幸遇到这样一场天翻地覆的浩劫，不禁满怀悲伤；有时想到家乡不远，却有家难归，不知沦入清兵铁骑之下的家乡如今是什么样子；有时想到致乱的原因，不禁对那些误国奸臣又恨之入骨。想来想去，他在昏黄的油灯下，展纸挥毫，写下几首五言《避乱》诗来：

> 长日频云乱，临时信执传。
>
> 愁看小儿女，仓卒恐纷然。
>
> 缓急知难定，身轻始易全。
>
> 预将褓裸寄，忍使道途捐。
>
> 天意添漂泊，孤舟雨不前。
>
> 途长从妾怨，风急喜儿眠。

水市湾头见，溪门屋后偏。
终当淳朴处，不作畏途看。
未得更名姓，先教礼数宽。
因人拜村叟，自去榜渔船。
多累心常苦，遭时转自怜。
干戈犹未作，已自出门难。

骤得江头信，龙关已不守。
由来嗤早计，此日尽狂走。
老稚争渡头，篙师露两肘。
屡唤不肯开，得钱且沽酒。
予也仓皇归，一时携百口。
两桨速若飞，扁舟戢来久。
路近忽又迟，依稀认杨柳。
居人望帆立，入门但需帚。
依然具盘餐，相依赖亲友。
却话来途中，所见俱八九。
失散追寻间，啼呼挽两手。
屡休又急步，独行是衰朽。
村女亦何心，插花尚盈首。

月出前村白，溪光照澄练。
放楫浮中流，临风浩歌断。
天堑非不雄，哀哉日荒燕。
嗟尔谋国徒，坐失江山半。
长年篙起舞，扁舟疾如箭。
可惜两河士，技击无人战。
孤篷铁笛声，闻之泪流霰。
我生亦何为，遭时涉忧患。
昔也游九州，今来五湖畔。
麻鞋习奔走，沦落成愚贱。

> 晓起哗兵至，戈船泊市桥。
>
> 草草十数人，登岸沽村醪。
>
> 结束虽非常，零落无弓刀。
>
> 使气捶市翁，怒色殊无聊。
>
> 不知何将军，到此贪逍遥。
>
> 官军昔催租，下令严秋毫。
>
> 尽道征夫苦，不惜耕人劳。
>
> 江东今丧败，千里空萧条。
>
> 此地村人居，不足容旌旄。
>
> 君见大敌勇，莫但惊吾曹。

3. 重返太仓

百里之外早已烽火连天，这范湖湾却依然风平浪静，老少安然。湖滨有龙王庙，每当春夏之交，庙前有会，渔村的男女老少除了焚香祷告祭拜龙王之外，还要请鼓乐，演戏文。这些水乡的曲调虽然难登大雅之堂，但也给渔村增添了无限的快乐和热闹。吴伟业难得到这种场合走一走。他徐徐走在熙来攘往的村民之间，村民们识与不识，都友好地向他拱手为礼，点头微笑。渔民们把自己捕捞的鱼虾，采摘的菱角，各种各样水产品都拿到集市上来卖，既新鲜又便宜。城市中相当珍贵的水鸭、湖雁等野味，也非常多。他让吴忠买了几只，带回家中，准备清炖以后，让父母家人都尝个新鲜。庙会上的欢声笑语，鼓乐喧腾，随着清风在矶清湖上荡漾，直到月上柳梢才渐渐止息。后来，事过多年，吴伟业回忆起这种场面时，还深情地写道：

> 饁耕看赛社，醵饮听呼卢。
>
> 军马总不来，里巷相为娱。
>
> 而我游其间，坦腹行徐徐。
>
> 见人尽恭敬，不识谁贤愚。
>
> 鱼虾盈小市，凫雁充中厨。
>
> 月出浮溪光，万象疑沾濡。

放棹凌沧浪，笑弄骊龙珠。
夷犹发浩唱，礼法胡能拘。
东南虽板荡，此地其黄虞。
……

　　但"军马总不来，里巷相为娱"的日子并没有持续多久，很快战火便燃烧到矾清湖边。有消息传来，省城苏州官绅纳款迎降，清军已经占领苏松地区。吴忠到苏州去打探后回来说，清兵入城虽然没有像在扬州那样烧杀抢掠，但有些读书人还是不肯心甘情愿地做清国的顺民。复社的元老、吴伟业的朋友徐汧便是一位以死殉国的人。

　　"大公子命我去看望徐老爷。当我去到徐府时，府上的人告诉我，徐老爷已经故去了。"

　　"怎么死的？得了什么病？"伟业忙问。

　　"哪里是生病死的？"吴忠道，"徐老爷得知省城难守，住到了城外的乡村里，夜晚自缢，被朋友发觉救了下来。他的朋友朱薇劝他说，你是朝廷大臣，不可野死。徐大人说，留都已失，郡城也被清兵占领，我哪里还有家呢？于是整肃衣冠，向北叩头，在虎丘新塘桥投水而死。"

　　吴伟业听后，一言不发，心中不由感到阵阵惭愧。徐、吴两家本是世交。徐汧的祖父徐仲山和吴伟业的祖父吴愈是同年。徐仲山以兵部郎中奉命封藩，出京时吴愈和同僚们为他送行，当时画了一幅《清风使节图》，成为徐家的传家之宝。徐汧和伟业都是复社骨干，交谊深厚。伟业奉使封王的同时，徐汧也奉使去封益王，后来两人又同官南京。徐汧在伟业辞官之前，因阮、马的迫害已经逃离南京，并请伟业在《清风使节图》上题诗记述两家的交谊。这一切恍如昨日，故人音容宛在，如今已经以身殉国，伟业不禁心中泛起阵阵酸楚。

　　在此之前，他早已听说，在南京迎降时，户部侍郎刘成治曾经奋拳痛打赵子龙，然后悲愤地感叹："国家养士三百年，岂可无一忠义以报累朝之恩？"于是自缢身亡。而他的同年，同样也是姜曰广的学生黄端伯，在被抓到多铎面前时，仍然不卑不亢。多铎以高官相诱惑，他拒不接受。多铎问他，福王是一个怎样的君主？他昂然答道："贤主。"多铎又问他，为什么这样说？他说："子不言父过。"多铎又问他马士英是怎样的人？这个一向痛恨马士英的人却出人意料地回答："贤者。"多铎问他马士英贤在哪里？黄端伯不假思索地回答："不降即贤。"然后从容就义。诸如此类的事例都曾经使他激动过。他也曾再度萌生过死节的念头，但一想到年迈的祖母、父母和妻妾弱女，便又软弱了。他曾经庆幸，清兵攻破龙江关时，他不在南京。如果当时他在南京，面对"迎降"和"死节"两种选择，他将很难作出决定。十有八九，他将和钱谦益一样，找出种种借口，作出无奈而可耻的决定。每每想到这些，他都不禁面红耳热，汗生背脊，深感内疚。

吴忠见主人沉默不语，不声不响地退了出去。千头万绪又继续在吴伟业头脑中翻腾起来。他刚刚到矾清湖不久，陆世钥和吴易就派人告诉他，陈子龙到了陈墓镇，几位当年的复社社友，都希望和他见面，共商救国大计。吴伟业几经踌躇，婉言告诉来人，自己全家百口，迁来不久，衣食住行都尚未就绪，不能前往。后来听说，陈子龙已经联络了徐孚远、黄淳耀、万寿祺、顾炎武、归庄等人，准备把各地的抗清乡兵联合起来，待机举事，孤注一掷。

吴伟业一方面对朋友们的爱国热情由衷的钦佩，但也十分忧虑。他十分清楚，这些乡兵多是仓促招募起来的乌合之众，其中良莠不齐，不少是明朝军队溃败后的散兵游勇、乡间无赖，甚至是小股盗匪。这种队伍既缺乏统一指挥，又没有经过严格训练。弄不好，成事不足，败事有余，未能抗敌，反倒扰民害民。他刚刚听家乡人说，太仓就有些乱民趁火打劫，拘捕了复社领袖张采，把张家抢劫一空，并把这位张夫子打得死去活来，脑袋着地，拖着拉了几十里，死后就扔在乡校门外。伟业和张采亦师亦友，交谊深厚，噩耗传来，让他悲痛得几个晚上都难以合眼。他想把这种情况告诉陈子龙，请他在组建乡兵的过程中，务必注意，整肃军纪，千万不要再演出类似的悲剧来。当他命吴忠去寻陈子龙时，陈子龙已经离开陈墓，回松江去了。

苏州被清军占领之后，派来了新任巡抚土国宝。据传此人是大同人，也有人说他是洪承畴收降的太湖匪首。他把苏州名园拙政园当作总兵衙门，在衙门口和各通衢大道都贴上了薙发令。原来薙发令规定"薙官不薙民""薙武不薙文"，以缓和江南绅民的反抗情绪。但这次的薙发告示则规定，不论绅民，限定旬日，一律薙发，"留发不留头，留头不留发"，有敢抗命者，杀勿赦。这道薙发令，犹如火上浇油，本来就像干柴烈火一样的反清情绪，一下子在江南一带蓬勃燃烧起来。

陆世钥、吴易见时机已到，立刻联络吴江举人孙兆奎和秀才吴旦，还有黄得功旧部的一支残余势力，加上赤脚张三夫妇的队伍，同时举兵，一举攻占了吴江。吴易确实是一个不可多得的将才，他精通兵法，长于水战。尤其是陆世钥招募的那支渔民队伍，个个水性过人，在吴易的指挥下，战斗力十分可观。于是，吴易和陆世钥等人进一步制订了一个雄心勃勃的计划，和陈子龙、夏允彝、侯峒曾等人联合起来攻占苏州，以切断南京与多铎南下清军的联系。然后再联合浙江的鲁王，福建的隆武皇帝，江西赣州的"忠诚社"和湖南的"十三家"，组建一道阻挡清军前进的防线，进而收复东南的大片江山，为复明大业奠定基础。

陆世钥、吴易的白头军和其他反清义兵曾经在苏州市民的帮助下攻进苏州，焚烧了巡抚衙门，但土国宝整顿部队进行反攻，他们又被打退了。后来土国宝把吴易诱进了苏州城，将其杀害。白头军群龙无首，失去了陈墓镇这一根据地，其残余势力散入陈湖、长白荡一带。清军于是开始了对这一带的疯狂清剿，矾清湖这个世外桃源再也难得安宁。

有一次，清剿的清军被赤脚张三的义兵骗进了他们早已准备好的伏击区，周围的渔民纷纷赶来助战，这支清军几乎全军覆没。如此以来，更招致了清军更为疯狂的报复。许多湖滨村镇都遭到了烧杀。范湖湾也难以幸免。虽然村里的男女老少早已闻风躲到湖里，但村庄却遭到了严重破坏。吴青房兄弟三人的房舍侥幸没被烧毁，但财产却被抢劫一空。

吴伟业在矾清湖难以居住下去了。恰巧就在这时，有消息说太仓的士绅们已经向清军纳款迎降，而占领太仓的清军将领是当地人李成栋，因而太仓相对平静安定得多。吴伟业于是又带领全家，离开矾清湖回转太仓。一路上的惊恐不安，千辛万苦又自非去时可比。吴伟业到家时已是清顺治二年（1645）的闰六月底。后来他回忆这段生活时仍然心有余悸地写道：

世事有反复，变乱兴须臾。

草草十数人，盟歃起里闾。

兔园一老生，自诡读穰苴。

渔翁争座席，有力为专诸。

舴艋饰于皇，蓑笠装犀渠。

大笑掷钓竿，赤手搏于菟。

欲夺夫差宫，坐拥专城居。

予又出子门，十步九崎岖。

脱身白刃间，性命轻锱铢。

我去子亦行，后各还其庐。

官军虽屡到，尚未成丘墟。

生涯免沟壑，身计谋樵渔。

……

不断的惊吓，加上旅途的颠簸，一向疼爱伟业的老祖母汤太夫人，回到家里就一病不起，不久就去世了。事隔不久，他的妻子郁氏又身患重病，过早地弃他亡故，撇下了幼小的女儿。吴伟业伤心地写道：

秋风萧索响空帏，酒醒更残泪满衣。

辛苦共尝偏早去，乱离知否当同归。

君亲有愧吾还在，生死无端事总非。

最是伤心看稚女，一窗灯火照鸣机。

自从回到太仓，吴伟业很少出门。但令人震惊的消息却接连不断地传来。还在矶清湖时，他就听说黄道周等人奉唐王朱聿键即位于福州，建元隆武，正在招兵买马抗击清兵。后来又听说陈子龙、夏允彝在松江举事，黄淳耀、侯峒曾在嘉定起义，而陈明遇、阎应元则在江阴举起了抗清的大旗。一时之间，江浙一带抗清烈火几成燎原之势，吴伟业为此曾经感到振奋和鼓舞。

但曾几何时，败报就不断传来，一件比一件令人心痛。七月间，清兵攻破嘉定和昆山，两城被屠，尸积如山，血流成河。黄淳耀、侯峒曾死难。八月间清兵攻陷江阴，此时江阴军民已经坚守孤城八十余日，抗击清兵二十四万，杀敌七万余人。城破之日，清廷下令满城杀尽才能封刀。八月二十一日，松江义军失败，黄家瑞死难，万寿祺被俘，陈子龙生死不明。到了十二月，又传来了黄道周兵败被俘的消息……

这些人，不少和吴伟业交情深厚，对他们的死难，吴伟业既敬仰又悲痛。与自己苟且偷生相比较，自然又少不了羞惭、愧疚。在痛苦的精神折磨下，短短半年，他突然发白齿落，仿佛衰老了十岁。一天好友周肇来看他，甫一见面不禁大吃一惊："骏公！几日不见，你怎么就变得这样苍老？"

伟业苦笑了一下，说道："天若有情天亦老。人安得不老？"

周肇闻言陷入了沉默，良久才说："你听到陈卧子和夏允彝二人的消息了吗？"

"什么消息？"

"卧子在松江失守后，穿着僧装，扮成和尚逃了出来，躲藏在民间，清兵尚在搜捕。夏允彝本来逃回了家，但听说侯峒曾被杀后，暴尸街头，无人收殓，心中十分伤心。他于是不顾自身安危，慨然离家前去为侯峒曾收尸营葬。事毕，准备自杀。乃兄之旭劝他不如出家为僧，避之方外。允彝却说：'什么方外方内，不过是多方求活罢了。'坚决不听。清兵九省经略洪承畴传话给他说：'夏君来，我必大用；即不愿降，但一见我，定能保其不死。'允彝说：'譬如有一贞妇，有人劝其改嫁，此女子不答应。那人却又改而劝她说，只要让我见一见，嫁不嫁由她。这个贞烈的女子就肯去见他吗？'他宁死不见洪承畴，自沉松塘而死。"

吴伟业听得怔怔的，一言不发，只是摇头叹息。周肇临走，吴伟业写诗送他道：

> 旧识天下尽，与君兄弟存。
> 异书安废壁，苦酒泼残樽。
> 住处欣同里，相依好闭门。
> 乱馀仍老屋，恸哭故朝恩。

周肇，字子俶，小吴梅村6岁，两人同为张溥的门生，都是复社中的活跃分子，被誉为娄东十子之一。周子俶曾到中原，吴梅村有《寄周子俶中州》送他：

> 闻道周郎数酒悲，中原极目更依谁。
> 云遮二室关山在，河夺三门风雨移。
> 铜狄纪年何代恨，石经传字几人知。
> 狂歌落日登临罢，残醉归来信马迟。

周子俶与张青琱北上中原，吴梅村有《送周子俶张青琱往河南学使者幕六首》相赠，其四、五两首，被认为有新亭楚囚之叹：

谁失中原计，经过废垒高。
秋冈向广武，夜雨宿成皋。
此地关河险，曾传将士劳。
当时军祭酒，何不用吾曹。

极目铜驼陌，宫墙噪晚鸦。
北邙空有骨，南渡更无家。
青史怜如意，苍生遇永嘉。
伤心谭往事，愁见洛阳花。

4.《琵琶行》

吴伟业闭门不出，不觉又是冬去春来。清廷为了笼络江南士子及广大汉人知识分子，二月间开科取士。前一年的血雨腥风战火烽烟仿佛渐渐远去，丝丝春意又回到了人间。

梅花书屋四周的梅花已经盛开，清香四溢。吴伟业从自己房前屋后的梅花，不由想起王时敏南园香雪海的梅林来。记得前年春天，也是这个时候，王时敏请他到南园赏梅，真令他眼福饱尝。王时敏的祖父王锡爵当过万历朝的首辅，酷爱梅花，南园原本就是一园梅树，红、黄、白、墨品种齐全。到王时敏时，又扩大了南园的规模，无边梅林之中建了绣雪堂、潭影轩、香涛阁等亭台楼阁，专供梅花盛开时赏梅游息。香雪海，万梅怒放时真个香涛如海，天地间到处充溢着梅花香。绣雪堂前是一片白梅，千树万树犹如无边雪原，东风拂过，满园雪花飞舞，落下一地残琼碎玉。如果不是馥郁的清香，真会令人怀疑置身在北国的漫天飞雪里。而绣雪堂

王锡爵像

对面的香涛阁则是纯一色的极品红梅，远远望去，如红云烧天，虽没有云霞那样鲜艳明丽，但红得细腻，红得轻柔，如粉红的烟雾，裹携着醉人的浓香，如涛如浪，令人心旷神怡……想到这些，吴伟业不禁走出梅花书屋，信步走出梅村，踱向南园。

王家南园距梅村只有一里地，算是近邻。伟业刚接近南园，就听见铮铮棕棕的琵琶声从墙内的梅花林中传出来。他在墙外驻足细听，不由得被那美妙的乐曲所吸引，忘情地击掌叫好。王家的仆人一见有客，赶忙进去通报，不多一会，王时敏便兴冲冲地出来迎接吴伟业。

当宾主二人携手来到白梅飘香、翠竹掩映的绣雪堂时，几个听曲子的人和两位乐师都起身相迎。伟业一看，王鉴、王翚、王原祁三位名画家都在这里；而怀抱琵琶的乐师，身穿西域胡人的长袍，浓眉朗目，络腮胡子，气宇不凡。经王时敏介绍，原来乐师是当时颇负盛名的琵琶演奏家白彧如。他的父亲白在湄当年就因为善弹琵琶并且善于作曲，创制新声，名动三吴缙绅间。后来白彧如青出于蓝，名声远在乃父之上。江南世家宴宾，文人雅集常常请他献艺助兴。伟业早闻其名，只是不曾见过面。

互道仰慕之后，王时敏命人在繁华如雪的梅树下，重新摆好酒宴，白彧如专意为伟业弹奏了一支新度的曲子。曲子用音乐的语言把崇祯朝烽烟四起、天下大乱、天崩地坼、国破家亡的十七年沧桑之变都生动淋漓地表现出来。曲子起伏跌宕、哀婉凄怆，听得宾主个个潸然泪下。吴伟业对崇祯帝素怀知遇之恩，亡国之恨痛彻心肺，此景此情，自然是泣下最多、青衫湿透了。

在座客人中有一个宦官，姓姚，曾经在崇祯帝身边当差。李自成攻破北京，崇祯自缢，姚太监流落江南。听罢白彧如的演奏，自然想起皇宫中跟随皇帝听宫中艺人弹奏琵琶的往事。他说："先帝谙习音律，非常喜欢音乐。但后来因为国事烦心，极少观赏演奏。记得有一年春天，金鳌玉桥西边的玉熙宫前，百花盛开，先帝心情愉悦，亲自用凤纸点名，传唤宫廷艺人御前献艺。一连演了多折杂剧，伴奏的乐师中，有一人怀抱镂金曲柄琵琶弹奏得出神入化，真个是珠走玉盘、金声玉振。先帝听得龙颜大喜，立刻传旨颁赏。那班梨园子弟及乐师都得了不少彩头。但自十四年后，寇乱一天比一天紧急，先帝再也没心听听音乐了！"说到这里，姚太监不禁又神色黯然，语音哽咽，再也说不下去了。这番话自然也勾起了吴伟业对往事的回忆。一切都恍然如昨，但江山易主，繁华已逝，永远不再回头，只能令人增添无穷的伤痛与烦恼。

这次南园之会，因为宾主心情都不好，很快便结束了。回到梅村，伟业心潮难已。他反复吟诵白居易的《琵琶行》，越吟感触越深。他一边吟诵一边回忆白或如弹奏的曲子内容，忍不住涕泗滂沱。等到心情稍微平静下来，他慢慢援笔在手，一字一句地写道：

去梅村一里，为王太常烟客南园。今春梅花盛开，予偶步到此，忽闻琵琶声出于短垣丛竹间。循墙侧听，当其妙处，不觉拊掌。主人开门延客，问向谁弹，则通州白在湄子或如，父子善琵琶，好为新声。须臾花下置酒，白生为予朗弹一曲，乃先帝十七年以来事，叙述乱离，豪嘈凄切。坐客有旧中常侍姚公，避地流落江南，因言先帝在玉熙宫中，梨园子弟奏水嬉、过锦诸戏，内才人于暖阁斋镂金曲柄琵琶弹清商杂调。自河南寇乱，天颜常惨然不悦，无复有此乐矣。相与哽咽者久之。于是作长句纪其事，凡六百二言，仍命之曰琵琶行。

琵琶急响多秦声，对山慷慨称入神。
同时渼陂亦第一，两人失志遭迁谪。
绝调王康并盛名，昆仑摩诘无颜色。
百余年来操南风，竹枝水调讴吴侬。
里人度曲魏良辅，高士填词梁伯龙。
北调犹存止弦索，朔管胡琴相间作。
尽失传头误后生，谁知却唱江南乐。
今春偶步城南斜，王家池馆弹琵琶。
悄听失声叫奇绝，主人招客同看花。
为问按歌人姓白，家住通州好寻觅。
袴褶新更回鹘装，虬须错认龟兹客。
偶因同坐话先皇，手把檀槽泪数行。
抱向人前诉遗事，其时月黑花茫茫。
初拨鹍弦秋雨滴，刀剑相磨毂相击。
惊沙拂面鼓沉沉，砉然一声飞霹雳。
南山石裂黄河倾，马蹄迸散车徒行。
铁凤铜盘柱摧塌，四条弦上烟尘生。

忽焉摧藏若枯木，寂寞空城乌啄肉。

辘轳夜半转呀哑，呜咽无声贵人哭。

碎佩丛铃断续风，冰泉冻壑泻淙淙。

明珠瑟瑟抛残尽，却在轻拢慢捻中。

斜抹轻挑中一摘，潗㵤飔飗憭肌骨。

衔枚铁骑饮桑干，白草黄沙夜吹笛。

可怜风雪满关山，乌鹊南飞行路难。

猿啸鼯啼山鬼语，瞿塘千尺响鸣滩。

坐中有客泪如霰，先朝旧直乾清殿。

穿宫近侍拜长秋，咬春燕九陪游燕。

先皇驾幸玉熙宫，凤纸佥名唤乐工。

苑内水嬉金傀儡，殿头过锦玉玲珑。

一自中原盛豺虎，暖阁才人撤歌舞。

插柳停捣素手筝，烧灯罢击花奴鼓。

我亦承明侍至尊，止闻古乐奏云门。

段师沦落延年死，不见君王赐予恩。

一人劳悴深宫里，贼骑西来趋易水。

万岁山前鼙鼓鸣，九龙池畔悲笳起。

换羽移宫总断肠，江村花落听霓裳。

龟年哽咽歌长恨，力士凄凉说上皇。

前辈风流最堪羡，明时迁客犹嗟怨。

即今相对苦南冠，昇平乐事难重见。

白生尔尽一杯酒，由来此技推能手。

岐王席散少陵穷，五陵召客君知否？

独有风尘潦倒人，偶逢丝竹便沾巾。

江湖满地南乡子，铁笛哀歌何处寻？

　　诗刚写完，伟业正斟酌以何题命篇，伟光和周肇一道来到梅花书屋。

　　"子俶！你来得正好，"伟业一面让弟弟给周肇沏茶，一边拿起书案上的诗稿递给周肇说，"我刚刚写了一篇七言歌行，尚没有一个合适的题目，你仔细读读，帮我润色改正一下，想个合适的题目。"

"你是想让我班门弄斧，贻笑方家吧？"周肇笑着接过诗稿，一边匆匆浏览，一边随口吟道，"采石江边一抔土，李白文章高千古。来来往往一首诗，鲁班门前抡大斧。班门弄斧的人太多了，哪里就多了一个周某人？"

伟业但笑不语，等周肇从序到诗看了一遍才笑吟吟地说："曲有误，周郎顾。子俶何以教我？"

周肇把诗稿递给伟光，随手接过茶盏，浅啜一口，赞叹道："先生之诗虽不敢说可靡白傅之垒，但置诸香山卷帙之中，当之无愧。孚令！你好好读读，品品我的评论是否公允？"

伟光看了看大哥，得到允准后，双手捧着诗稿到一旁诵读去了。伟业又问同肇："取个什么题目为好？"

"何不就以《琵琶行》命篇？"

"岂不唐突白傅，徒招东施效颦之讥？"伟业犹豫道。

"不然。"周肇说，"初看小序，我也觉得摹拟的痕迹太明显了。但序言读完，感觉全然不同。都是说明写诗缘起，但一是感叹自身迁谪沦落，一是感伤时世沧桑国家兴亡。孰高孰低自然就显现出来了。白太傅对琵琶曲调的描写，妙笔生花，素为后人称道，'珠走玉盘''间关莺语''铁骑突出'等绝妙比喻，蒙童能诵。但说到其中内涵，并不丰富，只不过是声音婉转、高亢、清脆、雄浑的变化而已。而先生所写自'秋雨淅沥，风沙拂面，到耆然雷鸣，山崩河倾'，既猛又厉，那种天崩地裂、九流失序、烟尘四起的感觉令人魂悸魄动。这正是闯、献并起，大难初作的写照。而紧接着摧藏悲哀、寂寞空城、咿哑呜咽、碎佩丛铃等句，既凄又寂，压抑得人透不过气来。我们都是刚刚亲历其景的人，这不正是国破城空，一场亡国大祸迫在眉睫，满目凄凉惨淡的景象吗？而紧接下来的八句，更是冷彻肌骨。白草黄沙、深夜笛声、风雪满山、乌鹊南飞、猿啸鬼语、关山难越、瞿塘难渡、极写琵琶曲调既散且哀，这不正是北都既破、南京旋覆、诸王迁播，无一有成这一痛断肝肠的眼前现实吗？白太傅左迁江州之怨，怎能比国破家亡之恨？先生创剧痛深发之于诗，其情意自是白太傅不可同日而语的。"

"子俶可谓吴某知音。"伟业叹道，"可惜毕竟没有香山传神之笔。"

"婉转潇洒或有不逮白傅之处，但情意哀切，先生却有独擅名山之技。"周肇接着说道，"即以结尾数句而论，感慨也比白傅深沉痛切得多。'前辈风流最堪羡，明时迁客犹嗟怨。即令相对苦南冠，升平乐事难重见。'诚如先生所言，个人迁谪与亡国之恨相比，算得了什么？何须嗟怨？白香山为之嗟怨的事，我们求也求不来呀！最后两句'江湖满地南乡子，铁笛哀歌何处寻'，这国破家亡的哀愁，充塞于浩淼江湖之间，无边无际，岂但湿江州司马青衫而已?!"

周肇只顾自己品味评论，全然没有发现伟业感情的变化。当他发现伟业满面清泪时，连忙停止议论，转而连连叹息。伟业自知失态，连忙转身擦拭。过了一阵，才又问道："子俶，以你之见，这篇歌行就无一处败笔？"

"这个……"周肇一时不知如何回答，他被伟业刚才的情绪所感染，还没有平静下来，只好支吾其词道："我尚未……尚未看得出来……"

"我倒觉得有点瑕疵。"站在一旁的伟光忽然红着脸说。

"噫?"伟业转面看着弟弟，接着微微一笑，带着几分鼓励道："不妨说说看。"

"从前大哥教小弟读白香山的《琵琶行》，对小弟说，白香山开手便从江头送客写到夜闻琵琶，此直叙之法，不枝不蔓，开门见山。而大哥之诗，先写琵琶的流播变迁历史，固然意在引出乐师白或如来，但未免铺陈空泛。似乎不如白诗来得利索。"伟光道。

"好！士别三日，自当刮目相看！"周肇赞道。其实他早就发现了这一点，只是未便明言。

伟业也称许地点了点头。然后说道："孚令，你把诗稿拿去，分别誊抄几份，就以《琵琶行》作题目，送给奉常王大人等几位前辈，请他们斧正。"

5.《秣陵春》

吴伟业虽然杜门不出，但和朋友们仍有不少书信来往。有时也偶有朋友来梅村作客。这天他收到了方外之交苍雪和尚的一封信和随信寄来的一首诗。

> 娄东百里别来长，梦破淮南国已亡。
> 万井人烟沉下界，一时群动起东方。
> 六街天外迎春色，半夜空中见海光。
> 遥忆人龙当此际，九渊深处好潜藏。

他知道苍雪身虽出家，心中依旧尘念难了，时时都在关心着时局变化。对于国破家亡、生灵涂炭，心中的悲痛丝毫不比别人轻。但他毕竟是设身局外的人，旁观者清，对于"一时群龙起东方"的抗清风潮，不抱多少幻想。他担心伟业卷入其中，暗示他"九渊深处""潜藏"为妙。伟业十分感念友人的关怀，提笔写了一首诗，准备寄给苍雪。转念一想苍雪漂泊不定，不知寄往何处名山古刹为好。诗写好后又放在了案头：

> 苦留踪迹住尘寰，学道无人且闭关。
> 只为鲁连宁蹈海，谁云介子不焚山。
> 枯桐半死心还直，断石经移藓自斑。
> 欲就君平问消息，风波几得钓船还？

几经斟酌后，又加了"言怀"二字为题，轻轻收藏起来。

书案上还有姜垓从浙东雁荡山寄来的信和诗。诗共三首，其中一首写道：

> 楚山有良璞，昆池有奇琛。
> 投之非其主，谁能明我心。
> 掩袖出悬圃，驱车历丹岑。
> 延颈蓬岛上，白日忽西沉。
> 北首瞻行旅，边雨正侵淫。
> 念我平生交，泪下沾衣襟。

伟业和姜垓、姜垛弟兄二人自南京别后已经三年了。烽火连天，关山阻隔，思念之情与日俱增。弘光朝刚刚建立，三人同到南京。姜垓授御史行人，刚到行人官邸，他看到衙中碑刻上有阮大铖的名字，并且和被其害死的魏大中的名字并列一处，不禁怒火中烧，当众锤击碑石。不久阮大铖得势，姜垓情知不妙，匆匆和哥哥逃离南京，改名换姓隐居苏州。后来南京失陷，鲁王监国于绍兴，征召他为吏部考功员外郎。浙东兵败，姜氏兄弟隐居到雁荡山深处。伟业曾经为他们的生死担忧，如今知道他们大难未死，自然喜出望外。他反复吟读姜垓的诗，对他们美玉一样的人品、坚贞不屈的节操更加敬仰，深深为他们的友情所打动，于是提笔写道：

漂泊江湖鲁两生，乱离牢落暮云平。

秦徐祀日刊黄县，越绝编年纪赤城。

南菊逢人怀故国，西窗听雨话陪京。

不堪兄弟频回首，落木萧萧非世情。

写好了诗，他准备写一封书信，派一个妥当的人送到雁荡山去，又发愁雁荡山山深林密，姜氏兄弟隐居之处又十分隐秘难以找寻。正想入非非之时，伟光带着一个年轻人来到了梅花书屋。

"大哥！这位是宜兴定生先生的长公子其年公子，奉陈先生之命前来看望你。"

伟业连忙起身相迎。只见面前这位年轻人年龄约有十七八岁，长身玉立，眉清目秀，儒雅中透着阳刚之气。他不禁心中暗赞道：不愧为名门之后！他早就听说陈贞慧有个聪明颖悟的儿子，名叫维崧，表字其年。十岁便能代替乃祖明左督御史陈于廷撰写《杨忠烈像赞》。稍长，援笔作文，千言立就，瑰玮无比。暗想面前这位，必是无疑。于是，不等客人行礼，连忙双手拉住其手，含笑说道："果然是芝兰宝树千里驹！定生好福气，真叫人羡煞！"等到客人落座，献上茶来，伟业又问道："令尊身体可好？"

陈维崧欠身答道："多谢前辈挂念，维崧代父致谢。前辈知道，家大人为阮、马二贼所害，陷身南都镇抚使司大牢，酷刑受尽。所幸不死，身体已伤损过甚。乙酉之后，家父念世受国恩，非平民寒门可比；平生交游为国尽节者接连不断。家父于是杜门息交，坐卧乡村一小楼上研读十三经、二十一史。或朝夕吟诵先生乐府、陈黄门诗稿，及壮悔堂、楼上堂之文，声振林木。今日造访，一来代父问先生安好，二来还有事烦劳前辈。这是家君的书信，请前辈过目。"说罢，陈维崧从怀中掏出一封信来，双手递给伟业。

伟业接过书信，展开一看，不觉一愣。只见满纸右军行书，酷似《兰亭序》。他和陈贞慧交谊深厚，彼此书信往还，诗文酬唱颇多，字体十分熟悉。匆匆一看便知这不是贞慧笔迹。他略一思忖便知就里。只见信中写道：

仆素承家学，访季长于扶风，揖蔡公于洛下，独以未见明公为恨。芳华终缅，裁明月以叙心；元辉自退，伫白云而抽志；中怀蕴结，如何如何。惟是讽咏歌词，不去口实。昔年白下，《洛阳》叹羡于舒章；今适吴阊，《琵琶》服膺于圣野，又何异拍洪崖之肩，把浮丘之袖，符其霞举乎！仆丁辰不偶，遭乱孔艰。沈约带围，自怜憔悴；徐陵宗族，何处飘零？然而见铜雀之花飞，不无述作；值南皮之云散，间著篇章。所望明公，相为赓叹；则彦升之感，不擅囊时；虞翻之伤，永消今日矣。又近日石城诸友为雷、周二公立祠于正学先生墓侧，专恳名篇，一为碑记，庶几莫愁湖上，时来堕泪之人；金陵县前，长种还魂之草。数行仰渎，笔与神俱。明公义彻埙篪，言敦兰茝。修卞壶之墓，自有深情；答秣陵之书，当为极笔。又无烦觋缕也。

伟业看罢，把信放到书案上，赞叹道："满篇珠玑，光彩夺目。真乃青出于蓝！清词丽句不在令尊之下。总宪公九泉有知，欣何如之！陈公子才不世出，雷、周二公的碑记何须吴某献丑？"

陈维崧不觉脸红起来。连忙离座躬身答道："还请前辈恕罪。这信确实是晚生代家大人写的。刚才已经说过，家父身体欠佳，握管不便。晚生不揣浅陋，有污前辈清鉴。"

"陈公子太过谦虚了！"伟业笑道，"我和令尊同为复社社友，交非泛泛。后人有如此非凡才华，打心眼里感到高兴，有什么好怪罪的？雷、周二公和令尊交厚，与吴某交情也不薄，于公于私，这碑文我都义不容辞。既然你们父子抬爱我，吴某自当从命！"

"我就代家父，也代雷、周二公多谢前辈了！"陈维崧又要躬身施礼，伟业连忙拦住了。

陈维崧代替他的父亲所写的信中提到的"雷、周二公"，也就是被马士英、阮大铖杀害的雷缜祚和周镳，二人都是复社的重要成员。清兵占领南京，弘光朝灭亡。为了收买民心，笼络江南士人，清廷允准东林复社人士给雷缜祚、周镳在方孝孺的坟墓旁边建造祠堂，进行祭祀。这也是对仍然不愿合作，尚在进行反抗的复社成员作出的一种姿态。

"陈公子，"伟业问道，"你在信中提到李舒章和叶圣野。最近有他们的消息吗？"

圣野是叶襄的字，舒章就是李雯。

"圣野先生曾去看望家父。他带去了先生的新作《琵琶行》，使小侄一饱眼福。"稍微停了停，陈维崧又神秘地说，"李舒章前些日子衣锦还乡，说不定哪天会来娄东拜会先生呢。"

吴伟业大吃一惊，连忙问道："此话当真？李舒章深得新朝摄政王多尔衮眷宠，听说许多重要制诰文檄都是他的手笔。现在兵戈未息，他哪有时间回江南来？"

"先生难道忘了李舒章也是复社成员？他和复社中各位前辈的香火之情难道忘得了吗？"陈维崧笑着反问。

伟业点了点头，随之喟然叹道："道不同不相为谋。舒章痛心于父母命丧闯贼之手，一怒之下投奔清人，原本情有可原。可如今若为新朝欲陷故交于不义，到江南劝降，未免也太过分了！"

"也不全是为清廷劝降。"陈维崧道，"先生知道，云间三子交情之深，非同一般。陈卧子、夏彝仲松江举义失败后为清廷追捕，朝不保夕。李舒章能够坐视不救吗？听叶圣野讲，舒章先生此番告假南归，一个重要原因，是想救助陈、夏诸友。可惜未及到家，彝仲殉国的消息已经传来。舒章先生路上不敢耽搁，赶到苏州，得知万年少先生兵败后在淮安一家寺院出家当了和尚，就连忙去看他。万先生闭目合十，诵经不止。任李舒章千般劝说，只是不开口。两位同窗对面而坐，一个若老僧入定，一个则泪流满面。最后舒章大声自责道：'我真的成了李陵，万兄就是苏武，也应有河梁相送之礼呀！'听了这话万先生才睁开眼睛，停止了诵经。舒章始终没有敢说劝其仕清的话。从万年少那里得知陈卧子也出了家，藏身在嘉善的一个寺院里。等他赶到嘉善，卧子又逃到松江乡下一个姓钱的朋友那里。两位当年的至交终于在这乡间的小茅屋里见了面。李舒章没有劝陈卧子，陈卧子也没有指责李舒章。两人默默地对坐了好长时间。临别，舒章问卧子有什么话要告诉他。陈卧子没有回答，面对满天风雨，只是随口吟了一首《点绛唇》：满眼韶华，东风惯是吹红去。几番烟雨，只是花难护。梦里相思，故国王孙路。春无主！杜鹃啼处，泪染胭脂雨。"

"春无主，杜鹃啼处，泪染胭脂雨。"吴伟业重复着这几句诗，不禁道，"后来呢？"

"后来，李舒章怅然离去。他关照松江、苏州等处官府，不要难为陈卧子。"陈维崧叹了口气，十分伤感地说："哎！可是时隔不久，卧子先生却被他藏身的那家仆人告了密，被清人抓走了。他被押往南京时投水而死。"

"什么时候？"吴伟业不禁站了起来。

"还不到一个月。"

"啊！"吴伟业颓然坐在了椅子上。

李雯并没有来太仓拜访吴伟业。半月以后，倒是有两个人来到梅村。这两个人都是复社社友，一个叫康小范，一个叫叶圣野。他们告诉伟业，陈子龙死后，李雯十分伤心，为自己未能及时救援故友感到内疚。老朋友们又多半疏远了他，心情抑郁，竟然身染重病，不久也撒手尘寰。他们还给吴伟业带来了两条极为不幸的消息：黄道周刚刚在南京就义，杨廷麟也在赣州殉难。

黄道周与伟业亦师亦友，最为伟业敬重。甲申之变，南京弘光登基，曾任吏部右侍郎、礼部尚书。因与马、阮不合辞官南归。在南京时，曾以礼部尚书掌詹事府，和伟业朝夕相处，关系更为密切。南京失陷后，黄道周又和巡抚张肯堂、总兵郑芝龙奉朱聿键在福州称号，以兵部尚书兼武英殿大学士。后来，他见郑芝龙无心北伐，只想扩充地盘、保存实力，只好自己招募人马，率兵北征。无奈兵力单薄，屡经挫败，后仅剩三百人马，但义无反顾，前行不止。驻军明堂里附近时，清兵突然到来，兵败被俘。后来，他被押解至金陵，宁死不屈。临刑，走到东华门时，他对刽子手说："这里离高皇帝陵寝近，可死于此。"转面又看见一牌匾上书"福建"二字，欣然说道："福建，吾君在也，死而无憾。"说罢南向再拜，从容就义。

杨廷麟也是吴伟业最亲密的朋友之一。弘光朝初建时，由于御史祁彪佳的推荐，曾被任命为左庶子。但是他对福王及马士英早有看法，拒不奉召。南京失陷，江西只有赣州尚为大明所有，唐王特召杨廷麟任吏部右侍郎。四月间清军大兵包围赣州，杨廷麟调集广西少数民族的地方部队，并亲自前往雩都督促总兵张安来救。不幸张安在梅林为清兵拦截，战败，又退回雩都，杨廷麟只身赶回赣州，指挥守城。赣州坚守半年有余，守军将士粮绝志懈，清兵终于破城。廷麟独力难支，投水而死。康小范是杨廷麟的部属，当时也在军中，城破被俘，投入监狱，后被人救出，幸免一死。前几天他来到苏州，找到叶襄，想把杨廷麟的遗诗整理刻版印刷。叶襄知道杨廷麟和吴伟业交谊深厚，就带着他一同来太仓找吴伟业。

杨廷麟的死讯又一次使吴伟业陷入极度的悲痛之中。他忍着悲痛问康小范："机部死后，其妻室儿女可有下落？"

"一言难尽，"康小范神色黯然地说，"夫人和小公子原来都在宁都。吏部职方司郎中彭同，是杨公的门生，在宁都监军，夫人和公子由彭同照料。后来宁都失陷，彭君夫妻双双自缢。杨夫人和小公子被人送往山中躲藏，不幸失散。彭同有一弟弟名叫士望，也是一个侠义心肠的人。埋葬了兄嫂之后，听说杨公子被人掳掠，几经周折终于访查到下落，以三百金把公子赎了回来。又历尽千辛万苦，找到了杨夫人，终于使她们母子团圆。现在仍和彭士望一家住在宁都山里。"

"谢天谢地！"伟业心中一块石头落地，连声赞道，"彭氏昆仲真可算是忠臣义士！一俟道路稍微平静，康兄务必带吴某去宁都山中走一趟，一来拜望杨夫人，看望公子，二来结识这位彭先生！康兄意下如何？"

"那当然好啊！"康小范立即高兴地说，"到时我和圣野兄和您同去！"

当叶襄把来意说明，康小范把杨廷麟的诗稿递给吴伟业时，吴伟业激动得双手颤抖。当年在京城几乎朝夕相处的生动情景又一一浮现在眼前。他眼前看到的仿佛不是诗稿，而是活着的杨廷麟；他手里捧着的仿佛不是笔墨写成的诗篇，而是一颗跳荡着的鲜红的心：

过惶恐滩

空山夕照深江村，明月滩声下石城。

愁尽关河极北望，如今虎豹正纵横。

鹤猿自在滩边宿，江汉飘零梦后还。

遽使南州为异域，知君何处塞函关？

元日

黄华岭外瑞云齐，白鹭洲前战马嘶。

五道将军临直北，三江父老望征西。

春风斗帐降铜马，细雨戈船斗水犀。

此日建昌应拜舞，近臣还解赋凫鹥。

吴伟业没有再读下去。他含着热泪连声赞道："机部不朽！诗如其人！高浑深丽，戎马中从容慷慨，具见整暇。七年不见，其人宛在！"

不等康、叶二人多说，吴伟业慨然应诺一定要把杨廷麟的诗稿刊刻传世。二人没有久留，当日便又回苏州去了。

康、叶二人走后，吴伟业心潮久久难平。史可法、陈子龙、夏允彝、黄道周、杨廷麟、杨廷枢、徐汧、吴易……死讯一个接着一个，如疾风骤雨袭击着他的心灵。亡国的悲哀，对故国的思念越来越沉重地郁结在他的心头。他极欲排遣和宣泄。传统的文章和诗词似乎都不足以帮助自己解脱，他想在自己习惯的方式之外，另辟门径。他找到了传奇杂剧。这个传奇的名字就叫《秣陵春》。

就杂剧，吴伟业有着自己的看法，他在一篇序文中说道："造化氤氲之气，分阴分阳，贞淫各出。其贞气所感，则为忠孝节烈之事；其淫气所感，则为放荡邪慝之事。二气并行宇宙间，光怪百出，情状万殊，而总要文人之笔传之。文人之笔，或寓言，或纪实，想象形容，千载如见。由是贞者传，淫者亦传。如三百篇中不删郑、卫，圣人以为男女情欲之事，不必过遏。词人狂肆之言，未尝无意，贞淫并载，可以为劝，可以为鉴，有其文则传其文而已。"吴伟业回顾中国文学渊流，他删繁就简、举重若轻地分析说：汉、魏以降，四言变为五七言，其长者乃至百韵。五七言又变为诗余，其长者乃至三四阕。其言益长，其旨益畅。唐诗、宋词，可谓美备矣，而文人犹未已也，诗余又变而为曲。盖金、元之乐，嘈杂凄紧，缓急之间，词不能接，一时才子如关、郑、马、白辈，更创为新声以媚之。传奇、杂剧，体虽不同，要于纵发欲言而止。一事之传，文成数万，而笔墨之巧，乃不可胜穷也。

吴伟业从来就不是道学家、伪君子，他对所谓"名教"嗤之以鼻，颇为不屑，他公然宣称："元词无论已，明兴，文章家颇尚杂剧，一集不足，继以二集。余尝阅之，大半多绮靡之语，心颇不然，以为此选家之过也。已而思之，人苟不为名教束缚，则淫佚之事，何所不有？有其事则不能禁其传，有其传则不能禁其选。如长卿之于文君，卫公之于红拂，非人间越礼之事乎？而风流家言反以为绝好一桩公案，至愿效之而不可得。噫！气运日降，淫倍于贞；文人无赖，诗变为曲。讽一劝百，时势使然。言之者无罪，选之者任过乎？近时多以帖括为业，穷研日夕，诗且不知，何有于曲？余以为曲亦有道也：世路悠悠，人生如梦，终身颠倒，何假何真？若其当场演剧，谓假似真，谓真实假，真假之间，禅家三昧，惟晓人可与言之。"有了这样的卓绝认识，有了这样的思想基础，加之吴梅村过人的语言才华、超常的想象能力、奇异的结构技巧，他来创作《秣陵春》自然是呼之欲出、水到渠成。

这完全是一个虚构的故事，情节颇似元杂剧《倩女离魂》和汤显祖的传奇《牡丹亭》。故事写的是北宋初年，南唐灭亡后的事情。南唐后主李煜的宠妃黄保义的哥哥临淮将军黄济，与南唐大学士徐铉都在南京（秣陵）居住，两人是邻居。一次后主李煜偕黄保义到摄山寺进香，驾幸黄济府上，徐铉侍驾作陪。黄济的小女儿展娘尚在孩提，后主抱在膝上，非常喜爱，戏言将来要亲自做主，为她择婚。黄济连忙谢恩，徐铉赋诗祝贺。后主和黄保义把一块"宜官宝镜"赐给黄济，把一只"和阗白玉杯"赐给徐铉。另外黄家还收藏有李后主非常喜欢的"钟王法帖"，上面钤有"澄心堂"玉印和徐铉的亲笔题字。后来后唐灭亡，李煜死在汴梁，黄保义殉节。

李、黄二人死后，天帝怜悯，让他们在天上成了神仙。而改朝换代后，黄、徐两家随之发生了沧桑巨变。黄济把宝镜和法帖都交给了女儿展娘收藏；而徐铉死后，其子徐适酷爱书帖字画。为了换取黄家的钟王法帖，把御赐的玉杯和宅子都卖给了黄家。因为徐适也舍不得玉杯，时时手捧玉杯把玩观赏，影子竟然留在了玉杯里。展娘不断览镜梳妆，影子也留在了镜子里。后来徐适穷困潦倒，到洛阳去投奔徐铉的门生独孤荣。独孤荣是一个阴险狡诈、忘恩负义的家伙，骗去了徐适的半部钟王法帖，却把徐适逐出门外。徐适在李后主庙前买到了一面宝镜，不想竟是黄家失落的宜官宝镜，他在镜中发现了黄展娘天仙般的容貌，在穷愁中凭空增添无限喜悦，而渐生爱慕。而黄展娘少女怀春，偶然在玉杯中发现了徐适的影子，一见钟情，竟然相思生病，魂魄出窍，飘飘然去寻徐适。

成仙后的李后主忆起生前为黄展娘择婚的诺言，与黄保义设计撮合，使徐适、黄展娘的灵魂在仙界成婚。但好景不长，在夫妻二人南归途中，又被恶人真琦冲散，历经许多周折，徐适中了状元，夫妻二人在人间重偕花烛，有情人终成眷属。他们深深感激李后主的恩德，同往后主庙进香，恰逢南唐仙音院琵琶艺人曹善才。曹善才弹唱前朝旧事，引起徐黄夫妇唏嘘感叹。这时仙乐四起，后主李煜显灵。但仙凡殊途，倏忽间又飘然而去。

表面看这只是一个写悲欢离合的传奇故事，但明眼人一看便知，这是"借离合之情，写兴亡之感"，通过这个故事来寄托、倾吐对故国的思念和对刚刚入主中原的异族新朝的仇恨。它像许多传统的戏剧手法一样，一旦遇到难以解决的矛盾、难以实现的主观愿望时就要借助于鬼魂神仙。很显然，自甲申到乙酉，吴伟业耳闻目睹亲朋好友生离死别家破人亡的事件接连不断，他难以接受这些血泪淋漓的现实。他多么希望这些死难者能够复活，妻离子散的家庭能够团团圆圆。这种愿望其实已不可能实现，只有借助于鬼神幻想来抚平心灵的创伤，来表达自己的感情。他要借古人之歌呼笑骂，抒发自己胸中的抑郁牢骚。

历经半载，初稿写完。这天他正自在梅花书屋中字斟句酌地边吟唱边修改两支曲子，不知不觉自我陶醉地唱道：

小殿笙歌春昼闲，恰是无人处，整翠鬟。楼头吹彻玉笙寒。注沉檀，低低语，影在秋千。柳丝长易攀，柳丝长易攀。玉钩手卷珠帘，又东风乍还。

闲思想，朱颜凋换，禁不住泪珠何限。知犹在玉砌雕阑，知犹在玉砌雕阑。正明月回首，春事阑珊。一重山，两重山，想故国依然。没乱煞许多愁，向春江怎挽！

山远天高烟水寒，留得相思苦，枫叶丹。别时容易见时难！莫凭栏，遥望见，初雁飞还。听花边漏残，听花边漏残。梦中一晌贪欢，叹罗衾正寒，叹罗衾正寒。

回想着嫔妃鱼贯，寂寞锁梧桐深院。现隔那无限江山，现隔那无限江山，叹落花流水，天上人间。菊花开，菊花残，双泪潸潸。几时得旧红妆花前再看。

"先生好雅兴！独自一人为南唐二主改词度曲！"

吴伟业吓了一跳。抬头看时，周肇和两个年轻书生不知何时已经来到门口。他连忙放下书稿起身相迎："子俶！有客人来了，怎么不打声招呼。失迎，失迎！"

"先生兴致正高，我们不忍惊扰。得聆先生清吟，幸何如之！"周肇笑着说，"先生常说若有精通音律之人，可谋一晤。今天我为您请来了两位。这位是长洲尤展成，这位是镇江王惟夏，两位于临川之学最有研究。三位可多多切磋！"

"久仰！久仰！"伟业一边寒暄，一边招呼二人落座。周肇则代伟业给尤侗、王昊沏上香茶。

等尤、王二人坐定，捧茶在手，伟业说道："近来，我杜门在家，闲得无聊。心中烦懑，有所彷徨。尝试着写了几出传奇。苦于这方面所知有限，难免力难从心。既然二位来了，还望多多赐教。"说着话把文稿递到二人面前。

王昊笑道："先生太谦虚了。刚才我们听先生吟唱的两支曲子，隐括南唐二主的两首小词，声韵清丽婉转，妥帖自然毫无斧凿的痕迹。行家一伸手，便知有没有。先生一出手写戏，就不同凡响，让我们这些末学晚辈有幸一饱眼福，自然以先睹为快。若说什么赐教，可折煞我们了！"

尤侗则不顾二人客套，翻开书稿，轻声吟诵起来：

石子冈头听晓莺，芳林园里醉游人。南朝子弟多年少，孝穆儿郎总好文。

耽寂寞，漫沉吟，今年山色为谁青？一池春水风吹皱，愁向寒楼控玉笙。

当他看到"家国飘零，市朝迁改。澄心堂内，无复故游；朱雀桁边，犹存旧业。因此浪迹金陵，放情山水。陆士衡当弱冠而吴灭，闭户十年；陶元亮以先世为晋臣，高眠五柳。栖迟不仕，索莫无聊……"的道白时，不禁喟然叹道："先生是借他人之酒杯，浇自己之块垒啊！"

伟业闻言，报之一笑。然后说道："吴某是想借古人之酒，以销今日之愁。但不知是否能够。今之传奇，即古之歌舞之变，然其感动人心，较昔之歌舞更显而畅。盖读书人郁积于胸中的无聊不平之慨，无从抒发，因借古人之歌哭笑骂，以陶写我之抑郁牢骚。而我之性情借古人之性情盘旋于纸上，婉转于当场。于是乎热腔骂世，冷板敲人，皆不得已而为也。"

"先生所言，深得传奇之精髓。"尤侗道，"但据晚生所知，南唐徐铉根本无有儿子，这徐适徐次乐，莫非是宋朝末年徐徽言的孙子吗？"

"尤先生果然博学强记，"吴伟业赞叹道，"移花接木、张冠李戴本是小说家惯用之伎，传奇何妨借来一用？"

"如果晚生没有记错，"王昊在一旁接口道，"这徐徽言、徐适祖孙二人都是抗金殉国，《宋史》均有记载。先生故意移花接木，深意何在？"

不待伟业回答，周肇接口道："金而后金，后金即清，何须明言？"

"先生莫非意在伤悼夏彝仲父子？"尤侗问。

"彝仲的儿子难道也……？"伟业吃惊地问。

“先生难道没有听说？”尤侗道，“夏考功殉国后，其子完淳继承乃父之志，以幼弱之身，投笔从戎，不幸被俘，慷慨就义，死时年方一十五岁。”

“我记得夏完淳是陈卧子的高足。”伟业道，“卧子曾对我说，这孩子聪明绝人，可惜少年才子却过早地牺牲，岂不令人痛心！”

“此子对陈卧子感情极深。在陈公殉国后，时隔不久，他也不幸被捕。在押往南京的途中，船过陈公曾经隐身的细林，写了一首歌行，题作《细林夜哭》，听之令人断肠。”

王昊边忆边背诵道：

细林山上夜乌啼，细林山下秋草齐。
有客扁舟不系缆，乘风直下松江西。
却忆当年细林客，孟公四海文章伯。
昔日曾来访白云，落叶满山寻不得。
始知孟公湖海人，荒台古月水粼粼。
相逢对哭天下事，酒酣睥睨意气亲。
去岁平陵鼓声死，与公同渡吴江水。
今年梦断九峰云，旌旗犹映暮山紫。
潇洒秦庭泪已挥，仿佛聊城矢更飞。
黄鹄欲举六翮折，茫茫四海将安归？
天地跼蹐日月促，气如长虹葬鱼腹。
肠断当年国士恩，剪纸招魂为公哭。
烈皇乘云驭六龙，攀髯控驭先文忠。
君臣地下会相见，泪洒阊阖生悲风。
我欲归来振羽翼，谁知一举入罗弋。
家世堪怜赵氏孤，到今竟作田横客。
呜呼！
抚膺一声江云开，身在罗网且莫哀！
公乎！公乎！
为我筑室傍夜台，霜寒月苦行当来。

“字字血泪，凛然悲壮。此子足千秋矣！”伟业含泪赞道。

尤侗道："完淳跟随乃父及老师投入吴志葵军中。吴志葵本是夏先生的学生。他们攻打苏州，久攻不下，清兵反扑，义军兵败，夏允彝投水而死。完淳随陈卧子藏匿民间。后来二人又入吴易军中。吴易兵败就义。诗中说'平陵鼓声死'，就是指清朝松江提督吴兆胜起兵反正。事败后，卧子先生殉国，完淳的伯父夏之旭先生自杀。'家世堪怜赵氏孤'就是指自己的身世。同时被俘的还有完淳的岳父钱栴。老先生心痛爱婿年幼，似有动摇之意，完淳慷慨劝道：'今与公慷慨同死，以见先师陈公于地下，岂不亦奇伟大丈夫哉！'于是翁婿二人一同就义。"

"夏氏满门忠烈，必为万世敬仰。"伟业道，"既然二位以为这出传奇是为彝仲父子而作，我也就权作心香一瓣，献给他们父子吧！"

周肇道："夏氏父子九泉有知，不枉与先生相交知一场。先生寄托遥深，曲辞之中不忘先朝之意，追思故主之情触目皆是。这种用心，也足可告慰先皇于冥冥之中了。"

尤侗又道："先生之作，字字皆鲛人之珠。引宫刻羽，音韵莫不和谐。只是晚生愚陋，觉得典雅有余，若能雅俗共赏，市井百姓定然更加喜欢。另外先生胸中包罗甚广，戏中头绪难免纷纭。若能忍痛割爱，剪除部分枝蔓，眉目将更清爽。晚生冒昧陈说愚见，不知当否？"

伟业拊掌赞道："展成先生真是大行家！所指瑕疵无一不正中肯綮，我反复删削多遍，总觉有不当意者，经此指点，顿开茅塞。让我再改一遍，再请先生指正如何？若有闲暇，烦请二位多在梅村盘桓几日，不知意下如何？"

不等二人答应，周肇便道："这有何妨？当此乱世，难得有此僻静去处品茶论文。住个十天半月有何不可？"

二人同声道："多蒙先生抬爱，敢不从命！"于是尤侗、王昊在梅村住了下来，三人遂成无话不谈惺惺相惜的乱世挚友。

后来，吴梅村听从尤侗等人意见，把剧本再做修改，使之更臻成熟，他在《秣陵春》结尾有一七律做结，大致反映了他创作此剧的初衷：

> 词客哀吟石子冈，鹧鸪清怨月如霜。
> 西宫旧事余残梦，南内新辞总断肠。
> 漫湿青衫陪白傅，好吹玉笛问宁王。
> 重翻天宝梨园曲，减字偷声柳七郎。

第七章 劫后访旧

1. 《吴门遇刘雪舫》

自从南京回到太仓，吴伟业对卞赛的思念一刻也没有停止过，真可谓才下眉头，又上心头。无奈战乱不息，避难逃生犹恐不及，不得不把相思之情压在心灵深处。从矾清湖回来，祖母、妻子相继亡故，百口之家，上上下下老老少少无日无事。这大事小事都要他来拿主意，想办法，每天忙得他难以招架，烂额焦头。纵然有心去寻访赛赛，也实在脱身不得。

他曾经不止一次派人去南京、苏州打听过赛赛的下落，但经历过天翻地覆之后，马乱兵荒，人们四处流离，始终得不到确切的消息。为此，伟业心中更加愧疚不安，他觉得自己亏负赛赛太多，尤其在赛赛身处困境之时，自己为了保命，竟然不辞而别，实在太自私利己、薄情寡义了。每当想到这一层，就羞愧难当，深深自责，觉得无颜再见赛赛。怕见，又想见，觉得不能不见。他多么想有机会向赛赛剖白衷曲，得到赛赛的谅解和宽容——即使得不到谅解，听听她的责备也好。

四易寒暑，到了大清顺治五年，江南时局已渐趋平定。吴伟业决定把家政交给弟弟，亲自去寻访赛赛——当然不能堂而皇之地这样对全家人说，只说久静思动，出去游玩散心罢了。

秋江澄澈，岸边芦花似雪，落叶飘零。飒飒秋风里，吴伟业乘扁舟一叶，前往苏州。苏州是赛赛的家乡，郑三山也是苏州人，离开南京时伟业曾经托郑三山照顾赛赛。南京失陷，二人如果离开南京，回苏州的可能性最大，因此他决定先到横塘打听打听。太仓离苏州一百多里，船离苏州尚有一段路程，天已经到了傍晚。

伟业正考虑晚上到何处投宿，忽听岸上传来阵阵钟声。一问艄公，原来船已经到了甫里镇。镇上有座寺院，名叫海藏寺，钟声就是从那里传出的。前不久他听说愿云和尚受聘来寺里当了主持，正想抽空去看望他。既然天色已晚，何不趁此到海藏寺去？想到这里，他就命艄公把船停泊在甫里，独自一人上岸去访愿云。

进入山门，已是掌灯时分，禅房里灯光明亮，木鱼声声，僧人们正在诵经做功课。知客小沙弥听伟业说明来意，连忙带他去见愿云。当晚伟业就住在海藏寺。二位好友，又一次对榻而眠，彻夜长谈。愿云和尚虽然已经当了名刹的主持，但仍然尘念未了，对时局十分关注。他告诉吴伟业松江提督吴兆胜起兵反清，事败后不仅牵连到了陈子龙、夏完淳，也牵连到了杨廷枢。

"维斗先生的弟子戴之隽是这一事件的重要人物。戴之隽遇难后，当局怀疑维斗先生参与其谋，于是先生身陷囹圄。被捕后先生备受酷刑，但毫不屈服。他咬破手指，用鲜血在狱中墙壁上写道：'余自幼读书，慕文信国为人，今日之事，乃其志也。'先生临刑之日，我当时正在吴江泗州寺，刑场就在寺前。刽子手的鬼头刀已经举起，先生扬声大呼'生为大明人……'，头颅已经落地，人们却还听到'死为大明鬼'的声音，在场者无不动容。刽子手也惊呆了。"

"临刑前维斗先生的大公子忠文为父亲换了一件官服，死后官服血迹斑斑，真的和碧玉一样颜色。"愿云道，"前不久我和顾子方到杨府去祭拜维斗先生，忠文公子把那件血衣拿出来让我们看，我们都感到惊奇。"

"苌弘化碧，古已有之。维斗先生的英名将永垂竹帛，千载不朽。"伟业感叹之后又问道，"南方可有什么消息？"

"我僧衣芒鞋，一瓶一钵，到处云游，倒也听到些风声。"愿云道，"三月间，清兵攻桂林，瞿稼耜连却之。前不久，桂林失陷，永历帝出奔。先到靖州，后到柳州。唉！真想不到！"

"想不到什么？"伟业忙问。

"殊途同归，仇敌成同胞，"愿云道，"何腾蛟竟然和李闯旧部郝摇旗联起手来，在全州大破清兵。世人哄传二人原是失散了的亲弟兄。把何、郝当作了一姓，你道可笑不可笑？"

黑夜中伟业不觉莞尔，戏谑道："何云从与柳下跖认了同宗了！"

愿云告诉伟业，明日杭州灵隐寺高僧、临济宗大师具德禅师要来海藏寺讲经，这是个难得的机会，希望伟业在寺中多住几日，听听具德禅师宣讲佛法。伟业心中有事，不肯久留，但又极想拜会具德禅师，于是答应在海藏寺暂停一日。

次日，海藏寺内僧俗云集，具德和尚如期而至，由愿云陪同登坛讲法。伟业于佛学造诣颇深，尤其自甲申之后，每当烦恼难耐，便遁身佛经之中，寻求解脱。他也经常去听僧人讲经说法，但多数讲经者只知照本宣科，很难讲出什么妙言要道。而具德禅师确实高人一筹，所讲佛经分条析理，深入浅出，不落窠臼，并且于深湛禅机中，常能杂以妙趣横生的幽默，妙语连珠，实在常人难及。伟业心中十分钦敬。他曾有一首《代具师答赠》：

> 微言将绝在江南，一杖穿云过石龛。
> 早得此贤开讲席，便图作佛住精蓝。
> 松枝竖义无人会，贝叶翻经好共参。
> 麈尾执来三十载，相逢谁似使君谈？

讲经完毕，禅师由愿云相陪，与伟业同至禅房品茶。伟业趁机向他请教临济宗的源流变迁。具德禅师一边品茶一边娓娓说道："我临济一宗，由三峰禅师所创。明初法运中微，汉公出而直追，上承密印，自谓得心法于高峰，得禅法于觉范，得源流于金粟悟和尚。而其始终加护者，则在觉范之纲宗。纲宗者全提五家宗旨，人能讲、我能用。此即我三峰家法也。"说到这里，禅师望着伟业微笑说道，"吴施主夙有慧根，昔李叟过流沙而为浮屠，阿难登雪山而度仙众。施主何不断绝尘缘，皈依我佛？"

伟业忙道："吴某自惭愚钝，虽蒙愿云大师屡次度化，终不能悟，无以追陪法台。今者窃有余幸，得以聆听禅师讲经说法。晦山之师，也就是吴某之师。本应听从教诲，只是尘缘未了，凡念丛杂，一时还难皈依佛门，望禅师见谅。”

"俗谚佛度有缘人。"具德道，"机缘未到，何须强求？机缘到时，佛门自会为君敞开。何必拘于一朝一夕？"

伟业、愿云连连颔首。此时斋饭齐备，三人共同用斋。斋毕，伟业告别具德禅师和愿云和尚，前往苏州。二人一直把伟业送到码头。临别伟业赋诗赠别道：

晴湖百顷寺门桥，梵唱鱼龙影动摇。
三要宗风标汉月，四明春雪送江潮。
高原落木天边断，独夜寒钟句里销。
布袜青鞋故山去，扁舟芦荻冷萧萧。

具德禅师俗家姓张，绍兴山阴人，其祖本是隆庆年间状元。所以伟业诗中说"四明春雪送江潮"，暗指其家原在四明。"汉月"是具德的师父，曾和具德禅师同论"三玄三要"的临济佛法，所以诗中有"三要宗风标汉月"的句子。伟业衷心仰慕具德禅师，但此时此刻他急于去寻访赛赛，哪里会听从他的度化皈依佛门呢？

船到吴门，伟业先到横塘。从前的幽兰居已经数易其主，现在的主人根本不知赛赛为何人。伟业徘徊良久，只好怏怏离去。他又找到郑家旧宅，自姑母去世后，郑家人早已搬家，郑三山自去南京就没有回过苏州。伟业大失所望，怅然回客栈歇息。第二天，他又到七里山塘周围的各家行院去打听，全然无人知道卞赛的消息。奔波了一天，一无所获，他只好重回客栈。第三天，他去拜访吴曾、孙淳等几个复社中的老朋友。

吴曾本是苏州巨富，为人交游极广。很多朋友听说伟业来到苏州，都来相见。吴曾设宴为伟业接风，劫后重逢，席间老朋友们感慨万千，各自述说自己的经历，唏嘘不止。座中有一位年轻人，虽然衣着俭朴，但气宇华贵，与众人不同。伟业觉得面目似曾相识，但细想并不知道姓名。暗中打听，方知是崇祯皇帝的表弟，姓刘，名文炤，字雪舫。吴伟业恍然大悟，原来他在京中任职时，曾和其兄刘文炳相识，交往颇多。当时刘文炤年龄尚幼，但其面目酷似其兄，故而伟业有似曾相识之感。有这层渊源，二人顿觉亲切，交谈也就多起来。

刘文炤的父亲刘孝祖，是崇祯皇帝的生母孝纯太后的同胞弟弟。崇祯帝幼年失怙，对舅父及其家族感情特别亲近。登基之前，从不敢以皇子身份对待舅父，即位后对舅舅一家恩宠倍加。皇亲之中，无有可比者，连周皇后、田贵妃的娘家也不可及。刘孝祖被封为新乐侯，他死之后，爵位由长子刘文炳继承，刘文炤被称作"新乐小侯"。李自成攻进北京时，刘文炤的母亲、哥哥、姐姐都自杀了。当时他刚刚十五岁，哥哥刘文炳对他说："你年纪还小，不应该死。快快逃出京去，为刘家保留一脉香火吧。"他离开北京后，一路南来，流落到海州、高邮一带。孑然一身，举目无亲，不得不依靠别人的接济生存。

吴伟业趁机又打听起原来熟悉的那些皇亲国戚的下落来："武清侯李国瑞李侯爷平安吗？"

"能太平得了吗？覆巢之下焉有完卵？"刘文炤伤感地说，"武清侯是孝定太皇太后的娘家，李侯论辈分应是先帝的表叔。年长辈尊，历代赏赐颇丰。他在海淀引三河子之水修建了一处林苑，极尽亭台楼榭之美，名花奇树满园。闯贼入京最先占据了那里。到李贼仓皇败退时，又一把火烧了园子，亭台楼阁尽付祝融，名花异草，皆为劫灰。"

"驸马督尉巩永巩下落如何？"伟业又问。

"老驸马在我出城之前就已经悬梁自尽了。"这巩永巩原是崇祯皇帝的妹夫，当时颇为得宠。

"太康伯张国纪张皇亲家呢？"

"别提了！"刘文炤一边流泪一边摇头叹息，"张皇亲一向谨慎，自天启皇爷龙驭上宾，他很少和戚畹交往。听说闯贼入宫后，懿安皇后自缢未死，为闯贼所俘。闯贼久闻懿安皇后贤名，说只要她想活下去，就可以保她无事，让她在后宫养老终生。皇后说，我是天启之后，崇祯皇嫂，曾经母仪天下。国家已亡，我岂能苟活？请把我送到娘家，见过父母一面，立即追随列祖列宗于地下。闯贼深为感动，派人把懿安皇后送往张府。皇后给太康伯叩头之后，立刻饮鸩自尽。太康伯夫妇也随着自尽。这样一家两代勋戚，顷刻家破人亡。"

在座的人无不悲伤。伟业不忍心再问下去，大家又吃了几杯，分头散去。伟业回到客栈想到刘文炤的话，无论如何也难以成眠。他在昏黄的油灯下，一边回忆刘文焜谈起的种种情况，一边吟咏，写成了一首五言长诗，题曰：《吴门遇刘雪舫》。

诗中以刘文焜自述的口吻，吴伟业先写刘家在崇祯朝的无比荣宠：

> 亡姑备宫掖，吾父天家婚。
> 先皇在信邸，降礼如诸甥。
> 长兄进彻侯，次兄拜将军。
> 先皇早失恃，寤寐求音形。
> 太庙奉睿容，流涕朝群臣。
> 新乐初受封，搢笏登王廷。
> 至尊亦丰颐，一见惊公卿。
> 两宫方贵重，通籍长安门。
> 周侯累纤微，鄙哉无令名。
> 田氏起轻侠，宾客多纵横。
> 不比先后家，天语频谆谆。
> 独见新乐朝，上意偏殷勤。
> 爱其子弟谨，忧彼俸给贫。
> 每开十三库，手赐千黄金。

梅村接着再写明朝灭亡和崇祯帝之死：

> 长戈指北阙，鼙鼓来西秦。
> 宁武止一战，各帅皆投兵。
> 渔阳股肱郡，千里无坚城。
> 呜呼四海主，此际惟一身。
> 仿佛万岁山，先后辒辌迎。
> 辛苦十七年，欲诉知何因。
> 今才识母面，同去朝诸陵。

吴伟业不忍把崇祯吊死煤山的悲剧写得太过凄惨，却幻想崇祯生母刘太后宫车来迎，母子灵魂重逢，一同去朝见列祖列宗。他接着便写昔日繁华的贵族园林的败落凋零和皇帝陵寝的荒凉破败：

旧时白石庄，万柳馀空根。

海淀李侯墅，秋雁飞沙汀。

博平有别业，乃在西湖滨。

惠安蓄名花，牡丹天下闻。

富贵一朝尽，落日浮寒云。

走马南海子，射兔西山阴。

路傍一寝园，御道居人侵。

碑镌孝纯字，僵石莓苔青。

梅村在诗的最后又归结到刘雪舫的身世沉沦：

询是先后侄，感叹增伤心。

落魄游江湖，踪迹嗟飘零。

倾囊纵蒲博，剧饮甘沉沦。

不图风雨夜，话旧同诸君。

已矣勿复言，涕下沾衣襟。

诗写到这里，泣下沾襟的已不仅仅是刘雪舫，流泪不止的还有伟业
自己。

第二天，吴曾等人一早便来客栈看望伟业，并邀伟业同游虎丘。伟业寻
人不遇，本无游览之兴，但朋友盛情难却，只好打起精神和大家一同前往。
旧地重游自然勾引起对往事的诸多回忆。当年复社大会时的许多朋友都已不
在人世，物是人非，令人触景伤情。

刚到千人石上，只见空荡荡的生公台前，有一个人背负着双手，默然
伫立，看背影酷似张溥。吴伟业不禁一惊，连忙紧走几步，想追上去看个究
竟。渐渐近了，那人却离开了生公台，转身到剑池那边去了。看那规行矩步
的样子，越发像天如师了。伟业更加快了脚步，同行的吴曾和孙淳觉得奇
怪，一边在后面紧跟伟业，一边喊道："骏公！你干吗走得那样急呀！"

伟业不觉暗自失笑，心道："天如师已故去多年，世人身形举止相似者所
在皆有，怎么就没想到这一层？"听到喊声，连忙止步。

不想吴曾这一声喊，前面那个人也转过身来。伟业和那人四目相对，良

久不约而同地叫出声来："骏公！原来是你！"

"如须！原来是你！"

二人紧紧拉着手，久久说不出话来。接着吴曾、孙淳都来到了跟前，伟业一一介绍相见，然后四人一同到虎丘寺禅房饮茶。新朋旧友边品茗边叙谈。

"贵昆仲名满天下，风节素为士林敬仰。今日有缘识荆，真乃三生有幸。"吴曾首先客气道，"令兄如农先生现在也在吴门吗？"

"多谢吴兄关怀。家兄与垓乙酉之后避兵天台。鲁王监国尝召家兄为兵部侍郎，几次三番敦促。家兄知事不可为，称病不起。后奉母回莱阳故里。前些日子有家信说，家兄被新朝山东巡抚荐于朝廷，家兄佯装坠马摔断了腿，才搪塞过去，正准备南来苏州。这几日我正翘首以待家慈及家兄到来。"

"若蒙不弃，令兄到吴门后，一定知会我等为令兄接风洗尘，以酬渴望之怀。"孙淳和吴曾道。

"那我就先代家兄多谢二位的美意了。"姜垓道。

"莱阳真是人文荟萃之地。"伟业道，"除姜氏昆仲之外，左氏弟兄也为当今士林注目。当年左懋第以副都御史之职，奉使清廷，不屈死节，世人把他比作当世苏武。而司农卿宋玫宋九青，儒雅绝伦，当年与伟业共典湖广乡试，谈诗论文，甚为相得。后来防守莱阳为清兵所杀，时人比诸张睢阳。以上诸公都为贵乡梓增色百代，为后世敬仰。"

姜垓道："姜某也常常以与宋、左同乡为荣。近来令人遗憾的是，左副宪之弟左懋泰屈节侍清，多蒙世人之讥。认为懋泰此举，遗羞其兄。其实，世人哪里知道，做弟弟的苦楚啊！"

"此话怎讲？"伟业等三人同声问道。

"左副宪殉国燕市，尸骨难回莱阳祖茔。因副宪之累，家中老幼格外为新朝所仇，随时都有灭族之危。为家门计，懋泰不屈节侍仇，还有什么道路可走？"姜垓沉痛地说，"自从懋泰侍清，副宪的尸骨立刻获准收殓运回莱阳安葬，家中也从此转危为安。懋泰用心之苦不是显而易见吗？"

"唉！"吴曾、孙淳同声感叹。

"原来如此，"伟业也道，"这和宋朝文信国弟兄的事情如出一辙。文信国为国尽忠，留取丹心照汗青，其弟为母尽孝，不得不屈身降元。故而，文信国临死，没有责怪弟弟文璧一句。弟弟的苦心，作哥哥的自然谅解。"

几个人谈得投机，不觉到了午时，在寺中草草用了素斋，方才下了虎丘。回到客栈，伟业由姜氏兄弟想到左家兄弟，又想到宋玫，进而想到许多老朋友的悲欢离合，命运结局，就一气呵成写了一首长诗《东莱行》。第二天，姜垓来客栈找他，告诉他其兄姜垛已经护送母亲来到苏州，吴曾一定要践昨日之诺，为姜垛接风。伟业自然应邀赴宴。席间他把《东莱行》送给了姜氏兄弟。与会的人争相传阅，一时之间传遍苏州，成为吴伟业的又一名作。

> 汉皇策士天人毕，二月东巡临碣石。
> 献赋凌云鲁两生，家近蓬莱看日出。
> 仲儒召入明光宫，补过拾遗称侍中。
> 叔子辒轩四方使，一门二妙倾山东。
> 同时里人官侍从，左徒宋玉君王重。
> 就中最数司空贤，三十孤卿需大用。
> 君家兄弟俱承恩，感时危涕长安门。
> 侍中叩阁数疆谏，上书对仗弹平津。
> 天颜不怿要人怨，卫尉捉头捽下殿。
> 中旨传呼赤棒来，血裹朝衫路人看。
> 爱弟弃官相追从，避兵尽室来江东。
> 本为逐臣沟壑里，却因奉母乱离中。
> 三年流落江湖梦，茂陵荒草西风恸。
> 头颅虽在故人怜，髀肉犹为旧君痛。
> 我来扶杖过山头，把酒论文遇子由。
> 异地客愁君更远，中原同调几人留？
> 司空平昔耽佳句，千首诗成罢官去。
> 战鼓东来白骨寒，二劳山月魂何处？
> 左氏勋名照汗青，过江忠孝数中丞。
> 孺卿也向龙沙死，柴市何人哭子卿？
> 只君兄弟天涯客，漂零尚是烟霜隔。
> 思归诗寄广陵潮，忆弟书来虎丘石。
> 回首风尘涕泪流，故乡萧瑟海天秋。

田横岛在鱼龙冷，栾大城荒草木愁。
当日竹宫从万骑，祀日歌风何意气。
断碑年月记乾封，柏梁侍从谁承制？
鲁连蹈海非求名，鸱夷一舸宁逃生？
丈夫沦落有时命，岂复悠悠行路心。
我亦沧浪钓船系，明日随君买山住。

诗的第一部分自然是先写姜氏兄弟的坎坷遭遇。接着"司空平昔耽佳句"至"二劳山月魂何处"写宋玫事迹。宋玫官至司农卿，因而诗中称之为司空。他长于诗，故伟业称他"平昔耽佳句"。宋玫于崇祯十五年罢官，以守莱阳殉国，故诗中有"千首诗成罢官去""二劳山月魂何处"之句。

后面四句写左氏兄弟：左都御史与汉代御史中丞大体相当，故诗中称左懋第为"中丞"。懋第出使北行，与汉代苏武相似，苏武字子卿，故伟业称懋第为"子卿"，苏武的弟弟苏贤，字孺卿，所以伟业又用"孺卿"代指懋泰。"孺卿也向龙沙死，柴市何人哭子卿"意思即是说，假若左懋泰也死了，有谁去收殓其兄左懋第的尸骸呢？"本为逐臣沟壑里"至"髀肉犹为旧君痛"六句写姜垓崇祯十七年被贬宣州，来至戍所，李自成进入北京，他于是南渡。弘光朝灭亡后又奉母亡命江浙，时至今日已流落三年之久，故诗中有"三年流落江湖梦"之句。

伟业还以赵宋"二苏"喻指二姜，故有"我来扶杖过山头，把酒论文遇子由"之句。据姜垓讲，姜垓奉命南来，七月间至真州，在仪征一带，地近扬州，所以诗中又说"思归诗记广陵潮，忆弟书来虎丘石"。梅村诗的最后则写姜氏兄弟思念故乡，眷恋前朝的感伤及诗人自己感时伤世归隐山林的愿望。

在酒席间，伟业得到了一个意想不到的好消息：有人在南京见到了卞赛。于是伟业在失望之中又有了新的希望。他一刻也不敢耽搁，席散之后便买舟沿运河北上，匆匆前往南京。

2. 诗赠寇白门

伟业从苏州盘门登舟，过了芦荻萧瑟的横塘古驿，在月落乌啼霜满天的夜间离开苏州，听着身后寒山寺流韵千古的钟声，沿大运河西去。经过无锡和常州时，虽是穿城而过，但他都没有让舟船停留，生怕耽搁一刻，卞赛又会鸿飞他乡。城区的河道很窄，但又每日吐纳百货，难免舟楫壅塞。每当此时，伟业心中便不由急躁起来。好不容易出了常州西门，回首烟波浩渺万顷太湖，心中的烦闷仿佛抛在了身后。常州古称延陵，运河过此，明显逼仄起来，两岸景色越来越苍黄萧素。过了丹徒，离长江越来越近，河面渐渐开阔，慢慢显露出奔涌的气势。时间不长便由京口汇入长江。

船入长江，伟业不禁回忆起弘光元年，入京途中在京口看到的种种景象，那时曾经激起过自己的满腔热情。日月几何，江岸营垒上飘扬的已经不是大明的军旗，江中来往巡弋的也成了清兵的战船。他看着船上脑后拖着长长辫子的清兵，心中不由产生了阵阵厌恶和憎恨。他无心观看两岸景色，转身躲进船舱，蒙头睡起觉来。

江水有节奏地拍打着船舷，伟业不知不觉进入梦境。梦里仿佛还是当年泛舟横塘的情景，他远远看见前面一艘游船上有一女子，身披淡绿色湘妃衫，云鬓半偏，正在焚香抚琴。看背影不是赛赛又是谁？悠扬琴声里，只听那女子唱道：

> 欢是南山云，半作北山雨。不比熏炉香，缠绵入怀里。
> 故使欢见侬，侬道不相识。曾记马上郎，挟弹门前立。
> 侬如机上花，春风吹不得。剪刀太无赖，断我机中织。
> 指冷玉箫寒，袖长罗袂湿。此夜坐匡床，春风无气力。
> 出门风霜寒，欢言此路去。妾梦亦随君，与欢添半臂。
> ⋯⋯

这正是自己在虎丘山塘初遇赛赛时，为赛赛写的十三首《子夜歌》。赛赛十分喜欢，每每酒至半酣，情意缠绵时边抚琴，边吟唱。数年不见，乍闻此曲，伟业心头狂喜，暗道：赛赛心中依然惦念着我！急命艄公快快摇船，追上前去。两船越来越近，伟业高声喊道："赛赛！慢行！我来寻你来了！"

赛赛闻声回过头来，含情脉脉地望着伟业。正要过船和伟业相见，不想舱中钻出一个人来，满脸苍白的胡子，满脸堆着狞笑，伟业一看正是阮大铖。他身后还跟着蔡奕琛、张婕等一帮亲信。只见阮大铖一挥手，身后的人便鹰拿燕雀一般把赛赛揪摔起来。

赛赛拼命呼喊："相公快来救我！"

伟业连忙上前，不想一脚踏空，跌落江中。他暗道一声："不好！我命休矣！"幸好伸手抓住了船舷，拼命挣扎起来。

正觉筋疲力尽时，艄公喊道："先生东水关到了！准备换船进京吧！"

伟业一梦醒来，头上仍是冷汗涔涔。南京城有东西两座水关，船只可以由水关自长江进入内秦淮，但大船必须换乘轻舟。水关上有兵营，下有藏兵洞，盘查过往船只。朱元璋建都南京之时，精心设计建筑的南京城防不为不牢固，只可惜子孙不肖，轻而易举便被敌人占领了。伟业自然想起了"千寻铁锁沉江底，一片降幡出石头"的千古名句，心中难免怅然若失。

船过东水关，进入内秦淮，伟业决定先到大中桥外的绿柳河房一带作短暂停留。因为那一带是秦淮青楼林立之所，是行院歌女画舫如织的地段，最容易打听青楼姐妹的消息。当年这一带从日落西山的黄昏到晓月浸江的黎明，灯光璀璨、繁弦密管，莺歌燕语不绝。旧地重游，伟业明显地感到昔日的繁华已难寻觅，画舫和游船稀少得多了。

已经到了月上柳梢的时候，有限的几艘画舫，还很少有游客光顾。伟业的小舟刚准备停泊，一艘妆饰华美的画舫便跟了上来。船上的伙计立刻跳过船来，躬身为礼道："先生可要听曲？我家寇姑娘愿为先生献艺，请您赏光。"

伟业忙问："哪位寇姑娘？可是寇湄寇白门吗？"

"正是，正是，"伙计马上高兴地说，"先生既知我家姑娘芳名，必是姑娘的老相识，何妨过船一见？"伟业点头应允。伙计连忙搭好过船跳板，扶伟业来到画舫。

这画舫舱口阔大，可容纳十余人。里面摆着名贵的红木家具，几案上放着瑶琴，四壁窗格雕工精细；正迎舱门的画屏上挂着昭君出塞、文姬归汉的美人图。正中的方桌上，罗列着几样时鲜果点，精致素雅。摇曳的灯光里一位女子，娟娟静美，不尚粉抹，自然有一种与众不同的风流韵味。伟业一看，果是秦淮名妓寇白门。

秦淮八艳之寇白门

寇白门，能度曲，善画兰，粗知拈韵吟诗，在秦淮名妓中声望与柳如是、董小宛、沙才、葛嫩、卞赛等人旗鼓相当，不相伯仲。十八九岁时为保国公朱国弼重金赎身，纳为侍妾。南京失陷，弘光灭亡，保国公投降，家产尽被抄没，又被迫迁往北京。穷困无奈，靠卖姬妾维持生计。寇白门估计不能幸免，于是白门对朱国弼说："公若卖妾，不过得数百金，徒使妾落入八旗军士之手，我还知道你许多隐私之事，如果放我南还，一月之内我将以万金相报。"国弼应允。于是白门骑快马、着短衣，从一婢南归，重操旧业。不久即践前诺，以万金酬还朱国弼。白门然后筑亭园，结宾客，天天与文人墨客相往还。酒酣耳热，或歌或哭，自叹美人迟暮，或嗟红豆飘零。虽年近三十，名声远过当年。

伟业当年两度在南京为官，和朱国弼颇有来往。酒宴之间国弼常命寇白门侑酒弹琴，故而和伟业见过几面。今日相见，也算得上是故人重逢，白门立刻命人摆上酒来，和伟业一边饮酒一边叙旧。当伟业问及朱国弼的情况时，寇白门喟然长叹道："昔日贵为公侯，堂上一呼，阶下百喏，锦衣玉食，内宫禁地也经常出出进进，连我这等烟花女子，也跟着风光体面。如今身为亡国之虏，生命朝不保夕，衣食都没有着落，被满人呼来喝去不啻婢仆贱役，真是生不如死啊！"

伟业又问她重回南京后生活怎样，寇白门苦笑道："你看看这秦淮河上，冷冷清清，昔日的姐妹们死的死逃的逃，游客们也十分少了七八分，日子还好得了吗？"

伟业趁势向她打听卞赛的下落："吴某前几日听人说赛赛已回白下，不知现居何处？"

"吴大人翻的是老皇历了！"寇白门道，"那还是春上的事情，卞家妹子和一个太医曾来过南京，原想在南京住下来。不知怎么又突然走了，临走也没有给姐妹们打个招呼。现在也不知又往何处去了。"

伟业听了这话，一下子陷入了沉默。寇白门忙道："经历这番天大的劫难，吴老爷还能不忘故人，真叫人羡慕。你不妨在南京多住几日，我也多托付几个人帮你打听打听。偌大一个活人，还怕找不到她？"

又吃了几杯闷酒，伟业告辞寇白门，回到自己船上，也没有心思再游秦淮，到大中门内寻了一处客店随便住了下来。

伟业自己不便每日出入青楼寻找卞赛，只好等候寇白门的消息。这样闲坐客店难免无聊，于是便去寻访前朝遗迹。每到一处，他都徘徊流连，产生无限感慨。过去的六朝金粉之地，呈现在眼前的已是满目疮痍。他深深地体会到了亡国的伤痛。

这天他信步来到上方桥。桥在清兵攻城时受到破坏，刚刚修复，气势颇为壮观。此桥始建于明初，是拱卫都城的南面门户。历来是军事要地，有重兵把守，桥的附近有大校场，是禁军操练演武之地。桥有七孔半圆形石拱，其形似瓮，故俗称七桥瓮。桥拱上方两翼各雕有十五只面目狰狞的兽头；桥墩两头巨石雕就分水兽六只，人面龙头栩栩如生，时有腾跃状。

站在桥上，遥望天坛，崩圯殆尽，只有江流绕着断壁残垣奔涌东去，伟业不禁出口咏道：

> 石梁天际偃长壕，势压鱼龙敢遁逃。
> 壮丽气开浮广术，虚无根削插崩涛。
> 秋腾万马鞭稍整，日出千军挽饷劳。
> 回首泰坛钟磬远，江流空绕断垣高。

诗意是说上方桥横卧在护城河上，气势雄伟，桥墩上的蛟龙腾跃欲飞。壮丽之气使天地广阔，向下看桥墩如削直插惊涛骇浪之中。当年桥边的校场里秋高马肥，万马腾跃，军容整肃；皇帝曾经在此检阅犒赏三军。如此险要的京都，竟然被敌军轻易占领，以致国家灭亡。皇帝祭告天地的天坛如今崩圯毁坏得不成样子，只有江水绕着断壁残垣无声东流。多么令人伤感啊！

接着他又去钟山、台城探访。钟山即紫金山，又称蒋山，是明太祖朱元璋及孝慈皇后的陵寝所在，明代人心目中的圣地。当时人说，"山上有六气，浮浮冉冉，红紫之间，人言王气"。明太祖与他的亲信大臣刘基、徐达、汤和商议陵寝所在，各人选定一处藏在袖中。取出一看，意见一致，于是就把钟山定做将来朱元璋驾崩后的安葬之所。

洪武十四年，陵园初步建成，第二年马皇后崩逝，葬入陵园。因马皇后谥号孝慈，故名孝陵。二十五年又葬太子朱标于孝陵之东，称为东陵。洪武三十一年，朱元璋驾崩，与马后合葬于孝陵。这里立有"诸司官员下马"的下马坊，还有保护陵寝不准侵犯的"禁约碑"，历来为大明臣民凛然遵从。但如今陵园却成了清兵跑马放鹰的游猎之地。而藏有南朝高僧宝志的金棺和明太祖衣冠的鸡鸣寺、太常寺都被损坏。从前百官祭陵的御道也被改变了路线，新路线刚栽的杨柳刚刚成活。

眼见寝陵一片荒芜，伟业悲愤地写道：

> 王气消沉石子冈，放鹰调马蒋陵傍。
> 金棺移塔思原庙，玉匣藏衣记奉常。
> 杨柳重栽驰道改，樱桃莫荐寝园荒。
> 圣公殁后无抔土，姑孰江声空夕阳。

台城就在鸡鸣寺的后面。这本来就是一个容易让人深思感叹的地方。"梁武帝饿死台城"就是一个深寓兴亡教训的故事。梁武帝萧衍曾是英雄有为的皇帝，一生崇信佛教，曾经四次"舍身"出家同泰寺，再由群臣重金将他"赎回"。同泰寺即鸡鸣寺的前身。伟业来到这里，看到眼前南京的残破，自然想起了梁武帝饿死台城，以及使南京受到极大破坏的"侯景之乱"。侯景本是北朝东魏大将，狡诈阴险，他叛魏投梁后却受到梁武帝的高度信任，后来他趁梁朝皇室内乱，起兵造反，攻占江北重镇历阳，接着以武帝的侄儿萧正德为内应打过长江，围攻台城，饿死城中百姓数万，并把梁武帝囚禁在城中净居殿，活活饿死。为此，后代诗人留下了许多哀怨凄绝感叹兴亡的千古绝唱，如韦庄的《金陵图》诗中写道："江雨霏霏江草霁，六朝如梦鸟空啼。无情最是台城柳，依旧烟笼十里堤。"

此次来游，吴伟业的盛衰之感远过古人。他看到从前徐达、邓愈等明朝开国元勋的宅第为别人所占，方孝孺、黄道周等名臣的坟墓已是荒草覆盖的荒丘，不禁在感伤的同时又深深憎恨起大明那些不肖子孙来。他悲愤地写道：

> 形胜当年百战收，子孙容易失神州。
> 金川事去家还在，玉树歌残恨怎休。
> 徐邓功勋谁甲第？方黄骸骨总荒丘。
> 可怜一片秦淮月，曾照降幡出石头。

他又到曾经供职的南京国子监去游玩。旧地重游，更使他悲愤莫名，禁不住潸然泪下：

> 松柏曾垂讲院阴，后湖烟雨记登临。
> 桓荣空有穷经志，伏挺徒增感遇心。

四库图书劳访问，六堂弦管听销沉。

白头博士重来到，极目萧条泪满襟。

当年他在国子监任国子司业时，住在南厢，一溜九间的房舍相当轩敞。可是当他来到国子监旧址时，竟然找不到南厢房了。在荆棘丛生、荒草遍地的残垣颓墙间，有一片片的庄稼地。他很自然地想起了《诗经·黍离》篇中"彼黍离离，彼稷之苗"的句子，不禁凄然神伤。正在寻觅徘徊的时候，迎面过来一位老人，询问他从何处来，到此做什么。伟业告诉他，自己曾在这里住过，想故地重游来看看这里的景色。两人在交谈中，都觉得有点面熟，仔细回忆，到底都认出了对方。原来这位老人就是当年国子监的差役，曾给伟业当差。经老人指点，原来面前那片灌莽覆盖的瓦砾堆就是他当年居住的南厢房。

老人告诉伟业，弘光朝灭亡后，国子监被毁，他无家可归，就在这片废墟中胡乱住了下来。那片片农田就是他开垦的。老人引导着伟业在这片荒丘间慢慢搜寻。

从前国子监的旧貌又一一浮现在眼前：壮丽的成贤门、集贤堂、异论堂、六经馆，鳞次栉比，美轮美奂；参天的松桧、菡萏生香的荷花池、夹岸的垂杨、竹梧掩映的凉亭、缭绕的钟管声、琅琅的读书声……四周还有功臣庙、观象台、鸡鸣寺等名胜古迹。眼前这一切都成了荒榛和废墟，真叫人目不忍睹。

老人将他请到自己家中，剪韭备炊，置酒相待。吃着饭，老人向伟业诉说了清兵占领南京后老百姓遭受的种种灾难，他心中更觉悲伤。天色薄暮，他才离开了老人的家里。回到客店，心潮难平，写下了《遇南厢园叟感赋八十韵》这首五言长诗。诗中充满了对故国的眷恋，对南京遭到的破坏深表痛惜：

万事今尽非，东逝如长江。

钟陵十万松，大者参天长。

根节犹青铜，屈曲苍皮僵。

不知何代物，同日遭斧创。

前此千百年，岂独无兴亡？

况自百姓伐，孰者非耕桑？

群生与草木，长养皆吾皇。

人理已澌灭，讲舍宜其荒。

独念四库书，卷轴夸缥缃。

孔庙铜牺尊，斑剥填青黄。

弃掷草莽间，零落谁收藏？

……

大军从北来，百姓闻惊惶。

下令将入城，传箭需民房。

里正持府帖，佥在御赐廊。

插旗大道边，驱遣谁能当。

但求骨肉完，其敢携筐箱。

扶持杂幼稚，失散呼耶孃。

江南昔未乱，闾左称阜康。

马阮作相公，行事偏猖狂。

高镇争扬州，左兵来武昌。

积渐成乱离，记忆应难详。

下路初定来，官吏踰贪狼。

按籍缚富人，坐索千金装。

以此为才智，岂曰惟私囊。

今日解马草，明日修官塘。

诛求却到骨，皮肉俱生疮。

……

一向怯懦的诗人激于义愤，对清朝统治者残酷剥削百姓的罪行忍无可忍，终于大胆地通过这首诗揭露出来。有人评说梅村此五言长诗是"另开生面，不至为古人所限"之作，可作"古文读之"，可作"名画玩之"，可作"雅乐听之"，可作"佳山水游之"。

离开国子监后，他在黄昏时分重游了鸡鸣寺和玄武湖。伟业在诗中这样记述了自己的观感：

鸡鸣寺接讲台基，扶杖重游涕泪垂。

学舍有人锄野菜，僧寮无主长棠梨。

雷何旧席今安在，支许同参更阿谁？

惟有志公留布帽，高皇遗笔读残碑。

　　鸡鸣寺和国子监毗邻，有三道朱元璋亲自命名的山门：秘密关、观由所、出尘径。高僧宝志的玉棺也葬在这里。寺院鼎盛时占地一百余亩，僧众数百人。主要殿宇有天王殿、千佛阁、五方殿三重大殿，左观音、右轮藏、左伽蓝、右祖师四座偏殿，还有钟楼、鼓楼、凉亭、方丈、禅房、公学、僧房、斋房、客房、茶房等许多附属建筑。有名学者、高僧常常在这里讲经、讲学。现在却房舍残破，僧众星散、名刹无主，当年的公学成了菜圃，院里长满了棠梨。暮色苍茫里，伟业站在明太祖朱元璋御制的赞颂高僧宝志的残碑前，不禁流下了两行清泪。

鸡鸣寺今貌

归程中他乘船从玄武湖经过。玄武湖原名桑泊，南朝刘宋时期先后被称为后湖、练湖、习武湖、蒋山湖等等。宋文帝元嘉二十三年，传说湖中有黑龙现身，又出于都城青龙、白虎、朱雀、玄武四神布局的需要，定名为玄武湖。依照皇家园林"一水三山"的格局，在湖内堆土成山，名曰：方丈、蓬莱、瀛洲三神山。后来又增筑两岛，不断增饰繁华，使玄武湖成为亭台楼阁参差于烟波浩淼之间，绿柳红花掩映于湖光山色之中的名胜之地。

明朝洪武年间，朱元璋命天下编制黄册，登记全国的户口、钱粮赋役，在湖中梁洲建造黄册库，后来库房又扩大到环洲和瀛洲，房舍九百六十间，内藏黄册一百七十万本，是我国古代规模数一数二的国家档案馆。因为藏有国家档案，玄武湖成为禁地。所以状元焦竑在《后湖》诗中写道："瀛洲咫尺与云齐，岛屿凌空望欲迷。为贮版图人罕到，只余楼阁夕阳低。"

庄严的皇家禁地长满荒草，档案馆毁于兵燹，从前臣民不得擅入的湖区，如今夕阳中渔歌声声。伟业不禁又生出兴亡之叹：

覆舟西望接陂陀，千顷澄潭长绿莎。
六代楼船供士女，百年版籍重山河。
平川岂习昆明战，禁地须通太液波。
烟水不关兴废感，夕阳闻已唱渔歌。

短短一天的寻访游历，他亲眼看到往昔凛然不可侵犯的都城遭到了难以想象的亵渎和破坏。昔日的公侯府第成为新朝的官衙；自己曾经任职的国子监，荒芜不堪，被垦为菜圃；巍峨的宫殿成为一片瓦砾，旁边就是烧饼摊；神圣的孝陵成了打猎砍柴的地方。伟业椎心泣血地写出了自己的感受：

车马垂杨十字街，河桥灯火旧秦淮。
放衙非复通侯第，废圃谁知博士斋。
易饼市傍王殿瓦，换鱼江上孝陵柴。
无端射取原头鹿，收得长生苑内牌。

他感到难以忍受的压抑，觉得一天也不能再在南京待下去了。他到秦淮旧院去找寇白门，诉说了自己的苦闷与烦恼。寇白门告诉他，已经托付了不少人到各处打听，下赛确实不在南京。伟业更加惆怅与失落。

寇湄见他那连声唉叹愁眉不展的样子，忽然拍着前额笑道："真是急昏头了！一个现成的去处怎么就没想到！"

"什么去处？"伟业连忙问道。

"到常熟去问河东君呀！"寇白门胸有成竹地说，"以如是姐姐在姐妹伙中的人缘，什么事能瞒得了她？以我之见，你也不必没头苍蝇似地到处乱撞了，赶快前往虞山拜访钱牧老和柳如是，保准踏破铁鞋无处觅，得来全不费工夫！找个正着！"

伟业觉得寇湄的话有道理，不禁连连点头，眉头舒展开来，连忙拱手道："多承指教，多承指教了！"说罢起身就准备告辞。

寇白门不禁哂笑道："还没个准确信息儿，就急成这个样子了！吴老爷也没抬头看看日影，都到什么时辰了，就这么饿着肚子去常熟？"

伟业不禁老脸发烧，抬头一看，确实日已近午，只好自我解嘲地说："不是性急，只是不好意思打扰湄娘罢了！"

寇白门笑道："先生既然不好意思白吃奴家的酒饭，待会儿给奴家写几首诗呀词呀不就好了？"

"那好！那好！"伟业终于破颜一笑，又回到座位上。

寇白门一面命丫鬟去准备酒馔，一面命人磨墨侍候。伟业略一沉吟，文不加点一口气写了六首绝句，并在前面加了一行小序。写好后他递给寇白门。寇白门轻声念道：

白门，故保国朱公所畜姬也。保国北行，白门被放，仍返南中。秦淮相遇，殊有沦落之感。口占赠之。

南内无人吹洞箫，莫愁湖畔马蹄骄。

殿前伐尽灵和柳，谁与萧娘斗舞腰？

朱公转徙致千金，一舸西施计自深。

今日祇因勾践死，难将红粉结同心。

同时姊妹入奚官，桐酒黄羊去住难。
细马驮来纱罩眼，鲈鱼时节到长干。

重点卢家薄薄妆，夜深羞过大功坊。
中山内宴香车入，宝髻云鬟列几行。

曾见通侯退直迟，县官今日选蛾眉。
窈娘何处雷塘火，漂泊杨家有雪儿。

旧宫门外落花飞，侠少同游并马归。
此地故人骀唱入，沉香火暖护朝衣。

六首绝句念完，寇白门满眼热泪说道："吴老爷妙笔生花，把我心有所思、口中难言的事情都替我写成诗了，我真不知该怎么感谢先生！刚从北京归来，真是满目凄凉。原来的姊妹伙都失散了，不仅坊肆间难闻丝竹之声，就是大内的乐工班子也七零八落。南内无人吹洞箫，一点也不假。那宫门前满人的骑兵纵马奔驰，尘土飞扬，令人心惊胆战，哪还有什么心思观赏歌舞！殿前那些如烟垂柳，都被无端砍去，岂不大煞风景！往事不堪回首，回首令人肠断。当日朱公确曾有意学范蠡泛舟五湖，载我同去。可惜一旦成为亡国之虏，哪还由得了自己？后来听到他的死讯，我着实了无生趣。但还是活了下来。每念及往昔生活，就觉得愧对故人……"寇白门说到这里，倍觉凄然，只是摇头叹息，双目泪垂，语带哽咽，实在说不下去了。

伟业想安慰寇白门几句，但又不知说什么好。他又默默坐了一会儿，便起身告辞，仍从东水关坐船，往常熟而去。

3. 琴河感旧

常熟古城又名虞山，相传周太王，古公亶父的次子虞仲让国南来，成为吴人爱戴的国君，死后埋葬在这里，因以得名。有水自虞山涓涓而下，铮铮琮琮，声如鸣琴，故名琴河。城东南隅，琴河岸边有一座气象宏伟的宅第，四周绿柳堆烟，房舍鳞次栉比，院内亭台楼榭，花木葱茏，翠竹掩映，这便是钱谦益的半闲堂。

钱谦益迎降之后曾经应召到北京，但时间不长，便借病回乡。这位昔日的东林领袖、文坛祭酒，因为名节已污，不得不收起名利之心，蛰居家中，读书写作。吴伟业到访时已是金秋十月，虞山林木已见落叶飘零，琴水畔的蒹葭一片苍苍之色。半闲堂内虽有四时不谢之花，但仍挡不住沉重的秋意。钱谦益独坐在荣木楼二楼的书斋里，手捧一卷刚从汲古阁毛子晋那里借来的宋版评话，浏览消遣。但心头的种种不快，却无论如何也难以驱遣。

他曾经是一个心雄万夫的人，年少时便以才名饮誉江南。他也曾春风得意过，只差一步之遥，便可宣麻拜相，登上首辅之位，达到名利顶巅。但却被温体仁、周延儒排挤倾轧，身陷囹圄，几乎万劫不复。费尽九牛二虎之力，奔走钻营，失去十三年之久的一顶乌纱刚刚又戴在头上，短命的弘光王朝却又倒台了。纱帽没戴稳当，反倒落了个失节迎降、身败名裂的下场。

跟着豫亲王多铎重返北京，他满以为会被新朝重用，即使不能跻身大学士的高位，也会荣膺重任，主修明史。但前明沿袭下来的朋党恶习，又使他美梦破灭。聪明的多尔衮不愿让这班投降的前明官员结帮拉派、党同伐异，坏了新朝风气，不断变换手法摒斥、剪除他们。"家鸡有食汤锅近，野鹤无粮天地宽"，在官场摸爬滚打了多半辈子的他，深知宦海凶险，于是"三十六计，走为上策"，赶快以病为由，辞官回到半闲堂。

这次辞官和十三年前那次辞官况味大不相同。那次虽说丢了纱帽，但得到的却是江南士林、家乡父老的同情和赞誉，有失有得，甚至在某种意义上来说，得大于失。回乡后，他很快便成了江南士林众望所归的"文坛祭酒"便是明证。这次辞官，可以说是名利尽失，他简直被视为众多变节者的代表，成为众矢之的。他既感羞辱，又觉委屈，不止一次信誓旦旦地表白：自己迎降是为了江南生灵免遭涂炭，并非是为个人名利。但没有人领情，颇有名誉尽扫之状。

不久前，他在苏州虎丘遇到的极为难堪的一幕使他永生难忘。那天，他身穿一件小领宽袖的长衫出席一位朋友的宴会，被一群年轻士子围了起来。一位后生问他，所穿长衫为何领小袖宽？

他回答道："小领示为尊重新朝之制，宽袖是不忘先朝之恩。"

那后生立即当众讥讽道："先生确实不愧为两朝'领袖'！"

他当时老脸通红，张口结舌，不待席散便离开了苏州。从此便闭门读书，很少离开半闲堂。正当他想入非非的时候，老仆钱忠进来禀告：娄江吴太史拜访。

钱谦益略一迟疑，立刻吩咐道："请吴大人先到客厅奉茶，我随后就到。"

这钱府半闲堂是两进三院的格局。大门前立有一柱双斗旗杆，那还是当年钱谦益进士及第后所立。朱漆大门上高悬着"半闲堂"的淡金匾额，原是第一次罢官回乡后亲笔所书。吴伟业由钱忠带领来到客厅刚刚坐定，钱谦益便匆匆走了进来。

"骏公！真想不到钱某落到今天这种地步，你还敢来看我！真教老朽感佩莫名！"他一边寒暄，一边为伟业斟茶。老眼中溢着热泪，看来是真动了感激之情。

"牧老何出此言？"伟业一边逊谢，一边不解地问。

"我是骨朽人间骂未销呀！"钱谦益一边用手绢拭眼，一边叹道，"哎！江南人人骂我留都迎降是卖国求荣，他们哪里知道我的苦衷！"

"牧老何必为那些凡夫愚妇的无知之言烦恼？当日情势，伟业虽不在南中，也略知一二。马、阮之流闻风挟天子先逃，大兵已破龙江关，留都兵微将寡，恃何而守？若非牧老和赵忻城、王觉斯任谤分怨，纳表迎降，城破之日玉石俱焚，满城绅商士民、男女老幼谁能幸免？那扬州、江阴、嘉定等地不是前车之鉴吗？"

"耿耿此心，只说唯天可表，想不到还能为骏公鉴谅！也不枉你我相知相交一场了！"说罢，他忙命人摆上些时鲜果点，一边品茗一边交谈。

"贤者多劳多谤，历来如此。"伟业道，"远的不必多说了，就说我大明近三百年来，这样的事情还算少吗？张居正、于谦、袁崇焕哪个不是如此？这些前贤明明有功于社稷、有德于万民，却个个当时身败名裂。不过，烈火识真金，久而久之，人们自会分清忠奸贤愚，牧老不必太过烦恼。"

听伟业这么一说，钱谦益眉头渐渐舒展开来，他把不久前在虎丘遇到的不快告诉了伟业。伟业又劝慰道："后生们只知逞义气之辩，思虑怎及前辈深远？牧老不必把这等小事放到心上。"

"正是这等意气用事，弄不好会惹出大是非来。"钱谦益道，"骏公可能还不甚了解，鼎革以来，继复社而起者有沧浪会，后因细枝末节的琐事，分裂为慎交社和同声社。如慎交社的汪均万、宋既庭、侯研德，同声社的郑士敬、章素文、赵明远等人，均是我三吴士子的后起之秀。然他们积衅渐深，日相攻讦，势同水火。老朽深怕他们因兄弟萧墙，招致无妄之灾。太公曰'两叶不齐，将寻斧柯'，新朝正欲禁士子结社，一旦有人以二社交相攻讦为由，上奏京师，汉之白马清流之祸，吾恐不远。出于这种担心，我想寻找机会劝说他们化干戈为玉帛，不想尚未进言，就招来了老大没趣。由此我又一次感受到自己已为江南士林所弃，愧疚无比。尚望骏公能真正明白我的心意，以您的声望才学，足负众望，寻找机会和慎交、同声诸君子好好交谈交谈，晓以大义和其中利害，使他们握手言和，也不枉老朽一番苦心了。"

伟业深感钱谦益思谋之远，不由肃然起敬。说真的，他也曾对钱谦益迎降一事心存轻蔑，只不过设身处地考虑，没有过分苛责。听了他这番议论，他又似乎觉得钱谦益确有难言之隐，很像是一位忍辱负重的殉道者。想到这里，他连忙离座拱手道："承蒙牧老看重吴某，我有机会一定到吴门和松江走走。幸好与他们之中有几位尚有一面之雅，我会把牧老的殷殷关爱之意传达给他们。但愿他们化敌为友，和好如初。"

"老朽先代吴中士子谢谢骏公了！"钱谦益一边说，一边起身为伟业续茶。等伟业端起了茶盅，钱谦益又道："骏公近来可曾见过赛赛姑娘？"

想不到不等自己开口，钱谦益却先问起了自己。这一问虽然正中下怀，但伟业仍然觉得有点难为情，连忙借饮茶作掩饰，略作迟疑答道："自留都匆匆一别，只顾携带家人逃难，哪里还顾得上其他？等到时局稍微平静，也曾几次三番打听她的下落，但至今尚未有消息。"

"这样说来，骏公此番驾舟琴川，意在寻访赛赛？"钱谦益拈着胡须笑吟吟地问道。

伟业面皮一红，连忙说道："不怕牧老见笑，实不相瞒，伟业此番前来，一来么，确实想看望看望您和河东君；二来么，还要顺便打听打听赛赛的行止。"

"你是受了哪位高人的指点，找到常熟

柳如是像

来的？"钱谦益继续笑吟吟地，笑里全然没有半点矜持的庙堂气度和老人神态，却有几分孩子的狡黠。谈到女人，他忽然又返老还童了。

伟业暗暗称奇：怪不得有人称他东林浪子，到老仍是这副德性。但听话音，赛赛就在常熟，不禁喜出望外。连忙问道："赛赛就在常熟吗？"

"在与不在，老朽哪里知道？这要问河东君才知分晓啊！"

"那就烦请牧老带吴某去拜见河东君吧！"吴伟业放下茶杯，说着话就站起身来。

"骏公少安毋躁。"钱谦益见吴伟业那急不可耐的样子，反而不笑也不急了。他示意伟业坐下，慢慢说道："骏公有所不知，自从回到常熟，河东君就和老朽闹了生分，独自另居一院。连老朽也难得一见，见面也铁青着脸，冷言冷语，夹枪带棒。今番你来，见与不见还在两可之间。你让我贸然带你同去，岂不自讨没趣？"

"为什么会这样？"吴伟业半信半疑，"牧老莫不是有意取笑吧？"

"哎！老朽还巴不得沾你的光，借你的金面打破僵局，趁坡下驴呢！哪还有什么心思取笑于你？"钱谦益刚才的满脸笑容一丝不见，满脸严肃地说。

"那究竟是为了什么呢？"伟业追问道。柳如是性情刁钻，爱使小性子，平时喜欢娇嗔假怒捉弄钱谦益，这一点他略有所闻。但何以夫妻生分到独居别院，形如陌路。他大惑不解。

见伟业怀疑，钱谦益苦笑说道："还不是因为钱某失节迎降的事？外人不知老朽的苦心倒还罢了，唯独不能见谅于河东君，老朽真是苦不堪言。清兵入城之日，河东君曾经投水自尽，幸喜被家人救起，不然老朽也难独自苟活至今。老朽反复给她剖白心迹，始终不获谅解。几次三番要离我而去，我苦苦相求才总算勉强留了下来，但给我约法三章：一不许我再任一官半职；二不许我结交官府；三不再见任何外客。今日你来，保不准还赏你一杯闭门羹哩！"

"想不到河东君竟是如此刚烈，真令我们这些须眉男儿汗颜。"伟业道，"越是这样，吴某越要前去拜访，即使赏闭门羹也不后悔！"

"既然骏公这么说，老朽也就不怕碰钉子讨没趣了。"于是宾主二人联袂走出客厅。

沿着竹木掩映的青砖甬道，绕过大客厅后面荣木楼东山墙，便看到一个月洞门，藤萝覆盖的门额上依稀可见"绛云"两个隶书大字。一进月洞门，便看见有幢两层小楼古朴典雅，庄重俨然。小楼两侧各有一片竹林，满园凤尾湘妃竹，随风摇曳。迎门甬路两侧是药栏菊圃，一丛丛金菊正在绽开，散发出阵阵清香。钱、吴二人尚未登上绛云楼的台阶，就听见架上红嘴绿羽鹦鹉叫道："客来了！客来了！"叫声甫落，珠帘撩起，一个丫鬟探身出来，见是钱谦益和吴伟业，连忙上前敛身为礼道："给老爷请安！夫人刚刚吩咐过奴婢，老爷来时，让奴婢回禀老爷，夫人身体不爽，改日相见。老爷和这位爷请到前厅奉茶吧！"

那丫鬟说罢，转身要走。钱谦益觉得当着客人的面太损颜面，不觉动起怒来，大声呵斥道："大胆！夫人身体不爽，老爷正要过来探望，何况吴老爷专程来拜见夫人，哪有不见的道理？还不快去禀告夫人？"

那丫头十分为难。伟业见状，连忙含笑说道："通常客人，你家夫人可能不见。在下娄东吴伟业前来探望夫人，你家夫人肯定会赏光，绝不会怪罪于你。快去通禀吧！"

那丫鬟迟疑了一下，对着二人深深福了一福，转身撩起帘子，请二人进屋。沏上香茶，然后上楼通报去了。吴伟业打量柳如是这间会客厅，确实与众不同，集华贵与淡雅于一体，既不显奢华俗气又不失之俭朴寒素。地上铺着浅红毡毹，迎门紫檀几案，壁上一幅文徵明的水墨山水，上面是钱牧斋手书的"我闻室"横幅。东西两面墙上挂着几幅唐伯虎的仕女图。南面临窗分置两张梨木雕花几案，左边案上放着文房四宝，案侧书架上整齐地放着几卷线装书；右边几案上则放着一架古色古香的焦尾琴，一只宣德炉里正燃着檀香，满屋弥漫着淡淡香味。

伟业正端详时，柳如是由刚才那丫鬟搀扶着从楼上下来。伟业忙起身相迎，钱谦益却故意端着架子，慢慢品茶。柳如是未下楼梯就笑吟吟地说道："今日东南风刚起，怎么就把吴老爷给吹到虞山来了！稀客！稀客！有失迎迓，吴老爷千万不要见怪！"

伟业忙道："听说河东君身染贵恙，探视来迟，还望恕罪！"说话间伟业偷眼打量柳如是。虽说已经年过三十，依然风姿依旧，婉丽秀逸，面色红润，两眼顾盼有神，哪有半点有病的迹象？

"我这病么，不在身上，而在心上。恐怕今生今世也难好得了。"柳如是说着话，由丫鬟扶着，在钱谦益下首的一张梨木雕花椅子上落座。丫鬟连忙斟上一盅香茶，递到她手里。她浅浅啜了一口，接着说道："太史公此番来常熟，并不单单是为了看望黄粱梦醒的牧老和我这心病难医的苦命女子吧？醉翁之意可否坦诚相告？"

"河东君还是这样唇枪舌剑口不饶人。"伟业笑道，"什么事情能瞒过你的眼睛？实不相瞒，伟业此行是想请夫人帮忙，让我重见赛赛一面，以解思念之苦。"

"吴老爷，"柳如是慢慢站起身来，把茶盅放在桌上，转身向着窗户说道，"前些日子我常想史阁部扬州失守，不只怨兵少将寡，还怨扬州城墙太薄太不坚硬。要是有你们这些男子汉的脸皮那样厚那样结实，何以会被清兵攻破？史阁部又怎会为国捐躯？"

伟业闻言，老脸一下子红过耳根，浑身冒出汗来。钱谦益连忙拦住柳如是的话头，唯恐她再说出什么更令人难堪的话来："如是！你就口下留情吧！骏公是来求你帮忙的，君子成人之美，你就给赛赛捎个口信儿让她来，大家聚一聚有何不好？"

"君子成人之美？我可不是什么君子！我生平最讨厌那种满嘴忠、孝、节、义，一见真章就狗屁不如的伪君子。以牧老夫子的道德学问何不修书一封，传谕赛赛，让她即速侍奉？何须要我出头？这也用不着你们顶礼焚香，率领文武百官冒雨跪迎，也用不着牧老做什么'识天命之有归，知大势之已去'的锦绣文章，她一个烟花女子，还敢'抗命不遵，投诚归命'？"

钱谦益万万没有想到自己随口一句敷衍的话，却招来了柳如是一番连珠炮似的挖苦。一时张口结舌，不知如何是好。吴伟业脸上发着烧，尴尬地坐着，慢慢听出了弦外之音，知道柳如是这通怒气不是冲着自己发泄，还是为了恼恨钱谦益拟表迎降，全无气节。他暗暗佩服柳如是的忠义，自愧不如一个烟花女子。他不能眼见钱牧斋为自己惹火烧身，自己却一言不发。等到柳如是话锋稍歇，连忙捧起茶盅，双手递到柳如是手中，堆笑说道："河东君暂息雷霆之怒，可否容吴某一诉衷曲？当日在南都赛赛骤遇不测之祸，多亏河东君仗义相援，吴某感激莫名，无一刻忘怀。"

"那是我们姊妹伙的分内事，与吴老爷何干何涉？感激二字，柳如是愧不敢当！"柳如是冷笑道，"嘿！吴老爷既然还有脸提起这事，我倒要问你，世上什么玩笑不好开，哪有拿婚嫁大事当儿戏开玩笑的？这不是不拿我们青楼女子当人看吗？人生皆有死，民无信不立。这可是你们的孔老夫子说过的。吴大人堂堂榜眼会元，失信于一个青楼女子，尚有何面目立于尘世之上？"又是一连串的连珠弩发，使吴伟业汗流不止。

等柳如是怒气稍减，伟业又道："当时情势，实有两难。想必河东君还记得，匆忙完婚实非万全之策，区区心意已遣敝亲郑三山告知您和赛赛。至于不辞而别，实在是变生不测，若不即刻离开留都，吴某难免和雷缜祚等人落到同样下场。这恐怕也是河东君和赛赛所不愿看到的。"

"那你也不该一去鱼雁无消息呀！"柳如是尽管性情泼辣，但本不是蛮不讲理之人。听了吴伟业这番话，口气和缓下来。

"河东君有所不知。"伟业忙道，"伟业自回娄江以后，国事家事变乱纷起，我也曾三番五次派人到南都去打探赛赛的消息，无奈都打听不到半点音讯。待时局稍定，我又亲去吴门、南都寻访。幸而在秦淮遇到寇白门，指点迷津。吴某茅塞顿开，就匆匆忙忙来请河东君帮忙。还望河东君念吴某一片痴情，大力玉成，使吴某能够有机会向赛赛剖白心迹，当面认个错儿。若蒙赛赛见谅，伟业定然不负前盟，迎娶赛赛同返娄江。"

"这只是吴大人一厢情愿罢了！"柳如是哂笑道，"你也太小瞧我家赛赛妹妹了，她就那么容易任人想娶便娶想弃便弃？念吴大人尚有几分真情，我可以从中帮忙传个话，邀赛妹妹来半闲堂一趟。但我把话说在前面，至于她愿不愿见吴大人，我也做不得主儿，说话算不得数儿，这要看你们还有没有这个缘分。"

伟业连忙离座施礼道："多谢河东君了！"

伟业告辞柳如是，离开我闻室，和钱谦益一道来到荣木楼。钱谦益的书房在二楼，房内藏有许多珍本典籍和历代名人字画，几案上摆放着几件名贵玉器和精美盆景。整个书房布置得十分庄重典雅。自辞官回乡后，他一直在潜心研读佛经，书房内又多了一尊大肚弥勒佛的玉石雕像。佛像前虽没有摆设香案，但他常常一个人在佛像前默坐沉思，参悟佛经中的道理。伟业看到这尊弥勒佛像，立刻想起了一番宽慰钱谦益的话来。

"牧老！你看这弥勒佛大度包容，慈颜常笑，其实谁知他老人家肚子里装了多少委屈？藏了多少常人难以容忍的事情？当初，世上那些凡夫俗子可能没有几个理解佛祖心肠，久而久之，世人便都知道了佛心的宽广，因而礼佛的善男信女一天天多起来。牧老何不也学学这弥勒佛？世人笑骂且由他笑骂，只要自己问心无愧，何必放在心上？"

"哎！骏公有所不知，别人的非议我倒不甚计较。唯有河东君至今不肯

瞿稼轩像

见谅，我实在难以释怀。"钱谦益仍旧愁眉不展。

"牧老！你该为有河东君这样的红颜知己高兴才对。"伟业道，"牧老为国为民思虑深远，河东君为国为民不惜以死相殉。一缓一急，一远一近，但归根结底是一致的，日久天长，心意自通，何愁不能和好如初？河东君是个冰雪聪明的人，哪会永远不解牧老良苦用心？"

两人正在闲聊，瞿式耜的儿子瞿嵩锡听说伟业到了常熟便来钱府看望。瞿式耜是钱谦益的门生，二人又是儿女亲家，关系十分密切。当年钱谦益受温体仁的陷害，瞿式耜受到连累，二人同时下狱。吴伟业曾经去监中探望他们，并且写了长诗《东皋草堂歌》赠给瞿式耜。如今瞿式耜是两广抗清势力的主将，带头拥立了桂王朱由榔，建立了永历政权，身兼永历朝吏部、兵部两尚书，在广西连败清军，深为清朝统治者所痛恨。瞿式耜在常熟东郭虞山脚下有处庄园，名为"东皋草堂"，里边有浣溪草堂、贯清堂、镜中来、耕石轩等建筑，是常熟有名的私家园林。十年前，吴伟业曾来常熟游玩，罢官在家的瞿式耜盛情接待了他。东皋草堂的胜景，他至今记忆犹新。

"屈指算来已经十年了，"吴伟业无限感慨地说，"那时令尊刚刚脱困，自京师回归虞山，我也正好告假回乡，于是就放棹琴河，来看望令尊。东皋草堂正值菊花烂漫之时，满园清香。令尊陪我遍游园中各处，在贯清堂赏菊，到镜中来观鱼，后来到耕石轩稍憩。令尊酷爱沈石田的画，不惜重金搜求石田翁的墨宝数百卷，藏于轩中，故而命名此轩为耕石轩。我二人一边持螯饮酒，一边观看石田翁的真迹，酒不醉人人自醉，真是痛快极了！当年情景，宛然如昨。不知——不知近来可有令尊消息？"

"自从家父拥立桂王以来，"瞿嵩锡谨慎地说，"清廷无时不在监视着广西与家中的联系，因而音讯久已断绝。不过前不久，有人从广西来，说清廷大军攻打广西，桂王前往泉州，家父留守桂林。只怕——只怕——哎！"

"吉人自有天相，"吴伟业宽慰道，"令尊忠义感天动地，自应逢凶化吉，遇难成祥。"

"哎！"瞿嵩锡神色黯然，低头不语。

"南中立君不久，我刚到留都，令尊已接到诏旨，由监察御史出任广西巡抚。我们只在饯别宴会上匆匆一面，迄今已有六年没见过面了。"吴伟业无限深情地说，"空有云树之思啊！"

"多谢太史公对家父的深情厚谊。"

"东皋草堂风景依旧吗？"伟业突然问道。

"实在惭愧得很，"瞿嵩锡道，"家父离家日久，晚辈治家无能，举家生计艰难。新朝知家父在南边，不时前来追讯消息，百般勒索。差役有时竟然入室搜索，弄得鸡犬不宁。耕石轩书画已丢失殆尽，园中房舍也多已破旧不堪。前不久，我已贴出招贴，准备把园子变卖，以维持家计。"

"能够带我到园中再去看看吗？"伟业道。

"荒园一座，还有什么好看的？"瞿嵩锡难为情地说。

"还是带我去看看吧，借以慰藉对故人的思念。"吴伟业恳切地坚持。

瞿嵩锡不便拂违伟业的心意，只好陪他去东皋草堂一游。钱谦益托言有其他事情没有同往。

天气阴沉沉的，下着蒙蒙细雨。虞山笼罩在细雨和烟雾中。果如瞿嵩锡所言，昔日名园如今已经面目全非：亭台楼阁已多半颓圮，名花异卉尽被荒榛淹没。伟业不忍久留，匆匆转了一转，便和瞿嵩锡作别，重回钱府半闲堂。

刚到荣木楼，钱谦益就迎上来说："河东君正要请我们过去呢！恐怕是有了好消息。我们快过去吧！"

伟业淡然一笑，以掩饰内心的急切，跟着钱谦益往绛云楼而来。果然，柳如是沏好香茶，正在我闻室等候吴伟业到来。二人落座，柳如是便笑吟吟地说道："恭喜吴老爷！赛赛把您的诗收下了，事情还有转机，有希望！"

伟业摇头道："夫人不必宽慰我了。收下了诗能说明什么呢？"

"这你就不明白了，"柳如是依然笑靥如花，不疾不徐地说道，"赛赛如今已非昔比，已是有主的人了。若非有意和吴老爷重续旧缘，岂肯再收您赠的诗？她收下这四首诗，万一让人家知道，难免会意外生出枝节来，这岂不是自寻烦恼？大人不是女人，不知道女人的心思。大凡女人，尤其是我们这些薄命女子，最不愿他人知道自己的隐情。而男人呢，十有八九是醋坛子醋缸，又最怕自己的女人旧情不断。一旦发现点蛛丝马迹，难免醋海涌波。赛赛寻的这个主儿，听说是东方一诸侯，这种人死要面子，规矩最多，赛赛岂有不知？她既然敢收下吴老爷所赠诗句，一定是准备断绝郑家之约。您静候佳音好了！"

"这可能吗？"伟业迟疑地问。

"这有什么不可能？"柳如是道，"牛不喝水还能强按角不成？当初弘光帝贵为天子，阮大铖权倾朝野，李香君誓死不肯入宫，他们有什么法子？何况赛赛已经透了口风，您还有什么犹疑？"

"什么口风？"吴伟业连忙问道。

"赛赛捎话给我说：'姐姐就不怕人家再次辜负了我的心意？只怕咱肯赴兰桥之会，人家难守抱柱之信。传语吴爷，他有等性儿，就等着吧！'吴老爷您琢磨琢磨，这话是什么意思？"柳如是望着伟业含笑反问。

伟业连忙拱手对柳如是说道："烦请河东君转告卞姑娘，伟业往日有负良多，深自追悔，若蒙不计前嫌，定永不相负。"

"您就放心等着好了！"

又吃了几盏茶，说了一阵子闲话，伟业和钱谦益告辞柳如是，重回荣木楼。当晚吴伟业心情宽展了不少。灯下听着秋雨敲窗，他不禁想起白天重游东皋草堂的情景，想起和瞿式耜的友情，对老朋友产生了无限的思念，于是提笔写了一首七言歌行，题曰《后东皋草堂歌》：

> 君家东皋枕山麓，百顷流泉浸花竹。
>
> 石田书画数百卷，酷嗜平生手藏录。
>
> 隐囊麈尾寄萧斋，鸿鹄高飞鹰隼猜。
>
> 白社青山旧居在，黄门北寺捕车来。
>
> 有诏怜君放君去，重到故乡栖隐处。
>
> 短策仍看屋后山，扁舟却系门前树。
>
> 此时钩党虽纵横，终是君王折槛臣。
>
> 放逐纵缘当事意，江湖还赖主人恩。
>
> 一朝龙去辞乡国，万里烽烟归未得。
>
> 可怜双戟中丞家，门帖凄凉题卖宅。

有子单居持户难，呼门吏怒索家钱。
穷搜废箧应无计，弃掷城南五尺山。
任移花药邻家植，未剪松杉僧舍得。
渔舟网集习家池，官道人牵到公石。
石础虽留不记亭，槿篱还在半无门。
敧桥已断眠僵柳，醉壁谁扶倚瘦藤。
尚有荒祠丛废棘，丰碑草没犹堪识。
阶前田父早歌呼，陌上行人增叹息。
我初扶杖过君家，开尊九月逢黄花。
秋日溪山好图画，石田真迹深咨嗟。
传闻此图再易主，同时宾客知存几？
又见溪山改旧观，雕栏碧槛今已矣。
摇落深知宋玉愁，衡阳雁断楚天秋。
斜晖有恨家何在，极浦无言水自流。
我来草堂何处宿？挑灯夜把长歌续。
十年旧事总成悲，再赋闲愁不堪读。
魏寝梁园事已空，杜鹃寂寞怨西风。
平泉独乐荒榛里，寒雨孤村听暝钟。

诗写好后，他又轻声念了一遍，准备明日赠给瞿嵩锡。这时候钱谦益从楼上下来。原来他也没有入睡，灯下写了几首诗，让伟业观看。伟业看时，只见澄心堂素笺上写着《读梅村宫詹艳诗有感书后四首》：

上林珠树集啼乌，阿阁斜阳下碧梧。
博局不成输白帝，聘钱无籍贳黄姑。
投壶玉女和天笑，窃药姮娥为月孤。
凄断禁垣芳草地，滴残清泪杀蘼芜。

挝鼓吹箫罢后庭，书帷别殿冷流萤。
宫衣蛱蝶晨风举，画帐梅花夜月停。

衔璧金缸怜旖旎，翻阶红药笑娉婷。
水天闲话天家事，传语人间总泪零。

银汉依然戒玉清，行宫香烬露盘倾。
石碑衔口谁能语，棋局中心自不平。
禊日更衣成故事，秋风纨扇是前生。
寒窗拥髻悲啼夜，暮雨残灯识此情。

灵琐森沉宫扇回，属车辚辚殷轻雷。
山长水阔欺鱼素，地老天荒信鸩媒。
袖上唾成看绀碧，梦中泣忍作琼魂。
可怜银烛风添泪，留取高僧认劫灰。

诗后有牧斋小序，其中写道："顷读梅村宫詹艳体诗，见其声律妍秀，风怀恻怆，于歌禾赋麦之时，为题柳看花之句，彷徨吟赏，窃有义山、致光之遗感焉。雨窗无俚，援笔属和；秋蛩寒蝉，吟噪咽晰，岂堪与间关上下之音，希风说响乎？《河上》之歌，听者将同病相怜，抑或以为同床各梦，而辗尔一笑也，时岁在庚寅玄冥之小春十五日。"

伟业看罢叹道："牧老音调清婉，臣不忘君之义溢于字里行间，深得风人之旨。大作置于李义山、韩致光篇什中亦不逊色。拙作偶话旧游，伤心往事，多当日情景实语。哪堪相提并论？牧老若把这几首诗送到我闻室，让河东君仔细读读，或许能窥见先生衷曲，从而消除误会。"

钱谦益道："只怕她识不得老夫苦心，岂不对牛弹琴？"

"河东君蕙质兰心，冰雪聪明，焉有不识之理？牧老还是送过去吧！"伟业劝道。

于是钱谦益一手打着伞，一手提着灯笼，怀里揣着诗稿到绛云楼去了。不知是不是这几首诗起了作用，当晚钱谦益并没有被柳如是赶出绛云楼。第二天他们夫妇双双送吴伟业回转太仓，看来满天风雨已散，二人又和好如初了。

4.《圆圆曲》

转眼又是莺飞草长、杂花生树的阳春三月。这天吴伟业正在梅村的鹿樵溪舍前莳弄花草，仆人吴忠进来禀道："大公子！门前来了一位道姑，一定要见您。见是不见？"

"是化缘的吗？"伟业只顾拔草，没有抬头。

"好像不是，"吴忠道，"既未携带行囊，又没有化缘的簿子，还跟着一个婢女，背着月琴。"

"什么？跟着一个婢女？"伟业霍地站起身来，愣了愣神，连忙说道，"快请她们进来！快请她们进来！"

"让她们到哪里候着？"吴忠又问。

"梅花书屋吧，我马上就过去。"说着话，伟业转身回到鹿樵溪舍。洗手更衣已毕，匆匆向梅花书屋赶来。

"赛赛！赛赛！果然是你来了吗？"伟业尚未进屋，就不觉失声叫起来。但当他一步跨进梅花书屋，起身相迎的却是一个头戴黑色尼帽、身穿黄色道装的尼姑。他一下子惊住了。

"无量佛！贫道卞玉京稽首了！"赛赛淡然说道。

"赛赛！你这究竟是为什么呀？！"伟业惨然地问。

"世上已无卞赛其人，在下玉京道人。"

"不知你是天上的玉京还是地上的玉京？"伟业凄苦而又冰凉地问。

"天上的玉京如何？"

"天上的玉京，高在'无为之天'。古人云'上处玉京，为神王之宗；下在紫微，为飞仙之主'，高不可攀，故李太白庐山谣曰'遥见仙人彩云里，手把芙蓉朝玉京'。"一边说着，吴伟业走到赛赛面前躬身一礼。赛赛忍俊不禁，终于笑出声来。

"地下的玉京又当如何？"

"南齐孔稚珪说，'关西升妙，洛右飞英；凤吹金阙，箫歌玉京'。尘世上的芸芸众生、凡夫俗子皆可前往，聆听凤吹箫歌。"伟业仍然毫无喜气。

"你这个学富五车的书呆子呀！"赛赛又好笑又好气地说，"我不是从天上来到了地下，来到了你的面前了吗？"

"来到我面前的是玉京道人，可不是我日思夜想的赛赛呀！"伟业几乎要哭出声来。

"你仔细看看玉京道人和赛赛有何不同？"赛赛走上一步，取下头上的黑色尼帽，满头乌黑的秀发立刻飘散下来。伟业一愣，立刻张开双臂，抱住了赛赛的双肩。二人喜极而泣，同时喃喃说道："我们终于又相聚了！我们终于又相聚了！"柔柔见状，连忙知趣地退了出去。

一阵情感的急风暴雨过后，二人终于心情平静下来。等卞赛对镜挽起发髻，带好尼帽，在原来的椅子上坐定，伟业方才想起沏茶。这时候柔柔端着托盘，上面放着刚刚煎好的香茶走进屋来，在二人面前各放上一个青瓷茶盅，斟上茶，侍立一旁。伟业问道："四首小诗收到了吗？"

"收到了，"赛赛浅啜一口，说道，"正有几点不明白的地方，要向相公请教呢。"

"有什么不明白的？"伟业忙问。

"相公序中写道'山上蘼芜，故人安在''能无杜秋之感'，妾实不解。"赛赛道。

"这有什么不好懂的？古诗云'上山采蘼芜，下山逢故夫'，是写一女子夫妻离异后，又和故夫邂逅，问及故夫，可曾又娶？故夫告诉她，新不如故。这杜秋本是金陵女子，为镇海节度使李锜之妾。后李锜被杀，杜秋被逼入宫，为宪宗所宠，曾为皇子漳王保姆。后来皇子被废，老归金陵。所思不是皇家富贵，仍是当年李锜。两处典故，意旨一样，都是不忘前情之意。"伟业解释道。

"这样看来，相公所写，难免文不对题了。"赛赛不无幽怨地说，"两处典故中的女子，都是有夫之妇，其与卞赛何似？相公以之和卞赛相比，岂非驴唇不对马嘴？赛赛命运之苦、之薄，哪是古人比得了的？"

伟业心知赛赛怨恨自己负约，连忙离座陪礼道："吴某有负赛赛，从今而后誓不相负，以补前愆。"

"相公诗中说，'书成粉扇凭谁寄，多恐萧郎不忍看'。但不知相公可是哪个萧郎？"赛赛又问。

"自是先秦萧郎，也就是崔郊诗中的萧郎，生怕赛赛'一入侯门深入海，从此萧郎成路人'呀。"伟业接着问道，"赛赛以为吴某是哪个萧郎？"

"妾实在怕相公是皇帝萧郎、宰相萧郎啊，那样赛赛可实在高攀不起呀。"赛赛不无揶揄地说。

"吴某岂敢妄比梁武帝萧衍、唐宰相萧瑀？当是布衣萧郎萧史了！"伟业连忙解释。

"如此说来，奴婢就放心了。妾虽不敢妄比弄玉，但愿为相公弹一曲吹箫引凤，相公意下如何？"

伟业大喜过望，连忙收拾几案，柔柔立刻从琴囊中取出琴来，点燃檀香，摆在案上。于是赛赛轻拢慢捻，转轴拨弦，弹奏起来。

伟业好久没有听过如此美妙的琴声了。几声清脆婉转的凤鸣之后，仿佛林中娇鸟乱啼，细碎的、悠长的、高亢的、低沉的、激越的、纤徐的、嘹亮的、浊重的……无不悦耳动听。赛赛弹了一曲又一曲，伟业听得意乱神迷。正当欢快忘情之时，忽然觉得悲风渐起，阵阵寒意袭人，仿佛凄风苦雨降临。伟业精通音律，谙习琴曲，仔细品味，仿佛是商陵牧子的《别鹤操》或《离鸾引》，不禁击节吟道："将乘比翼隔天端，山川悠悠路漫漫，揽衣不寝食忘餐！"

歌吟方歇，赛赛却琴声戛然而止。再看赛赛时，只见她满脸清泪，如痴如呆，手抚琴案，凄苦不胜。伟业不禁大惊，连忙上前俯身问道："怎么啦？身子不舒服吗？"

赛赛仿佛没有听到，一言不发。伟业转身倒了一杯香茶，递到赛赛面前，赛赛接过，无声放到案上。柔柔递过罗帕来，赛赛拭了拭脸上的泪水，端起茶盅慢慢饮了几口，过了良久，方才说道："相公或许会想奴家何以如此伤心？你哪里知道这曲中的辛酸苦辣。《别鹤操》也不过是商陵牧子被逼无奈和爱妻分手，《离鸾引》也不过是潘妃玉儿为东昏侯殉节。哪能和申酉间我亲闻亲历的事情相比！相公不辞而别，离开南都之后，奴家不啻在十八层地狱走了一遭。朝廷选秀并没有停止，太监、差役三番五次上门。左邻有一女子，本是中山王爷徐达的后代，年方十六，风华绝代。一次到王府唱堂会，我曾和这姑娘有一面之缘。见过她之后，才知道什么叫花容玉貌、天仙嫦娥，真把我们这些脂粉堆里的顶尖姐妹比成粪土了。这样的美人，当然要被选中了。可惜没到大婚的吉日，还没来得及入宫，清兵就打过长江来了。她们连弘光皇帝的面也没见过，却成了替罪羊。豫亲王进入南京之后，按照当年挑选淑女的名单，一个不漏地搜索盘查。祁氏、阮氏这样的名门闺秀，个个难得幸免。连我们这些秦淮教坊中的薄命女子，凡名单上有的，也在劫难逃。相公不是怪妾为何身着道装吗？不是郑太医急中生智，为妾想出这个办法，哪里还有今日重逢！我身着道装带着柔柔混出南都后，重返吴下，不想苏州却兵连祸结，我们只好逃到常熟一所破庙里暂时栖身。后来听说，姐妹们在北上途中受尽蹂躏和折磨，像沙才、沙嫩、董年等要好的姐妹都不堪其苦，在路上悲惨地死去了。这样看来，我虽然吃了些苦，总算保住了性命，可真是不幸中的大幸了！"

说着说着，卞赛又哽咽起来。伟业也不禁十分感伤，汪然出涕。为了止住悲伤，伟业提议到园中各处走走，赛赛点头应允。于是主仆二人跟着伟业出了梅花书屋，一边游赏，一边交谈。春风花香中大家情绪渐渐好起来。伟业趁机问道："赛赛能够脱下道装，与吴某长相厮守，共老梅村吗？"

"出家容易还俗难呀。"赛赛叹道："玉京此番来看望故人，已是困难重重，相公何必得陇望蜀？相公既已知道隔断层楼十二重，何必为自己再添烦恼？浙东郑家，新朝新贵，权势炙手可热，非但一个弱女子招惹不起，相公也惹不起，此其一；玉京静观相公处境，安卧林下只是暂时的，以相公盛名，当局断不会让你全名全节安当逸民，此其二；玉京虽身着道装，尚未完全挣脱羁绊，须待郑家收回聘书，一无瓜葛，方可议及将来，此其三。还望相公体察奴家的苦处。"

"照此说来，吴某之望永远是水中月镜中花了。"伟业显得十分失望，不由焦躁烦闷起来。

"也不能说全然无望，"赛赛道，"相公还需耐着性子等一段日子。令亲郑太医正托人说合，只说妾身原因身患绝症而舍身出家，忽然受聘之后，病势加重，想是亵渎了神灵，不得已又穿上了道装。希望郑家怜悯，收回聘金。时至今日，郑家尚未明确答复。"

"那郑家要是执意不答应呢？"伟业又问。

"哎！我也想到了这一层，"赛赛道，"果真如此，赛赛已经和柔柔商量好了，柔柔妹妹情愿代我去跳这个火坑，成全我们。"

"这如何使得！"伟业激动地说，"柔柔姑娘这份情义，吴某如何报答得了！"他回头看柔柔，柔柔不知是有意还是无意，却恰恰在此时转身到花间扑蝶去了。那婀娜的身影，实不减于主人。

"相公知道，我们的情义早已超过了主仆。何况我也早该为她谋个归宿。"说到这里，赛赛又有几分神色黯然。

"那就请你代我向柔柔姑娘多致谢意，等她出嫁之日，吴某一定为她准备一份厚厚的嫁妆。"伟业十分诚恳地说。

"说这些话，恐怕为时尚早。"赛赛道，"这只是一厢情愿的如意算盘，郑家能否答应，尚在未知之数。但我和柔柔绝非爱财之人。这一点相公知道。唯有一条相公必须答应我，千万不可让我失望。"说到这里，卞赛二目灼灼，直望着伟业。

"赛赛有何愿望，只管说来，伟业无不从命。"伟业对着赛赛那灼热的目光，急忙问道。

"愿相公勿学钱牧斋，不要贪恋新朝富贵。"

"赛赛放心好了！"伟业一块石头落了地，不假思索地回答，"伟业一向淡泊功名富贵，何况身受先皇厚恩，万不会做异姓臣子！"

"这我就真的放心了！"赛赛脸上终于绽出了笑容，但还是严肃地说道，"相公可要记住了，我可是宁死不嫁身事二姓之人的！"

当晚赛赛住宿梅花书屋，灯光下，抄写经卷，这是她近两年来的必修功课。伟业宿住在鹿樵溪舍。油灯下，他再次回忆赛赛白天讲述的申酉往事，心事浩茫，思接千载，写成了一首七言歌行，题曰《听女道士卞玉京弹琴歌》，其中写道：

> 玉京与我南中遇，家近大功坊底路。
> 小院青楼大道边，对门却是中山住。
> 中山有女骄无双，清眸皓齿垂明珰。
> 曾因内宴直歌舞，坐中瞥见涂鸦黄。
> 问年十六尚未嫁，知音识曲弹清商。
> 归来女伴洗红妆，枉将绝技殢平康，
> 如此才足当侯王。
> 万事仓皇在南渡，大家几日能枝梧。
> 诏书忽下选蛾眉，细马轻车不知数。
> 中山好女光徘徊，一时粉黛无人顾。
> 艳色知为天下传，高门愁被旁人妒。
> 尽道当前黄屋尊，谁知转盼红颜误。
> 南内方看起桂宫，北兵早报临瓜步。
> 闻道君王走玉骢，犊车不用聘昭容。

幸迟身入陈宫里，却早名填代籍中。

依稀记得祁与阮，同时亦中三宫选。

可怜俱未识君王，军府抄名被驱遣。

漫咏临春琼树篇，玉颜零落委花钿。

当时错怨韩擒虎，张孔承恩已十年。

但教一日见天子，玉儿甘为东昏死。

羊车望幸阿谁知，青冢凄凉竟如此！

我向花间拂素琴，一弹三叹为伤心。

暗将别鹄离鸾引，写入悲风怨雨吟。

昨夜城头吹觱篥，教坊也被传呼急。

碧玉班中怕点留，乐营门外卢家泣。

私更装束出江边，恰遇丹阳下渚船。

剪就黄绝贪入道，携来绿绮诉婵娟。

此地由来盛歌舞，子弟三班十番鼓。

月明弦索更无声，山塘寂寞遭兵苦。

十年同伴两三人，沙董朱颜尽黄土。

贵戚深闺陌上尘，吾辈飘零何足数。

坐客闻言起叹嗟，江山萧瑟隐悲笳。

莫将蔡女边头曲，落尽吴王苑里花。

次日一早，吴伟业便去看望赛赛，他把昨夜写的诗稿送给赛赛观看。赛赛看后叹道："此等恨事，千载伤心，亏相公写入诗中，让人怎么读得下去！尤其写中山王府家闺秀这一段，文辞华艳，凄清入耳，难以卒读，如惊风急雨、急管繁弦让人身心颤栗。不过观全诗口气似托赛赛泣诉，但赛赛哪有这份文采？若是出自相公之口，相公怎知其中曲折？"

"果是知音，评得切中肯綮。这实是你我二人，不，还有沙才、董年等人的共同心声！"伟业道。

"那就让我誊写一卷，传给更多的人看吧。"赛赛说道。

赛赛不便在梅村多住。伟业依依难舍，于是决定亲送赛赛前往苏州。赛赛已在横塘新觅小院一处，移居在此。船近十里山塘，伟业自然又想起了他们初次相逢的情景，心情激荡，不禁轻声说道："倘使此生常如当年，该有多好啊！"

"当年有什么好？如今又有什么不好？相公何必痴人说梦？"赛赛望着江水，淡然说道："世上万物莫不如此，当你朝夕享用时并不觉得它有什么好处，一旦失去，为他人所有，便又觉得它成了宝贝。不必多想过去的事儿，还是多珍重现在与将来吧。"

"我是想将来如以往，不，就如现在也好。"伟业无限深情地吟道：

落拓江湖常载酒，十年重见云英。依然绰约掌中轻。灯前才一笑，偷解砑罗裙。

薄幸萧郎憔悴甚，此生终负卿卿。姑苏城外月黄昏。绿窗人去住，红粉泪纵横。

"这不是《临江仙》吗？"赛赛问道。

"正是。"

"我还记得当年相公写的那首《醉春风》：'门外青骢骑，山外斜阳树。萧郎何事苦思归，去去去。燕子无情，落花多恨，一天憔悴。'你不怕再落得'一天憔悴'吗？"

"我想永远不会那样了。"

二人正情意缠绵，沉浸在对往事的回忆时，忽听前面鼓乐齐奏，管弦悠扬，原来迎面过来了一艘迎亲的官船，其仪仗排场非常罕见：桅杆上高高飘扬着龙虎旗，船头上立着肃静回避的虎斗金牌，还站着甲胄分明的兵丁。伟业暗想：封疆大吏操办婚事也没有这等煊赫，难道是哪家亲王贝勒娶亲？这时赛赛也动了好奇之心，于是二人命艄公把船靠在岸边，下船到看热闹的人群中去打听缘由。

原来，这苏州有一破落子弟，姓王名景桂，父母亡后，纨绔积习不改，很快家产荡尽，只好依靠典当度日。这天他翻箱倒柜，搜求可质之物的时候，意外地发现了一纸婚约。原来在他还在襁褓中时，他的父亲在吴三桂府中当幕宾，和吴三桂交情颇厚。吴三桂的一房姨太太刚好生了一位千金，和王景桂年龄相仿。在一次酒酣耳热之后，吴三桂一时心血来潮，和这位王师爷订下了娃娃亲，结了儿女亲家，并当场立了婚约。后来这位王师爷自辽东回了江南，吴三桂官越做越大，一来山高水远，二来贵贱悬殊，三来兵戈不息，两家遂断了音讯。大明灭亡，清兵入关，吴三桂帮助清兵东荡西杀，战

吴三桂：明清交替的风云人物

功卓著，地位扶摇直上，开府封王，王师爷更是不敢高攀了。因此，生前并没有把和吴家订娃娃亲的事情告诉儿子。那份永结秦晋的娃娃亲婚约，也早已忘在了旧书箱中。

王师爷老两口相继去世之后，这王景桂更是无从知晓这桩婚事。在他穷愁潦倒、走投无路的时候，忽然发现这纸婚约，他觉得简直是喜从天降。于是变卖家产，置办行装，抱着试一试的侥幸心理，千里迢迢到云南投亲。

已经二十年不通音问了，吴三桂几乎忘记了这门亲事。一经通报，他想起确有这档子事，但想到门不当户不对，产生了悔婚的念头。他把这种想法告诉了宠妾陈圆圆，陈圆圆劝他三思而行。因为姑娘早已到了议婚论嫁年龄，吴三桂虽然位高权重，但汉人世家名门都鄙薄他投靠清廷，不愿和他结亲；地位低的他又瞧不起人家。这样高不成低不就，加上戎马倥偬，姑娘至今还没个如意的主儿。近几年吴三桂为清廷平定西南，和明朝永历朝作战，江南人对他颇有敌意，他很想在江南寻找一个能替自己办事说话的人。这王家的孩子，如果中意，正好可充当这个角色。于是，几经考虑之后，吴三桂召见了王景桂。

王景桂本来相貌就十分英俊，来前又专门置办了一身鲜亮的衣服，着意打扮了一番。吴三桂一见之下，十分中意，于是就立即装出一副十分念旧守信的样子，当即承认了这门亲事，并立即行文苏州巡抚，为王景桂买了一座豪华的宅子，择定吉日，为女儿完婚，还派人千里迢迢护送女儿女婿回到苏州。这王景桂一步登天，一路上打着平西王府的旗号，各州府县恭谨迎送，不亚于钦差出京，真是荣耀极了。

"吴家的千金可是陈圆圆的亲生女儿？"回到船上，伟业对刚才听来的传闻不禁产生了兴趣。他知道赛赛和陈圆圆十分相熟，于是就问赛赛。

"哪能呢！圆圆还不到三十岁，吴家千金已经到了出嫁年龄？何况圆圆嫁给吴三桂也不过才十年，哪能有这么大的女儿？"赛赛笑着说。

"这吴三桂如今可是权势熏天呐，"伟业道，"爵封平西王，拥兵数十万，有专征杀伐之权。前不久奉命入觐，钦赐金册玉印，轰动朝野。马上就要从汉中移兵入蜀，到云贵去攻打永历朝了！"

"可他也是大明的臣子，吃过大明的俸禄。怎么忍心帮助新朝去攻打旧主子啊！"赛赛愤然说道。

"当初他引清兵入关，打的是为君父报仇的旗号，如今倒好，甘心做了新朝的鹰犬，打起自己人来了！"伟业也愤恨起来。

"其实他当初也不是为了先帝才向满人借兵的。"赛赛道，"听柳如是姐姐讲，吴三桂引清兵入关完全是为了陈圆圆。"

"此话怎讲？"伟业好奇地问。

"圆圆本来并不姓陈。他是邢家的姑娘，原名叫畹芬，我们从小都是在这十里山塘一起长大的。后来陈家妈妈收养了她，经过调教，成了我们这些姊妹伙中的顶尖儿人才，琴棋书画，歌舞弹唱样样都比人强。后来她和如皋冒辟疆先生好上了。这些事，相公都是知道的。"

赛赛笑了笑，她见伟业听得专注，就又娓娓讲述起来："要论冒先生的品貌才学，和圆圆倒是挺般配的，称得上是郎才女貌。可是偏偏朝中田妃娘娘的父亲田弘遇，为了巴结崇祯皇上，为女儿邀恩固宠，到苏州来选歌女，一见圆圆容貌花明雪艳并且能歌善舞，立即倾倒，强行带进京去。但崇祯皇上忧勤国事，不近女色。田弘遇只好把圆圆养在家中。一次辽东总兵吴三桂到田皇亲家中做客，田弘遇唤出歌女们献艺娱酒。吴三桂一见圆圆，立刻被勾去了魂魄似的，神乱目迷。田弘遇知道吴三桂将被朝廷重用，为了笼络吴三桂，趁机顺水推舟，把圆圆许配给他。吴三桂大喜过望，立刻把圆圆娶回府中。正当新婚燕尔之时，清兵侵犯辽东，前方羽书频传。身为大将，怎能贪恋儿女私情贻误戎机？迫不得已，他把圆圆撇在家中，独自返回辽东。紧接着李自成进了北京。在此之前，朝廷曾经多次征召吴三桂进京勤王，但他眼见大明大势已去，不肯奉诏。暗中却和李自成勾勾搭搭，讨价还价准备投降。正当此时，有消息传来，他的父亲被刘宗敏严刑拷打，圆圆也被刘宗敏霸占。一怒之下，他改变了主意，决心引清兵入关。"

"那陈圆圆怎么又回到了吴三桂手中？"这些传闻吴伟业也曾经听说过，但仍然饶有兴趣地问。这时天色已经不早，河上过往船只已经十分稀少，小船有节奏的欸乃声清晰可闻。

"相公真是要打破砂锅问到底了。"赛赛笑了笑接着说，"李自成退出北京时，刘宗敏并没有顾得上把圆圆带走。兵荒马乱中圆圆藏匿到民间，得以

陈圆圆像

躲过劫难。吴三桂率领大军追赶李自成一路向西。途中忽闻圆圆仍在京中的消息，连忙派一心腹骁将，带一队骑兵返回京中，连夜把圆圆接入军中。这真应了古人那句老话，大难不死，必有后福，圆圆如今跟着吴三桂当了王妃。"

"你觉得很值得羡慕吗？"伟业不无嘲讽地问。

"有什么好羡慕的？"赛赛道，"姐妹们当中也有人说圆圆是飞上枝头作凤凰了，但我和柳姐姐知道，圆圆心中一定十分痛苦。跟着一个背主求荣的人，即使当了正宫娘娘，又有什么光彩？说不定还被人骂作红颜祸水哩。"

伟业连连点头，他从心眼里佩服赛赛的见识。这时小船驶进了一湾幽静的巷子，在一座竹篱茅椽的小院前停了下来。一路上沉默不语的柔柔说道："到家门口了，请吴老爷下船吧！"

赛赛新购置的小院，当然比不上当年的幽兰居那样优雅。疏疏竹篱围成的院子，栽种着满院梅树。山塘蜿蜒在篱外流过，梅林掩映中几幢模仿乡间茅屋式样建造的厅堂房舍，别具情趣。正中一所较为轩敞的三开间堂屋，是她的起居室，里边陈设湘帘案几如旧；东边厢房是客舍，西边厢房是经堂，赛赛每日在那里诵经、修道、抄写经卷。当晚伟业留在赛赛的闺房，并没有住东厢，而赛赛一直在西厢抄经做功课。赛赛的闺房一如昔日，墙上挂的还是当年经过自己题咏的仕女图和兰草。

伟业不禁意马心猿，思绪翻腾起来。但他毕竟不是激情似火的年轻人了，一阵心潮澎湃之后，渐渐归于平静。他静静听着西厢如山涧清泉般不疾不徐的诵经声，又想起了白天赛赛讲述的吴三桂与陈圆圆的故事。其间聚散悲欢，关系着一代兴亡，绝非一般风流逸事可比。而从中可以窥视吴三桂引清兵入关的真正用心及千秋功过。想到这里，他在端砚里慢慢注入一泓清水，拿起一锭徽墨，细细研磨起来。等到把墨磨好，一篇七言歌行已酝酿成功：

鼎湖当日弃人间，破敌收京下玉关。
恸哭六军俱缟素，冲冠一怒为红颜。
红颜流落非吾恋，逆贼天亡自荒宴。
电扫黄巾定黑山，哭罢君亲再相见。
相见初经田窦家，侯门歌舞出如花。
许将戚里箜篌伎，等取将军油壁车。
家本姑苏浣花里，圆圆小字娇罗绮。
梦向夫差苑里游，宫娥拥入君王起。
前身合是采莲人，门前一片横塘水。
横塘双桨去如飞，何处豪家强载归？
此际岂知非薄命，此时只有泪沾衣。
熏天意气连宫掖，明眸皓齿无人惜。
夺归永巷闭良家，教就新声倾坐客。
坐客飞觞红日莫，一曲哀弦向谁诉？
白皙通侯最少年，拣取花枝屡回顾。
早携娇鸟出樊笼，待得银河几时渡？
恨杀军书抵死催，苦留后约将人误。
相约恩深相见难，一朝蚁贼满长安。
可怜思妇楼头柳，认作天边粉絮看。
便索绿珠围内第，强呼绛树出雕栏。
若非将士全师胜，争得蛾眉匹马还。
蛾眉马上传呼进，云鬟不整惊魂定。
蜡烛迎来在战场，啼妆满面残红印。
专征萧鼓向秦川，金牛道上车千乘。
斜谷云深起画楼，散关月落开妆镜。
传来消息满红乡，乌桕红经十度霜。
教曲妓师怜尚在，浣沙女伴忆同行。
旧巢共是衔泥燕，飞上枝头变凤凰。
长向尊前悲老大，有人夫婿擅侯王。
当时只受声名累，贵戚名豪竞延致。
一斛珠连万斛愁，关山漂泊腰支细。

　　错怨狂风扬落花，无边春色来天地。

　　尝闻倾国与倾城，翻使周郎受重名。

　　妻子岂应关大计，英雄无奈是多情。

　　全家白骨成灰土，一代红妆照汗青。

　　君不见馆娃初起鸳鸯宿，越女如花看不足。

　　香径尘生鸟自啼，濮廊人去苔空绿。

　　换羽移宫万里愁，珠歌翠舞古梁州。

　　为君别唱吴宫曲，汉水东南日夜流。

　　一气呵成之后，三更已过。伟业和衣倒在床上，酣然入梦。

　　这一觉一直睡到旭日临窗，尚未醒来。赛赛来到房中，见伟业沉睡未醒，知道他昨晚一定又熬夜了，不想惊扰他，边放轻脚步来到书案前。只见案头数页薛涛笺上，墨迹灿然，原来是伟业刚刚写就的诗稿，于是便拿在手中默读起来。谁想越念越喜欢，越念声音越大。伟业在梦中只觉林间黄莺啼啭，悦耳动听，仔细听时，仿佛夜间写成的诗句。睁眼一看，原来是赛赛站在书案前。他佯作未醒，闭目听赛赛把诗读完，觉得词句声韵没有什么毛病，方才转身欲起。

　　赛赛察觉，回头谦然笑道："只顾拜读大作，不想惊扰了相公清梦！"

　　"春眠不觉晓，处处闻啼鸟。梦中仿佛莺歌燕语，原来是你在读诗。意兴正浓，怎么不读了？"伟业一边戏谑，一边起来洗漱。

　　待他盥洗已毕，赛赛又道："圆圆的事情你比柳姐姐知道得还详细，白天为什么还故意问我？"

　　"哪里是故意问你？"伟业笑着解释，"我正是听你讲了之后才触动了诗兴。以前虽然也听不少人讲过他们的故事，多是只鳞片爪。至于有些细枝末节，也不过是想情度理，想当然罢了。"

　　"原来是这样。"赛赛道，"这就也和传奇戏文差不多了。人家平西王吴三桂看了，问你个捕风捉影诬枉之罪，你可怎么办？"

　　"不会的。"伟业依然笑着说，"这里边虽说有些枝枝叶叶是杜撰的，但大部分却是事实。何况那些枝叶他自己也辩解不清。"

　　"诗的开头八句，是写吴三桂引清兵入关的原因。他原说要为君父报仇，不少人也信以为真。你却认定他冲冠一怒为红颜，他看了肯定不高兴。"说到这里赛赛问道："'鼎湖'这个典故自何而来？是什么意思？"

"《史记》上说，黄帝采首山之铜铸鼎荆山下，有龙下迎黄帝升天。后世称这地方为鼎湖。诗中当然是指先皇崇祯了。"伟业道。

"我和圆圆可是从小在一起长大的，"赛赛一边思忖一边说道，"诗里说她'梦向夫差苑里游，宫娥拥入君王起'，似乎说她从小就想入宫做娘娘，有何根据？"

"听冒襄讲，圆圆心比天高，哪个才貌双全的姑娘不想出人头地？这有何奇怪？"

赛赛点头称是。接着又问道："'可怜思妇楼头柳，认作天边粉絮看'似乎说圆圆与吴三桂情深意厚。这些儿女私情相公又是从哪里知道的？"

"吴三桂慕圆圆之名已久，曾赍千金赴苏州礼聘。可惜来迟一步，被田皇亲捷足先登。田皇亲把圆圆献到宫中，却被冷落在永巷，不久又送回田府。后来吴三桂在田府遇到圆圆，两情相许。这便是我说的'白皙通侯最少年，拣取花枝频回顾'的情形。这情形吴某闻之于一个姓陆的朋友，并非完全出自想象。至于写二人分别后圆圆思念吴三桂精神恍惚，至把楼头柳絮当作是从吴三桂驻军之所飞来，则是想象了。这也是古人'忽见陌头杨柳色，悔教夫婿觅封侯'的化用罢了。"伟业仿佛私塾中先生给学生讲书一样。

"那绿珠、绛树都是指圆圆吗？"

"是的。京中传言，圆圆被刘宗敏从吴襄府中搜出，'雕栏'当然是指吴府了。"伟业道。

"妾记得绿珠是石崇的爱妾，因姿色出众为孙秀看中，石崇不与。孙秀就进谗于赵王司马伦，石崇被司马伦所杀，绿珠跳楼而死。相公意思是说吴襄一家被害，全是因圆圆而起了？"

"哪里是这个意思？"伟业笑道，"绿珠、绛树不过是代指美人罢了。'遍索绿珠围内地，强索绛树出雕栏'不过是说刘宗敏久闻圆圆艳名，必欲得之，因而将吴府包围，强行搜求夺得罢了。"

"'蜡炬迎来在战场'，果真是这样吗？"赛赛又问。

"这也是用典。"伟业道，"曹魏时期，常山太守以千金聘得美女薛灵芸，进献给魏文帝。离京师数十里，高烛之光相继不绝。又筑烛台，望之如列星坠地。这句话是说吴三桂的部下，在京中寻到圆圆，连夜用快马送到军中。当时吴三桂驻军陕西，途经八百里秦川、金牛峡、斜谷、大散关一带，我借用上面的典故讲这个事罢了。"

"'尝闻倾国与倾城，翻使周郎受重名'，照相公看来，这吴三桂是因圆圆而成名，沾了圆圆的光了？"

伟业笑道："那当然是了。据传吴三桂本来已有意降贼，故而迟迟不肯出兵勤王。但因圆圆倾国倾城之色，刘宗敏杀了吴襄及家人三十余口；为了报夺妻之恨，抢回圆圆，吴三桂才下决心引清兵入关。吴三桂对世人讲为君为父，实际上用心全在圆圆。一切因圆圆而起，结果名利双收，不是沾了圆圆的光是什么？"

"'英雄无奈是多情''全家白骨成灰土'，照相公这样说，吴三桂什么忠啊，孝啊，全是假的？"

"本来就是欺世盗名！"

"结尾八句，似是以西施喻圆圆。"赛赛好像有所不解地问，"以相公看来，这圆圆的荣华富贵，也就在吴三桂的权极一时，竟是难以长久吗？"

"吴宫荒草埋幽径，晋代衣冠成楚丘。不是历来如此吗？"

二人正谈论间，柔柔前来催促吃早茶，于是二人相携来到厅中。

刚刚坐定，郑三山来了。吴、郑两人已有数年不见，互道思念之情。因为都是患难之交，情义非同一般，于是赛赛就请郑三山共进早餐。席间，郑三山告知赛赛，他已把赛赛得病之事告知郑家，但郑家一定要派人前来探病，很多事情还要当面商量。伟业觉得不便再在苏州久留，当日便回转太仓。临别难免心中怏怏不乐，赛赛劝他只管放心等候消息，但他又如何能够放得下心来呢？

第八章　无奈仕清

1. 艰难抉择

伟业回到太仓后，仍然惘然如有所失，每日郁郁寡欢。这天苏州著名书商毛重倬来和他商量刻印诗集的事情。刚刚把精选的诗文原稿整理完毕坐下饮茶，仆人来报，常熟钱大人的几个弟子来访。

伟业道："倬人！请人不如等人。我正想请钱牧老给诗集写个序文，不想他的高足就来了，倒免得我亲去虞山索要了！"

毛重倬道："您要接待客人，我就不多停留了。等牧老把序文写好，派人给我送去就行。我回去就命人付梓，杀青后再请你过目。"说罢起身告辞。

送走毛重倬，伟业迎来钱谦益的三个弟子：魏耕、沈祖孝、顾万庶。宾主在梅花书屋坐定后，魏耕呈上其师钱谦益的亲笔信来。钱谦益写信的意思仍是想让伟业出面调停松江慎交社和同声社之间的矛盾，信中写道："然仆闻其颇有异同，在诸公可谅其无他，正恐天下之附会诸公者不知诸公之指，积衅渐深，安知其祸之极不至于此。《易》曰'履霜，坚冰至'，太公曰'两叶不去，将寻斧柯'。此仆之喜而遽忧者也。伏以阁下聪明特达，好善不倦之心信于天下久矣，一旦出而调和焉，则朋党之衅消，而归美阁下者无穷，且两社之信阁下者尤至。一整顿于诗文，一解惑于杯酒，而固已磊磊明明，尽输服于阁下，阁下则以谈笑之顷收作睹之功矣。"

伟业看毕，笑着对三人说道："令师居江湖之远，深忧其民，对江南士林的殷殷关切之情，令人钦敬。日前吴某在琴川已亲聆教诲，今又亲笔写信嘱托，伟业敢不从命。"

魏耕道："两社之中不少人隔阂颇深，特别是近几年，所争远远超出了学术诗文。太史公出面和合，再好不过。但不知先生和松江诸子可相熟否？"

伟业道："云间诸子，昔日故旧不少。前不久宋徵璧的诗集《报真堂诗稿》付梓，还来信要我为他写序，并和我讨论作诗之道；侯研德、汪均万时有书信往还。正如令师所言，这些人多是饱读诗书，深明大义的君子，我想他们会捐弃前嫌，同归于好的。"

"苟能如先生所言，实乃我江南士林之福。"三人同声说道。

"令师的意思，此事不可拖延。"伟业与三人商量道，"不巧这几天我还有点别的事务，不能遽尔亲赴云间。我先写封短信托三位带往云间。向云间两社中的朋友传达令师的心意。过几日我再亲自去云间拜会两社中的朋友们。三位意下如何？"

"如此甚好。前辈们尚且如此不辞辛劳，殚精竭虑，我们这些后生晚辈理当奔走效命。"三人道。

于是，三人一边品茶，一边等候伟业作书。时间不长，伟业把信写好，从头至尾又看了一遍，递给魏耕道："三位看看有无不妥之处？如有疏漏，及早补正，以免贻笑云间诸子，误了大事。"

"先生太谦虚了！"魏耕接书在手，三人共同观看起来。只见素笺上墨光灿然，俊秀劲峭的右军行草写道："况乎器识乃人伦所重，而道义则友分宜先。今有才具通明，风裁朗拔，方腾茂实，雅负重名，而能后己先人，推贤乐善。黄叔度汪洋莫及，庶几近之；乐彦辅恬雅不群，于今复见。于是积学通儒，高才贵胄，共相钦挹，咸许襟期。慨自雅道陵迟，名流零落，何图今日，再遇此贤？有大道为公之心，申久要不忘之谊，誓诸皦日，往苴驿旌。而其间有乔、札、班荆、萧、朱刎颈，偶因汝、颖之辨，几致洛、蜀之争，勉进苦言，同归旧好。夫意气总千秋共许，而才名均四海所知，初既彼此齐驱，今岂后先分歧？愿披悃愊，尽释猜嫌，从此同心，永消浮论，此伟业翘三人读至此处，齐声叹曰："晚辈敬受教矣。先生文章满纸锦绣，情文并茂，让人读之感佩莫名。局外人尚且感奋无比，况云间慎交、同声诸君子呢！从前常听人讲，太史公春闱大魁之年在翰林院曾说'陆机诗赋早年独步江东，苏轼文章一朝喧传天下'，时人或以为先生年轻气盛；于今观之竟是宝刀不老，雄风犹存！真乃仰之弥高，钻之弥坚！"

"三位过誉了，"伟业道，"国变以来，本欲离群索处，但实在担心清流白马之祸重现江南。当年复社何等声势，但陆文声、张汉儒等宵小寻机攻讦，几至酿成滔天大祸。令师所说的'两叶不齐，将寻斧柯'，就是这个意思。晚唐时李振自己屡试不第，却嫉恨才学出众之人，在朱全忠面前进谗说'此辈清流，宜投诸黄河，使为浊流'。朱全忠听信谗言，结果迫令裴枢、独孤损三十余人自杀于白马驿。当今新朝对我江南士林颇多猜忌，一有衅隙极易为人所乘。万一闹出什么乱子，那将噬脐莫及！"

三人点头称是。日近午时，三人准备告辞。伟业忙道："久闻雪窦海量，今日当与三位后起之秀共谋一醉，如何？"

魏耕不禁有点脸红，忙谢道："晚生嗜酒的毛病，先生也有所闻？"

伟业笑道："曾听令师牧老说，雪窦一日之间非酒不甘。与归安钱缵曾、长州陈三岛交深谊厚，酷嗜李清莲。学清莲之诗，亦学清莲之酒。今日家酿陈酒数坛，请三位饮个痛快！"

"恭敬不如从命。晚生就准备醉卧梅花书屋了！"魏耕躬身为礼道。

时间不长，酒馔齐毕。伟业与三个年轻人边饮边谈。魏耕道："南边的情况太史公可有所闻？"

伟业道："什么情况？不妨说来听听。"

"这可是太史公写歌行的绝好材料。"魏耕道，"还是让雪樵兄讲讲吧，他刚从南海归来。"

沈孝祖道："谁讲都一样，东南诸郡已是尽人皆知了。去年八月，清兵三路攻舟山，张名振和张煌言分兵拒敌，皆获大捷。鲁王祭祀蛟门，不幸得病归还。舟山被清兵包围。八月底城破，张名振扈跸远洋。宫妃们多被清兵俘获，张元妃当时乘坐副舟，得以幸免。身藏荒岛数日，几经漂泊得回舟山，被册封为元妃。元妃娘家本是鄞县人，名位原在会稽张妃之后，正位后，把亲眷尽都遣散。舟山被围紧急之时，张名振准备派兵送宫眷出城，张妃不肯，她对张名振说：'将军心意良厚，然蛎滩鲸背之间，惧为奸人所卖，情愿死此净土。'城破后，整饰簪服，北向跪拜，从容投井。内监刘某，搬来石块把井填上，自刎井旁，世子于乱中逃走。当晚星陨如雨，光耀海隅。"

沈孝祖讲到这里，四人神色黯然，再也没有心思饮酒，草草用完了饭，三人便起身告辞前往松江。魏耕后来因参与郑成功、张煌言领导的抗清斗争，和钱缵曾先后殉难，这就是后话了，暂且不表。

送走了三人，吴伟业真的把张元妃投井殉国的事情用歌行的形式记录下来。因为舟山属秦时句章县，故而他把这首歌行命名为《句章井》。诗中他想象张元妃灵魂升入仙界，"香水流来菩萨泉，白象迎归善财洞。不羡蓬瀛作水仙，神楼十二竟茫然。桑田休道麻姑笑，桃核难求王母怜"。他高度评价张妃之死，"珠襦玉匣总尘封，即尔飘零死亦得。羞落陈宫玉树花，胭脂井上无颜色"。同是投井，要比陈朝后主与宠妃张丽华他们光彩得多了。

经过多方的奔走努力，同声、慎交两社的社友们终于同意握手言和。双方于是商定在顺治十年三月三日至三月四日借修禊之机，在虎丘聚会。这一天江南士子云集虎丘，人数多达数千人，几与当年张溥主持的复社大会相媲美。第一天由慎交社主持，第二天由同声社主持。慎交社席设舟中，同声社席设五贤祠内。十里山塘大船数十艘横亘中流，每舟置十数席，中列倡优，明烛如繁星。伶人数部，歌声竞发，达旦而止。散时如奔雷泻泉，远望山上，似天际明星，晶莹围绕。当日两社各推选其代表人物，盟誓于山塘寺关帝庙前，约定"彼此不相侵衅"，共推吴伟业为宗主。吴伟业心情激动，当即写下七律四首，以记其盛：

> 杨柳丝丝逼禁烟，笔壮书卷五湖船。
> 青溪胜集仍遗老，白帢高谈尽少年。
> 笋屐莺花看士女，羽觞冠盖会神仙。
> 茂先往事风流在，重过兰亭意惘然。
>
> 兰台家世本贻谋，高会南皮话昔游。
> 执友沦亡惊岁月，诸郎才调擅风流。
> 十年故国伤青史，四海新知笑白头。
> 修禊只今添俯仰，北风杯酒酹营丘。

> 访友扁舟挂席轻，梨花吹雨五茸城。
> 文章兴废关时代，兄弟飘零为甲兵。
> 茂苑听莺春社饮，华亭闻鹤故园情。
> 众中谁识陈惊座，顾陆相看是老成。

> 绛帏当日重长杨，都讲还开旧草堂。
> 少弟诗篇标赤帜，故人才笔继青箱。
> 抽毫共集梁园制，布席争飞曲水觞。
> 近得庐陵书信否？寄怀子美在沧浪。

这四首诗立时便在会上传播开来，不少人次韵奉和，吴伟业声名日隆，隐然已成士林领袖。

树大招风，江南士子大会虎丘的事情自然会引起清廷注意。恰于此时，吴伟业的同年吏部侍郎孙承泽荐举伟业"学问渊深，器宇凝宏，东南人才，无出其右，堪备顾问之选"。吴伟业的名字又一次上达天听，为酷爱汉族文化的顺治皇帝所知。一场人生名节的重大考验迫在眉睫，不容回避。

偏偏此时，本应韬光晦迹的吴伟业，社会活动分外之多。从虎丘回来不久，太仓的明朝遗民便酝酿着祭奠已经死了十年的崇祯皇帝。伟业受知于崇祯帝最深，被大家推戴为主祭人。伟业心中犹豫，他和王时敏等人反复商量，私祭先帝会不会触犯新朝的忌讳，给大家招致麻烦。有人说，顺治皇帝曾亲降谕旨说，"崇祯皇帝孜孜求治，身殉社稷，若不急为阐扬，恐千载之下，竟于失德亡国者同类并观"。并且顺治帝亲制碑文、亲自祭扫崇祯陵墓。他在陵前失声痛哭道："王兄！王兄！我与若皆有君无臣！"我们祭奠先皇正符合新朝的旨意，应该没有什么不妥当。

于是伟业打消了疑虑，遂定十三月十九日，也就是崇祯帝殉国十周年的忌日，在太仓钟楼设祭。这天太仓的读书人差不多都参加了，伟业敬赋二律，以作迎神、送神之曲，诗曰：

> 白发禅僧到讲堂，衲衣锡杖拜先皇。
> 半杯松叶长陵饭，一炷沈烟寝庙香。

有恨山川空岁改，无情莺燕又春忙。
欲知遗老伤心事，月下钟楼照万方。

甲申龙去可悲哉，几度春风长绿苔。
扰扰十年陵谷变，寥寥七日道场开。
剖肝义士沈沧海，尝胆王孙葬劫灰。
谁助老僧清夜哭，只应猿鹤与同哀。

　　虽然明朝灭亡已经十年，他对先朝的留恋、伤痛仍然充溢于字里行间。后来此诗由王时敏书写，刻在石碑上，以纪念这次公祭活动。

　　这次公祭活动刚刚结束，吴伟业被举荐的消息便接二连三地传来。继孙承泽之后，向朝廷举荐他的是清廷弘文院的三位大学士：陈名夏、陈之遴和冯铨。这三位水火难容的大学士都推荐吴伟业，就不能不倍加引起朝野的注目了。

　　陈名夏，字百史，和吴伟业是复社的老社友；陈之遴是吴伟业当年在翰林院的同僚，后来吴伟业的女儿和陈之遴的儿子直方定了亲，二人成了儿女亲家，这关系就更加非同一般。二陈明亡后降清，颇受清廷重用，当了大学士，又都是江南人，在仕清的前明南方官员中，自然成了核心人物，被视为"南党"首领。而降清更早的宁完我、冯铨为"北党"首领。冯铨本是魏忠贤的亲信，天启年间就当过武英殿大学士，和魏忠贤相互勾结，害死了杨涟、熊廷弼等正直大臣，为东林党、复社人士所痛恨不齿。入清后，明末的东林、阉党矛盾又延续下来，二陈极力援引的多是东林、复社中人；而冯铨援引的自然多是阉党余孽。

　　清廷一方面要利用两派的矛盾相互牵制，以便驾驭；一方面要利用他们，广泛笼络汉族知识分子。二陈推荐吴伟业是要扩充自己的势力；冯铨也推荐吴伟业，则

明末四公子之一侯方域像

是迎合清廷的意旨，显示自己的公正无私。朝廷的动向不难传到地方，两江总督马国柱立即向朝廷举荐吴伟业品行著闻、才学优长。

时间不长，吴伟业将被清廷征召的消息不胫而走，传遍大江南北。于是议论纷纷，莫衷一是。已经仕清的人或准备仕清的人都不希望伟业独高名节，永做遗民，一旦伟业仕清，他们就有了一棵遮风挡雨的大树，减少舆论的谴责。而那些注重名节、不愿与清廷合作的士大夫，则唯恐他顶不住压力屈节仕清，这样将失去一个极具影响力的核心人物。号称复社四公子之一的侯方域就特地给他写了一封情意恳切的信，劝他千万不可赴召仕清。侯在信中说："学士以弱冠未娶之年，蒙昔日天子殊遇，举科名第一人，其不可者一也；后不数岁，而仕至宫詹学士，身列大臣，其不可者二也；清修重德，不肯随时俯仰，为海内士大夫领袖，人生富贵荣华，不过举第一人、官学士足矣，学士少年皆已为之，今即再出能过之乎？奈何以转眼浮云丧失故吾，其不可者三也。"侯方域信中还说："十年以还，海内典型沦没殆尽。万代瞻仰，仅有学士。而昔时交游能稍稍开口者亦唯域尚在。故再三踯躅，卒不敢以不言。万一有持达节之说陈于左右者，愿学士审其出处之义各有不同，坚塞两耳，幸甚。"

伟业知道，侯方域信中说的全是真切实情。入清十年来，江南士林的领袖人物，如黄道周、陈子龙、杨廷枢等已经为国殉难；像钱谦益、陈名夏已经降清。他已经成为复社硕果仅存的领袖人物。"万代瞻仰，仅有学士"绝非溢美之词，他的出处进退，将直接影响到江南士林反清复明人士的信心和斗志。他知道，他的抉择不仅仅关系到个人的命运，还将关系亲友和许多人。侯方域还随信寄来了一首诗，再次表达心意：

曾忆挂冠吴市去，此风千载号梅村。
好酬社日田家酒，莫负瓜时郭外园。
海汛东来云漫漫，江枫晚落叶翻翻。
少年学士今白首，珍重侯嬴赠一言。

诗意是说，曾记得当年你挂冠回乡，这种高风亮节永远为人敬仰。如今时代风云变幻，你要保持节操，不要辜负广大逸民的重望，像江枫那样，节令愈晚愈鲜艳。千万要珍重我的话啊！

侯方域的信和诗，使伟业十分感动。他立即回信表示：敬请放心，"必不负良友"。

太仓祭奠崇祯帝后，吴伟业又应蒋玉立、蒋篆鸿、陆我谋等朋友的邀请，前往嘉兴。这些朋友大多是复社旧友，是张溥的学生，和伟业有同门之谊，借补禊之名，来探探伟业的口风，劝伟业要珍重晚节，谨慎从事。伟业因其他事情耽搁，晚到嘉兴三日，在嘉兴任观察使的同年进士霍达和嘉兴知府李国栋闻讯都来看他。这两个人都已经当了清朝的官员，当然都希望吴伟业能够步他们的后尘，出仕新朝。

面对两种截然相反的劝说，伟业婉转而又明确地表明了自己的态度。在嘉兴雷音阁后，有汉代名臣朱买臣的坟墓，他和朋友们拜谒后写道：

> 翁子穷经自不贫，会稽连守拜为真。
> 是非难免三长史，富贵徒夸一妇人。
> 小吏张汤看倨傲，故交庄助叹沉沦。
> 行年五十功名晚，何似空山长负薪。

朱买臣，字翁子，汉代会稽人。家世贫寒，负薪读书。武帝时奉召任会稽太守，后因平越有功，迁授爵督尉，被张汤陷害而死。"买臣休妻"的故事是大家所熟悉的，关键是"行年五十功名晚，何似空山长负薪"两句，不正是伟业借对古人的评论表明自己的态度吗？

这次嘉兴之行，他还游历了南湖，即鸳鸯湖。烟雨楼头，看晨烟暮雨，一片空濛。烟水凄迷的南湖畔，竹树隐约，他忽然想起那就是旧友吴昌时的竹亭湖墅。十年前他曾经来过这里，吴昌时命家中歌女乐师侑酒设宴款待他。时过不久，吴昌时怙权犯法，便被崇祯帝处死。繁华一时的名园也自然衰败下来。物是人非不能不又一次引发他对个人命运的思考。他下了烟雨楼，乘船来到竹亭湖墅门前。下船后刚要进去，却被把门的老兵拦住，原来此地早被抄没。他透过颓墙残垣，看到园内荒草丛杂，名花异树早已荡然无存。想昔日吴昌时的荣华富贵，看眼前竹亭湖墅的萧条败落，内心那种富贵不可贪，功名不可恋，权势不可恃的思想更加剧烈。在这里他没有过多停留，当天便踏上归程回返太仓。

回到梅村，吴昌时的功过是非、荣辱际遇又反反复复在他心头萦绕许久，难以割舍。他盘桓绕室，情难遏止，遂成一首七言歌行，名曰《鸳湖曲》。

> 鸳鸯湖畔草粘天，二月春深好放船。
> 柳叶乱飘千尺雨，桃花斜带一溪烟。
> 烟雨迷离不知处，旧堤却认门前树。
> 树上流莺三两声，十年此地扁舟住。
> 主人爱客锦筵开，水阁风吹笑语来。
> 画鼓队催桃叶伎，玉箫声出柘枝台。
> 轻靴窄袖娇妆束，脆管繁弦竞追逐。
> 云鬟子弟按霓裳，雪面参军舞鸲鹆。
> 酒尽移船曲榭西，满湖灯火醉人归。
> 朝来别奏新翻曲，更出红妆向柳堤。
> 欢乐朝朝兼暮暮，七贵三公何足数？
> 十幅蒲帆几尺风，吹君直上长安路。
> 长安富贵玉骢骄，侍女薰香护早朝。
> 分付南湖旧花柳，好留烟月伴归桡。
> 那知转眼浮生梦，萧萧日影悲风动。
> 中散弹琴竟未终，山公启事成何用？
> 东市朝衣一旦休，北邙抔土亦难留。
> 白杨尚作他人树，红粉知非旧日楼。
> 烽火名园窜狐兔，画阁偷窥老兵坐。
> 宁使当时没县官，不堪朝市都非故。
> 我来倚棹向湖边，烟雨台空倍惘然。
> 芳草乍疑歌扇绿，落英错认舞衣鲜。
> 人生苦乐皆陈迹，年去年来堪痛惜。
> 闻笛休嗟石季伦，衔杯且效陶彭泽。
> 君不见白浪掀天一叶危，收竿还怕转船迟。
> 世人无限风波苦，输与江湖钓叟知。

诗写成之后，他又反复吟诵，越读越觉得心底空明。吴昌时就是一个鲜活的例子。既然浮生若梦，转眼成空，自己又何必贪恋一时的功名利禄、荣华富贵？嵇康（中散）弹琴未竟，便成刀下之鬼，山涛（山公）的荐举称誉又有什么用处？一旦像晁错那样身穿朝衣问斩东市，北邙的一抔坟土也难以保留了。宦海风波如此凶险，还是及早收竿转船为妙。石崇（字季伦，这里暗指吴昌时）豪富有什么值得羡慕的？还是做一个陶潜（彭泽）那样的隐士高明一些啊。想到这些，他对来自方方面面的举荐有了一个明确的对策：婉言谢绝。

谢绝可不那么容易，弄不好，惹恼了当权者，是要掉脑袋的。殷鉴不远，明初的高启就是典型的例子。要实现目的，又不得罪新朝，只有学学晋朝的李密，写一篇十分温顺、情词恳切的陈情表，让当权者觉得不是不愿效命，而是情非得已才行。于是，他先给极力举荐他的两江总督马国柱呈献了一封《辞荐揭》，犹恐难被马国柱理解，接着又写了一封《上马制府书》，一而再、再而三地表达自己的衷曲：

恭维老公祖望重枢衡，功高戡定，经纶南土。折卫沿海，镇全淮枢轴中原，襟带三江连七泽，总半壁神州之篦锁，领百城雄甸之金汤，此真生民共睹其鸿烈，而古今希见其状猷也。伟业窃伏草茅，久叨覆庇，仰请仁风，匪朝伊夕，顾未有咫尺之书，一日之雅，以见于左右。而祖台列之荐牍，知己之感，所当铭之终身不敢有忘者也。

但才力须自量，而官职非可滥叨。伟业少年咯血，久治不瘥，今夏旧患弥增，支离床褥，腰脚牵肿，胸腹膨胀，饮食难进，骨瘦形枯，发言喉喘，起立足僵，困劣之状，难以言悉。岂有如此疾苦，尚堪居官效力、趋跄执事者耶？部复确查乡评品行学问实绩共见共闻者，逐事详列，保举到部。伟业学行一无所取，固不待言，而患病则实迹也，共见共闻者也。伏乞祖台于确查之中，将伟业患病缘由详列到部。

伟业自辛未通籍后，陈情者二，请急者三，归卧凡逾十载，其清羸善病，即今在京同乡诸老所共矜谅。扶、按两台，伟业已具有揭请之矣，而祖台则举主也，方受德感知，无可报塞，苟不早以实情自言，异日者即欲竭蹶趋命，而膏肓沉痼，狼狈不前，万难上道，有负祖台之造就，将朝廷责成保举宁严无滥之意，其谓之乎？为此恳陈，万祈垂鉴。得余生未填沟壑，俟病瘥之日，九顿台阶，以谢祖台生成之谊耳。

吴伟业写完"临启瞻切悚仄之至"这最后一句话，沉吟良久，心绪难平。信送出后仍然放心不下，伟业决定亲赴南京，当面恳请马国柱向朝廷奏明自己的身体及家庭情况，求朝廷开恩，免予征召。时值梅雨季节，细雨霏霏，阴云四合，恰似他愁苦沉重的心情。为了博得马制台的同情，他把名刺和刚写好的《投赠督府马公》两首诗，一并递入。诗曰：

> 十年重到石城头，细雨孤帆载客愁。
> 累檄久应趋幕府，扁舟今始识君侯。
> 青山旧业安常税，白发衰亲畏远游。
> 惭愧推贤萧相国，邵平只合守瓜丘。

> 伏波家世本专征，画角油幢细柳营。
> 上相始兴开北府，通侯高密镇西京。
> 江山传箭旌旗色，宾客围棋剑履声。
> 劳苦浔阳新驻节，舳舻今喜下溢城。

吴伟业在第一首诗中把马国柱比作荐贤的萧何，而把自己比作秦末的东陵侯邵平，婉转告诉马国柱，父母年迈衰老，不宜远离父母，只合像邵平那样隐居事亲。第二首则把马国柱比作马援、周亚夫、邓禹等功臣名将，极力称颂，意在博取对方欢心。俗谚，千穿万穿高帽子不穿。送马制府这么多高帽，是希望他一时心情高兴，为自己多多美言，让朝廷不要再征召自己。

时间不长，马制府亲自出迎，把吴伟业接进了总督府的西花厅。宾主一落座，马国柱就开门见山，朗声笑道："吴先生的《辞荐揭》和写给我的信，我都收到了，但事情由不得臣下做主啊。我也算不得什么萧相国，先生也恐怕难比东陵侯啊。当今皇上思贤若渴，内院三位大学士荐章连上，先生还能安卧林下，种瓜东陵吗？什么马伏波，细柳营，我统统愧不敢当，也实在无能为力了！"

吴伟业不禁冒出一头汗来。等马国柱把话说完，他还是打起精神说道："话虽如此，还请老公祖明鉴：吴某双亲年迈，自己沉疴在身确是实情。敢烦老公祖奏明当今……"

"你让老朽触这个霉头吗？"马制府立刻收敛了笑容，他带着几分不快说道，"马某知道先生身有贵恙，萱堂年迈。可皇上知道吗？诸位公卿大臣知道吗？知道实情的体谅先生，不知道的呢？先生三月间还能在虎丘主持十郡大会，今天却称病不能应召。有谁会轻易相信呢？一旦有人猜疑先生故作清高，藐视新朝，先生纵身有千口能说得清吗？已有传闻，有几个遗老称病不肯奉召，朝廷命地方槛车就道。正应了民间那句老话：敬酒不吃吃罚酒。那就有损各方面的颜面了！"

伟业一时不知说什么好。正思忖间，马制府又转而温和地说道："先生还是回府做做准备奉召赴京吧。现在说什么都无济于事了。征召的上谕不日就要下达了。"

不容伟业再说什么，马制府一声"看茶"，伟业连忙起身告辞。

出了总督府，他的心头更加沉重。这时候，阴云四合，远处传来隐隐雷声。他绝望地朝东水关走去。刚到码头，狂风挟着急雨便紧跟着到来。狼狈地钻进船舱，望着白茫茫的江面，水天连成一片，小船在风雨中颠簸，他在舱中颤抖。仿佛一场万劫不复的灭顶之灾就要降临。他紧闭双眼，颓然卧倒在船舱里，口中凄苦地吟道：

> 误尽平生是一官，弃家容易变名难。
> 松筠敢厌风霜苦，鱼鸟犹思天地宽。
> 鼓枻有心逃甫里，推车何事出长干。
> 旁人休笑陶弘景，神武当年早挂冠。

伟业心中充满了恐惧和无奈。他后悔身入官场耽误了自己一生，到现在虚名在身，即便弃家逃走也难挣脱声名之累。我本是松竹一样节操坚贞之人，怎会厌恶风霜之苦？鱼鸟尚且思念广阔的天地，我怎肯再陷身官场的罗网之中呢？我早就想像唐代的陆龟蒙那样隐居家乡，像南梁的陶弘景那样挂冠神武门，到山中当隐士。什么时候才能够实现自己的愿望呢？他又担心旁人不理解他的艰难处境，就像有人不理解陶弘景那样，其实自己也已在十年前就挂冠归里了，哪里还热衷什么功名利禄呢？

一路上胡思乱想，小船顺水漂流。舟行到苏州时，他想找赛赛作个商量，不巧赛赛不在横塘。他只好悒悒不乐地回转梅村去了。

2. 风雪征途

马制府并没有欺骗吓唬吴伟业。他从南京回来，还不到两个月，征辟的诏书就下达了。自此以后，官府几乎天天有人上门催行，伟业一概以沉疴在身、难以登程为由，软磨硬抗，迁延时日。

一日，伟业正在旧学庵中读书，仆人来报，苏州府有一姓王的师爷来见。伟业以为又是官府前来催行的，一面倒在床上装病，一面交代仆人前去敷衍，最好能把来客挡在门外。但这次仆人的敷衍未能奏效，来客坚持非见伟业不可。仆人拦挡不住，只好带他来到卧榻前。伟业无奈，佯作勉力抱病的样子，就坐在病榻上接见了来客。

他偷眼看时，只见来客衣饰华美，英俊中带着浮浪子弟的倨傲，心中难免产生几分鄙夷。来人自报家门，原来就是吴三桂的门婿王景廉。他告诉伟业："平西王吴三桂看到了《圆圆曲》，非常恼怒，认为诗中语涉讥谤，本来要严加追究，但素仰吴大人的才名，又都姓吴，恐怕五百年前还是一家人。近来又听说吴大人被朝廷征召，不日就要大用。将来同朝奉君，同为一殿之臣，不愿结仇。愿与吴大人认为同宗，结为世好。今后在朝中一文一武，内外有个照应，相互都有好处。平西王已与京中冯相写信，为大人关说。以平西王的声望地位，对大人必有益处。但有一点，吴大人也需给平西王一个面子。"

伟业忙问："吴某一介布衣，能给平西王什么帮助呢？"

王景廉道："其实也没有什么大不了的事情。只要吴大人肯把《圆圆曲》毁版消除，或删改其中讥谤平西王的句子，平西王自要重金相酬，以补先生印书之费。"

伟业冷笑道："平西王器量也太扁浅了！怎么计较起这点鸡毛蒜皮的事情来！《圆圆曲》中哪有什么讥谤之语呢？陈氏已经贵为王妃，吴某不过是为王妃作传，其于王爷毫发无损，他又何必斤斤计较呢！书已经刊布于世了，毁版已不可能。删削另写，似伟业如今这样病体支离，也更难以从命。还请平西王多多见谅吧！"

"先生今日不给面子，恐怕来日是要后悔的。"王景廉威胁道，"书商毛重倬所刻书中藐视新朝，不刻顺治年号，已被官府捉拿下狱。吴大人能安卧梅村自在逍遥吗？"

"这与吴某何干？"伟业不禁动起气来，"你想以此来要挟我吗？送客！"

伟业说罢，倒头便睡。那人无奈，也只好拂袖而去，门外留下一连串的冷笑。

次日，太仓州衙门有人来告知伟业，毛重倬为坊刻制艺所写的序文，只写干支，不书大清顺治年号，被人告发"目无本朝"。案中牵涉到多人。毛重倬曾为伟业刻印诗集。但据太仓州确查，毛重倬所刻《吴伟业集》，一无违碍处，况且吴伟业不日将要奉旨进京，不宜多生事端。苏州府的差役已被挡驾，回转郡城去了。伟业对太仓州的呵护，连连表示感谢。太仓知州又婉转劝告伟业早日奉诏登程，免得再招致意外麻烦。

一波未平一波又起。江阴人黄毓祺在泰州被人告发，从家中搜到鲁王颁发给他的印信一枚，及前明遗民诗集一本。黄毓祺已被解往南京，后来受刑不过，死在狱中，两个儿子被发配充军。因黄毓祺曾在钱谦益家中躲避，钱谦益也被牵连在案，遭到逮捕传讯。风传此事和吴伟业亦有牵连，差役不日就要到门。另外，上年来过梅村的魏耕，曾给郑成功、张煌言献计，水路取道崇明，南风三日可抵京口。若遇不利，请入焦湖，以图东山再举。事情败露，已有多人被害。凡此种种，惊人的消息不断传来，弄得吴伟业和全家人日夜心惊胆战，寝食难安。

全家人劝伟业道："在人矮檐下，哪能不低头？以钱尚书的名誉地位哪点不在你之上？他于新朝还有迎降之功，并受过新朝封赏，尚且免不了对簿公堂，我们得罪得了朝廷吗？你退隐林下已经十余年，既不是兵败被俘，贪生怕死，又不是为了名利富贵，背主求荣，献城请降，有什么亏负前朝的？你不能为了自己的所谓清名，不顾全家老小的死活呀！抗旨不遵可是祸灭九族的大祸呀，你自己就是不惜一死报答先皇，可全家人都要充军到宁古塔那冰天雪地为披甲人为奴的呀！"全家人七嘴八舌，又哭又求，弄得伟业方寸大乱，真的生起病来。一连数日精神恍惚，茶水难进。闭上眼就看见手执铁索的官差逼上门来，常常在睡梦中惊醒。全家人也不敢再在他身边絮叨搅扰了，只是围着病榻流泪叹息。往日安乐祥和的家庭，笼罩着愁云惨雾，完全失去了生趣。

这一切他看在眼里，倍觉心痛。尤其看到风烛残年的父母每日长吁短叹，心中更觉不忍。于是，屈辱求生的念头渐渐增长，"宁肯玉碎不愿瓦全"的想法慢慢减弱。最后他终于决定，为了父母和家人，还是奉召进京吧。到了京城，还可以通过陈名夏、陈之遴等老朋友向清朝皇上说情，放自己早日还乡。他听说顺治皇帝酷爱汉族文化，很敬重前朝有气节的大臣，为他们建立庙宇，春秋祭祀。既然这样，又怎么会强行逼迫一个不愿身事两姓的人勉强出仕呢？想到这里，他心头稍觉轻松，挣扎着下了病榻，提笔写下了著名的《贺新郎·病中有感》：

万事催华发。论龚生、天年竟夭，高名难没。吾病难将医药治，耿耿胸中热血。待洒向、西风残月。剖却心肝今置地，问华佗解我肠千结。追往恨，倍凄咽。

故人慷慨多奇节。为当年、沉吟不断，草间偷活。艾灸眉头瓜喷鼻，今日须难决绝。早患苦、重来千叠。脱屣妻孥非易事，竟一钱不值何须说！人世事，几完缺？

词意说，众多烦心的事情（家事、国事、天下事）使得他华发早生。他想起了东汉的龚胜，以气节闻名。曾任渤海太守，王莽篡汉后，归隐山林。后来王莽多次征召，以上卿相许，但龚胜坚卧不出。他对他的门生高晖说："且暮入地，岂以一身仕二姓！"绝食十四日而死，但高尚的名节永不磨灭。我何尝不想如此呢？我心中的病百药难治，满腔热血不惜洒向西风残月。我又多么想剖出心肝，让世人看看，恐怕华佗也难以懂得我的病根何在。我追思以往，多么后悔没有追随先皇于地下，今天想来，只有倍加伤感流泪。故人慷慨赴死，品节奇高令人尊重（如黄道周、陈子龙、杨廷麟等人），我却在当年犹豫不决，草间苟且偷生。今天又到了关键时刻，大丈夫生死有命，何须以艾灸眉以瓜蒂喷鼻，挽救生命。但难以决绝的是在死之前早来的层层叠叠忧患困苦。把一家老小妻子弃之若敝屣，实在不是一件容易的事啊。至于我这卑微的生命，一钱不值，何须再说呢？人间的事情有多少是完美的，又有多少缺憾呢？诗人此时内心的矛盾与痛苦在这首词中充分表达出来了。有人评论梅村此词，堪与其绝笔诗相互参照，悲感万端，自怨自艾，千载之下，读其词，思其人，悲其志，固与牧斋不同，亦与芝麓辈有别。

伟业既已允诺赴征，苏州府、太仓州均感到了却一桩公事，终于可以向上峰交差息肩了。于是天天有人上门祝贺，催问行程。伟业确实病体虚弱，还宜静养些时日，方好长途颠簸。但一来朝廷限定应征的时日已经不多，逾期恐遭意外之祸；二来天天迎来送往，有贺的，有阻的，各执一端，弄得伟业苦不堪言。既然主意已定，迟行无益，还是早日登程为好。

于是九月间，伟业便携眷三十余口启程赴京。因为伟业尚不能料理家中事务，三弟伟光、学生王抃随同离家北上。当时江南人赴京，大多走水路沿运河北上，伟业第一程先到苏州。官府及士林许多人都来为伟业送行。来送行的人又各有各的想法。官场中人多认为伟业此行，必将大用，趁机趋奉，将来多一层关系；而士林中那些读书人，很多对伟业应召不理解，还想借机讽劝，最后做做努力，最好能使他迷途知返，取消应征的打算。

饯别宴会仍然设在虎丘。几个月前伟业还作为士林盟主，与江南士子在此聚会赋诗，怀念沦亡挚友、高吟"十年故国伤青史""华亭闻鹤故园情"，言犹在耳，而今却要赴召进京，做异国臣子。想到这些，不禁深感羞愧与自责。正当此时，一年轻士子忽然端杯在手，朗声说道："值此恭送梅村夫子进京之时，盛宴不可无诗。我有小诗四句权作引玉之砖，还请诸位洒潘江倾陆海，各展大才。"

说罢，士子吟道："千人石上坐千人，一半清朝一半明。寄语娄东吴学士，两朝天子一朝臣。"

刚刚吟罢，就有人轰然叫好。知府见势不妙，立刻高声斥道，"狂生不得无礼！"

那年轻人把杯一摔，佯醉唱着"凤兮！凤兮！"一路离席去了。

众人看伟业时，只见他面容凄惨，苦不堪言，坐在那里，泥塑木雕一般。钱谦益就坐在伟业身边作陪，为了缓和气氛，连忙说道："为送骏公太史赴召，我这里也有一首七律，以助酒兴。"

座中有几个是钱谦益的弟子，连忙应和道："多日不见老师吟诗了，今日有幸亲聆吟咏，实在太好了！"

于是钱谦益慢声吟道："清和黄叶满平芜，月驾星轺肃首途。病起恰逢吴八月，赋成还比汉三都。香炉烟合朱衣在，宫扇云开玉佩趋。花院槐厅多故事，早传音信到菰芦。"

牧斋吟毕，伟业捧酒在手，谢道："牧老放心，伟业一到京师，便寄书信到府上。"

接着苏州府幕宾胡介赋诗道："海外黄冠旧有期，难教遗老散清时。身随杞宋留文献，代阅商周重鼎彝。满地江湖伤白发，极天兵甲忆乌皮。重来簪笔承明殿，记得挥毫出每迟。"

胡介吟罢，伟业起身一边为他斟酒，一边致谢道："彦远先生深知伟业苦衷，吴某感激之至。"

胡介道："贤者多责。天下寄望太史公甚重，故责太史公亦甚重。适才那年轻人借诗讽劝，也不全是恶意，太史公不必过分自责。"

"伟业确实有负江南士林之望，岂怪别人？"伟业沉重地说。

即席赋诗赠别的还有多人，伟业一一致谢，但因心情沉重，均未奉答。席散之后，士绅们又请来了苏州著名的戏班子，演传奇助兴。剧中人有名叫张石匠者，班头因张南垣在座中，把剧中人改为李木匠。伟业素来爱和张南垣戏谑，不禁击节赞道："有窍！"

原来这苏州话，"有窍"意为"有门路""有办法"。及至下出戏，演"马前泼水"，朱买臣唱道："切莫提起'朱'字"。张南垣突然击节赞道："无窍！"众人愕然不解。

有人问张南垣这是何意，张南垣道："梅村夫子在座，哪能不提'朱'字？不提这个'朱'字，岂不是忘了根本，没戏可唱了？"

伟业不禁面红过耳。又观看了一会儿，他借口身体不支，回馆驿去了。到了驿站，无心安歇，带了一个贴心的仆人，驾一叶扁舟悄悄到横塘而来，他要临行前再去看看赛赛。

来到院中，只见西厢的窗口，还亮着灯光。伟业蹑足走到门口，轻叩门环，窗口的灯光应声熄灭。等他再叩时，屋内寂然无声。这时正屋楼上窗口有人探出头来，听声音却是柔柔："吴老爷请回吧！我家姑娘有言在先，只识得前朝的吴榜眼，不识得新朝新贵人。吴老爷布衣归来，尚有相见之日；不然，永成陌路之人！"说罢，把窗户关上，再无声息。

伟业黑夜中摇了摇头，轻轻叹了口气，悄然转身出了小院。回转馆驿，一夜辗转反侧，不曾合眼。次日一早，他便扬帆北上。学生王抃就在阊门和伟业作别，临别时写诗赠老师道：

犹忆吴阊路，曾停送别舟。

引杯酬客难，含涕慰亲愁。

落日何流合，寒云黛色妆。

乾坤风云候，西北古神州。

"引杯酬客难，含涕慰亲愁"，可能就是对伟业当时情况的真实写照吧。

船到镇江，这是江南水路的最后一站了。三弟伟光送到这里就准备回去了，京口一带的友人又在这里迎候，其中就有陈定生的公子陈维崧，彭宾的儿子彭师度。他们在舟中饮酒之后，游蒜山登北固楼，各有吟咏以抒怀寄情，吴伟业写下了著名的《满江红·蒜山怀古》：

沽酒南徐，听夜雨、江声千尺。记当年、阿童东下，佛狸深入。白面书生成底用，萧郎裙屐偏轻敌。笑风流、北府好谭兵，参军客。

人事改，寒云白，旧垒废，神鸦集。尽沙沉浪洗，断戈残戟。落日楼船鸣铁索，西风吹尽王侯宅。任黄芦苦竹打荒潮，渔樵笛。

南徐，是镇江的别称。蒜山在镇江城西，据说以山上多蒜而得名，也有人说，赤壁之战前，周瑜和诸葛亮曾在这里谋划破曹大计，算定于赤壁破曹故名"算山"。伟业到镇江时，正当秋冬之交，天渐转寒，雨雪霏霏。伟业大病初愈，加上心情郁闷，便停泊算山。晚上饮酒舟中，听着潇潇夜雨，和千里长江奔涌东去的声音，自然想起了历史上许许多多与镇江有关的事情。想到了王睿（阿童）楼船自益州东下灭吴；想到了拓跋焘（佛狸）攻宋到瓜步山；也想到了清兵渡江也正是先破镇江，使南京门户大开，接着南京弘光朝不战而降清等近事。这里历来是江南政权抗击北边强敌的前沿，周瑜、谢玄、韩世忠等名将都曾于此建立过不朽战功；但也有过刘义隆损兵折将、吴主孙皓荒淫残暴亡国的耻辱。那些只知纸上谈兵的白面书生、怯懦如女子老妇的萧宏、吕僧珍之流，常常轻敌误国。历史如此，弘光小朝廷的灭亡也是如此。陈廷焯评梅村这首《满江红》声情悲壮，高唱入云，顿挫生姿，哀感不尽。也有人称道此词，其声悲激，其情危苦，正须用渐离之筑、正平之鼓、雍门之琴、白江州之琵琶以和之，都是吴梅村的知音点评，令人钦佩。

明天弟弟伟光就要回转太仓了，而自己从此将离家乡越来越远。弟兄二人相偕登上了著名的北固楼。雨雪交加中，只见不尽长江滚滚东去，两岸连绵的山峦笼罩在迷茫的雨雪之中。此时充溢在伟业心中的不是辛弃疾"满眼风光北固楼"的豪情和"风流总被雨打风吹去"的感慨，而是对个人身世的迷茫与痛苦。一首《江楼别幼弟孚令》奔涌而至，椎心泣血而出：

野色沧江思不穷，登临杰阁倚虚空。

云山两岸伤心里，雨雪孤城泪眼中。

病后生涯同落木，乱来身计逐飘蓬。

天涯兄弟分携苦，明日扁舟听晓风。

扬州史可法纪念馆史忠正公墓

　　江楼和三弟就此作别，伟业带领家人过江北上，次日便到淮左名都扬州。清兵南下时，一路上明军望风而降，只有在扬州遇到了史可法的顽强抵抗，付出了惨重代价。因而这座名城遭到了史无前例的报复和摧残。伟业曾经读过王秀楚的《扬州十日记》，那令人发指的屠城惨状刻骨铭心。如今已经过去了十年，废墟堆上的扬州城外，运河两岸又栽起了杨柳，二十四桥畔又建起来歌楼楚馆，当年隋炀帝的行宫一带依旧草长莺飞。凡此种种，已经冲淡了十年前那段血与火的历史，但刻记在吴伟业心头的累累伤恨，依然隐隐作痛。他在这里写下了《扬州四首》以抒感慨：

> 累鼓鸣笳发棹讴，榜人高唱广陵秋。
> 官河杨柳谁新种，御苑莺花岂旧游。
> 十载西风空白骨，廿桥明月自朱楼。
> 南朝枉作迎銮镇，难博雷塘土一丘。
>
> 野哭江村百感生，斗鸡台忆汉家营。
> 将军甲第橐弓卧，丞相中原拜表行。
> 白面谈边多入幕，赤眉求印却翻城。
> 当时只有黄公覆，西上偏随阮步兵。
>
> 尽领通侯位上卿，三分淮蔡各专征。
> 东来处仲无他志，北去深源有盛名。
> 江左衣冠先解体，京西豪杰竟投兵。
> 只今八月观涛处，浪打新塘战鼓声。
>
> 拨尽琵琶马上弦，玉钩斜畔泣婵娟。
> 紫驼人去琼花院，青冢魂归锦缆船。
> 豆蔻梢头春十二，茱萸湾口路三千。
> 隋堤璧月珠帘梦，小杜曾游记昔年。

　　诗的第一首感叹扬州的惊人变化。阵阵鼓乐声让艄公也在这深秋的广陵唱起纤夫之歌来。官河两岸的树木本已被战火烧毁，是谁又新栽了杨柳；隋时的皇家花苑里虽群莺乱叫，鲜花盛开，但也不是昔日的样子啊。西风飒飒中十年前的累累白骨已经不见，廿四桥一带，月光照耀下，又盖起了一片青楼妓院。当年就是从这里迎銮，接回来小福王朱由崧，但短命的弘光朝昙花一现，弘光帝也死无葬身之地，竟然连被宇文化及缢杀后埋葬在雷塘的昏君隋炀帝也比不上啊。

第二首触景伤情，写弘光朝旧事。伟业在郊外江村百感交集，不禁流下泪来。魏明帝的斗鸡台附近就是当年明朝的军营。那些豪华的宅第里，挂着箭囊、弓弩，拥兵自重的镇将们高卧着，不思报国御敌，史可法无奈，上表自请到扬州督师，准备北伐。那时不少毫无战争经验的书生都投到史可法幕中来，而李自成旧部高杰（赤眉）和以骁勇善战著称的黄得功却为争夺扬州自相残杀。不久左良玉又以"清君侧"为名，引兵东下，黄得功（诗中以三国东吴老将黄盖代指。黄盖字公覆）奉阮大铖、马士英之命西去防御左良玉。致使江防空虚，为清兵南下提供了机会。阮步兵，本阮籍之号，代指阮大铖。

第三首紧接第二首的内容，写诸镇大将误国的罪行。他们爵封通侯（左良玉封宁南侯，刘泽清封东平侯，黄得功封平南侯，高杰封兴平侯），位列上卿，分驻江北有专征之权，但只知索要粮饷，保存实力，争抢地盘，徒有虚名，胸无大志。清兵南下时，江南的豪门大户人心惶惶，而刘良佐率众投降。因为刘良佐是山西大同人，所以吴伟业在诗中讥讽他为"京西豪杰"。由于刘良佐不战而降，使清兵很快包围扬州。诗人此时来到这里，浪打堤岸，仿佛还听到当年战鼓声声。

第四首写扬州被攻破后，清兵掳掠妇女的情形。许多妙龄女子流着眼泪，被马驮着船载着离开扬州，运到遥远的北方。

这四首诗对拥兵自重、叛国误国的骄兵悍将进行了无情的鞭挞，对清兵的暴行进行了有力的揭露，对昏庸的弘光帝进行了辛辣的嘲讽，对深受战争灾难之苦的扬州民众寄予了深切的同情。"国家不幸诗人幸，吟到沧桑词便工"，国家的大灾大难，诗人的坎坷遭遇，使诗人的诗歌创作不断升华，其内容也大大丰厚了。

伟业有个同年，名叫卫胤文，字祥祉，号紫岫，陕西韩城人。崇祯年间，二人曾在詹事府共事。但由于他攀附马士英，与伟业关系渐渐疏远。因为他和高杰是同乡，由高杰保举，升任兵部侍郎，到高杰军中监军。后来高杰为许定国所杀，改任徐扬巡抚。当年他曾经秉承马士英之意攻讦过史可法，但想不到，到扬州后和史可法患难与共，坚守扬州。城破之后，投水而死。为此伟业对他深表敬意。特别到他殉国的地方凭吊，并写下一首七律《过维扬吊卫少司马紫岫》：

> 画省连床正论文，天涯书剑忽离群。
> 非关卫瓘需开府，欲下高昂在护军。
> 葬骨九原江上月，思家百口陇头云。
> 故人摇落邗沟暮，为酹椒浆一恸君。

祭罢卫胤文，伟业离开扬州。船沿邗沟继续北行。这天傍晚，船到高邮，停泊在城外一处荒村。伟业舟行困倦，下船到岸边散步。只见荒凉的湖边，处处是积雨冲刷的痕迹，曲折的湖岸环抱着州城，城边寺院的佛塔和绿树仿佛浮在湖水中，倒影在水中晃动。湖滨的沙滩上是渔民出入的小径，寺僧归来已是月光照门的时候，纤夫拉着船一步一步走在直通瓜州的堤坝上，点点渔火照耀得附近渔家的篱笆清晰可见。伟业是个性喜清静的人，面对这种清幽的环境，一时忘记了心中的烦闷，一边漫步一边吟咏道：

> 野宿菰蒲晚，荒陂积雨痕。
> 湖长城入岸，塔动树浮村。
> 渔出沙成路，僧归月在门。
> 牵船上瓜埭，吹火晚篱根。

次日清晨天晴气朗。只见十里藕塘西边，寺塔直插碧蓝的天空，初霜后的原野寒意侵人，大运河南北延伸，远山起伏直到徐淮间。水边驿站少见树木，桥头边就是鱼市，人们在买卖鱼虾。伟业于忧愁中刚刚离家几日，就觉得好久没有家书往还了。思念及此，他轻声吟道：

> 十里藕塘西，浮图插碧虚。
> 霜清见江楚，山断入淮徐。
> 水驿难逢树，溪桥易换鱼。
> 客程愁几日，已觉久无书。

　　就这样一路北行，过高邮、宝应，船到淮阴。只见两岸落木萧萧，天上大雁南飞，地上蓬蒿丛生，残阳夕照里孤城一座，伟业忽然想到这便是韩信的家乡。

　　当年韩信落魄时，乞食于漂母，受辱于胯下，为市井无赖小儿耻笑。后来登坛拜帅，辅佐刘邦，建立不朽功勋。被封楚王以后，为报昔日一饭之恩，寻找曾给自己饭吃的漂母，报以千金。而自己受先皇二十年知遇之恩，却不能报答，反而又应新朝之召，将要出仕新朝，想到这里他倍觉无地自容。他还想到了淮南王刘安。刘安因喜交文学方术之士，后随八仙白日飞升。所剩药物为鸡犬所食，也跟随仙去。而自己在崇祯死后不能追随于地下，因而沦落人间备受折磨。他把这种感受写成两首七律，题曰《过淮阴有感》：

　　　　落木淮南雁影高，孤城残日乱蓬蒿。
　　　　天边故旧愁闻笛，市上儿童笑带刀。
　　　　世事真成反招隐，吾徒何处续离骚。
　　　　昔人一饭犹思报，廿载恩深感二毛。

　　　　登高怅望八公山，琪树丹崖未可攀。
　　　　莫想阴符遇黄石，好将鸿宝驻朱颜。
　　　　浮生所欠只一死，尘世无由识九还。
　　　　我本淮王旧鸡犬，不随仙去落人间。

　　诗人的心情是何等的痛苦，何等的沉重啊！程穆衡就梅村的这两首七律，有激烈的评说：君子读此二诗者，宜乎涕泪盈襟，哀思郁乱矣。乃同时有久膺宠遇，夙负大名，而事往时移，披其著述，曾无一语及此者，独何心哉！

　　淮扬漕运总督沈文奎，浙江会稽人。他早慕伟业之文名，听说伟业赴召路过淮安，特地请他到漕督衙门，设宴招待。当时在淮安的江南名流大都欣然前来作陪，座中就有山阳人嵇宗孟。

　　嵇宗孟，字淑子，曾任余姚知县，杭州知府。明亡后隐居不仕，山阳隶属淮安府，因与沈文奎相交往。伟业在席间赠送沈、嵇二人各有诗一首。在赠嵇宗孟的诗中有"惭余亦与山公札，抱病推迁累养生"之句，再次流露不愿出仕、无奈赴召之意。嵇宗孟告诉他姜垛也正在淮安。于是席散之后，伟业便去拜访姜垛。

两位同年相见，互道思念之情。伟业告诉他自己不得已赴召的苦衷。姜垛也对他说，自己也遇到过同样的麻烦。原来，他陪母亲从江南刚回到家中，山东巡抚就听说了，并把他推荐给朝廷。很快征召的圣旨就送到了莱阳。姜垛无奈，心生一计，在赴召途中，故意从马上摔了下来，假作摔断了腿，才算躲过了这一难关。他怕时间长了，走漏了风声，又偷偷带着母亲逃离了家乡。

"那你为何来到淮安呢？"伟业问道。

"当年先帝在时，贬我到宣州卫所。我不能因为改朝换代就违抗圣命。"姜垛道，"我原本打算去宣州，在敬亭山结庐隐居，但胶州总兵海时行叛清，沈督发兵征剿，沿途兵荒马乱，我只得暂时滞留淮上。一俟道路清静，便往宣州。"

"令弟如须病故的消息你知道了吧？"

"知道了。"姜垛道，"等到安顿下来，我再去吴门，想办法把如须的骨殖运回祖茔安葬。"

"生逢此等乱世，其实生不如死。"伟业似乎是安慰姜垛，又像是感叹自己。

"你的处境我也略有所闻。"姜垛道，"千古艰难唯一死，无如父母妻子不能抛下不管。骏公此番进京，恐怕很多事情由不得自己呀！"

伟业道："当年洪武爷苛忌无比，但杨铁崖赴召进京，仍然能够白衣还乡。听说当今皇上颇爱我汉族文化，但愿吴某能成为第二个杨铁崖。"

"恐怕你难有杨铁崖的运气，"姜垛道，"当年杨铁崖由元入明，是由夷返夏，太祖优容他，只是表示大度；而今朝廷是想借你这块金字招牌招抚广大汉人士子。你若肯为朝廷所用，朝廷将以君为榜样相号召；你若不肯为朝廷所用，朝廷将以君作法，杀鸡给猴看。哪能让你白衣而还？"

两人提到的杨铁崖，就是杨维桢，他是元代诗坛领袖，其诗被称作铁崖体。元亡明兴，他被征召进京，面见朱元璋奏称：陛下竭吾所能，不强吾所不能则可，否则有蹈海死身。他留京百余日，即乞归家。朱元璋只好允准。宋濂赠其诗有"昨日追随阿母游，锦袍人在紫云楼。谱传玉笛俄相许，果出金桃不外求"之句。杨维桢死后，宋濂为他撰《元故奉训大夫江西等处儒学提举杨君墓志铭》，还特别指出他不仕两朝。吴伟业期望能如杨维桢，姜垛认为吴是一厢情愿而已。

话说到这里，伟业不禁凄然无语。姜垓所言，也正是他日夜担心的。
"那就听天由命吧！"伟业叹道。

二人都觉得无话可说了，伟业便起身作别。临别写诗一首赠给姜垓：

> 侍从知名早，萧条淮海东。
> 思亲当道梗，哭弟在途穷。
> 骨肉悲歌里，君臣信史中。
> 翩翩同榜客，相对作衰翁。

姜垓也和诗一首，赠给伟业：

> 自是文名重，何知已荐雄。
> 暮云连蓟北，丛桂别江东。
> 草色长河外，楼隐古驿中。
> 嗟君匹马去，相顾意无穷。

临别，姜垓告诉伟业，另一个同年陆奋飞在宿迁县极乐庵隐居，他早已
知道伟业被征召的消息，希望伟业船到宿迁时，去拜访他。

吴伟业船离淮安，不久便从清江浦过黄河。自万历年间黄河改道，夺淮
由此向东入海，清江便成为南北要津。过河后已是暮色苍茫，天又渐渐沥沥地
下起雨来。看两岸人烟稀少，老远还望不见村落；运河上下过往的船只也少起
来，唯见夹岸荆榛丛生，连绵不绝。伟业暗想，当此兵荒马乱之时，前不着
村，后不着店，如果遇到水寇强盗或散兵游勇，如何是好？于是便命船家小
心在意，遇到村落便停船住宿。吩咐已毕，他便倚着船舱的窗口坐了下来。

望着窗外那迷茫而又凄凉的景象，暗自伤神，提笔写道：

> 百尺荒岗十里津，夜寒微雨湿荆榛。
> 非关城郭炊烟少，自是河山战鼓频。
> 倦客似归因望树，远天如梦不逢人。
> 扁舟萧瑟知无计，独倚篷窗暗怆神。

一路提心吊胆，总算没有遇到意外，船到桃源，人烟渐渐稠密起来。大

运河与黄河差不多在这一段是并行，城在黄河南，运河在黄河北。桃源是传说中永远安静平和没有战争的世外绝境，与外界"鸡犬之声相闻，老死不相往来""黄发垂髫怡然相乐"。但如今远非昔比，伟业万分感慨地写道：

> 岂有秦人住，何来浪得名？
> 山中难避地，河上得孤城。
> 桃柳谁曾植，桑麻近可耕。
> 君看问津处，烽火只纵横。

桃源县，即今泗阳县，此地在元代设桃园县，明代改称桃源县，民国初年，因与湖南桃源县重名而改称泗阳。三日后船到宿迁。这里就是西楚霸王项羽的故乡下相。城外有项王庙，庙宇已十分残破，山门油漆斑驳，院内衰草掩径。唯大殿内的项羽塑像尚威武依旧，只是蛛网尘埃笼罩金身，神案前香火寂然。伟业在庙内徘徊了一阵，想起古人吟咏品评项羽的诗篇，觉得都不能准确概括项羽的一生功过。项羽之勇，"力拔山兮气盖世"，古人早有定评；其智，破釜沉舟成功救赵便是很好的证明；若论其罪过，坑杀秦降将卒二十万，确实太残忍了；其失败的因素固然很多，但不能用人、留不住人，才是最致命的一条。韩信、彭越本来都是他的部下，但后来都投降了刘邦，成了自己的敌人。想到这里，他提笔在廊下墙壁上写道：

> 救赵非无算，坑秦亦有名。
> 情深存鲁沛，气盛失韩彭。
> 垓下骓难逝，江东剑不成。
> 凄凉思画锦，遗恨在彭城。

出了项王庙，绕城投东。宿迁城东有白鹿湖，湖畔有小山岗名叫陆墩，岗上有小村，以岗为名。吴伟业的同年陆奋飞便隐居在这里。按照姜埰指点的路径，吴伟业很快就找到了陆家。家童告诉伟业，主人平日不在家住宿，常在村北的极乐庵读书，听寺中老僧讲经。

吴伟业由家童带领径投极乐庵来。这极乐庵规模不大，除大殿外，只有东西两厢禅房各三间，殿后有僧舍两所，颇为幽静。寺院周围林木苍翠，把整个寺院遮蔽得严严密密。出了后角门，便是白鹿湖。解下湖边的小船，荡开双桨，三摇两摇便可到湖心垂钓或游玩。陆奋飞选择了这个地方隐居避世，可真有眼力。

两位同年相见，互道遭遇，唏嘘感慨不已。陆奋飞道："贤弟此番应召进京，不知有何打算？"

伟业道："人为刀俎，我为鱼肉，还能有什么办法？吴某受先帝深恩，既不能追陪先帝于地下，又不能效年兄之隐、介推之逃，愧疚莫名。唯望京中诸老斡旋，能像当年严子陵、杨铁崖那样，白衣宣召、白衣放还，平生之愿足矣。"

陆奋飞哂笑道："贤弟之愿恐怕难以实现。严子陵和汉光武是友非敌；杨铁崖与洪武皇帝非敌非友，仕与不仕无碍朝廷大局。而今贤弟与新朝，明为前朝遗民，实为新朝心腹大患。复社诸子宁死不屈，殉大明者指不胜屈，至今复社犹存。贤弟望重江南士林，二张之后俨然文社盟主。新朝严禁士子结社的政令刚下，你却率八省士子主盟于虎丘，朝野瞩目。即使你无意与新朝为敌，朝廷也自然把你当作仇敌。对于仇敌，古往今来惟有两途，一是降，二是杀。你哪有第三条路可走？"

"遗民又非吴某一人，朝廷能斩尽杀绝吗？"吴伟业一边擦拭额头的冷汗，一边说道，"但愿我能遇到好运气。"

"但愿如贤弟所想。"陆奋飞不愿加重吴伟业的思想负担，话题一转说道，"我给你看一样东西，这是一个故人托我交给你的。"

"什么东西？谁的？"伟业连忙问道。

"你看过便知。"陆奋飞说着站起身来，走进卧室，取出一卷书来。伟业接过一看，原来是左懋第的一卷诗稿《甲申北使诗》。

"陆兄什么时候见到左年兄的？这诗稿何以能到你手中？"伟业手捧诗稿不解地问。

"一言难尽。"陆奋飞道，"左年兄出使北上之时，淮北已是遍地狼烟，他们刚刚离开淮安，便遇到了流贼的袭击。宿迁守城的明军，不放他们进城，他们只好投宿到这座寺院。我那时也刚来到极乐庵，恰好碰到了他。但他王命在身，我们没有来得及深谈，次日便分手了。想不到这一面竟成永诀。"

"事过三个月，一个风雪交加的夜晚，我正和主持在灯下闲话，山门外传来了一阵急促的敲门声。我和长老开门看时，却是左年兄的一位随行官员，当时他连冻带饿，蓬头垢面，衣衫褴褛，简直和乞丐差不多，一进门便倒在地上。我们把他扶进禅房，连忙为他烧姜汤，备斋饭，过了好大一阵才缓过气来。他把左年兄这卷诗稿交给了我。左年兄对他说，同年中，娄东吴骏公精于诗，请他代为作序。今天见到了你，我可以不负故人之托了。"

"左年兄是我辈的典范，吴某的文字能够附丽于其遗墨深感荣幸。只是……"伟业有点犹豫地说。

"只是什么？"陆奋飞问。

"只是吴某行色匆匆，旅次之中，难得其便。"伟业道，"何况左年兄遗作不待文而传，其节操行状足可流芳百代。若能将其使北大事写入序中，岂不更好？"

"这也不难。"陆奋飞道，"当年左年兄那位随行官员后来就在本寺出家，将他请来一叙，你我不就清楚了？"

伟业大喜。陆奋飞连忙起身去请。时间不长，一位须发如银的老僧跟随陆奋飞一同到来。少事寒暄，那老僧便把左懋第出使的经历一一讲给伟业听。

原来左懋第一行到达北直隶时，已经失去了自由。清朝巡抚骆养性，派兵把他们押送到北京城。清廷把他们当作属国使臣一样送到四夷馆，只把弘光帝的敕书送交礼部转呈。左懋第抗议说："此乃大明皇帝敕书，岂能与他国文书相比。"经过抗争，左懋第终于见到了清廷内院大臣刚陵。左懋第提出要到十三陵祭奠崇祯帝的陵墓，刚陵粗暴地拒绝道："我大清已替你们葬过了，祭过了，哭过了。你们还祭什么？哭什么？葬什么？先帝在时，你们贼来不发兵；先帝死后，你们拥兵不讨贼。先帝不要尔等江南不忠之臣。"

多尔衮爱惜左懋第的忠贞，派人劝左懋第投降清朝，许以高官厚禄，左懋第严词拒绝，说："懋第生为大明忠臣，死为大明忠鬼。"陈明夏和金之俊前去劝降，还没有开口，左懋第便指着陈明夏说："百史乃先朝会元，今日有何面目在此？"金之俊忙说："先生何不知兴废？"左懋第反唇相讥道："先生何不知羞耻？"二人满面羞惭而退。

出于对这位不辱使命的使臣的敬意，多尔衮同意左懋第一行南归，并派兵护送他们出京。但副使左都督陈洪范变节，暗中致书多尔衮，告诉多尔衮南明的虚实及放归左懋第的危害。于是多尔衮中途变卦，派兵追到沧州，又把他们捉了回来。左懋第知道南归无望，派他的亲信随从伺机逃脱。这位随从逃出后，得知左懋第已被杀害，就在宿迁极乐庵出家当了和尚。

伟业听了左懋第宁死不屈的经历，心中既感动又愧疚。他只匆匆把诗稿翻了一遍，没有勇气仔细品味，逐篇咀嚼。看后，他在诗稿后面题写了绝句一首：

> 兰若停骖洒墨成，过河持节事分明。
>
> 上林飞雁无还表，白头山僧话子卿。

夜里，纷纷扬扬下起雪来。伟业当晚留宿极乐庵。两位同年浊酒一壶，边饮边谈。陆奋飞劝伟业道："明知北去是龙潭虎穴，何不学那老僧遁迹荒僻小寺以避灾祸？"

伟业摇头叹道："他人以此路可行，吴某却是行不通的。虚名累人，天下虽大，无处容身，此其一。父母妻子，老幼百口。随行者、在家者皆在官府掌握之中，形同人质。吴某死不足惜，累及父母妻孥，于心不忍，此其二。士林以吴某为盟主，吴某进退出处事关士林安危。朝廷禁止结社，文网严密，株连无穷。若因吴某一人，连累众多无辜，百死难恕，此其三。有此三端，吴某只好听天由命。"说到这里，伟业不禁潸然泪下。陆奋飞也无声叹息起来。

次日伟业告辞陆奋飞，继续北行。他在临别赠诗中写道：

> 同时知己曲江游，纵酒高歌玉腕骝。
>
> 黄叶浑随诸子散，白头犹幸故人留。
>
> 云堂下榻逢僧饭，雪夜听钟待客舟。
>
> 如此冲寒缘底事，相逢无计诉离愁。

船过宿迁，不几日就进入了山东境内，齐鲁天寒，风雪越来越多，天气越来越冷。后来坚冰封河，舟行也越来越艰难，吴伟业一行众人只好弃舟登陆，雇车赶路。一家人路途之苦，心中之苦，交织在一起。一天，风雪颠簸之中，伟业口中吟道：

> 关山虽胜路难堪，才上征鞍又解骖。
>
> 十丈黄尘千尺雪，可知具不似江南。

车到济宁州，在一处驿站的墙壁上，吴伟业居然发现了一首杨文骢的题壁诗，十分兴奋。杨文骢是马士英的妹夫，在南京时伟业等人由于对马、阮太过厌憎，对杨文骢也就心存芥蒂。但后来杨文骢抗清而死，伟业对他的看法发生根本改变。杨文骢擅长丹青，诗也写得不错。于是就在旁边，吴伟业依照杨文骢诗的原韵题写两首和诗：

> 数卷残编两石弓，书生摇笔壮怀空。
> 南朝子弟夸诸将，北固军营畏阿童。
> 江上化龙图割据，国中指鹿诧成功。
> 可怜曹霸丹青手，衔策无人付朔风。

> 君是黄骢最少年，骅骝凋丧使人怜。
> 当时只望勋名贵，后日谁知书画传。
> 十载盐车悲道路，一朝天马蹴风烟。
> 军书已报韩擒虎，夜半新林早著鞭。

走到任丘，道路更加泥泞难行。城北有宋代鄚州旧治，伟业不得不停在荒村野店。天寒地冻，全家老少三十余口，饥寒交迫拥挤在一起，窘迫困苦之状一言难尽。等把家人安顿下来，伟业一人踱出城外，夕阳里只见古城墙上残雪覆盖，老树枯枝，寒鸦数点，在寒风中瑟瑟颤抖。路边有残碑一段，他弯腰细看，却是邢邵撰写的鄚州沿革的文字。正端详时，只听远处传来阵阵锣鼓声，路上过来了几个小商贩，询问后方才得知，原来临村有社戏。鄚州，今在河北沧州任丘，有"天下大庙数鄚州，北京人全，鄚州货全"之说。伟业恍然明白：时值腊祭之日，年关已经近了。

屈指算来，离家已经三个月了。他不禁满怀惆怅地吟道：

> 马滑霜蹄路又长，鸦鸣残雪古城荒。
> 河冰雨入车难过，野岸沙崩树半僵。
> 邢邵文章埋断碣，公孙楼橹付斜阳。
> 只留村酒鸡豚社，香火年年赛药王。

过了鄚州，京城就不远了。前途未卜，吉凶难料，他的心头越来越沉重。夜里，家里人都胡乱凑合着入睡了，伟业无论如何也睡不着。想来想去，他觉得还是先给儿女亲家陈之遴写封信，托他各方面打点一下为好，免得进京后老少连个藏身之处都没有，冰天雪地岂不糟糕？另外，也要给举荐他的陈名夏、刚陵、冯铨等朝中大老写个信，把自己的愿望婉转地告诉他们，希望他们在顺治皇帝御前多多美言，能够把自己早早放还山林。几经斟酌，信终于写好了。为了进一步表达感情，他又写了四首诗，分呈各位大臣：

> 柴门秋色草萧萧，幕府惊传折简招。
> 敢向烟霞坚笑傲，却贪耕凿久逍遥。
> 杨彪病后称遗老，周党归来话圣朝。
> 自是玺书修盛举，此身只合伴渔樵。

> 莫嗟野老倦沉沦，领略青山未是贫。
> 一自弓旌来退谷，苦将行李累衰亲。
> 田因买马频书券，屋为牵船少结邻。
> 今日巢由车下拜，凄凉诗卷乞闲身。

> 匹马天街对落晖，萧条白发怅谁依？
> 北门待诏宾朋盛，东观趋朝故旧稀。
> 雪满关河书未到，月斜宫阙雁还飞。
> 赤松本是留侯志，早放商山四老归。

> 平生踪迹尽躔天，世事浮名总弃捐。
> 不召岂能逃圣代，无官敢即傲高眠。
> 匹夫志在何难夺，君相恩深自见怜。
> 记送铁崖诗句好，白衣宣至白衣还。

正如后来邓汉仪的评论说："此哭啼不敢之时也，诗却字字斟酌。"一方面要恳切表达自己对新朝的驯顺、诚心归服；另一方面要婉转表达自己不愿身事两朝的愿望。既不能触犯时忌，惹恼新朝，又要达到目的、白衣而还，不字字斟酌能行吗？第一首说自己尽管贪恋归隐的逍遥，但不敢显示清高自傲，一接到诏书，就应召赴京。称道征召遗民是圣朝盛举，只是自己身体多病，闲散惯了，只适合与渔樵做伴。第二首重点说双亲年迈，需要奉养。尽管家贫，一接到诏书，就赶紧变卖田产，应召上路，表达自己的顺从。目的无非是赢得朝廷的怜悯，放回自己。第三首重点是恳求四老京中当道帮忙，让朝廷早日放自己回乡。第四首说自己一向是顺从自然，早已捐弃浮名。"召"与"不召"都是圣朝的臣民，不愿做官也不是显示高傲。希望君相恩深怜悯。他衷心希望像明太祖对待杨铁崖那样，把自己"白衣宣至白衣还"。

信和诗，第二天梅村就命人送到京城去了。但吴伟业未免太过天真了，新朝的君相，无论从哪个方面考虑，都不可能轻易让他白衣还乡了。

3. 彷徨京师

伟业一家抵京已是初春季节。陈之遴派次子陈容永来迎。陈容永，字直方，是伟业次女的未婚夫。翁婿相见之后，伟业迫不及待地问及朝中情况。

"直方，我的书信和诗，令尊收到了吗？溧阳相国近来身体好吗？"

"信和诗都收到了。"陈容永拘谨地说，"溧阳相国身体尚健，只是——"陈容永神色有点踌躇，望着岳父的目光，欲言又止。

"只是什么？"伟业不禁敏感地追问，"旅中没有外人，但说无妨。"

"一言难尽，"陈容永仍然有所顾虑地说，"临行家严告诫孩儿，一切等您到京后再说。有些事情孩儿也不太清楚。只是听说溧阳相国前不久被一个叫张煊的御史参劾，事情还牵涉到谭公爷、洪相爷和家严。这就是家父和溧阳相国不能亲自来迎的原因。孩儿原想进京安顿下来之后再向您禀告，怕您刚到京师就烦心。家严还让孩儿转告伯父，来京后先静心歇歇，不要忙着拜客串门儿。"

伟业一下子心头沉重起来。陈容永的话简直像一瓢凉水兜头泼来，让他从头顶到内心都感到冰凉彻骨。但他是曾经沧海的人，尤其在小辈面前不能表现得过分失态。略一沉思之后，便不再往下问，只是淡然说道："宦海风波，历来如此。我们进京吧。"

到京后，按照陈之遴事先的安排，伟业一家暂时居住在宣武门外虎坊桥北魏染胡同一个四合院里。男女老少三十来口挤在这样一个小院落里，难免显得蹰踯，和梅村的空旷开阔相比，这里简直让人憋闷得透不过气来。陈容永抱歉地向伟业解释：城内许多大宅子都被满蒙新贵占据了，汉人官宦之家都只能居住到比较偏远的地方。这所宅子虽小，也是好不容易才得到的。

家眷安顿下来，伟业按照陈之遴的告诫，暂在寓中闭门读书，等候消息。然而三天之后，依然音讯全无。他觉得这样愁城困坐，终究不是办法。陈名夏、陈之遴这些政争旋涡中的人不能拜访，但那些远离斗争中心、是非之外的朋友总可以去见一见吧？一来联络联络感情，多个朋友多条路；二来打听打听朝中情况，入乡问俗，总比闭目塞听、两眼一抹黑强吧？

他想到了老朋友工部主事、营缮郎梁维枢。梁维枢，字慎可，别号西韩生，河北真定人。明朝时，以举人的身份入仕，曾任中书舍人、工部主事。因为东林派的渊源，和吴伟业相交颇深。伟业想：二人分别迄今已经十八年，此时正好前去拜访叙叙旧情。工部属吏，官职不大，不为人注目，况且又不是江南人；但营缮郎负责宫廷房舍修建，目前正在修缮乾清宫，出入宫禁比较方便，和宫中太监、内务府官员接触较多，信息比较灵通。想到这里，伟业便命人去打听梁维枢在京师的居处，然后置办了一份礼物，前去拜访。

梁维枢听说吴伟业来访，连忙迎出门外。两位老朋友阔别十八年，劫后重逢，自有说不完的话。叙旧之余，梁维枢把陈名夏被参劾的始末告诉了吴伟业。

原来年轻的顺治皇帝有感于吏治的腐败，在动身去热河围猎之前，诏令洪承畴整肃都察院的吏治。洪承畴作为左都御史，会同陈名夏、陈之遴在火神庙密议，评定所有在都察院供职官员的政绩功过。三天后宣布御史十一人外转，二人升迁，同时有一批新委任的御史准备就职。外转不一定就是贬谪和惩罚，相反，还会使京官获得实际执政的经验，并得以掌握地方钱粮赋税，近水楼台先得月，中饱私囊。

但是有一名外转的御史却很不情愿，心有怨气，这就是河南道御史张煊。此人在明朝任御史时，就以正直敢言闻名，曾经参劾过许多督抚大吏。他得知自己要外转的消息之后，认为是二位都察院长官排斥异己，于是就上了一折奏章，弹劾陈名夏十罪、两不法，指责他"诣事睿亲王多尔衮骤迁尚书""紊乱铨叙，结党营私""夤缘夺情，恤典空悬"。更为严重的是，张煊认为三总宪火神庙密议是阴谋造反，其证据是洪承畴未经事先奏明朝廷，就先把母亲送回了福建老家，以待前明朱三太子在北京策划暴乱。当时顺治皇帝在热河狩猎未归，一切政事委诸和硕巽亲王满达海。巽亲王于是召集诸王大臣合议，暂把陈名夏、洪承畴羁押，派兵看守。因事关重大，不敢擅自做主，驰使赴热河行在，奏闻天子定夺。

"热河可有什么消息？"伟业问道。

"尚无谕旨到京，"梁维枢道，"听说一等公谭泰和巽亲王意见不合，亲赴热河面圣去了。谭公爷和陈百史交情最深，他认为张煊纯系挟嫌妄奏，完全是因为洪亨九免了他的御史心怀不满，随意诬陷大臣。巽亲王不以为然，二人当众争吵起来。诸王大臣、贝勒各有彼此，相持不下，不欢而散。现在只有等候天子圣聪独断了。"

吴伟业沉默不语。梁维枢道："这些事情我们管不了，索性不去管它好了。你新来乍到，千万不要搅入什么南党、北党这汪浑水中去啊。你和陈百史是同乡，和海宁相国是儿女亲家。他们是你的荐主，这种关系朝中无人不知；但冯铨、范文程等北党要人，也都举荐过你。这说明你还没有陷入南北之争中去。要努力保持这种中立啊！听说，当今天子最讨厌的就是这种朋比之风党争旧习，不可不慎啊！"

"多谢梁兄指教。"伟业道，"吴某绝意仕进已非一日，哪还有心思依牛靠李？所望者惟有朝廷开恩白衣放还罢了！"

"什么？白衣放还？"梁维枢道，"你不要再做这黄粱美梦了！既入彀中，岂能容你脱钩而去？以溧阳、海宁今日的处境敢在圣上面前为你求去说话吗？北方诸公，如冯、范者肯为你说这样的话吗？既来之，则安之，还是三缄其口的好。"

伟业又陷入了沉默，他沉吟良久方才开口问道："我此番来京，若桃花源中人，不知有汉，无论魏晋。兄认为还应当去拜访哪些故人？"

梁维枢想了想说："当此多事之秋，深居简出为好。真要难耐寂寞，我们可以去看看退谷先生。"

"退谷先生为谁？是旧相识吗？"

梁维枢笑道："当然是老相识，就是贵同年孙承泽孙北海呀！"

"孙兄何时取了退谷这个雅号？"伟业问道。

"顺治九年，孙北海两耳失聪，都察院纠劾，因解吏部侍郎。上以其年力未衰，不许，后转左侍郎，再迁都察院左都御史、加太子太保衔。去年三月再三请求，乃恩准致仕。现隐居西山卧佛寺后面的樱桃沟。为明退隐之志，名所居之谷为退谷，自号退谷先生。此老退得好，退得恰逢其时。张煊的奏章中据说也提到了他，说他和陈百史'表里为奸'。所幸他已经退隐，政敌们也不过为己甚，于是减少了许多麻烦。"说到这里梁维枢感慨道，"老马恋栈当然不如悠游林下好啊！"

"求为退谷先生，不是人人都能如愿啊！"伟业叹道，"我那梅村虽无西山的山岚云霭，却也幽静得很啊！"

"吴兄所言极是。"梁维枢连忙附和，"有机会我一定要去江南，到梅村去开开眼界。我那雕桥庄你是去过的。不知是否还有印象？"

"哪能不记得？"伟业忙道，"当年令师赵忠毅公曾经写过一篇《雕桥庄记》，其中说道，'在郡西大茂诸山之东，前临滹沱、西韩二水，东为大门，表之曰尚书里，有楼曰莲诸仙居，有堂曰寿槐，槐可四十围，相传数百年物'。不知今日山庄可完好无损乎？"

"邀天之幸，虽经丧乱，尚属完好无损。名山别墅，乱后独全者，京畿大致惟此一处。等吴兄大事定后，我陪你旧地重游如何？"说道雕桥庄，梁维枢不禁眉飞色舞起来。

"吴某先当面谢过了。"伟业道，"自令尊太宰公至慎可兄仕宦一百余年，家门蝉冕，当代无与伦比。雕桥庄乱后独全实乃盛事，我一定要去看看。"

两位老友谈兴越来越高，日影西斜，全然不觉。梁维枢又拿出自己所著《玉剑尊闻》，央请伟业作序，伟业慨然应诺。两人临别约定两天后去退谷拜访孙承泽。

这天，春风和煦，吴伟业带着写好的《玉剑尊闻序》和一首七言歌行来访梁维枢。梁维枢一见大喜过望，连声赞道："真乃生花妙笔！序文使拙作生色十倍。这篇《雕桥庄歌》，更使山庄增胜添辉！"他看着看着便朗声念起来："常山古槐千尺起，雕桥西畔尚书里。偃盖青披大茂云，扶疏响拂韩河水。水部山庄绕碧渠，弹琴长啸修篁里。今年相见在长安，据鞍却笑吾衰矣。尽道新枝任栋梁，不知老干经风雨……"

伟业忙道："诗是送给你的，过后再读吧。我们还是赴早前往西山去吧！"

于是梁维枢收起诗稿，命人备下辎车一乘，二人上车，前往西山。出西直门，过高梁桥，杨柳夹道，绿阴扶疏，鸟鸣花落，颇似江南三月。一路西行，禅寺浮屠相接。过大佛寺后，即是徐无峰，峰下即樱桃沟。

樱桃沟其实并无樱桃树，只是山色艳如樱桃色，杂树满坡。向阳处绿草如茵，山涧里流水鸣琴，清幽无比。一处山峦环抱的山坳，树木格外繁茂，绿色掩映里有房舍数间，似民居又像庙观，这便是孙承泽的隐居之所。

骤车到大门前，方才发现这是一个不小的院落，房舍依山造形，高低参差有致，颇有匠意又似自然天成。伟业自建梅村别墅以来，对园林布局颇为留意，一见眼前院落，不由暗道一声："妙哉！"门前有松树，干不甚高，枝桠舒张，其冠如盖。松下有石几、石凳。一童子和一老仆正在松下弈棋。见有人来访，连忙起身入内通禀。

时间不长，孙承泽便迎出门来。昔日同榜黄甲少年，今日都已头白，相见之后，感慨万千。话虽不多，但彼此都感觉到情义的深厚。于是同年携手进入退谷山房，落座之后，童子献上茶来，三人一边品茶，一边叙谈。

"骏公！你不会怪我一定要拉你下水荐你出山吧？"孙承泽拈须笑问。

"事已至此，还说什么怪不怪呢？"伟业苦笑道，"我知道年兄与溧阳、海宁全是一番好意。只是我归田十载，懒散惯了，身子骨又不争气。与其将来辜负朝廷又辜负知己，何如恳请诸位当朝大老，在天子面前多多美言，早日让吴某白衣还山？"

"既来京师，你就不要再说这种话了。"孙承泽放下茶盅正色说道，"天子屡降明谕，要各位臣工举荐可用之才。骏公才名，天下谁人不知？朝廷能让你安居林下吗？溧阳、海宁和你的关系，天下又有几人不知？他二人不举荐你，让别人去举荐你，朝廷会怎样看待他们两位？明知贤才在侧，却不推举，对朝廷忠心何在？当然朝中南北之争日益激烈，陈百史迫切需要有人襄助，也是实情。但于公而言，你也应该助他一臂之力。"

"此话怎讲？"吴伟业不解地问。

"今日南北之争，实为从前东林复社和阉党斗争的继续。你想北党首领冯铨原为魏阉的义子，鼎革以来，窃据要津，呼朋引类，处处与正人君子为难。睿亲王多尔衮当政时，原本没有强行剃发易服，冯铨和其同党李若琳、孙之獬却率先剃发结辫，并令家中仆夫皆易满装，从而邀宠于睿亲王，怂恿睿亲王下雉发之令。这造成江南多少人无辜丧命？而今天子亲政以来，冯铨又百般取悦于范文程、宁完我等辽东旧臣，排挤打击溧阳、海宁等人。此番张煊参劾陈百史和洪亨九，背后主使也是冯铨和宁完我。不过这场风波马上就要平息了。"

"宫中有消息了？"梁维枢忙问。

"宫中还没有消息。"孙承泽说，"但从谭公爷府中得知，当今天子已准谭泰所请，张煊因洪承畴罢其御史命其外转，心怀不满，挟嫌诬告大臣，罪应反坐处斩。不日就有圣旨下达。"

尽管朝中南北之争与伟业尚无任何牵连，但自这次重到北京，他就觉得自己的命运又和党派之争纠缠到了一起，想挣脱似乎也不可能。听孙承泽说到这里，他不由心头感到一阵轻松，脱口说道："陈百史终于化险为夷了。"

"现在说这话还为时尚早。"孙承泽面上殊无轻松感，接着说道，"因为天子对其猜疑始终难消，宁完我、冯铨等人永远不会放过他呀！"

"这是为何？"吴伟业大感不解，"天子不是十分倚重溧阳吗？听说诏令文诰多半出自百史之手，很多重大决策也是百史建白。难道不是这样吗？"

"这话不假。"孙承泽道，"但猜忌太深了。说来话长，当年流贼进京，我和百史不幸陷入李贼之手，后虽侥幸脱身，却被列入从贼案中，百口难赎。陈百史得方以智所助，辗转北来，经成克巩、王文奎荐举，投效睿亲王多尔衮。陈百史为取得睿亲王欢心，力劝多尔衮'早正大位'。多尔衮不是没有这种心思，只是迫于当时形势，婉辞道：'尔不明白，我朝自有祖宗家法。'这话本来极为隐秘，不知怎么就传扬出来，孝庄太后和当今天子听到耳中，记在心里，埋下了祸根。摄政王多尔衮在世之时，天子冲幼，无人提及；摄政王死后，天子亲政，朝局发生了很大变化，多尔衮摄政王的封号被废，亲信党翼逐一被剪除。陈百史表面上被倚重如旧，罹祸我看是早晚的事。张煊奏章中'谄事多尔衮，骤迁尚书'一条，实为致命一击。天子宽宥了他这次，但宽宥不了永远。这笔账早晚是要清算的。"

"陈百史身在险中，难道自己全然不知吗？"吴伟业不禁着急起来，"何不早作脱身之计，急流勇退？"

"人在高处，骑虎难下呀！"孙承泽苦笑道，"他何尝不想急流勇退呢！去岁东南张名振、郑成功事起，李定国、孙可望连败王师，定南王孔有德丧师自焚。朝廷商议简选大臣到南方督师，陈百史连番请缨，朝廷不准，最后派了洪亨九。今年陕甘总督出缺，他又请求出镇，仍未获准。表面上是倚重，其实何尝没有信不过的原因？"

伟业默然。梁维枢一直静听孙吴二人谈论，很少插话，这时突然说道："陈溧阳一向恃才傲物，锋芒太露，性情又太急躁，处事难免专横，怎会不惹人嫉恨？去春大学士集议选用词臣，总共提出十八名候选翰林。考试由溧阳主持，范文程、冯铨所荐之人全被排在了后面；至于宁完我所荐的三个人，竟被一笔勾销。宁相国提出疑问，溧阳相国却勃然作色道：'文章优劣我岂不识也？'结果四人闹到了御前。圣上正要亲自观看这几个人的文章时，冯铨突然说道：'词臣或有优于文而不能办事，行己弗藏者；或有短于文而优于办事，操守清廉者。南人优于文而行不符，北人短于文而行可嘉。'他说择官不仅以'文'还要以'行'。皇上听了这番话大加赞许。陈百史心中不服，还要争辩，却被皇上制止了。宁完我所荐之人虽然最终还是被选中了，但对陈相的嫉恨从此更深。另外，能者多劳，招怨树敌也自然就多。皇上诏旨大多出自溧阳手笔，因言辞过于犀利，受到严谴贬斥之臣，必然迁怨于操刀者。例如，前年刚林篡改《实录》一事，范文程、宁完我、冯铨三位大学士均以包庇牵连受责。谕旨显然是陈百史拟就。虽说是皇上旨意，但这些人所恨的仍然是陈百史呀。"

"慎可所言不差。"孙承泽颔首道。

"作为朋友，二位何不劝劝百史？"伟业道。

"以溧阳今日所处的地位，是那么容易听进别人劝告的吗？何况'山水易改，禀性难移'呀！"二人苦笑着说。

伟业听了两位故人一番分析，沉默不语。三人又谈了一阵，孙承泽提议，陪二人在退谷到处走走。于是三位老友扶杖登山，携手临涧，入深谷，探幽壑，搜奇览胜，尽兴方回。回到退谷山房时，已是暮色苍茫了。晚上三人同宿山房。因为日间的劳累，两位朋友很快就酣然入睡了，只有伟业，可能是心事太多，辗转难以成眠。听窗外松风阵阵，想身世忧心忡忡。为了排遣烦乱的忧思，他轻轻披衣起来，拨亮油灯，在书案上寻到一支羊毫小楷，略加沉吟，刷刷点点写道：

我家乃在莫釐山之下，具区之东，洞庭烟鬟七十二，天际杳杳闻霜钟。岂无巢居子，长啸呼赤松，后来高卧不可得，无奈此世非鸿濛。元气茫茫鬼神鉴，黄虞既没巢由穷。逆旋逢孙登，自称北海翁，携手共上徐无峰。仰天四顾指而笑，此下即是宜春宫。若教天子广苑囿，吾地应入甘泉中。丈夫踪迹贵狡狯，何必万里游崆峒？君不见抱石沉、焚山死，被发佯狂弃妻子。匡庐峰、成都市，欲逃名姓竟谁是？少微无光客星暗，四皓衣冠只如此。使我山不得高，水不得深，鸟不得飞，鱼不得沉。武陵洞口闻野哭，萧斧斫尽桃花林。仙人得道古来宅，劫火到处相追寻。不如三辅内，此地依青门，非朝非市非沉沦。鄠杜岂关萧相请，茂陵不厌相如贪。饮君酒，就君宿，羡君逍遥之退谷。花好须随禁苑开，泉清不让温汤浴。中使敲门为放鹰，羽林下马因寻鹿。我生亦胡为，白头苦碌碌。送君还山识君屋，庭草仿佛江南绿，客心离乱登高目。噫嘻呼归哉！我家乃在莫釐之下，具区之东，侧身长望将安从？

写着写着，眼中不禁溢出两行清泪。他自知忘情失态，连忙用袍袖拭泪。偷眼看时，两位朋友睡得正香。他暗暗叹了口气，掷笔于案，和衣倒在了榻上。

次日，吴伟业从退谷回到家里。刚刚坐定，陈之遴命其子容永前来传递消息：陈名夏已经平安回府，望伟业及时过访。伟业喜出望外，连忙命家人备下几样精致礼品，为了避免过分招摇，只由容永带路，雇了一辆骡车，悄然前往陈府。

时间不长，来到陈家门首。容永是常客，不用通禀，头前带路，带领伟业，径到陈名夏的书房来。陈名夏虽说对于宦海沉浮已经习以为常，但风波刚过，心情郁闷，回家之后便杜门谢客，虽有几位同僚、部属来访，他都托病未见。正独自一个人在书房枯坐冥想，听见院内脚步声响，抬头隔着湘帘向外看时，只见陈容永身后跟着一个人向书房走来。一丝不快刚刚袭上心头，一愣神，猛然认出来者是谁。连忙离座，快步走到门口，挑起帘子，迎出门来。

"直方！你这孩子好不懂事！岳翁来了，也不事先告知一声，有失远迎，成何体统！"陈名夏一边说着一边上前拉住伟业的双手道，"失迎！失迎！骏公勿怪！要怪就怪直方这孩子好了！"

"也怪不得直方。"伟业忙道，"听说你身体欠安，我就自作主张，不让直方通禀了。省了些繁文缛节，岂不更好？"

二人寒暄时，容永已打起了帘子。宾主携手进入书房，略作揖让，便落座叙话。

"本应为你接风洗尘，无奈身在清室，吉凶未卜。令亲翁也不安于位，不得不避嫌远祸，还望骏公谅解。"陈名夏深怀歉意地说。

"大行不顾细谨，大礼不辞小让。只要陈相化险为夷，安然脱困，不惟是社稷之福，也是我江南士林之福。伟业高兴还来不及，有什么不能体谅的？"

"天意从来高难问呀！"陈名夏摇首叹道，"我真有点后悔，不该荐你于朝。"

"那就请陈相奏明朝廷，放我白衣还乡如何？"伟业连忙离座拱手说道。

"难呐！"陈名夏面现难色，颔首请伟业坐下，然后说道，"陈某以戴罪之身，哪敢出尔反尔，重违圣意？万一触怒天颜，自己获罪原不足惜，连累了骏公如何是好？依我之见，你还是耐下性子等一等吧。我会放在心上，一旦有了时机，我会相机进言的。"

话说到这份上，吴伟业不便强人所难，也就不再往下说了。稍停，陈名夏又道："你还是先写一份奉诏到京的禀帖，递交吏部报个到吧。至于朝廷怎样安排，还请顺其自然。我和令亲翁海宁相国，现在处境都较艰难。弄不好殃及池鱼，会给你带来无妄之灾。心里亲近就行了，不必过多来往，授人口实。"

"朝局竟至于此吗？"伟业惶惑地问。

"你还是做个局外人好。"陈名夏一脸苦笑，有意避开话题道，"我新刻了一部文集，烦请骏公拨冗为我作序。"说着，站起身来，走到书架前，拿起一部墨香扑鼻的文稿，递给伟业。

"相国之文，衣被四海，古文诗词，扬名宇内。伟业文字得以附丽文集，实乃三生有幸。唯恐力不从心，徒贻续貂之讥。"伟业接过文稿谦虚道。

"你我之交，何须客套？今日不得已之苦心，骏公日后自知。"陈名夏道。

伟业见陈名夏心事重重，似有逐客之意，不便久留，便起身告辞。回到家里，却有一客人在家等候多时，这人正是相互仰慕已久的史学家谈迁。

谈迁，字孺木，原名以训，浙江海宁人。曾经考中过秀才。弘光朝建立，曾经征召他担任内阁中书，他没有奉诏。他说："余岂以国家之不幸博一官也？"从此致力于史书，尤注重明朝典故。谈迁有言："史之所凭者，实录耳。实录见其表，其在里者，已不可见。况革除之事，杨文贞未免失实；泰陵之盛，焦泌阳又多丑正；神熹之载笔者，皆逆阉之舍人。至于思陵十七年之忧勤惕厉，而太史遁荒，皇戚烈焰，国灭而史亦随灭，普天心痛，莫甚于此！"他于是澄清明朝十五帝实录，正其是非。搜寻崇祯十七年邸报，补其缺文，写成史书一部，名曰《国榷》。书成之后，夜有盗贼入其室，见其家贫，无可窃者，把书稿全部盗走。谈迁喟然叹曰："吾手尚在，宁遂已乎？"就又搜寻资料，从头写起。

这些事迹，吴伟业早有所闻。来京后，听说谈迁两个月前已到京师，于是就准备去拜访他。而谈迁早就倾慕伟业之名，听说伟业准备拜访自己，连忙先来拜访伟业，不巧伟业有事外出不在家中。等伟业去谈迁寓所造访时，谈迁又外出搜寻史料去了。这次来访，偏偏伟业又去谒见陈名夏了，谈迁索性在其书房等候，二人终于得以相会。伟业比谈迁小十五岁，且不因谈迁是一介布衣而怠慢轻视。谈迁十分感动。

"梅村先生两榜鼎甲，先朝遗臣。于崇祯、弘光两朝之事，不少是亲见亲闻，还望不吝赐教。"略作寒暄之后，谈迁便开门见山地说。

"老先生志节，吴某闻之久矣。昔日在留都时，阳城张尚书慎言公每每提起先生，赞不绝口。来京后贵同乡海宁陈相推先生为今之良史。先生大作《国榷》，吴某虽未能尽读，偶从友人处得窥片鳞半爪，已大为倾服。如蒙不弃，有询及吴某之处，定当知无不言，言无不尽。"伟业诚恳地说。

"如此相待，老朽就不怕献丑了。"谈迁一边说着，一边解开所带包裹，取出一卷卷书稿来，"迁自恨绳枢瓮牖，志浮于量。家无担石，饥梨渴枣，只好市阅户录，为一细枝末节之事，远赴百里之外，苦不堪言。虽砣砣成编，而事之先后不悉，人之本末未详者甚多。有时虽搜求到一些邸抄，但要归断烂，凡在机要，非草野所能窥一二也。梅村先生以金匮石室之领袖，闻见博洽，祈于纰缪之处，橡笔拈出，少答原委，迁自当感激不尽。"

"老先生虚怀相待，伟业敢不从命？"伟业忙道，"吴某近年也正在辑录《绥寇纪略》一书，对崇祯朝旧事搜求考订颇多，与先生所著正好相互参证。如有一得之见，一定与先生探讨切磋。"

"某正有一事请教梅村先生。"谈迁道，"崇祯三或四年，先生正供职在翰林院，定知其详。"

"先生所问不知何事？"伟业问道。

"有书记载，庚午年三月，永平参政张春失陷建州，误传其为国捐躯，朝廷恤典甚荣，赠封都察院右副都御史。无何，张春作为建州使臣，从塞外归来求款，封赠追削，张春有妾，年方二十，自刎客舍。春愧不如妾，世人目为洪承畴之前例，此事确实如此吗？"

"当时确有这种流言。"伟业蹙额道，"此事并非发生在庚午三月，而是辛未八月事。也就是崇祯四年，余刚刚到翰林院当编修。张春乃太仆寺少卿兼蓟州道参政，奉旨监军松辽。八月戊辰，我师败绩，张春被俘。抗节不屈，被囚于某寺中，后数年，以羁死。先生所见，乃流闻误传。"

"若非梅村先生所言，几致使忠烈之士蒙冤矣！"谈迁感叹道。

"治史重在一个'信'字，我辈不可不慎。北宋王继忠失陷契丹，上书言款，并非降敌。此类即张春之前茅也。"伟业又补充道。

二人越谈越投缘，不觉日已近午。谈迁起身告辞，伟业坚留不允。于是二人便在书房小酌，边饮边谈。伟业本不善饮，谈迁却酒量颇大。席间谈及陈名夏，谈迁道："溧阳性锐，又多贪欲，树敌太多，恐怕极难全身而退。"临别，伟业见谈迁阮囊羞涩，就赠给他一些金银和日常用品。谈迁略作推辞就接受了。从此二人便来往密切起来。

事情还是不幸被谈迁言中了。顺治帝回京不久，突然诏责谭泰，为张煊平反昭雪：

其时朕狩于外，一切政事暂委之和硕巽亲王满达海。王集诸大臣逐件审实，遂将陈名夏、洪承畴羁之别所，拨兵看守，以事关重大，驰使奏闻。谭泰闻之，怫然不悦，遂萌翻案之心。及朕回京敕诸王、贝勒、贝子、公、侯及众大臣质审庭议，谭泰咆哮攘臂，力庇党人，务欲杀张煊以塞言路。诸王大臣惮彼凶锋，有随声附和者，亦有俯首无言者，内亦有左袒者。入奏之时，朕一见罪款甚多，不胜惊讶，谭泰挺身至朕前狂言，告辞全虚，又系敕前。诬陷忠臣于死罪，应反坐。

诏书一出，众大臣弹章齐上，有说他阿附多尔衮的，有说他专横跋扈的，有说他藐视君王心怀叵测的，有说他结党营私凌虐公卿宗室的，凡此种种，不一而足。顺治帝龙颜大怒，把谭泰问斩。接着降旨，命郑亲王济尔哈朗，重审张煊参劾陈名夏、洪承畴一案。洪承畴接旨，便诚惶诚恐地承认未经上奏便把母亲送回原籍，应当引罪。但火神庙集议，确实是为了甄别御史贤否，别无他意。而陈名夏傲性如故，不承认有任何过错。顺治帝十分恼怒，本想把他处斩，但确实爱惜他的才华，于是降旨：

名夏罪实难逭，但朕有前旨，凡谭泰干连之人，一概赦免。若仍执名夏而罪之，是不信前旨也。今将名夏革任，其官品俸禄依旧，发正黄旗汉军旗下，同闲散官随朝。

一场风波看似过去，不料更大的危机接踵而至。陈名夏的宿敌八旗旧臣宁完我忽上一本，揭露陈名夏说：

名夏谓臣曰：要天下太平，只依我一两事，立就太平。臣问何事，名夏推帽摩其首云，只须留发，复衣冠，天下即太平矣。臣笑曰，天下太平不太平，不专在剃头不剃头。崇祯年间并未剃头，因何至于亡国？为治之要，惟在法度严明，使官吏有廉耻，乡绅不害民，兵马众强，民心悦服，天下自致太平。名夏曰，此言虽然，只留发复衣冠是第一要紧事。臣思陈名夏屡蒙皇上赦宥擢用，眷顾优隆，即宜洗心易行，效忠于我朝。执意性生奸回，习成矫诈，痛恨我朝剃发，鄙陋我国衣冠。蛊惑故绅，号召南党，布假局以行私，藏祸心而倡乱。我国臣民之众，不敌明朝十分之一，而能统一天下者，以衣服便于骑射，士马精强故也。今名夏欲宽衣博带，变清为明，是计弱我国也。

顺治帝并不是糊涂人，他知道宁完我与陈名夏嫌隙甚深，这种指责多半是为了煽动满人对陈名夏的不满和攻击。但宁完我并不回避这种嫌疑。当顺治帝问到他和陈名夏的私怨时，他毫不掩饰地说："名夏礼臣虽恭，而恶臣甚深，此同官所共见共闻者也。但今日参劾乃是为公。"于是他又列举了陈名夏的种种罪状：一、仗势占据江宁国公花园。二、窝藏逃犯。此犯乃前明吏部郎中吴昌时之女，被江宁有司执讯，由陈家保释，地方官不敢过问。三、纵子为恶。陈名夏之子陈掖臣实为一方恶霸。平日坐大轿，列棍扇，横行江宁，掣肘地方官，干涉总督衙门，敲诈人民钱财。当地百姓张贴无名揭帖骂他"名夏不忠不孝，纵子肆虐"。四、结党营私，提拔私人赵延先，包庇姻亲史儒纲。五、利用职权，收受贿赂，营建私第。探花张天植告假南归，名夏助路费百两。天植于其妻子处偿还本利五百两。名夏不知，让张天植外转。及还银的书信接到后，又对张天植说，还汝翰林也。六、篡改皇帝意旨，私自涂改票拟底稿。三月某日，顺治皇帝命大学士拟一份谕旨，陈名夏接到由宁完我所拟、皇帝和众大臣已经通过的文稿，在发下的票红中擅自抹去了明朝灭亡与言官们隐讳不报的字句。还有一次，他在票拟文稿中竟然胆大包天，抹掉了一百一十四个字。这最后一款，实在使顺治帝痛恨到了极点，立即传旨拘捕陈名夏，命六部九卿齐集左阙门，会审陈名夏。

次日有消息传出，有两名官员牵连被捕。一是张天植，馈送陈名夏白银五百两，得荐为翰林编修；一是王崇简，和陈名夏是同年进士，由陈名夏引荐升了高官。但御前讯问后，就被无罪开释。刑科给事中刘余谟为陈名夏辩解，以致触怒龙颜，被革职罢官。陈名夏承认说过留发复冠可以致太平的话，但不承认有罪。因为顺治皇帝曾接受御史匡兰兆的疏请，采用过衮冕，向内院大臣出示过明朝冠服，还为诸臣称善不绝。这次朝会对陈名夏的处理议而未决，散朝后陈名夏被暂时拘禁在吏部藤花厅。

陈名夏被拘捕后，神情紧张的吴伟业密切关注着事态的发展，陈容永几乎天天来传递消息。可是自从四月二十日后，陈容永已有五天没有给吴伟业递送情况了，他不禁坐立不安起来。他拿出陈名夏的文稿，翻看了几页，又合上放在了案头。伟业品味着陈容永前几天对他讲过的宁完我参劾陈名夏的话，怔怔出神："臣痛思人臣贪酷犯科，国家癣疥之疾，不足忧也。惟怀奸结党，阴谋潜移，祸关宗社，患莫大焉。陈名夏乱奸日甚，党局日成""蛊惑故绅，号召南党，布假局以行私，藏祸心而倡乱"等话，使他心惊肉跳，难以坐卧。他隐隐约约感觉到一把利剑已经悬在陈名夏的头顶，一张罗网已经把他罩在里面。他深悔自己不该贸然来京，自投罗网。与其无辜来京受害，何如早点在家乡自尽殉节？

正当他胡思乱想、坐卧不安的时候，家人传禀谈迁来访。等客人落座，捧茶在手，伟业便试探着问道："先生从外边来，可听到了什么消息风声？"

谈迁似乎知道伟业要问什么，慢慢放下茶盅，平淡地说："溧阳陈相已于昨日归天了！"

"你说什么？"伟业已经听清楚了，但他还是不由自主地问道。

"陈百史昨日在吏部藤花厅已被绞死。"谈迁仍然淡淡地说，"已有恩命，允准家人收敛尸体。"说着他从怀中掏出一张宫门抄来，伟业接过一看，只见上面写着顺治皇帝的煌煌谕旨：

陈名夏所犯之罪实大，理应处斩。但念久任近密，不忍弃之于市，著处绞。妻子产业，免分散为奴，余依议。

伟业看罢，如五雷轰顶，颓然跌坐在椅子里。

直到陈名夏被绞死，陈容永一直没有来给伟业传递消息，一种不祥的预感笼罩在伟业心头。他猜想，陈之遴可能是受到了陈名夏的牵连。作为南党的领袖，二陈同舟共济，一损俱损，一荣俱荣，朝野无人不知。但这次陈之遴遇到的麻烦，却不全然是受了陈名夏的牵连。

事情起自偶然。顺治皇帝深居九重，却不知从何处听到一个传闻：京城房舍紧张，许多达官显贵都难以找到一处合适的住宅，可是有一个叫李三的马贩子却在京城有许多房屋。一日早朝，他问内三院的大臣们这是为什么？洪承畴回奏道，"李某房屋，分照六部，若某人至某部有事，即入某部房内，不敢僭越紊乱，是故有房多处。"

顺治大为震惊，立即传旨命郑亲王济尔哈朗查清李三其人底细。三天之后，郑王回奏，李三真实姓名叫李应试，本是江洋大盗，马贩子不过掩人耳目的职业。他潜居京城后，专一结交官府，笼络役吏衙蠹。北京城中店铺商贾都要向他交纳常例，各有定价。他借口保护，暗操生杀之权，强取豪夺，苦主莫敢申诉。他豢养了一大批武功高强的强盗，其中为首的名叫潘文学，常常往来于京郊与口外，一面以马匹接济强盗，一面交通官吏。许多满蒙亲贵爱马成癖，李三、潘文学啖之名马，逐渐有了交情，成了他们的保护伞。汉族官员们为了巴结诸王贝勒，少不得也要结交李三，希图李三援引，以达王侯之门。比如兵科都给事中李运长，就待李三如叔如伯，待李三的侄儿李天凤如兄弟，收李天凤的儿子为义子。连年迈老臣宁完我也是李三的座上宾。宁完我嗜赌成癖，李三就常无偿给他赌资和名马。

顺治帝觉得这起案件涉及到满臣太多，传旨交陈之遴审理。根据当时的情势，陈之遴哪敢八方树敌得罪满蒙权要？于是草草结案，权贵们均未牵连在内。他立即草草杀了李三及李运长几个替罪羊就算结案了事。

顺治帝对这样的处理深感怀疑。他怀疑陈之遴和李三一案牵连，草草结案是为了杀人灭口。于是命济尔哈朗重新审理此案，让陈之遴离职待参。济尔哈朗经过调查，发现陈之遴果真与李三有牵连。在确凿的证据面前，陈之遴终十招供，但暗示，和李三有来往的远不止他一人。接着又有人参奏，李三和南明反清势力有勾结，这个案件又成了一桩谋反大案。陈之遴及其一家的命运因此岌岌可危了。

吴伟业得到这个消息，一下子就病倒了。此番他奉召来京，倚作靠山的就是陈名夏和陈之遴。如今这两座靠山一座接一座轰然倒塌，他还如何立足生存？不惟白衣还乡成为泡影，连活着回去的可能也很渺茫。因为他和二陈的交情无人不知，宁完我的奏章里，已经写得明明白白，朝廷如果真的要彻底消灭宁完我所说的南党，他一定在劫难逃。魏忠贤陷害东林，本朝"科场案"兴起的大狱，白色恐怖株连之广就是例子。他觉得自己要安全脱困已是万难。自己一身罹难倒也罢了，牵连父母妻子老少三十余口陪着自己遭罪，于心何忍！想到这些，他的心都要碎了。

就这样，在提心吊胆中过了三个月，事情忽然有了转机。顺治帝不愿再兴大狱，再度降下恩旨，法外施仁，陈之遴被免去大学士一职，贬官两级，罚俸一年。这意外的喜讯，不仅让陈家喜出望外，连吴伟业也高兴得不得了，病情立刻减轻了三分。当他扶病强起去看望陈之遴时，两亲家唏嘘不已，共同感叹"天心难测"。陈之遴心灰意冷，余悸未定，希望趁此杜门思过之时，给儿子容永完婚，吴伟业也正有此意。于是择定日期，九月完婚。无奈伟业病体支离，难耐繁巨，无力为女儿操办妆奁及一应事务。和浦氏夫人商定，连忙修书一封，请三弟伟光速来京师，为女儿操办婚事。陈之遴虽说凤凰落架被罢免了大学士职务，但"百足之虫，死而不僵"，海宁陈氏，富甲天下；吴伟业名噪士林，交友天下，这桩婚姻当时在京城还是颇为引人注目的。

伟光在京师只待了短短十天。因为父母在家中急切等待着伟业的消息，婚事刚刚完毕，伟光便要匆匆启程南归。伟业非常舍不得弟弟离去，但又不得不催他登程。临别，他在病榻上写下了《病中别孚令弟》十首，其难分难舍的痛苦心情袒露无遗。其中几首写道：

> 昨岁冲寒别，萧条北固楼。
> 关山重落木，风雪又归舟。
> 地僻城鸦乱，天长塞雁愁。
> 客程良不易，何日到扬州？

> 秋尽霜钟急，归帆畏改风。
> 家贫残雪里，门闭乱山中。
> 客睡愁难熟，乡书喜渐通。
> 长年沽市酒，宿火夜推篷。

> 十日长安住，何曾把酒尊？
> 病怜兄强饭，穷代女营婚。

别我还归去，怜渠始出门。
往来几半载，辛苦不须论。

消息凭谁寄？羁旅只自哀。
逾时游子信，到日老人开。
久病吾犹在，长途汝却回。
白头惊起问，新喜出京来。

此意无人识，惟应父子知。
老犹经世乱，健反觉儿衰。
万事愁何益，浮名悔已迟？
北来三十口，尽室更依谁？

似我真成误，归从汝仲兄。
教儿勤识字，事母学躬耕。
州郡羞干请，门庭简送迎。
古人亲在日，绝意在虚名。

寡妹无家苦，抛离又一年。
老亲频念此，别语泪潸然。
性弱孤难立，门衰产易捐。
独留兄弟在，中外几人怜。

吴梅村的病中别弟五言诗，情真语切，声泪俱闻，让人百感交集、五味杂陈。弟弟走后，他倍觉失落无依，病情又加重了。

4. 两载仕清

吴伟业病中百无聊赖，屈指一算，三弟伟光离京已经二十余日，计算行程也该过黄河到扬州了。想到这里，对父母家人的思念又溢满了心头，他从病榻上挣扎着起来，拂去书案上的灰尘磨好墨，准备写封家书，报个平安，免得年迈的父母牵挂。信写好后，意犹未尽，又写了两首诗随信寄给三弟伟光：

拙宦真无计，归谋数口资。

海田人战后，山稻雨来时。

关税催应早，乡租送宜迟。

荷锄西舍叟，怜我问归期。

五田山园胜，春来客唤茶。

篱荒谋补竹，溪冷课栽花。

石进墙根动，松欹屋脚斜。

东庄租苟足，修葺好归家。

写好后，正在轻轻吟哦斟酌字句是否安妥，家人进来报道：总宪龚大人来访。

伟业一听，又惊又喜。总宪龚大人就是左督御史龚鼎孳。龚鼎孳，字孝升，号芝麓，安徽合肥人。与吴伟业相交有年，情谊颇厚。但自伟业到京，二陈之案接连发生，朝廷严禁结党，为避嫌疑，大臣们多自杜门谢客，来往减少了许多。伟业本来早就想去拜访龚鼎孳，但因彼此都在嫌疑之中，也就打消了这个念头。今天龚鼎孳突然来访，绝不仅仅是出于礼节，为了叙旧，一定还有重要的事情。这也说明二陈的风波已经过去，自己的处境将会一天天好起来。想到这里，心头顿觉莫名轻松，连忙迎出门来。

甫到院中，便听见龚鼎孳笑语朗朗迎面传来："骏公兄！贵恙在身，何须亲迎！真真想煞小弟了！"

伟业抬头看，来到面前的正是龚鼎孳。只见他头戴一顶嵌玉的六块瓦黑缎便帽，一袭蓝色夹袍，外罩灰色坎肩，拱手含笑向自己走来。

伟业连忙急步踉跄地迎上前去："芝麓公！想煞吴某了！"话刚出口，竟然溢出泪来。

龚鼎孳一边伸手挽扶伟业，一边轻声说道："兄台到京之时，鼎孳便该郊迎，无奈身不由己，还望我兄见谅。"伟业连忙颔首致意。二人携手来到书房，仆人献上茶来。

伟业道："芝麓公位列台谏，万机余暇，枉顾寒舍看望草野衰惫之人，实令伟业感愧莫名。"

"吴兄这话就令鼎孳不安了。"龚鼎孳放下茶盅说道，"崇祯九年，兄台典试湖广，鼎孳与宋子建翊赞兄三人江楼饮酒论文，何等投契！后来弟出知蕲春，兄侍读东宫，虽相隔千里，弟无时不想念您和子建兄。每于友人处看到兄台尺幅寸帧、片纸只字，便宝若明珠大贝。甲申秋后，鼎孳自伤失路，尚蒙我兄不弃，面聆謦咳。感念畴昔，泫然雨泣。你我这般交情，岂是世俗可比？惟我兄进京之后，政潮迭起，形格势禁，一步不慎，将会殃及池鱼。是故，迟至今日才得相见。此中苦衷，我兄当会明白。"

"我哪有不明白的？"伟业道，"只是失路之人，思旧心切耳！譬如黑夜溺水，既不见光明，又无物济助，呼告不应，其苦何堪！"伟业不禁又伤感起来。

"兄长不必伤感，马上就要柳暗花明了！"龚鼎孳满面喜气地说。

"此话怎讲？"伟业忙问。

"昨日天子为征辟之事，召见内院大学士及三公九卿。冯铨、宁完我重提陈百史结党营私之事，意欲摒斥江南士人。天子面现不悦之色，当众说道：'陈名夏学贯古今，问古今事无不了了，即所未见书，也能举其旨。学问到底还是好的。'冯铨等人只有唯唯称是。于是御前当众定下录用之人，兄长姓名已达天听，不日将有纶音。"

伟业闻言摇首叹道："吾不能白衣还乡矣！"

"兄长此时还说什么梦话？能够全身远祸已是不幸中之大幸了，还奢望什么白衣还乡啊！"龚鼎孳连忙劝道。

"芝麓估计朝廷会让我充当什么差使？"伟业问。

"以君所长，当任史之职，可能会去秘书院供职。"龚鼎孳略作思忖后又说，"当今天子酷爱汉学，稽古右文，明伦敷教，兴贤育俊。吾兄不必计较一时名位，随侍君侧，定有宏图大展之时。"

"还说什么宏图大展，"伟业苦笑道，"某绝意仕途已非一日，只要能早日归田，全身而退，就心满意足了！"

二人又谈了一阵闲话，龚鼎孳不肯在吴家过午，起身告辞。临行前他又告诉伟业，十一月十七日是自己的四十岁生日，敬请届时务必光临。伟业爽快应诺下来。

人逢喜事精神爽。送走了龚鼎孳，伟业心头轻松，就觉得身上的疾病十分好了七八分。他把书案整理了一下，又动手修改基本完稿的《绥寇纪略》。

这天，谈迁来访，看到伟业书案上放着龚鼎孳的《定善堂集》，话题自然谈到了诗。伟业道："文词一道，今人第辩雅俗，然有用一语，似雅实俗，有出于俗而实雅，未易辨也。先儒讲学，看似俗浅，理彻则不须辞而传也。刘念台老先生为朱燮元写的碑文，迥在上虞倪鸿宝碑文之上，就是因为雕绘不如苍老。钱牧斋深心学杜，晚年更近于白香山、陆放翁。龚芝麓秀颖高丽，声调遒劲，有李义山之风。"

"以君之见，雅优于俗乎？"谈迁笑问。

"作诗雅不得，俗不得。诗文举业俱不可著一好字。凡古人得意之处，唯深于文者知之。"伟业似论诗又似谈禅。谈迁微笑额首。

由诗及人，伟业又称赞龚鼎孳："身为三公，而修布衣之节；交尽王侯，而好山泽之游。北门之孤贫，行道之饥渴，未尝不彷徨慰劳。"谈迁也深表赞许。

谈迁这次造访三天之后，圣旨果然颁发，吴伟业被授秘书院侍读。伟业具表谢恩。这个官职为从四品，品级不高，又无实权，比他在明朝担任过的少詹事还低，只是掌管撰著记载，但他还是小心翼翼地办差事，每日忙忙碌碌。抽出时间和一些故交旧识来来往往，联络感情，身体也一天天康复起来。

转眼到了十一月十七日，他备了一份贺礼，前去给龚鼎孳贺寿。席间有一伶人，姓王名稼，字紫稼。当年本是江苏巡抚土国宝府中的歌儿，风流偻巧，明慧善歌，很受土国宝的爱重。土国宝畏罪自杀而死，王稼逃到北京。吴伟业曾经在苏州见过此人，那时他才十二三岁，于今年已三十，歌喉圆润不衰。一阕唱罢，采声满堂。侑酒之时，他恳请吴伟业为他写首歌词。伟业遂作《王郎曲》一首赠送给他：

> 王郎十五吴趋坊，覆额青丝白皙长。
> 孝穆园亭常置酒，风流前辈醉人狂。
> 同伴李生柘枝鼓，结束新翻善财舞。
> 锁骨观音变现身，反腰贴地莲花吐。
> 莲花婀娜不禁风，一斛珠倾宛转中。
> 此际可怜明月夜，此时脆管出帘栊。
> 王郎水调歌缓缓，新莺嘹呖花枝暖。
> 惯抛斜袖卸长肩，眼看欲化愁应懒。

摧藏掩抑未分明，拍数移来发曼声。

最是转喉偷入破，殢人肠断脸波横。

十年芳草长洲绿，主人池馆惟乔木。

王郎三十长安城，老大伤心故园曲。

谁知颜色更美好，瞳神剪水清如玉。

五陵侠少豪华子，甘心欲为王郎死。

宁失尚书期，恐见王郎迟。

宁犯金吾夜，难得王郎暇。

坐中莫禁狂呼客，王郎一声声顿息。

移床敧坐看王郎，都似与郎不相识。

往昔京师推小宋，外戚田家旧供奉。

只今重听王郎歌，不须再把昭文痛。

时世工弹白翎鹊，婆罗门舞龟兹乐。

梨园子弟爱传头，请事王郎教弦索。

耻向王门作伎儿，博徒酒伴贪欢谑。

君不见康昆仑、黄幡绰，承恩白首华清阁。

古来绝艺当通都，盛名肯放悠闲多。

王郎王郎可奈何！

王稼感奋不已，即席畅放歌喉，演唱此曲。席间掌声、采声不绝。不少人即席赋诗纪盛。龚鼎孳也口占一绝：

蓟苑霜高舞柘枝，当年杨柳尚如丝。

酒阑却唱梅村曲，肠断王郎十五时。

伟业诗兴大发，又即席赋诗赠龚鼎孳道：

丈夫四十致卿相，努力公孤方少壮。

握手开尊话畴昔，故人一见称无恙。

当初海内苦风尘，解褐才名便绝伦。

官守蕲春家近楚，贼窥江夏路通秦。

书生年少非轻敌，擐甲开门便迎击。

诗成横槊指黄巾，战定磨崖看赤壁。

我同宋玉适来游，多士名贤共校雠。

此地异才为乱出，论文高话锁厅秋。

别后相思隔江水，黑山铁骑如风雨。

闻道黄州数被兵，读书长啸重围里。

荏苒分飞十八年，我甘衰白老江边。

那知风雪严城鼓，重谒三公荣戟前。

即君致身已鼎足，正色趋朝勤补牍。

异书扪腹五千卷，美酒开颜三百斛。

月明歌舞出帘栊，刻烛分题挥洒中。

谈笑阮生青眼客，文章王掾黑头公。

却思少小经离乱，铜驼荆棘寻常见。

侧身天地竟何心，过眼风光有谁羡。

楚水吴山思不禁，朝衫欲脱主恩深。

待看贺监归来岁，勾漏丹砂本易寻。

伟业口似悬河，诗如泉涌，举座叹服，惊羡不已。席散后《王郎曲》不胫而走，一时间坊肆间皆有传唱。京师风雅之士来访者甚多，其中就有秘书院检讨、侍读学士白胤谦、翰林编修杨思圣等。

白胤谦，号东谷，明朝崇祯进士，选翰林院庶吉士。仕清后曾官至刑部尚书。此时，方在秘书院供职，因得知与伟业将在内院共事，为表仰慕之意特来拜访。并赠诗曰：

先辈名高四海宗，帝乡华发此相逢。

即看日下人如鹤，共倚天边气是龙。

双阙露凝仙子掌，十洲云拥大夫松。

上林羽猎谁能赋，顾问应沾圣泽浓。

杨思圣，顺治三年进士及第，此时也正在侍读学士任上。其人天才隽妙，少有神童之名。工于诗，擅长晋人书法，深得顺治帝青睐，曾御前亲授笔札。他赠送吴伟业的是一首五言律诗：

> 廿载徒相忆，何知共彩毫。
> 风尘淹宦迹，疏放自吾曹。
> 署对红云逝，诗吟白雪高。
> 篇篇能起我，明月大江涛。

送走白、杨二人后，刚刚以拔贡入京、当了中书舍人的吴绮，明代名臣米万钟的孙子米汉雯等人又来邀伟业同去丰台看花。吴绮年龄比伟业要小得多，伟业称他为"小友"。吴绮则对他十分崇敬，有诗赠伟业：

> 开元才子蕊珠仙，曾向蓬山领众贤。
> 宫蜡送人归制院，御笺陈事入经筵。
> 湘东丽藻三枝管，江左繁哀七宝弦。
> 白虎诸儒方奏赋，风流谁许并花砖。

这些频繁的交往，确曾使伟业乐而忘忧。但浮名、虚荣只不过是过眼云烟。故国之思，身事二姓的屈辱则永远是沉重的，难以忘却的。周肇来京应试，捎来了家乡好友陆元辅的两首诗，诗中就不无讥讽地写道：

> 万里梅风日色醺，三杯下马跨燕云。
> 高生句好吟相送，天下何人不识君。

> 离离禾黍故宫残，玉署金銮改旧观。
> 若见铁崖为问询，锦衣何似白衣安？

这第二首的后两句，当然是针对他的《将至京师寄呈当事诸老四首》"记送铁崖诗句好，白衣宣至白衣还"而言的，责难的意思显而易见。他想写封信给陆元辅，剖白自己的心迹，但有苦难言，无处下笔。伟业亲戚、好友穆云桂南归时，伟业写了几首诗为他送别，婉转地表达了自己的心曲：

遍欲商身计，相逢话始真。
幸留残岁伴，忍作独归人。
年逼愁中老，家安梦里贫。
与君谋共隐，为报故园春。

骤见疑还喜，堪当我半归。
路从今日近，信果向来稀。
同事交方散，残编道已非。
老亲相慰甚，坐久更沾衣。

舍弟今年别，临分恰杪秋。
苦将前日泪，重向故人流。
海国愁安枕，乡田喜薄收。
相期裁数纸，春雨便归舟。

庭树书来长，空阶落叶黄。
酒乘今夜月，梦绕一林霜。
客过探松坞，童饥偃石床。
因君谢猿鹤，开我北山堂。

诗里一再流露的归隐愿望和故园三思，可以说是对家乡友人的坦诚回答吧。

送走穆云桂已是年终岁尾，仕清后的吴伟业在京师过了第一个大年。京师过年，非比乡下，迎来送往的繁文缛节自然少不得。

正月二十六日，顺治帝降下谕旨："着大学士额色黑等，将历代经史所载，凡忠臣义士、孝子贤孙、贤臣廉吏、贞妇烈女，及奸、贪、鄙、诈、愚、不肖等，分门别类，勒成一书，以彰法戒，名之曰《顺治大训》。"吴伟业为纂修官。刚与同事们商定编纂日程，分派了任务，二十九日顺治帝又把吴伟业召入南苑，命其参与《内政辑要》的修撰，从此伟业便更加忙碌起来。

顺治帝久闻伟业才名，爱其学识渊博，一再召之御前，垂询历代朝章典故。每有所问，伟业都一一据史作答，既生动又详明。有一次还问及伟业的仕宦经历及父母兄弟子侄。当问到伟业两个弟弟的情况时，伟业回答说："二弟并为生员。"顺治帝不禁笑了起来。伟业不知何故，顺治帝说："新近宫中献来两只猿，内臣饲以白米，一食，一不食。朕问其故，内臣回奏道，'一熟猿，一生猿。熟猿食，生猿不食'。"伟业和众臣都不禁莞尔。伟业因笑而咳，气喘痰涌。但又怕君前失仪，极力忍耐，以袍袖掩口。顺治帝连忙关切询问，知其抱病在身，于是传旨，命他回家调治。

伟业自南苑赐假回邸适逢春闱方散。太仓王揆、陆岱毓、湖北吴仲鹗等名落孙山。王揆为王锡爵曾孙，年方弱冠，极有才名。陆、吴二人为当年吴伟业典试湖广时的门生。伟业把他们请至家中温言鼓励。伟业道："文无定价，自古皆然。崇祯辛未礼闱，夏允彝的第一篇制艺，妙笔生花，其中写道：'天下莫大乎人才，朝廷莫大乎名器。'而阅卷房师却断作：'天下莫大乎，人才朝廷莫大乎。'其可笑如此。嘉定的徐汝谦，好古宿儒，文章亦典雅。学台孙之獬试日尽抹其文，除其名。陈卧子，才名满江南，孙之獬也斥之不录，且逮其父师。其父师都是名进士，于是县里呈文上报，事情才算止息。你们说文章有定价吗？"

座中陆岱毓说，自己是因为闱中誊录小吏，不小心把卷子上火烧了一个小洞，小吏害怕受到责罚，带着卷子逾墙逃跑。为此，不仅自己落榜，还连累了许多人。伟业安慰道："天下大矣，而不幸偏偏落到了你的头上。贻累之人更是无辜。这也许就是天命吧。"

夏允彝的学生田茂遇也落第了。田茂遇，字楣公，号水西子。江左清浦人，少负时名，善唐文。读书出经入史，落笔为诗歌古文，不能自休。陈子龙在日，曾以伟器称之。子龙殁后，代替陈子龙的儿子交宦租二十年，又刻印了陈子龙的诗文集子。他曾对人说："无以偿黄门大德，生平每以为愧。"由于吴伟业和陈子龙、夏允彝平生交厚，田茂遇也来拜访伟业。伟业设宴招待他，谈古忆旧，不胜依依。

席间有一歌妓，名唤冬儿，少时曾入田贵妃的父亲田弘遇家。田弘遇死后，冬儿被山东都督刘泽清买去。冬儿姝丽，深为刘泽清宠爱。甲申变后，史可法命刘泽清侦探永、定二王的下落，冬儿慨然请命，女扮男装，前往北京，潜入田氏府中，得知二王不幸的消息，还报刘泽清。刘泽清镇守淮安，冬儿跟其到了临安。泽清渔色无度，有一书佐，其妻颇有姿色。泽清欲夺其妻，妄加罪名，将书佐斩首，霸占其妻。翌年，清兵南下，刘泽清率众降清。摄政王多尔衮，赏赐刘泽清美女三人，都是多尔衮的侍婢，刘泽清毫不提防。久之，内有一人和书佐之妻熟稔，向多尔衮禀告其夫被冤杀详情。多尔衮责问刘泽清。刘泽清狡称书佐罪当处死。其妻当堂质证其夫无辜，并告发刘泽清私居冠角不着满袋，降清后暗通鲁王等不法情事。刘泽清于是被诛杀，冬儿也被下刑部大牢。多亏刑部尚书汤某，曾在刘泽清处见过冬儿，认为她只是刘氏蓄养的歌妓，非刘氏眷属，按法不应连坐。冬儿无罪赦免后，走投无路，重操旧业。

听冬儿诉说身世之后，伟业颇有感触，席散之后，写下歌行《临淮老妓行》，对刘泽清"临淮将军擅开府，不斗身强斗歌舞""白骨何如弃战场，青娥已自成灰土""将军自撤沿淮戍""重来海口竖降幡"的误国、卖国行径进行了无情鞭挞，并借老妓之口感叹兴亡道：

> 可怜西风怒，吹折山阳树。
>
> 将军自撤沿淮戍。
>
> 不惜黄金购海师，西施一舸东南避。
>
> 郁州崩浪大于山，张帆捩柁无归处。
>
> 重来海口竖降幡，全家北过长淮去。
>
> 长淮一去几时还，误作王侯邸第看。
>
> 收者到门停奏伎，萧条西市叹南冠。
>
> 老妇今年头总白，凄凉阅尽兴亡迹。
>
> 已见秋槐陨故宫，又看春草生南陌。
>
> 依然丝管对东风，座中尚识当时客。
>
> 金谷田园化作尘，绿珠子弟更无人。
>
> 楚州月落清江冷，长笛声声欲断魂。

兴亡盛衰，如此大事，梅村借一老妓大做文章，所谓白头宫女、红豆词臣，有心人大手笔于此层层递进，别开生面，堪与《圆圆曲》相比肩。伟业销假后，重回南苑编纂《内政辑要》，这项工作直到四月中旬总算告竣。众人方才舒了口气，顺治帝又降谕旨："朕欲仿效《贞观政要》《洪武宝训》等书，分别义类，详加采辑，汇成一编，朕得朝夕仪型，子孙臣民咸恪遵无赦，称为《太祖圣训》《太宗圣训》。即于五日开馆。特命……吴伟业为纂修官。"并命内务府每位纂修官每月拨伙食费纹银八两。自此，伟业早出晚归，甚至一连数日都留宿在南苑。

这日，伟业行经宣武门大街，偶然想起先朝田妃的娘家都督田弘遇的府第就在这条街上，日前老妓冬儿还曾提到过，于是就暗中打听起来。已经十二年了，改朝换代，宅第已经数易其主。如今大门已经被堵，藤蔓缠绕，只有两只铁狮子还在道旁静卧。伟业上前细看，只见上面铭文写着大元元贞十年，彰德路铸造。狮身锈蚀斑驳，狮首尘沙层层，威猛之状顿减，早已不复当年模样。

伟业记得此处宅第是田妃诞育定王之后，崇祯龙颜大悦，为酬田妃生育王子之功，赏赐给田家的。当时田贵妃宠冠后宫，田家权势熏天，如今竟没落到如此地步！他回到家中，思绪万千，挥笔写下《田家铁狮歌》来。诗在极写当年田家崇荣之盛以后，笔锋一转写道：

省中忽传田蚡死，青犊明年食龙子。
蝦蟆血洒上阳门，三十六宫土花紫。
此时铁狮绝可怜，儿童牵挽谁能前。
橐驼磨肩牛砺角，霜摧雨蚀枯藤缠。
主人已去朱扉改，眼鼻尘沙经几载。
锁钥无能护北门，画图何处归西海？
吾闻沧州铁狮高数丈，千年猛气难凋丧。
风雷夜半戏人间，柴皇战伐英灵壮。
芦沟城堞对西山，桥上征人竟不还。
枉刻蹲狮七十二，桑乾流水自潺潺。
秋风吹尽连云宅，铁凤铜乌飞不得。
却羡如来有化城，香林狮象空王力。
扶雀牦牛见太平，月支使者贡西京。
并州精铁终南冶，好铸江山莫铸兵。

情生文，文更生情，伟业笔走龙蛇，纵横跌宕，把兴亡之感、黍离之悲，淋淋漓漓地通过田家铁狮子倾泻出来！

新朝新君的礼遇，并未冲淡吴伟业对故国故主的思念。当他路过宫门，驻足瞻仰那巍峨的宫阙时，往事便一幕幕重现心头。十八年前，皇太子才出阁，作为太子的老师，他出讲文华殿，崇祯皇帝御临经筵，垂询《尚书》大义，对他的讲解深表赞许，温语褒奖，并赐御用甘果。每每想到这些，他内心深处还会荡起温馨的涟漪。这天他重过掖门，往事历历，如在目前，回家后满怀深情地写下了《风流子·掖门感旧》一词：

咸阳三月火，新宫起、傍锁旧莓墙。见残壁废砖，何王遗构；荒荠衰草，一片斜阳。记当日，文华开讲幄，宝地正焚香。左相按班，百官陪从；执经横卷，奏对明光。

至尊微含笑，尚书问大义，共退东厢。忽命紫貂重召，天语琅琅。赐龙团月片，甘瓜脆李，从容晏笑，拜谢君王。十八年来如梦，万事凄凉。

旧事已非还入梦，画图金粉碧栏杆，遗恨绵绵，不堪回首。此词一气呵成，旧思难忘，颇有唐人叙事之风，尤其是收尾一句"十八年来如梦，万事凄凉"，遗民心态，跃然纸上。

顺治帝为了真正了解内院词臣的才学，亲自拟定题目，表一，疏一，判一，命誉、翰词臣四十八人当殿御试。表的题目是"上亲征朝鲜，国王率其臣民降，群臣贺表。"疏的题目是"漕运"，判的题目是"朝廷依仗大臣甚殷，凡背公营私，负恩误事，从重议罪。"天到午时，顺治帝驾临午门。内侍唱名持牍，应试诸臣就低几坐地，每人派带刀侍卫二名监视。光禄寺宫门外搭起帐篷，列置席案，馔二簋，笼炊四枚，饭酒各一瓯。众臣薄暮始出，很少入席用饭。天已经黑了，还有几个人没有完篇。顺治帝降旨掌烛，亲自等过二十刻，才起驾回宫。

伟业久侍宫闱，对这些表章疏奏的文章本就十分熟娴，再加上前不久有一同乡自盛京归，谈了许多朝鲜的风物人情，更增加了其为文一吐块垒的素材。伟业的表文写得用典宏富，辞彩华美，且气势磅礴。顺治帝览表大喜。当他读到如下内容时，不禁手拍御案，击节叫好："用是赫然，加诸蕞尔。躬率中黄之土，亲占太白之符；鼓震十三山，咸闻鞠旅；营连八百里，谁逆颜行。帐下拔大食之刀，镂文龙雀；军前策渥洼之产，汗血骅骝。嗟哉合市之人，徒享开城之乐；鸟鸣则散，鱼烂而亡。頳岘悬车，肯信位宫走兔；黄岩束马，宁容依虑逋诛。毌丘俭沸流之胜，方之篾如；苏定方溵水之功，远过之矣。……我皇神武不杀，宽大有容，退舍而许之平，解缚而赦其罪。方提黄钺，遽令收军，勿剪宋襄，俾无废祀。颇利之城八门，不惊鸡犬；带方之邑万户，争送壶浆。洗兵马普述之津，尔今归命；刻日月丸都之石，予实亲征。……"不久，伟业表文传出宫外，争相传闻。

这次御试，很快排出甲乙名次，有的擢升，有的罢黜，有的明升暗降外转。吴伟业的同年中誊事三人去其二；礼科五人去其二。他心里明白，这是皇帝的驭下之道，并不见得就是被贬之人的文才不及别人。

他的儿女亲家何应璜，就是明升暗降外转到赣州去做知府的。何应璜号蓉庵，是伟业的座师何如宠的儿子，伟业一女为何应璜之子何棠的妻子，两家关系非比寻常。出京之前，伟业为其饯行，并赋诗赠别：

> 想见征途便，还家正早秋。
> 江声连赐第，帆影上浮丘。
> 儿女贪成长，亲朋感去留。
> 无将故乡梦，不及石城头。

> 郡阁登临迥，江湖已解兵。
> 百滩争二水，一岭背孤城。
> 石落蛟还斗，天晴雁自横。
> 新来贤太守，官柳战场生。

> 三载为郎久，栖迟共一贫。
> 师恩衰境负，友道客途真。
> 世德推醇谨，乡心入隐沦。
> 萧条何水部，未肯受风尘。

> 弱息怜还幼，扶持有大家。
> 高门虽宦迹，远嫁况天涯。
> 小字裁鱼素，长亭响鹿车。
> 白头双泪在，相送日将斜。

何应璜，曾任水部郎中，所以诗中说"萧条何水部"。分别时两位老亲家的心情都十分沉重，秋日送亲家远行，天清雁横，白发满头，吴伟业不禁流下泪来。

接连被遣出京外转的还有伟业的好友曹溶、杨思圣、王无咎、张王沾等人。这显然是对汉族士大夫的一次打击和清洗。"兔死狐悲"，伟业虽然不在清洗之列，但他深感在异族统治下的压抑和屈辱。这些朋友们离京之时，他都有诗相赠，如《送曹秋岳以少司农迁广东左辖》：

> 秋风匹马尉佗城，铜鼓西来正苦兵。
> 万里虞翻空远宦，十年杨仆自专征。
> 山连鸟道天应尽，日落蛮江浪未平。
> 此去好看宣室召，汉皇前席问苍生。

又如，《送杨犹龙学士按察山西》：

> 一天凉影散鸣珂，落木平沙雁渡河。
> 北地诗名三辅少，西风客思无原多。
> 紫貂被酒云中火，铁笛吟秋塞上歌。
> 回首禁城从猎处，千山残雪满滹沱。

明升暗降的外转，还算是比较客气的。稍有不慎，冒犯了满族权贵的利益，遭遇就更惨了。兵科给事中季开生，家人自通州进京，听说有使者封船奉旨前往扬州买女子。季开生作为"耳目之官"，有闻风言事之责，他出于对朝廷的忠心，上书极谏。朝廷却认为季开生"肆诬沽直"，下刑部杖责，并且把他流放到尚阳堡。季开生是江苏泰兴人，字天中，和吴伟业算是大同乡。伟业对他的遭遇深表同情。在他流放上路时，伟业写下了《送友人出塞》一诗。诗中写道：

> 上书有意不忘君，窜逐还将谏草焚。
> 圣主起居当日慎，小臣钟爱本风闻。
> 玉关信断机中锦，金谷园空画里云。
> 塞马一声亲旧哭，焉支少妇欲从军。

到了十月，更使吴伟业震惊的事情发生了。他的好友龚鼎孳为人参奏"事涉满汉，意为轻重"，实际上是说他有意袒护汉人。这在当时可是个极严重的罪名。很快顺治皇帝便降旨吏部：

朕每览法司覆奏本章，龚鼎孳往往倡为另议。若事系满洲，则同满议，附会重律；事涉汉人，则多出两议，曲引宽条。果系公忠为国，岂有如此。着明白回奏，尔部即行传谕！

部议结果，龚鼎孳应革职。圣旨传出，降八级调用，着任上林苑监署署丞。一个位列三公的左都御史，一下子降为一个皇家动物园的副职，不啻从天上摔到了地下。事情还不算结束。次年六月，龚鼎孳又被贬往广东去了。吴伟业为老朋友送行，不禁回忆起二人的交往过程，相知相惜，借着酒意吟唱了一篇七言歌行。他在诗的末尾劝慰老朋友道：

丈夫豁达开心期，悠悠世上无人知。
三仕三已总莫问，一贵一贱将奚为？
别君劝君休失意，碧水丹山暂游戏。
客路扁舟好著书，故园九日堪沉醉。
乌柏霜红少妇楼，桄榔雨黑行人骑。
独有飘零老伏生，不堪衰白困将迎。
祇因旧识当涂少，坐使新知我辈轻。
花发罗浮梦君处，蹒躅悲歌不能去。

诸多老友们接二连三的被罢黜，吴伟业肉跳心惊，更觉孤立无援。
就在南党势力受到不断打击之时，吴伟业却意外地得到了顺治皇帝的赏识。顺治十三年正月初四，吴伟业被任命为《孝经衍义》编纂官；初六日被召入南苑，顺治帝亲问及《孝经》一书的来历。伟业回奏道："秦火以后，经书多有今文、古文之分，《孝经》亦然。今文《孝经》由郑玄作注，分十八章；古文尚书有孔安国作注，分二十二章，亡失于梁。到了隋朝，刘炫假托孔安国之名，重新作注，流传于世。唐朝开元七年，玄宗命诸儒鉴定今文、古文两种《孝经》，郑注、伪孔注均被废止，命各家之说勒诸碑石，存于太学。天宝二年又重新作注。今之《孝经》，即唐儒及宋代邢昺所注。前朝宫禁质慎库藏有《孝经图》，为唐代周昉所画，颜鲁公亲书。万历年间曾交内阁重裱，臣有幸见过。甲申之变，流贼入京，质慎库图书百万卷流失殆尽，殊为可惜。"

"前人曾有'烦恼如《孝经》起序'的话，卿可知是什么意思？"顺治帝问道。

"古人有言，《孝经》序具载则文繁，略之则义阙。故而，后人常用来比喻遇事棘手，左右为难。"伟业回奏。

"原来如此。"顺治帝微笑颔首，"吴卿果然博学。望卿不避繁难，修好《孝经衍义》，以副朕以孝治天下之望。"

"臣敢不竭尽绵薄，以报圣恩。"伟业叩首回奏。从此以后，伟业又投入到《孝经衍义》的编修中，恪尽职守，极为勤勉。

二月六日，圣旨下，伟业升任国子监祭酒。这一职务历来都为博识多闻、学养深厚的硕儒耆宿担任，作为国家最高学府的最高长官，吴伟业是十分恰当的人选，也足可看出顺治帝对他的器重。但这项任命，并没有给吴伟业带来多少欢乐，上任不到一月，他的妻子浦氏就患病亡故了。

二月二十七日，顺治帝在南苑校阅骑射。内院大学士、翰林院及各部院四品以上官员都要随驾从观。当日天气严寒，风沙扑面。伟业妻子沉疴在床，他自己又体弱多病，本来不宜前往。但想到自己刚刚升了祭酒，正是感恩图报的时候，圣命难违，不便请假，只好随班陪驾。校场上众侍卫顶盔掼甲，驰马射箭，龙腾虎跃，各逞其技，热气腾腾。陪驾的文臣们，却在寒风中，缩颈肃立，瑟瑟发抖，有的甚至眼泪鼻涕齐下，手脚都冻得麻木了，但仍要强撑着架子，害怕君前失仪。阅武已毕，又要围猎。围猎结束，宣召群臣恭视，赐宴行宫。

酒宴上少不得命文臣们应制赋诗。伟业奉命赋五言、七言律诗各一首，其中七律颇为后人称道：

> 露台吹角九天闻，射猎黄山散马群。
> 练甲晓悬千镜日，翠旗晴转一鞭云。
> 奇鹰出架雕弓动，新兔等盘玉馔分。
> 最是小臣惭献赋，居车叨奉羽林军。

就在伟业赋诗颂圣的时候，他的妻子已经病入膏肓，正在病榻上呻吟不止，小女儿守候在侧，哀哀啼哭，万分焦急地等着他归来。回到家里，看到这种景象，伟业心都快要碎了。不过数日，妻子便撇下幼小的女儿和满怀忧患的伟业与世长辞。伟业命人把亡妻的棺椁运回家乡安葬，自己却不能护灵还乡，内心的伤痛不言而喻。后来他在诗中写道：

> 扈从游甘泉，淅淅惊沙石。
> 藉草贫无毡，仆夫枕以块。
> 霜风帽带斜，头寒缩如蝟。
> 入门问妻孥，呻吟在床被。
> 幼女掩面啼，灯青照残穗。
> 白杨何萧萧，冲泥送归椁。
> 尔死顾得还，我留复谁为？

妻子的丧事刚刚办了，吴伟业的亲家陈之遴又被参劾。顺治帝赫然降旨道："陈之遴经朕训诫，不啻再三，望其省过改恶，尽去偏心，以图报称。乃毫不自悔，任意结党营私，大负朕恩。本当罢斥示惩，念其既已擢用，位至大臣，不忍即行革职，著以原官发往盛京。"陈之遴有子三人，其中两人在南方，只有次子陈容永在京师。陈之遴走到途中，背疽发作。陈容永带着一个大夫和一个仆人，千里迢迢到关外去看望父亲。那时候的东北，极其荒寒，风雪满途，被视为绝域。陈容永一"孱然膏粱少年"第一次出门远行，家人万难放心。他的妻子是伟业之女，伟业与女儿流着眼泪送他登程，其凄惨之状，令人心酸。

陈之遴再次远戍，吴伟业在朝中处境更为艰难，事事小心在意，如履薄冰。顺治帝对伟业却恩宠有加，一日亲召伟业入宫，垂询前朝封妃礼仪，伟业一一回奏。顺治帝告诉伟业，本拟七月晋董妃为皇贵妃，但皇弟襄亲王博穆博果尔薨逝，停枢在宫，不便举行册封大典，问伟业可有通融从权之法。伟业奏道："臣所知者多为先朝故事，对于国朝家法知之甚少。"他劝顺治帝还是以本朝家法办理为好。顺治帝暗暗心许。辞出大内后，吴伟业写下了《七夕即事》四首，其中两首写道：

今夜天孙锦，重将聘雒神。

黄金装钿合，宝马立文茵。

刻石昆明水，停梭结绮春。

沉香亭畔语，不数戚夫人。

花萼高楼迥，岐王共辇游。

淮南丹未熟，缑岭树先秋。

诏罢骊山宴，恩深汉渚愁。

伤心长枕被，无意候牵牛。

前首想象册封大典的隆重，写对董贵妃的恩宠；后者写对皇弟的手足深情。顺治帝为清世祖第九子，襄亲王为世祖第十一子，薨时年仅十六岁，深为顺治帝爱重。

这年，洪承畴、吴三桂兵进云贵，南明永历帝日渐危殆。清廷对吴三桂倍加倚重，吴家在朝中的势力也越来越大。伟业深怕吴家为了当年《圆圆曲》之憾寻机报复，于是想方设法，化敌为友。

《圆圆曲》已经脍炙人口，无法挽回，伟业只好在《绥寇纪略》中为吴三桂增饰些许溢美之词，其中写道："先皇驾崩后三十三日，而吴三桂请本朝大兵入关，大破李自成于一片石。春秋大复仇，然孰有身殉下宫之难，子效秦庭之节，如吴宁远者乎？"话虽不多，但对吴家父子褒扬备至，把吴襄写成了殉节忠臣，吴三桂成了血泪哭秦庭的英雄。

写好后伟业不断把文稿示人，并有意送给吴家人看。吴三桂也风闻吴伟业深得顺治帝的眷宠，将来有可能主修明史。如果有可能在明史上为自己写上如此一笔，也足可以抵消《圆圆曲》中对自己的讥诮了，于是也就不计前嫌，井水不犯河水了。吴伟业也因此少了一个宿敌，放下一块心病。

小心归小心，身在别人的屋檐下，每天低着头过日子，毕竟不是滋味。一天，伟业风雪载途中自南苑回家，迎面遇见一队满清贵胄射猎归来，马踏飞雪，风驰电掣而过。自己和路旁的行人差点被奔马撞倒，躲避不及的贩夫走卒被飞来的马鞭没头没脑地抽打。看到这飞扬跋扈、不可一世的嚣张一幕，伟业禁不住怒火中烧，不吐不快，笔底斥责喷发而出：

北风雪花大如掌，河桥路断流渐响。

愁鸱饥雀语啁啾，健鹘奇鹰姿飒爽。

将军射猎城南隅，软裘快马红氍毹。

秋翎垂头西鼠暖，鸦青径寸装明珠。

金鹅箭褶袍花湿，挏酒驼羹马前立。

锦靴玉貌拨秦筝，瑟瑟鬟多好颜色。

少年家住贺兰山，碛里擒生夜往还。

铁岭草枯烧堠火，黑河冰满渡征鞍。

十载功成过高柳，闲却平生射雕手。

漫唱千人敕勒歌，只倾万斛屠苏酒。

今朝仿佛李陵台，将军喜甚围场开。

黄羊突过笑追射，鼻端出火声如雷。

回去朱旗满城阙，不信沟中冻死骨。

犹有长征远戍人，哀哀万里交河卒。

笑我书生短褐温，蹇驴箬笠过前村。

即今莫用梁园赋，扶杖归来自闭门。

　　京城恶少，得意将军，自恃功高，快马轻裘，围猎归来，狂啸京城。短褐书生，败夫走卒，避之不及，即将鞭打呵斥。如此世道，徒唤奈何？唯有独自避开，静看寒风暴雪。想闭门远祸也已不可能。

　　一日伟业自外归来，正碰上几个戈什哈在家中搅闹。原来是某贝勒府一个丫鬟逃跑了，他们奉命搜寻逃婢。伟业家中女眷较多，被这几个旗下兵丁呼来喝去，反复盘查，甚至动手动脚，有意轻薄。伟业上前斥责他们，他们举拳便打，幸亏有一个戈什哈看见伟业头戴三品顶戴，连忙制止，这伙人方才悻悻而去。为此，伟业气得一夜没有睡着，国破家亡的屈辱感，再次在他的心头留下了深刻的创伤。

　　八月底，又有一批汉人京官被罢黜出京。其中有何如宠的孙子、何应璜的儿子何采。何吴两家既有师生通家之好，又是亲戚，伟业少不了为他送行。席间还有同时离京的田茂遇、施润章等人。伟业婉转地向他们表达了自己的心迹：只要遇到恰当的机会，他便会立即辞官，返乡归隐，再不北来。

　　两个月后，机会终于来了。十月底接到家书，伟业的伯母张氏于十月十日去世了。但按规定，伯母去世是不能离职奔丧的。伟业想到，自己从小身体瘦弱，母亲朱夫人身边尚有三岁的姐姐，伯母张夫人便把自己抱回家中抚养，对自己的关怀无异于亲生。长大以后，母亲朱夫人常常叮嘱自己，不要忘了伯母的养育之恩。于是伟业上书请求过继给伯母张氏为嗣子，接着便哀哀告假丁忧。顺治帝立刻允准，他知道伟业身在病中，还亲赐丸药，以示关怀。

恰巧在这时候，他的老亲家陈之遴经过多方疏通，终于得以自盛京还朝，回归旗下。伟业离京前，女儿前来看望父亲。知道父亲此番回到江南，是绝不会再回京城来了，女儿拉着父亲的手痛哭道："儿嫁从夫，长作京师人。父亲年迈多病，无意复出。儿非有大事不能回江南，父女从此再难相见了！"伟业不禁伤心落泪。女儿令人牵挂，但好不容易才逃脱牢笼，离开京城这令人窒息的是非之地，他哪还顾得上其他呢！

第九章 梅村遗恨

1. 锦树林

获准丁忧，伟业不顾隆冬酷寒，立即离京南返。时值运河封冻，舟楫不通，便走陆路，由河北入山东，过济南，取道蒙阴、郯城，真可谓归心似箭。济南府是东鲁名城，过而不游，令人遗憾。何况此次南归，毕生北游的机会几乎没有，很难再睹泉城风采。想到这里，伟业就把家人安顿下来，稍作歇息，自己在济南匆匆游历一番。

遥望华不注山，他想起了《左传》上记载的鲁成公二年鲁晋联军和齐国的那场著名战争——鞌之战。鲁晋联军打败了齐国军队，追赶齐顷公，三逐华不注山。历史上的金鼓之声早已消歇，战争烟尘也早已散去，如今只有山头的蓝天白云，一碧如洗。姜子牙、管夷吾、晏平仲等名相也与这块土地有着不解之缘，但要寻访雪宫、柏寝这些君臣对话的故址，已不大可能，看到的只是衰草长堤，荒草离离。他又去寻觅齐景公曾经登临流泪的牛山，看到的唯有南飞的雁阵几行，越去越远；而南朝名将檀道济北伐的驻军之地碻磝山，也只是徒剩几个大土丘，丘上合抱的老树，枯枝似铁，在寒风中瑟瑟发抖。道旁有一颓圮的破庙，既无庙祝，也无僧道。伟业援笔在壁上题下《木兰花慢·过济南》一首：

天清华不注，搔首望，白云齐。想尚父夷吾，雪宫柏寝，衰草长堤。松耶柏耶在否？只斜阳、七十二城西。石窌功名何处？铁笼筹算都非。

尽牛山涕泪沾衣，极目雁行低。叹鲍叔无人，鲁连未死，憔悴南归。依然洋洋东海，看诸生、奏玉简金泥。谁问碻碬战骨，秋风老树成围。

他又到济南城中景色幽美的大明湖、趵突泉游赏。虽是走马观花，匆匆一游，但也觉得情趣无穷，耳目暂明。苏州名园秀水、杭州的九溪十八涧他都见过，但和趵突泉大泉、小泉的奇异景色相比，似乎都差了些说不出来的韵味。小泉不可胜数，泉水自石缝喷出，高低参差不同，似串串珍珠落下，叮叮咚咚，清脆悦耳；大泉水柱上涌，似一井沸水，飞瀑悬河，绝壑生风。大泉小泉汇成奔涌的溪流，跳掷翻腾，挟着白沫和寒意，曲曲折折流出城去。伟业看得神往，在亭壁上题诗记兴道：

似瀑悬何处？飞来绝壑风。
伏流根窈渺，跳沫拂虚空。
石破奔泉上，云埋废井通。
错疑人力巧，天地桔槔中。

不信乘空起，凭栏直溅衣。
池平难作势，石隐宝藏机。
曲水金人立，凌波玉女归。
神鱼鳞甲动，咫尺白云飞。

次日，伟业继续南行。尽管清兵入关已经十四年，但民生仍无复苏的气象。一路上满目疮痍，破败不堪。到了新泰，一家人连驿站也难以寻找，只好借宿民家。刚刚安顿下来，新泰令杨仲延听到了消息，亲自来看望伟业。

"大人！实在汗颜。"杨仲延愧疚疚地说，"新泰是羊叔子故里。先贤惠及襄阳，能使异邦百姓感恩戴德，千载垂泪。而卑人莅任年余，仍然难以救百姓于饥饿，连县衙都无力修复。大人路出敝邑，致失东道之谊，实在惭愧，还望见谅。"

伟业忙说："兵连祸结，民生凋敝，已非一日，哪能怨得上贤令你呢？途中能得蔬菜足矣，勿需供应，致扰贤令清政。明日一早吴某就动身南行，贤令勿需挂怀。"

杨仲延道："新泰虽是小县，但世蒙羊太傅遗德，留有前代碑刻不少。大司成（国子祭酒的别称）文苑泰岱，机会难得，何不移驾一观？"

伟业素喜游赏，加上对羊祜的仰慕，便点头应允。二人相偕来到衙署。但见房舍残破，匾额门楣上油漆风剥雨蚀，斑斑点点，甚是寒伧。唯衙门两侧两棵古槐虬枝劲健，颇有生机。羊公祠堂在县衙东侧，内有碑刻数通，都是历代先贤对羊祜镇守襄阳时德政的赞美之词，不少是襄阳堕泪碑前碑刻的复制品。其中南朝刘孝绰的"召棠且思，羊碑犹泣"、北宋苏东坡的"襄阳乐"诗碑最为伟业喜爱。他在碑前低徊良久，方才离去。临别他作诗一首，赠与新泰县令杨仲延：

> 置邑徂徕下，双槐夹讼堂。
> 残民弓作社，遗碣石为庄。
> 野茧齐纨美，春泉鲁酒香。
> 归来羊太傅，不用泣襄阳。

离开新泰，往东而行，就是蒙阴，它因在蒙山之阴而得名，蒙恬即是此地人。吴伟业有一《夜宿蒙阴》：客行杖策鲁城边，访俗春风百里天。蒙岭出泉茶辨性，龟田加火谷占年。野蚕养就都成茧，村酒沽来不费钱。我亦山东狂李白，倦游好觅主家眠。不管怎么说，离京之后，心头轻松多了。伟业一路吟咏，诗不绝口，有的记录了下来，有的随吟随佚。一首《郯城晓发》流传至今：

> 匹马孤城望眼愁，鸡声喔喔晓烟收。
> 鲁山将断云不断，沂水欲流沙未流。
> 野戍凄凉经丧乱，残民零落困诛求。
> 他乡已过故乡远，屈指归期二月头。

吴伟业预料不差，回到太仓已是顺治十四年二月了。他如礼安葬了伯母，便在家安心守孝。到了此年八月，郑成功兵犯台州府，清朝地方官自巡抚蔡琼枝、副将李必以下皆率部投降，海上震动。台州与太仓县皆濒东海，战船日夕可达，因而娄东人心惶惶，一夕数惊。伟业心情十分矛盾纠结。他一方面盼望郑成功反清复明的事业取得胜利，一方面担心这次战争又像以往的军事行动一样，无功而返。因为大局已定，势不可逆，清朝的军事力量太强大了，这样无功动兵，仓促轻率，只能给人民带来更加深重的灾难。他忧心忡忡地写道∶

高滩响急峭帆收，橘柚人烟对郁洲。
天际燕飞黄石岭，云中犬吠赤城楼。
投戈将士逍遥卧，横笛渔翁缥缈愁。
闻说天台逾万丈，可容长啸碧峰头？

野哭山深叫杜鹃，阆风台畔羽书传。
军扪绝磴松根火，士接飞流马上泉。
雁积稻粱池万顷，猿知击刺剑千年。
桃花好种今谁种，从此人间少洞天。

因为太仓毕竟还是清朝的天下，吴伟业不得不把诗写得隐晦曲折。他能明明白白形诸笔端的，只有无处避乱的愁思罢了。但对郑成功的命运，他虽难比钱谦益的兴奋期待，却仍有难以掩饰的关切∶

天门中断接危梁，玉馆金庭迹渺茫。
石鼓响来开峭壁，干将飞去出沧浪。
仙家垒是何年筑，刺史丹无不死方。
乱后有人还采药，越王余算禹余粮。

三江木落海关西，华顶风高听鼓鼙。
瀑布洗兵青嶂险，石桥通马白云齐。
途穷郑老身何窜，春去刘郎路总迷。
最是孤城萧瑟甚，断虹残雨子规啼。

　　局势稍微平静，伟业决定动身前往苏州，去了却一桩念兹在兹的铭心思念。身在北京之时，一遇到江南的亲朋好友，伟业就要想方设法打听卞赛的消息。回来后，安顿好家人，他便要前往苏州寻找。但忽然听说卞氏已经亡故，伟业十分感伤和愧疚，他深觉有负玉京，终其一生难以报偿，决定前去坟前吊祭。

　　到苏州后，他找到了郑三山。郑三山已经七十多岁，须发如银，耳聪目明。他告诉伟业，自他应召赴京后，卞玉京天天为他祈祷平安，盼望他早早归来。为了伟业，她天天以针刺舌滴血，用血抄写经文，已经抄完《法华经》一卷。外人不知，多以为她这样做，是为了报答郑三山的收留，只有郑三山知道她的苦心与期待。乃至听说吴伟业已经仕清，南归无望，卞赛万念俱灰，身染重病，旬月而亡，死后埋葬在惠山祇陀庵锦树林。

　　跌跌撞撞来到坟前，只见荒烟蔓草，乌桕滴血，夕阳惨淡，黄花点点，孤零零一抔黄土，冷清清青冢独存。伟业不禁悲从中来，涕泪滂沱。和卞玉京自相识到诀别，悲欢离合，一幕一幕浮漾心头：一会儿仿佛十里山塘初见之时身着绿衣，飘若惊鸿，翩翩而至；一会又好像虞山拂柳山庄着黄衣作道人装倏忽而逝。音容笑貌，宛然如昨，定睛看时，却只有孤坟一座。伟业强自收摄心神，拜了又拜，默默吟唱道："赛赛！你我以诗相识，今天我还吟诗给你听吧！不知这诗你在九泉之下是否还能听到？"

　　　　龙山山下茱萸节，泉响琤淙流不竭。
　　　　但洗铅华不洗愁，形影空潭照离别。
　　　　离别沉吟几回顾，游丝梦断花枝悟。
　　　　翻笑行人怨落花，从前总被春风误。
　　　　金粟堆边乌鹊桥，玉娘湖上蘼芜路。
　　　　油壁曾闻此地游，谁知即是西陵墓。
　　　　乌桕霜来映夕曛，锦城如锦葬文君。
　　　　红楼历乱燕支雨，绣岭迷离石镜云。
　　　　绛树草埋铜雀砚，绿翘泥涴郁金裙。
　　　　居然设色倪迂画，点出生香苏小坟。
　　　　相逢尽说东风柳，燕子楼高人在否？
　　　　枉抛心力付蛾眉，身去相随复何有？

> 独有潇湘九畹兰，幽香妙结同心友。
> 十色笺翻贝叶文，五条弦拂银勾手。
> 生死栴檀锦树林，青莲舌在知难朽。
> 良常高馆隔云山，记得斑骓嫁阿环。
> 薄命只应同人道，伤心少妇出萧关。
> 紫台一去魂何在，青鸟孤飞信不还。
> 莫唱当时渡江曲，桃根桃叶向谁攀？

　　他还要无休无止地吟唱下去，郑三山见他像着了疯魔，连忙把他劝住，拉他离开了锦树林。此时已是日落黄昏了。

　　无锡的朋友们听说伟业来到了惠山，相偕来看望他。明朝尚书严一明的孙子严荪友、新进探花秦钺、诗人姜宸英等人，在惠山之麓的寄畅园设宴为他洗尘。寄畅园又名秦园。园虽小，却曲折幽邃，背倚惠山茅峰，右侧锡山环抱，龙光塔倒影入园中泉水，清晰可见。园内多古树，湖石玲珑，为无锡名园之冠。

　　席间郑三山把吴伟业刚刚吟咏的《过锦树林玉京道人墓》拿给朋友们观看，朋友们无不感叹。姜宸英道："梅村的一番深情足可以使玉京道人铭感九泉。以此酬知己，卞氏可以无憾矣。"伟业只是垂首不语。

　　次日朋友们又陪他游赏了惠井支泉、龙光寺塔、宛转桥等锡城名胜。朋友们都各有诗记游。伟业有诗咏《宛转桥》道："斜月挂银河，虹桥乐事多。花歌当曲栏，石碍折层波。客子沉吟去，佳人窈窕过。玉箫知此意，宛转采莲歌。"诗中所写之景，所叙之事，本是对玉京道人生前游踪的追忆和想象。"乐事"虽"多"但已成过去，留给自己的只有不尽的愁恩。入夜，伟业在惠井支泉旁友人的书房中写诗表达自己的惆怅：

> 石断源何处，涓涓树底生。
> 遇风流乍急，入夜响尤清。
> 枕可穿云听，茶须带月烹。
> 只因愁水递，到此暂逃名。

　　他没有在无锡多留，第三天便回转苏州。刚到寓所，便有两位意想不到的客人前来拜访他。一人姓毛，名师柱，表字亦史；另一个姓周，名翼微。交谈之后，伟业得知，二人打算前往如皋拜访冒襄，想托他给冒襄写信作个介绍。毛师柱想带上自己的诗文，去谒见如皋知县王贻上，谋个差使；而周翼微，曾在如皋开馆授徒，他二人知道冒襄在如皋的地位和影响，都希望能够得到冒襄的帮助。两人闻听冒与吴伟业交情深厚，就来拜托吴伟业从中搭桥牵线，伟业慨然允诺，当即修书一封，交付二人到如皋去了。

时过不久，冒襄派人自如皋送信到太仓来。冒在信中告诉伟业，已如伟业所嘱，为毛、周二人做了妥善安排。他还随信寄给伟业四首诗，其中一首写道："盐官留滞叹蹉跎，遗老飘零事若何？万里烽烟横白雁，无都荆棘没铜驼。遥瞻吴苑乡关隔，近接邗江涕泪多。闻道子山消息在，白头红豆只悲歌。"

明亡已经二十年，这些遗老内心深处的亡国之恨还是如此浓烈难去。冒襄在信中还告诉伟业，他的爱妾董小宛已经亡故，希望伟业替他给董小宛写点悼念文字。董小宛原名董白，亦字青莲。她和卞赛、寇白门等人都是柳如是的好朋友，也都是风尘中的好姐妹。董小宛嫁给冒襄作妾九年，二人相爱至深，感情甚笃。冒襄因为得罪阮大铖、马士英受到迫害，投奔史可法，颇经颠沛之苦。董小宛为他操碎了心，因而损害了身体，二十七岁就香消玉殒。伟业由董小宛又想到了卞玉京，心头更加愧疚。不管如何，董小宛总算名正言顺地嫁给了冒辟疆，而卞玉京至死也没有等到自己把她迎娶进梅村。相比之下，自己亏负卞氏的实在是太多了。

扬州梅花岭史公祠内康熙手书"褒慰忠魂"

越想越难过，他提起笔来一气呵成写下八首绝句。这些诗究竟是悼念董白还是悼念卞赛，他自己也分不清了。其中几首如此写道：

珍珠无价玉无瑕，小字贪看问妾家。
寻到白堤呼出见，月明残雪映梅花。

念家山破定风波，郎按新词妾唱歌。
恨杀南朝阮司马，累侬夫婿病愁多。

乱梳云鬓下妆楼，尽室仓黄过渡头。
钿合金钗浑抛却，高家兵马在扬州。

江城细雨碧桃树，寒食东风杜宇魂。
欲吊薛涛怜梦断，墓门深更阻侯门。

2. 拙政园茶花

吴伟业幸亏早一步离开了京城，若不然，陈之遴的案件很有可能会株连到他。当他丧妻生病之时，女儿女婿曾把他接到家中居住；当他病体稍痊，离开陈家之后，陈之遴则蒙恩还京。吴伟业离京丁忧之后，陈之遴难耐失去权势的落寞，就多方钻营，试图东山再起。他知道太监吴良辅在顺治帝跟前颇为得宠，就托人去贿赂吴良辅。事情败露后，受到重处，不仅他自己被革职拿问，家产全部抄没，还连累全家一起流放到辽左。依照法律，犯官家属有身孕者，可以赦免。幸因伟业的女儿身怀有孕，免于流徙。陈家在苏州有些薄产，于是陈之遴打发儿媳妇回苏州居住。临行他修书一封，带给伟业，信中说："吾子女不少，患难苦辛，惟有容儿夫妇。"希望伟业照顾自己的儿媳妇和孙儿、孙女。伟业的女儿已经生有一女，路上在舟中又生下一男，取名叫环。"环""还"谐音，可能是还乡途中所生的纪念，也可能是希望全家自辽左平安回来的意思吧。

女儿回到太仓，父女见面悲喜交集。女儿哭着说："我做了相府的媳妇，才有这样的苦难。倘若将来骨肉侥幸完聚，我一定就住在附近，厮守着爹娘，纺织种地，养活儿女，再也不做贵家少妇了！"伟业深感愧疚，因为女儿的婚事全是他一手包办，这种不幸也是他一手造成的。当女儿讲了陈之遴一家流放出京的悲惨情境时，不禁勾起了他对亲家和门婿的无限同情和思念。晚上，他在灯下一口气写了八首七律，把自己的思念哀痛融注在这组诗里。其中四首写道：

短辕一哭暮云低，雪窖冰天路惨凄。
青史几年朝玉马，白头何日放金鸡？
燕支塞远春难到，木叶山高鸟乱啼。
百口总行君莫叹，免教少妇忆辽西。

浮生踪迹总茫然，两拜中书再徙边。
仅有温汤堪疗疾，恰逢灵药可延年。
垂来文鼠装绵暖，射得寒鱼入馔鲜。
只少江南好春色，孤山梅树罨溪船。

路出西河望八城，保宫老母泪纵横。
重围屡困孤身在，垂死翻悲绝塞行。
尽室可怜逢将吏，生儿真悔作公卿。
萧萧夜半玄菟月，鹤唳归来梦不成。

齐女门前万里台，伤心砧杵北风哀。
一官误汝高门累，半子怜渠快婿才。
失母况经关塞别，从夫只好梦魂来。
摩挲老眼千行泪，望断寒云冻不开。

劝慰故人，哀切更深，一字一泪，跃然纸上，吴伟业《赠辽左故人八首》声情并俱，堪称上品。依照当时的法律，案犯的家属，如果有病或残疾可以赦免。吴伟业的门婿陈容永一目已经失明，准照这项规定，可以交纳赎金，免于流放。伟业托人打点得已经差不多了，可是江南战乱烽烟又起：郑成功、张煌言起兵进入长江口，准备溯江而上，攻打南京；清兵急忙集结大军进行堵截。两军鏖战在即，太仓正处兵家必争之地，南北交通已经断绝，女儿夫妻团聚的希望又成为泡影，为此女儿身染重病。陈家在江南的眷属迟迟不肯北上，朝廷更不会放陈容永南归，伟业看着缠绵在病榻上的女儿，心如刀割，不禁写诗怀念自己的门婿道：

> 汉法三冬系，秦关万里流。
> 可怜诸子壮，不料阊门收。
> 要路冤谁救，宽恩病独留。
> 羁栖骑瘦马，风雪阻他州。

得知丈夫宽赦无望，女儿觉得久住娘家终究不是办法，坚持要回苏州陈家别业居住。伟业放心不下疾病缠身、孤苦无依的女儿，便陪她一起来到苏州。陈家别业，便是苏州有名的拙政园。

这座名园在娄门、齐门之间，占地千余亩。它原本是唐代诗人陆龟蒙的宅院，在元为大弘寺。明嘉靖年间，御使王献臣在大弘寺旧址建造别墅，取潘岳《闲居赋》中"拙者之为政也"的意思，取名为"拙政园"。吴门画派的盟主文徵明为王献臣写有《王氏拙政园记》，画了《拙政园图》，并写了一组《拙政园图咏》的诗。诗里仅以花木题名的景观就有二十多处，于是此园声名大噪，成为苏州名园之冠。王献臣死后，其子嗜赌成性，将拙政园输给了同郡徐氏。清初，此园成为满人的驻防将军府，后为陈之遴购得。可是陈之遴宦游京师，十年不归，总共在园中也没有待过几天。

伟业和女儿来苏州后，住在园中的远香堂。远香堂正对着拙政园腰门，一进腰门便看见一座黄石假山挡住去路；由假山西侧踏石磴，缘曲溪，过溪上曲桥便到堂前。堂西有长廊可通倚玉轩；堂东为绣绮亭，南面则是由云墙隔开的园中之园——枇杷园，里边又有许多亭馆。吴伟业曾经读过文徵明的《王氏拙政园记》，里面提到的亭台池馆名字，虽然典雅奇特，以他的博学多闻，没有不懂的：繁香坞，杂植牡丹、芍药、丹桂、海棠等花卉，四时香气氤氲；倚玉轩，内多种美竹；芙蓉隈，由"雨浥红蕖淡玉标"得名；柳隩以"春深杨柳翠烟迷"为特色；待霜亭傍植柑橘数本；听松风处，地多长松……

文徵明《拙政园图》局部

凡此种种，他觉得雅而不僻，名实贴切。唯有十八曼陀罗花馆，既有失典雅又过于拗口，不知当初主人何以起了这样的怪名堂。他当然知道曼陀罗树是茶花的别名，他猜想那里可能有十八株山茶花。此时正当重阳将至之时，宋代诗人陈与义曾有诗道"青裙玉面初相识，九月茶花满路开"。伟业暗想：我何不到十八曼陀罗花馆一睹茶花丰采？他于是沿着园中曲径，迤逦寻到茶花林来。正行走间，忽觉眼前一亮，抬头看时，但见一片茶花富丽鲜艳，纷披照瞩，内有数株，合枝交柯，得势增高，花朵多为并蒂，其奇美实为平生仅见。

正啧啧赞叹时，种花老人来到跟前。他告诉伟业："这三四株，名为'宝珠山茶'，实为茶花中的极品。陈相国自云南大理购回，命人植于园中，迄今为止，未有见过一次花开。昨夜寒霜初降，想不到茶花竟然开得如此娇艳。陈相不能亲见如此奇葩，吴老爷和少夫人能观赏名花风采，也不虚此花一年一放了！"伟业听罢，不由又想起远流尚阳堡的老亲家和门婿来，一阵酸楚涌上心头。那枝柯连理，并蒂开放，但又南北异向的茶花，不正像女儿和女婿吗？女儿缠绵病榻，女婿以病残之躯，奔波在风雪迷漫的充军路上，今生能否重逢，难以逆料，他们多像这霜雪摧残中的茶花呀！想到这里，他无心再赏茶花，准备轻身离去；忽然心念一动，何不折下一枝，供到佛前，一卜女儿女婿的命运？于是伟业挑选了一枝开放得最为灿烂的折了下来，带着酸涩和希冀，匆匆回转远香堂来。

女儿看见茶花，初则以喜，继之以忧。茶花供诸佛前，伟业默默祷告有时。他的外孙女年方五岁，聪明伶俐，等外祖父祷告完毕，走到佛前跪倒叩头曰："望佛祖保佑我父早日归来，外祖父年年供奉茶花。"伟业不禁展颜一笑，点头称许。女儿却流泪道："痴儿何知，你父亲不会回来了！"

伟业不禁愕然，良久问道："你怎么知道？"女儿哭诉："公婆都已经动身前往戍所，南方的家人迟迟不肯就道，朝廷必然从重惩处，直方哪里还能得到宽恕呢！"伟业沉吟不语。

晚上，看着女儿房中通宵不息的烛光，伟业难以成眠，披衣起来，提笔把白天观赏茶花的感受写成一首七言古诗，题曰《咏拙政园山茶花》：

> 拙政园内山茶花，一株两株枝交加。
>
> 艳如天孙织云锦，赪如姹女烧丹砂。
>
> 吐如珊瑚缀火齐，映如蟛螁凌朝霞。
>
> 百年前是空王宅，宝珠色相生光华。
>
> 长养端资鬼神力，优昙涌现西流沙。
>
> 歌台舞榭从何起，当日豪家擅间里。
>
> 苦夺精蓝为玩花，旋抛先业随流水。
>
> 儿郎纵博赌名园，一掷留传犹在耳。
>
> 后人修筑改池台，石梁路转苍苔履。
>
> 曲槛奇花拂画楼，楼上朱颜娇莫比。
>
> 千条绛蜡照铅华，十丈红墙饰罗绮。
>
> 斗尽风流富管弦，更谁瞥眼闲桃李。
>
> 齐女门边战鼓声，入门便作将军垒。
>
> 荆棘从填马矢高，斧斤勿剪莺簧喜。
>
> 近年此地归相公，相公劳苦承明宫。
>
> 真宰阳和暗回斡，长安日日披薰风。
>
> 花留金谷迟难落，花到朱门分外红。
>
> 独有君恩归未得，百花深锁月明中。

灌花老人向前说，园中昨夜零霜雪。

黄沙淅淅动人愁，碧树垂垂为谁发？

可怜塞上燕支山，染花不就花枝殷。

江城作花颜色好，杜鹃啼血何斑斑。

花开连理古来少，并蒂同心不相保。

名花珍异惜如珠，满地飘残胡不扫。

杨柳丝丝二月天，玉门关外无芳草。

纵费东君着意吹，忍经摧折春光老。

看花不语泪沾衣，惆怅花间燕子飞。

折取一枝还供佛，征人消息几时归。

写罢，他反复吟咏，仔细看了两遍，诗中虽然句句写花，却又句句隐含对陈家不幸的关切，字面上又不着痕迹，无懈可击。他自觉满意后，方收拾笔墨，倚案假寐。

谁知事情不幸被女儿言中，不久朝廷严旨切责，驱遣陈家父子及家人尽快北上，陈容永不得赦免。女儿闻讯，悲愤难抑，立刻呕血不止，不久就撇下几个未成年的儿女含恨亡故。由于陈家人流放未归，伟业只好把女儿暂时权厝。依当时丧葬规矩，不正式安葬，不能写墓志铭，伟业满怀悲痛地为女儿写下招魂之词："冰雪皑皑兮，恨黑水之无泽；问华表之归兮，鹤告余以不闻；生与死其终弗见兮，噫乎寥廓于重云。越有岑兮江有浒，魂归来兮从汝母！"

3.《悲歌赠吴季子》

自应征北上，到丁忧归来，屈指已经三年。三年中，吴家忧患不断，梅村景观多半荒芜颓圮。等大事逐一完毕，伟业心情稍微平静下来，又开始"莳花药，治亭圃，营垂老里巷之娱"，重整梅村。亭榭池馆修葺后，伟业又从别处购置了百余株牡丹，梅村花木逐渐葱郁。他自撰了一副楹联，刻在乐志堂的廊柱上，联曰："重来雪棹沧江，仿佛寒窗披花卷；坐起梅花乱落，时因吾友长相思。"

被誉为"清初画圣"的王翚所绘《秋林图》

　　自此，乐志堂中客常满，梅花庵里友如云，大江南北的新朋旧友，络绎不绝，把臂长谈。这年夏天，田茂遇来看望他，在梅村流连十余日，临别写诗描写吴伟业在梅村的生活情况说："先生高卧梅花庵，闭门不顾溪桃李。为我开君娇雪楼，消暑为君十日留。坐上通家多孔李，尊前词赋半应刘。先生朝夕书一卷，别有著述非骚选。高谈四座凉风生，夏簟琅玕昼忘倦。干旄子子日相寻，笋舆微醉落花深。呼朋爱听苏门啸，抱膝时闻梁父吟。王子（惟夏）、许子（九日）皆吾友，每过楼头同握手。窥园每进邵平瓜，开门并对渊明柳……"

　　戏曲大家李渔也曾从南京来梅村做客。李十郎临别赠诗吴伟业道："不似东山太傅家，但闻人语隔桑麻。林逋客去惟调鹤，杜老诗闲却浣花。万树寒梅千枝古，十竿修竹九竿斜。更宜绿水穿林过，时向其中泛一槎。"来而不往非礼也，吴伟业也慨然诗赠武林李笠翁：家近西陵住薜萝，十郎才调岁蹉跎。江湖笑傲夸齐赘，云雨荒唐忆楚娥。海外九州书去怪，坐中三叠舞回波。前身合是玄真子，一笠沧浪自放歌。后来，吴梅村整理诗集。就李渔还做一小注说，笠翁名渔，能为唐人小说，兼以金、元词曲知名。大画家王翚特意为梅村画了一幅《秋林图》，时值海棠、水仙并开，蔚为奇观。伟业兴趣盎然，提笔写了一首《沁园春》，极口称道它们是"双绝"，"洗尽尘埃"：

　　有美人兮，宛在中央，仙乎水哉！似藐姑神女，凌波独步；潇湘极浦，洗尽尘埃。忽遇东邻，彼姝者子，红粉胭脂笑靥开。须知道，是两家装束，一种人材。

　　东君著意安排，早羯鼓催成巧样裁。岂陈王赋就，新添女伴；太真睡起，共倚妆台。玉骨冰肌，艳梳浓裹，妙手黄筌未见来。霜天晚，对胆瓶双绝，点染幽斋。

　　这天，吴伟业正和几位朋友在旧学斋里谈诗论文，忽然又来了一个不速之客。此人原本姓周名如松，河南固始人。后迁居苏州，以唱曲为生。歌喉清脆宛转，名噪三吴，随改艺名苏昆生。宁南侯左良玉，闻其名，重金招致幕中，和说书艺人柳敬亭并受左良玉爱重。左良玉病中，为其子左梦庚和部下胁迫，起兵东下，欲至金陵"清君侧"，除马、阮，不幸殁于舟中。百万之众，散如鸟兽。苏昆生哭葬左侯，然后披发入九华山。但终耐不得山中寂寞清冷，又先到杭州投靠故交，接着来到苏州，重操旧业，在吴下唱曲度日。由于左良玉的旧部及幕中客多和江浙海滨反清势力通声气相联系，苏昆生也常以唱曲艺人的身份为他们暗中通信息做联络。后来这些反清势力接连失败，苏昆生蛰伏民间，辗转来到太仓。吴伟业与柳敬亭相熟，曾为柳敬亭立传。苏昆生得知此事，此番来梅村，一来想求得伟业的帮助，二来也想请伟业为他写个传记。

吴伟业盛情接待了这位流落在民间的艺人。交谈中，苏昆生告诉伟业，柳敬亭曾在淞江提督马逢知幕中。伟业闻言，不禁大吃一惊。因为他从京中友人处得知，马逢知暗通郑成功，已为朝廷所疑，早晚必败。于是脱口说道："云间马帅待柳翁如何？可似当年左侯？何不邀其同来梅村一聚？"

苏昆生道："世上哪里还有左宁南那样的主儿？柳兄在那里不过是打秋风、混饭吃罢了。近来风闻马帅不安于位，柳兄一个麻子一个心眼，何等精明。早已看出风头不对，听说已离开云间月余了。"

吴伟业闻言放下心来，接口说道："以二位的技艺，渔鼓檀板，素琴铜钹，或茶坊酒肆，或名园华堂，说古今，唱兴亡，喜笑怒骂，即兴随感，何等逍遥自在？何必搅闹到波谲云诡的是非场中去？"

"先生所言不错，"苏昆生叹道，"只是我辈半生交游多节烈志士，日夕熏陶忠义在心，想改弦易辙，也非易事。何况势局也不容我们逍遥。能够有个舒心的去处，衣食有个着落，也就心满意足了，还说什么逍遥自在？"

伟业闻言想了想说："有这么一个去处，不知足下愿不愿往？"

"先生所说何处？"苏昆生忙问。

"如皋冒辟疆之水绘园，风雅志士云集，苏兄可愿一游？"

"久闻冒先生之名。当年复社四公子饮誉江东，苏某仰望已久，只是缘悭一面。如今穷愁潦倒，前去投奔，不知肯接纳否？"苏昆生面现难色，毫无把握。

"苏兄不必多虑。"吴伟业道，"我和冒君交谊颇深。况冒先生轻财重义，慷慨豪爽，世代为宦，家资豪富。鼎革之后，绝意功名，水绘园中宾客成群，以兄台之才艺，正可为其增辉添彩，焉有不肯接纳之理。"

"那就多谢先生了。"苏昆生略一踌躇，又开口说道，"吾浪迹江湖三十年，为宁南所知。今失路憔悴，唯愿先生一挥生花之笔，与柳敬亭合立一传足矣！"

"这有何难？"伟业慨然应诺。

当下，于旧学庵中，苏昆生动手磨墨，伟业略作构思，援笔在手，刷刷点点，手不停书。时间不长写下了一篇七言古诗，名题曰《楚两生行》。写好之后，递给苏昆生道："以诗为转，也算是别开生面。苏兄看看，可中意否？"

苏昆生粗通文墨，但对于歌曲音韵独具灵感，接过来看过一遍，便吟唱起来。全诗正如苏昆生所请，述及柳敬亭和苏昆生两人生平，前写柳后写苏。吟到写自己的诗句，苏昆生格外动情，禁不住热泪盈眶地唱道：

> 一生嚼徵与含商，笑杀江南古调亡。
> 洗出元音倾老辈，叠成妍唱待君王。
> 一丝萦曳珠盘转，半黍分明玉尺量。
> 最是大堤西去曲，累人肠断杜当阳。
> 忆昔将军正全盛，江楼高会夸名胜。
> 生来索酒便长歌，中天明月军声静。
> 将军听罢据胡床，抚髀百战今衰病。
> 一朝身死竖降幡，貔貅散尽无横陈。
> 祁连高冢泣西风，射堂宾客嗟蓬鬓。
> 羁栖孤馆伴斜曛，野哭天边几处闻。
> 草满独寻江令宅，花开闲吊杜秋坟。
> 鹍弦屡换尊前舞，鼍鼓谁开江上军。
> 楚客祇怜归未得，吴儿肯道不如君。
> 我念邗江头白叟，滑稽幸免君知否？
> 失路徒贻妻子忧，脱身莫落诸侯手！
> 坎壈由来为盛名，见君寥落思君友。
> 老去年来消息稀，寄尔新诗同一首。
> 隐语藏名代客嘲，姑苏台畔东风柳。

读完全诗，苏昆生一躬到地深深拜谢道："九流末艺，微名不泯，全凭先生一纸超生。苏某没齿不忘大德。"

伟业连忙还礼道："太史公撰《史记》，星象医卜三教九流皆为立传。二位志节才艺皆应不朽，即使载入正史，亦当之无愧。没有吴某这篇粗浅文字，后人也不会忘了二位。"

过了几日，苏昆生准备过江前往如皋，伟业又给冒襄写了一封短信。他先简述近况，"接兄翁手教，回环怀袖，如获异书"，自己"恨不能折窗梅花，江北江南，盈盈相念，以答所贶"；再说冒辟疆多次仗义助人，"此虽豪侠余事，往来者争诵之矣""海内诚复几人哉"！紧接着，吴伟业又把苏昆生介绍给冒辟疆，他在信中写道：

> 有中州一友，向在左宁南幕中。弟曾合柳敬亭同一歌赠之，所谓苏昆生是也。王烟老赏音之最，称为魏良辅遗响，尚在苏生，而不免为吴儿所困，比独身萧寺中，惟兄翁可振拔之。水绘园中，不可无此客也。

苏昆生带着书信和伟业所赠仪程，背着他那相依为命的琵琶，离开太仓梅村，过江前往如皋去了。

三年一望的乡试大比之年马上就要到来，梅村别墅又多了一类客人。这些人都是温经读史准备应试的士子。他们仰慕吴伟业之名，负笈从师，想让伟业指点为文的秘要，应试的诀窍。吴伟业向以提携后进为己任，以和年轻人谈诗论文为乐事，这样一来，梅村别墅几乎成了书院。来访的年轻人既有芸芸众生，也不乏英才。比如陈贞慧的儿子陈维崧，前明尚书吴江吴山的孙子吴兆骞、吴兆宜，云间的彭师度，都是才华横溢的年轻人，吴伟业称誉他们为"江左三凤"，还有钱谦益介绍来的常熟秀才孙旸、孙曙二弟兄，都是不可多得的饱学之士。伟业天天和他们切磋琢磨为文之道，仿佛自己又回到了雄心勃勃的年轻时代，精神状态空前好了起来。

中秋过后，秋闱传来捷音。在顺天府参加乡试的孙旸、孙曙，还有云间陆庆曾名在五魁之列；而江南应天府乡试放榜后，吴兆骞、吴兆宜兄弟双双中式。这些人接连喜气洋洋来到梅村，拜谢吴伟业。吴伟业也由衷地为他们感到高兴，并鼓励他们再接再厉，争取明春联捷，金榜题名。这几位春风得意的新孝廉个个踌躇满志，准备来年春闱大显身手。但意想不到的是，一场突如其来的灾祸，降临到了他们头上。

顺天乡试结束，给事中任克溥闻风参奏：举子陆其贤以白银三千两贿赂考官，纳赂得中，"北闱之弊，不止一事"。顺治帝览奏，赫然震怒，考官李振邺、张我朴、蔡元禧、严贻吉、项绍芳及所点举人陆其贤、田耜、邬作霖着立斩，家产籍没。紧接着案情扩大，陆庆曾、孙旸等二十余人，又被锁拿进京，本来判处斩刑，后蒙宽免，各责四十大板，流徙尚阳堡。

北闱的事情尚未平息，南闱舞弊案又被告发。十一月，给事中阴应节参奏：江南乡试主考方猷，与应试举子方章钺本系同宗；方章钺乃少詹事方拱乾第五子，两家素有交情，"方猷趁机滋弊"，方章钺因而得中。阴应节在奏章中还说"南闱弊窦多端，物议沸腾"。顺治帝又降严旨，南闱两主考方猷、钱开宗斩立决；十八房同考官皆处绞刑。主考、房考妻子家产尽没入官。恰在此时，吴兆骞、吴兆宜兄弟被一仇家捕风捉影，一纸谤书告到京中。刑部、礼部正当天威震怒之时，不问青红皂白，把吴兆骞和方章钺等八人列为一案，重责四十大板，家产籍没入官，父母兄弟妻子一并远流关外宁古塔。紧接着，山东、河南等五省科场案又接二连三被揭发出发，一时之间，恐怖气氛弥漫全国，阴云笼罩在广大读书士子头上。

表面看来，一连串的科场案，是为了整肃吏治、端正风纪，其真实目的，不少人心里都清楚：朝廷这种霹雳手段完全是为了震慑、镇压，或者说是为了报复江南的知识分子。因为自清兵入关以来，江南的反抗至今没有平息，而这些抗清活动大多是江南文士组织发动的。不久前郑成功、张煌言大举反攻，威胁南京，江南半壁震动，不少读书人都或明或暗的参与其事。这场战争，尽管清廷已经取得了胜利，但很多反清复明分子还没有肃清，不少人"身在曹营心在汉"，表面安分，内心还不服气。为了不再激起民变，清廷不得不采取较为宽容柔和的政策，进行安抚；但对江南士人的仇恨忌惮并没有消除，时刻都在寻找机会加以惩治，科场案的大事穷治株连，就是清廷软硬兼施两种手段中硬的一手。

其实，科场案中，不少人都是无辜受害。譬如吴兆骞，本是江南出了名的才子，颇得吴伟业青睐。其受株连的根本原因，完全在于其家庭和父亲反清复明的政治立场。他的祖父，在明朝曾经当过尚书；他的父亲吴晋锡是崇祯进士，和抗清名将何腾蛟交情深厚。甲申之后，经何腾蛟推荐，吴晋锡出任南明永历朝廷的衡、永、柳、桂四郡团练监军，后来又担任广西布政使、巡抚等重要职务。抗清失败后，逃入九嶷山出家为僧，清廷屡次招降，都不肯屈节奉召。后来回到家乡，杜门教授子弟，著有《孤臣泣血录》《半生自纪》《玉棹银河集》等书。他的两个儿子在他的培养下，皆善为文，才名早著。吴兆骞有这样的家庭背景，加上别人的恶毒诬陷，受到如此迫害是毫不足怪的了。

为了表明朝廷的公正无私，顺治皇帝和他的亲信大臣们想出了一个蹊跷的方法，把押解到京、有舞弊嫌疑的举子们折磨得死去活来之后，又进行了一次别开生面、旷古罕见的考试：考试时，每个举子均有两名满族武士手持钢刀在两旁监考，堂上命应试者"立书一赋一诗，试官罗列侦视。堂下武士锒铛而外，黄铜之夹棍，腰饰之刀剑，悉森布焉"。"与试者悉惴惴其栗，几不能下笔"，时值"冰雪僵冻"，士子们立在丹墀下，冻得几乎伸不出手来。吴兆骞等人"战栗不能握笔"，只好交了白卷。朝廷便据此认定他们舞弊属实，罪有应得。

吴兆骞和吴伟业情近师徒，其父吴晋锡和吴伟业又是朋友，对他们的不幸遭遇伟业十分同情。但当时江南士林人人自危，"或师生牵连就逮，或就立械，或于数千里外锒铛提锁，家业化为灰尘，妻子流离。更波及二三大臣，皆居间者，血肉狼藉，长流万里"。伟业既感受到异族压迫的沉重，又为自己的命运提心吊胆，深怕突然有一天灾祸会降临到自己头上。但难抑的悲愤，还是驱使他拿起笔来，写了一首《悲歌赠吴季子》为吴兆骞送行。这首诗一改他辞藻华美的风格，既不用典，也绝少雕饰，而是以气驭词，一气呵成，繁弦密鼓，凄惨激烈，字字句句自心底喷涌而出：

人生千里与万里，黯然销魂别而已。君独何为至于此？山非山兮水非水，生非生兮死非死。

十三学经并学史，生在江南长纨绮。词赋翩翩众莫比，白璧青蝇见排抵。

一朝束缚去，上书难自理，绝塞千山断行李。送吏泪不止，流人复何倚？

彼尚愁不归，我行定已矣！八月龙沙雪花起，囊驼垂腰马没耳。

白骨皑皑经战垒，黑河无船渡者几？前忧猛虎后苍兕，土穴偷生若蝼蚁。

大鱼如山不见尾，张鬐为风沫为雨。日月倒行入海底，白昼相逢半人鬼。

噫嘻乎悲哉！生男聪明慎勿喜，仓颉夜哭良有以，受患只从读书始。君不见，吴季子！

吴兆骞排行第四，所以伟业以长辈的身份，称他季子。吴晋锡也要和儿子一道被流放。伟业流着眼泪为老朋友送行，写诗赠别道：

> 鱼海萧条万里霜，西风一哭断人肠。
> 劝君休望零支塞，木叶山头是故乡。
> 此去流人路几千，长虹亭外草连天。
> 不知黑水西风雪，可有江南问渡船？

万里萧条，衰草连天，风雪天涯，再无归期，故乡江南，唯在梦中。吴家父子读了他的诗，心都要碎了。吴伟业以诗作别，满纸情义都永远留在了他们心里。

而常熟孙氏兄弟，命运却戏剧性地出现了天渊之别。弟弟孙旸北闱高中解元，无辜蒙冤，陷入了舞弊案中；哥哥孙曙，表字承恩，却联捷及第中了状元。孙曙骑马插花、御街夸官之时，恰遇弟弟披枷带锁，蓬头垢面，流配起解。兄弟二人相遇，抱头痛哭。传胪唱名前夕，顺治帝亲阅孙曙策论，见其文笔清丽，雄健典雅，大加称赏。偶然想起顺天府乡试舞弊案中，魁首孙旸也是常熟人氏，不禁起了疑心。转面问大学士王熙道："新科状元孙承恩和孙旸籍贯同属常熟，是否同宗？"

王熙答道："为臣不知。"顺治帝命王熙立刻去问孙曙。

王熙快马来到孙曙的寓所，说明来意，警告孙曙说："升天沉渊，决于一言。我当如何回奏？"

孙曙慨然答道："祸福，命耳。不可谎言欺君。"王熙摇头叹息。临出门上马，又回头问道："得无悔呼？"

孙曙道："虽死不悔。"王熙据实回奏，顺治帝嘉其真诚，不加株连。

孙氏世居常熟山西，地名"吾谷"。深秋岁寒，霜染丹枫，最宜游赏。伟业于孙氏弟兄情谊颇深，孙旸流放之日，吴伟业写了《吾谷行》一首七言诗，为其送行：

> 吾谷千章万章木，插石缘溪秀林麓。
> 中有双株向背生，并干交柯互蟠曲。
> 一株夭矫面东风，上拂青云宿黄鹄。

黄鹄引吭鸣一声，响入瑶花飞簌簌。
一株偃蹇踞阴崖，半死半生遭屈辱。
雷劈烧痕翠鬣焦，雨垂漏滴苍皮缩。
泥崩石断迸枯根，鼠窜虫穿隐空腹。
行人过此尽彷徨，日暮驱车不能速。
前山路转相公坟，宰木参差乱入云。
枝上子规啼碧血，道傍少妇泣罗裙。
罗裙碧血招魂哭，寡鹄羁雌不忍闻。
同伴几家逢下泪，羡他夫婿尚从军。
可怜吾谷天边树，犹有相逢断肠处。
得免仓黄剪伐愁，敢辞漂泊风霜惧。
木叶山头雪正飞，行人十月辽阳戍。
兄在长安弟玉关，摘叶攀条不能去。
昨宵有客大都来，传道君王幸渐台。
便殿含毫题诏湿，阁门走马报花开。
宫槐听取从官咏，御柳催成应制才。
定有春风到吾谷，故园不用忧樵牧。
虽遇彫枯坠叶黄，恰逢滋茂攒条绿。
繇来荣落总何常，莫向千门羡栋梁。
君不见，庾信伤心《枯树赋》，纵吟风月是他乡。

与孙旸同案的还有云间老举人陆庆曾。陆庆曾，字子元，博学多才，享名已久。为人慷慨好友，与伟业也有交情。当其充军北上之时，吴伟业写了一首《赠陆生》为他送行。诗中满怀悲愤地写道：

陆生得名三十年，布衣好客囊无钱。
尚书墓道千章树，处士江村两顷田。
京华浪迹非长计，卖药求名总游戏。
习俗谁容我弃捐，才名苦受人招致。
古来权要嗜奔走，巧借高贤谢多口。

古来贫贱难自持，一餐误丧生平守。

陆生落落真吾流，行年五十今何求？

好将轻侠藏亡命，耻把文章谒贵游。

丈夫肯用他途进，相逢误喜知名姓。

狡狯原来达士心，栖迟不免文人病。

黄金白璧谁家子，见人尽道当如此。

铜山一旦拉然崩，却笑黔娄此中死。

嗟君时命剧可怜，蜚语牵连竟配边。

木叶山头悲夜夜，春申浦上望年年。

江花江月归何处，燕子莺儿等飘絮。

红豆啼残曲声里，白杨哭断斋前树。

屈指乡园笋蕨肥，南烹置酒梦依稀。

莼鲈正美书堪寄，灯火将残泪独挥。

君不见，鸿都买第归来客，驷马轩车胡辟易。

西园论价喜谁知，东观抡文矜莫及。

从他罗隐与方干，不比如君行路难。

只有一篇思旧赋，江关萧瑟几人看？

据说吴梅村这首诗，陆庆曾一直带在身边，多年后还能背诵。十三年后，他自辽阳回到北京，在一次朋友聚会时，忆及吴伟业当年赠诗送别的情形，又当众背起这首歌行，情难自已，竟然老泪纵横，掩面痛哭。不过，这时候，吴伟业已经去世一年多了。

4. 钱粮案

正当吴伟业迭遭惊吓、心灰意冷的时候，忽然有一件喜事，使他心情顿时好转起来。原来伟业已经年过五十尚无儿子，就在去年才把三弟伟光的次子过继到跟前，想不到康熙元年五月却得了一个儿子。伟业老来得子，喜出望外，他给儿子取名为暻，字元朗。三日洗儿，举行了盛大的汤饼会，不仅太仓的亲朋故旧、街坊邻居都来祝贺，就连附近州县的门生年谊，文朋诗友也赶来道喜，常熟的钱谦益和本县的王时敏都已年过古稀，也颤颤巍巍地赶来了。

这天，梅村的大小厅堂乃至凉亭水榭都摆满了宴席，伟业弟兄三个轮流给客人敬酒，忙了个不亦乐乎。开宴不久，迎宾歌乐又起，原来是苏松提督梁化凤和刚莅任的苏松常镇粮储道卢绒的绿呢大轿来到了门首。这两人都是朝廷大员，伟业不敢托大，连忙出迎。卢绒本是伟业崇祯九年典试湖广时考中的举人，与伟业有师生之谊。入清后，他是顺治六年成进士，一到苏州任职，便登门拜望老师，今日前来道喜是理所当然的事。但一同前来的梁化凤，与伟业文武不同道，况且梁提督是陕西西安人，平素无杯水之缘，今日纡尊降贵，登门道喜却是为了什么呢？伟业暗自纳闷。等到一番礼让，梁提督入座之后，卢绒借到后堂拜见太夫人之机告诉伟业，梁提督今日前来，名为贺喜，实在是对伟业有所请托。

这苏松提督梁化凤是朝廷相当倚重的一员大将，手握重兵，官居一品武职，是苏松数府的实力派人物。他本是顺治三年的两榜进士，在平定姜瓖之乱时崭露头角，遂弃文就武。他此后屡立战功，不断升迁，终于成为朝廷信任的一员汉人出身的拥兵大将。尤其是在顺治十六年，郑成功、张煌言自海上入长江口进犯南京兵临城下时，他率领所部大破郑成功水军，战功卓著，深得清廷嘉赏，被擢升为苏松提督、加太子太保衔，封左都督。这种殊荣在汉军将领中是不多见的。在他飞黄腾达之后，既需要安抚地方、笼络三吴士绅，更需要有人为他抬轿子、吹喇叭、歌功颂德，向朝廷反映他的文功武德。作为江南士林泰斗，吴伟业之名他早已如雷贯耳，他自然不会错过这个合适不过的人选。可他想笼络吴伟业又没有合适机缘。正当此时，他听说苏松常镇储粮道卢绒是伟业的门生，又听说吴伟业老年得子，于是便约卢绒前来道喜，借机结交，也算用心良苦。

伟业深知梁化凤手缩兵符权力之大，自己以在野之身，离不开这种人的保护，于是便慨然答应为他效劳。事后不久，吴伟业为他撰写了洋洋万言的《梁宫保壮猷记》，此是后话。

而梅花书屋首席上的老诗翁钱牧斋真是为吴伟业高兴。当伟业到席前为他敬酒时，钱牧斋手捋银须两眼笑成了一条缝，连声说道："天意不绝斯文！骏公连举十三位千金，今日终得麟儿，真是有志者事竟成！"一句无伤大雅的戏谑，引起哄堂大笑。

钱老诗人却又诗兴大发，摇头晃脑地吟起诗来：

扶木新枝照海东，充间佳气接青葱。
悬门弧矢从来远，遥指天山取挂弓。

绣绂长依麟角裁，端门曾为剪蒿莱。
故应晚育商瞿子，记取尼山报送来。

天人也自爱文章，抱得麒麟到下方。
但与志公摩顶首，双瞳偏喜似瑶光。

据地初生狮子儿，三年哮吼五天知。
锦绷花褓勤将护，恰是频申自在时。

真不愧是"文坛祭酒"，虽然已经年届八旬，但仍然才思泉涌，诗情如潮。他接连吟了四首绝句后，正要停住，下首奉陪末座的一位年轻人，一边执壶为他敬酒，一边笑着说道："太白斗酒诗百篇，请牧老夫子满饮此杯，再吟几首，让我们开开眼界，一饱耳福如何？"众人立刻齐声叫好。

钱谦益也不过分谦让，饮干杯中之酒，立刻接着吟道：

九子将雏未白头，明珠老蚌正相求。
兰闺自唱河中曲，十六生儿字阿侯！

想不到老诗人还如此诙谐，伟业不禁老面羞臊，尴尬起来，连忙为钱谦益敬上一杯掩饰道："牧老休要取笑！"说罢到另外席上敬酒去了。原来伟业求子心切，年轻的如夫人也不过就是十八九岁，听说已经又有身孕了。

席上笑声未歇，钱谦益又开口吟道：

月户冰轮自宛然，一枝偷折向江天。
嫦娥顾兔应相笑，谁放吴刚倚树眠。

绨几频繙大雅章，卷阿拜手颂朝阳。
未应仙果生来晚，为养高梧待凤凰。

就这样滔滔不绝，钱谦益一连吟了十首绝句。宾客们还要他再吟几首时，他老态龙钟地站起来摇着头道："十首，十全十美。不能再吟了，醉了！醉了！"下首那位年轻人连忙搀扶着他离开了梅花书屋。

等这一老一少走后，有人暗问这位年轻士子是谁？器宇这等不同凡俗？王时敏道："这便是唐孙华唐君实，娄东神童！恐怕将来的成就不会在诸位之下呢！"众人连连称是。果如王时敏所言，后来唐孙华进士及第，不过恰巧和今日的婴儿吴暻同榜题名，也算是奇缘。

正当吴伟业和亲友们诗酒唱和觥筹交错之时，府中却来了苏州府的两名官差。这两名差人，径到梅花书屋的酒宴前，点名问道："哪位是王昊王惟夏先生？"

伟业正要询问，王昊却放下酒杯起身答道："要找我吗？在下便是。"

"请王先生出来片刻，有点小事相烦。"那官差皮笑肉不笑地说道。

"二位在外稍后，或到舍下奉茶。王某席散便回。"王昊生性狂傲，见二公差那不阴不阳的样子，心中没有好气。把话说完，又坐下来端起了酒杯。

那公差冷笑一声说道："我们等得，只怕知府老爷等不得。我们当差的，奉命行事，王先生休要怪罪，还是跟我们一道走吧！"说罢从怀中掏出火签和拘捕公文来。

众人见状大惊。伟业连忙离座来到二位官差跟前说道："二位上差有话好说，不妨先吃杯酒，再办公事。吴某虽说归隐林下，还拿着朝廷二品秩俸；在座的也都是知法度的人；王先生名讳入泮，也算功名在身，难道还怕他逃跑不成？何况今日寒舍的客人还有苏松提督梁大人、道台卢大人，就是知府大人交办的差事，也还是能担当的。二位意下如何？"

二位差人一听提督、道台都在，立刻换了一副面容说道："吴老爷休要见怪。有道是当差不自由，自由不当差。既然大人发话了，我们就先在外边候着，等席散了，再烦王秀才和我们一道到苏州府交差。"

伟业连忙命人安排酒馔，招待二位差人到别处饮用，转身到乐志堂贵宾席上去见梁化凤和卢绂。听伟业把王昊的事情说完，梁、卢二人面面相觑。梁化凤道："梁某是武职，地方的事情不甚清楚，也不便干预。"

卢绂沉吟良久，方才说道："王惟夏的事情可能和钱粮田赋事情有关。若牵涉到钱粮奏销事中，可就麻烦了。"

伟业道："这不大可能吧？惟夏是知书明礼之人，何况生性豁达，于钱财看得很轻，哪会拖欠皇粮国税呢？"

"他的佃户和下人会不会冒用其名逋逃呢？"卢绖似在问伟业，又像是自言自语，"听说嘉定钱粮案已经上达天听，若和此案有关可就太麻烦了。"

伟业不便多问，为梁、卢斟上酒，又去看王昊。王昊哪里还有心思饮酒？勉强又饮了几杯，便起身告辞，和二位差人一道前往苏州去了。

客人们相继散去，本来喜气洋洋的汤饼宴却在闷闷不乐中结束了。

吴伟业和王昊是至交，当然不会对王昊的事情坐视不管。王昊走后，他立刻命人尾随着前往苏州，一方面打探消息，一方面相机营救。事情果真如卢绖所说，王昊意想不到地被牵连到了钱粮案中。

所谓"钱粮案"，起因可以追溯到清朝开国之初。清沿明制，有功名的士绅可以享有特权，减免钱粮田赋。于是不少人便冒名寄籍，千方百计托庇于这些有功名的人，逃避钱粮。"吴下钱粮拖欠，莫如练川（嘉定的别称），一青衿寄籍其间，即终身无半，锱入县官者，其甲科孝廉之属，其所饱更不可胜计。"以至各郡竞相效尤，"正供之欠数十万"。这里本是当年反清斗争最为激烈的地方，曾经发生过"嘉定三屠"的悲剧，清廷对这里的风吹草动特别敏感。如此普遍的拖欠钱粮，自然被认为是有人煽动，图谋不轨，变换手法和朝廷作对。于是天子震怒，特派一满洲官吏前往吴郡查勘。结果查出欠百两以上者一百七十余人，不足百两者，数以千计。苏州巡抚欲发兵逐一捉拿，道员王纪认为这样兴师动众，万一激起民变，事情就更为糟糕，不如采用较温和的办法，慢慢处治。王纪于是单车就道，亲赴嘉定，入县学，坐明伦堂上，传唤全县举人、秀才来见。举人秀才们以为是学政大人前来视学，衣冠楚楚，依次进见。王道台亲自按照查勘过的钱粮册子点名查对，拖欠钱粮田赋者，当即褫革功名，锒铛入狱。接着，又拘押其他拖欠钱粮的士绅于察院。朝廷原本要把这些人押解进京，从重治罪，抚台建议，从速补交欠赋者，无罪开释。于是旬日之间，补交钱粮十万。

事情波及到太仓，牵连到了王昊。王昊，字惟夏，太仓名门王世贞之弟王世懋的曾孙，是一个擅长诗文的饱学秀才，名列太仓十子之一，与周肇、黄与坚、许旭、顾湄等人齐名，都是梅村座中常客。伟业在京时，周肇进京，王昊曾经托他带给吴伟业一首长诗，诗中叙述他们的友谊说：

忆公高卧东山隅，文酒跌宕容狂夫。

谈天说怪恣戏谑，兴酣据地倾千壶。

有时敲句对红烛，呕心不惜紫髯枯。

雕锼万象怒真宰，要使只字人间无。

当年数子自历落，意气竞欲吞江湖。

不慕青云一朝贵，但恐白雪千秋孤。

自从分飞自南北，斗大娄城散星色。

周郎厌见寻常人，出门去作平原客。

黄君一别不得意，挟策亦向长安陌。

许子途穷更可怜，风尘刺促家徒壁。

心悬知己嗟飘零，青袍十载乃王生。

诗里的周郎便是周肇、黄君即黄与坚、许子即许旭、王生就是王昊自己。他们都是吴伟业周围的诗友和文友。这位"青袍十载"的王秀才，却被嘉定县一个姓名接近的人冒用姓名，拖欠田赋多年。事情发生后，王昊被逮到苏州府，经过查证，他本人并未拖欠钱粮，而是别人冒用他的姓名，他本人却全然不知。事情本来可以结案了，但朝廷又有严旨，凡是冒名顶替者，双方一律押解进京，到刑部当堂质对。

事情为什么会弄到如此严重的地步呢？原来朝廷接到江宁巡抚朱国治的奏报，苏松常镇四府并溧阳县拖欠钱粮的文武缙绅共一万三千五百一十七名，衙役人等二百五十四名。朝廷得报，认为事态严重，皇帝赫然震怒，降旨：绅衿抗粮，殊为可恶，交刑部，照定例严加议处。于是，王昊算赶上了倒霉，本来无辜受了牵连，反倒吃了大官司，镣铐锒铛，锁拿进京。

伟业得讯后，积极设法为他奔走，辩白，最终还是无济于事。王昊进京起解之日，伟业和朋友们赶到苏州为他送行，看到他披头散发，身穿赭色囚衣，肩抗铁叶木枷的样子，不禁潸然泪下。王昊吟诗作别道："惊闻黄纸下，欲作赭衣行。东海冤谁白，南冠气不平。风霜侵客鬓，天地入秋声。还羡称臣甫，含凄纪北征。"

伟业把酒杯捧到王昊面前，请他饮下三杯酒，然后吟道：

晚岁论时辈，空群汝擅能。

祇疑栎阳逮，犹是济南微。

名字供人借，文章召鬼憎。

阿戎才地在，到此亦何凭！

二十轻当世，愁君门户难。

比来狂大减，翻致祸无端。

落木乡关远，疲驴道路寒。

敝衣王谢物，请勿笑南冠。

二人的一吟一和引起送行朋友们的无限感慨。

"还是梅村先生看得透彻。'名字供人借，文章召鬼憎'。说到底还是变着法儿整治我们这些读书人！"不知是谁先发议论说。

"朝廷只知道百姓拖欠钱粮，却不知苏松两府钱粮之重，较之其他府道何止繁重百倍。这还叫百姓怎么生活！"

"你们算过没有？这十年来花样翻新，田赋之外，新增加的赋税名堂有多少种？"

有人立刻应和，七嘴八舌地数起来："田赋钱粮之外，有兑役、里役、该年、催办、捆头等名堂……"

"杂派有钻夫、水夫、牛税、马豆、马草、大树、钉、麻、油、铁、箭竹、铅弹、火药……"

"还有黄册、人丁、三捆、军田、壮丁……"

"好了！好了！算也算不过来了！说不定明天又生出什么新花样来！"

伟业怕惹出什么事端，正要制止大家的议论，谁知押解犯人的差役早已听得不耐烦了，大声嚷道："先生们，还是少谈国事，趁早散了吧！当差不自由，上命催得紧，我们得上路了！"

于是伟业等只好和王昊等人作别，目送他们北去。等他们去远，议论又在送行人群中展开了："这朱抚台，真是够狠毒的！他上报的册子冤枉了多少人！有已经完粮而未注销者；有像王昊这样被人冒名顶替者；有本邑无欠，他邑为人冒欠者；有十分全完，账簿上因纤细仇怨，反记为十分全欠者；千端万绪，不可枚举。朝廷也不派员彻查一下，就这样鱼肉缙绅！"

"听说探花叶方蔼只欠一文钱，竟被黜革，以至云间有‘探花不值一文钱’之谣！"

正当大家议论纷纷的时候，忽然一匹快马疾驰而至。大家不禁惊愕。伟业定睛看时，只见一个差役滚鞍下马，来到跟前，双手递上一张名刺，叉手为礼道："苏松道提督梁大人，请吴老爷速到府上，有要事相商。"

"梁大帅召吴某有何事情？"伟业不禁有点诧异，"能否相告？"

"小人只是奉命来请吴老爷，至于何事，小人一概不知。"差役躬身回禀。

"先请回吧，吴某随后就到。"

"请吴老爷上马，小人执鞭跟随。"那差人道。

伟业无奈，当下和在场的朋友们作别，立即前往苏松道提督衙门。伟业本不善骑马，好则这马训练有素，十分稳当。在马上他心里不禁琢磨："梁提督找我有什么事情呢？前不久才请朋友们为他写了百十篇歌功颂德的诗词，汇集成编，付梓刻印，冠名曰《江海肤功诗集》，并亲自写了序言。莫非他又要我为他写什么树碑立传的文章？"

时间不长，来到提督行辕。那差役扶伟业下马，也不通禀，径直带他到梁化凤的书房来。梁化凤听到脚步声，迎出书房。伟业正要施礼，却被梁化凤一把拉住，说道："太史公！这些俗礼就免了吧，有件事情正等着和你商量呢！"

二人进入书房，落座。差役奉上茶，叉手退出。梁化凤轻声说道："太史公，你可遇上大麻烦了！"

伟业瞿然一惊，连忙放下茶盅问道："什么麻烦？"

"钱粮奏销一案，牵连到吴大人了！"

"这怎么可能？"吴伟业听罢，反倒神情泰然起来，"吴某向来奉公守法，在京时一再叮嘱家人，早完国科钱粮；回籍后亲自督办交纳。自甲申至庚子，十七年间，没有拖欠分文。奏销案中，怎么会牵涉到吴某？"

"果真如太史公所言，梁某就无须多虑了！"梁化凤脸上露出了笑容，"日前抚衙转来一纸公文，上列苏松文武绅衿拖欠钱粮者姓名，太史公名列其中。吴大人知道，当途对此案处治甚严，锱铢必究。每岁年终，造册申奏朝廷，谓之奏销。有违此法者斥革勿论。梁某看见奏销册子中有太史大人名字，不由着急，是以派人前去请您。听您这么一说，我就放心了。不过，这册子中何以会有大人名字呢？"说着梁化凤从书案上拿出一沓卷宗来，他边翻边说："太史公你仔细看看，想想差错究竟出在哪里？"

吴伟业接过案卷一看，恍然明白过来，不由着急地说："我知道差错出在哪里了！这册子上核定的田赋是按照顺治七年的田亩数计算的，可如今已过顺治十六年进入康熙年了！其间娄江泛滥、海水倒灌、三泖改流，田亩数屡有削减，早就向州府衙门报告注销过了。如今却又按照十年前的田亩数核算，如何不出差错？"

"太史公，这就是个麻烦了！你看其他人家是不是也是按照顺治七年的田亩数计算的？"梁化凤皱眉问道。

"这我就不得而知了！"伟业不由得也着急起来。

"既然这样，太史公还是早做准备吧。我这里到抚台衙门疏通一下，把差事暂时拖一拖。大人赶紧回府，凑挤凑挤，早点补足拖欠，免得像叶探花那样，本督也就爱莫能助了！"

伟业连夜赶回太仓，正赶上巡抚衙门催粮的差役上门。可能是已经有人关照，或者是因为吴伟业名声在外，差役们还算客气。但要凑足多年的欠赋，也并不是一件很容易的事。全家人东讨西借，典当变卖，仍然难以凑齐。等到凑集得差不多了，期限已经到了。谁知还足了欠赋，朝廷并没有善罢甘休，依例议处的结果，回籍官员凡曾拖欠者，即使如期补交，也要褫革不怠。吴伟业也因此被革去了官职，自此成了平民百姓。

和吴伟业相比，他的另外一个亲家王瑞国处境还远不如他。奏销案发生时，王瑞国刚从岭南做官回转太仓，为奏销案牵连，只好变卖家产，典当衣物图书。他来向吴家告借，两位老亲家相对叹息。等他回到家里，差役突然半夜敲门，除了翻箱倒柜外，还把他蛮横地锁拿而去。吴伟业在二首短歌里悲愤地写道：

> 王郎头白何所为？罢官岭表归何迟？
> 衣囊已遭盗贼笑，襆被尚少亲朋知。
> 我书与君堪太息，不如长作五羊客。
> 君言垂老命如丝，纵不归人且归骨。
> 入门别怀未及话，石壕夜半呼仓促。
> 胠箧从他误攫金，告缗怜我非怀璧。
> 田园斥尽散袤难，苦乏家钱典图籍，
> 爱子摧残付托空，万卷飘零复奚惜！

吁嗟乎！

十年长安不见收，千山远宦终何益？

君不见郁孤台临数百尺，恶滩过处森刀戟。

历遍风波到故乡，此中别有盘涡石。

诗里既有对老亲家的同情，也有对自己不幸的哀怨。但他们的不幸和伟
业的朋友吴燕余相比又好得太多了。吴燕余，常熟人，杜门注易，向他求教
的人很多。在奏销案中受到牵连，被捕入狱，因无力完赋，受尽折磨，死于
狱中。伟业闻讯后，一则庆幸自己未受牢狱之苦，二则为朋友的不幸感到悲
哀。他有两首诗纪念这位老友，吴梅村这样写道：

风雨菰芦宿火红，胥糜憔悴过墙东。

吞爻梦逐虞生放，端策占成屈子穷。

纵绝三编身世外，横添一画是非中。

道人莫讶姚平笑，六十应称未济翁。

注就梁丘早十年，石壕呼怒筚门前。

范升免后成何用，宁越鞭来绝可怜。

人世催科逢此地，吾生忧患在先天。

从今郭上田休种，簾肆无家取百钱。

灾难不仅仅降临到士大夫和读书人头上，普通老百姓受害更深、更烈。
一次吴伟业船过直溪，就亲眼看到了官吏下乡催粮的一幕，他把官吏横征暴
敛的丑陋情景写到诗里：

直溪虽乡村，故是尚书里。

短棹经其门，叫声忽盈耳。

一翁被束缚，苦辞橐如洗。

吏指所居堂，即贫谁信尔。

呼人好作计，缓且受鞭垂。

穿漏四五间，中已无窗几。

屋梁纪月日，仰视殊自耻。

昔也三年成，今也一朝毁。

贻我风雨愁，饱汝歌呼喜。

官逋依旧在，府帖重追起。

旁人共唏嘘，感叹良有以。

东家瓦渐稀，西舍墙半圮。

生涯分应尽，迟速总一理。

居者今何栖，去者将安徙？

明岁留空村，极目惟流水。

吴梅村这一《直溪吏》简直可以和杜甫的"三吏""三别"相提并论了！他以诗歌的形式记下了这黑暗残酷的一段历史。

5. 抱恨终天

1659 年，顺治十六年，还是在二女儿生病的时候，吴伟业居住在陈家别业拙政园内。一天有一个名叫康小范的举人来拜访他。此人和杨廷麟是同事，杨廷麟兵败殉节，他也不幸被俘。在监狱里，他有机会买通了看守他的狱卒，越狱逃跑，死里逃生。他知道杨廷麟和吴伟业交厚，就携带着杨廷麟在赣州军中的遗诗，来访伟业，希望他能把杨廷麟的诗汇集成册，刻印传世。

伟业接过故人的诗稿，心潮起伏，悲哀和思念交织在一起。良久才问道："听说伯祥殉节后，妻子俱亡。可是真的？"

"乙丑正月，清兵胡有陞攻破宁都，杨大人投河殉国。夫人和公子为乱兵裹挟，生死不明。"康小范不禁又满眼盈泪，神情激动起来，"我刚脱囹圄之灾，听说夫人和公子都已殉难，便想寻到他们的尸骨，能和杨大人合葬一处。后来得到一个消息，说夫人和公子还活着，已被宁都彭氏昆仲收留。我当时真是喜出望外，连忙去寻找，不想自己行踪暴露，追捕的人马上就要到来。我怕连累了夫人、公子和彭氏兄弟，连夜逃走，因而没有见到夫人和公子之面。"

"苍天有眼！苍天有眼！总算为忠良保留了后代根苗！"伟业高兴得连

连望空作揖。他接着又连声问道："这彭氏兄弟为何许人也？"

"这彭氏昆仲也真算得是侠烈之士，"康小范无限敬佩地说，"兄名彭同，弟名士望，都是杨大人的门生。彭同经杨大人推荐，以诸生授兵部职方司郎中，在顺庆监军。杨大人殉节后，彭同保护夫人和公子，城破后，彭同命人带夫人公子逃走。他自己却说'吾以书生受恩师不次之遇，恩师既已殉国，我不能不死'。他和妻子双双自缢。夫人和公子被掳掠到宁都山中，彭士望访查得知，以三百金赎回，将其母子安置在山中一安全隐秘之所。彭氏兄弟可谓不负杨大人者也，康某自愧不如！"康小范深深自责，摇头叹息。

康小范走后，伟业便时时想前往宁都寻访杨廷麟的遗孀和遗孤，但自科场案起，身心交瘁，始终难以成行。钱粮奏销案后，官职被褫革，伟业虽然没有了特权，反倒感到一身轻松。这年春天，接到湖州太守吴绮书信一封，邀请他前往湖州游玩。伟业心中高兴，打算趁此机会，自浙至赣，前往宁都。

吴伟业三月三日至湖州，吴绮极尽尽东道之谊，遍请郡中名流，饮于爱山台，同修禊事，分韵赋诗，恰逢湖州岘山九贤祠竣工，应吴绮之请，伟业为九贤祠作了碑记。紧接着湖州太白亭落成，伟业又在朋友们的陪同下游了太白亭，并在新亭上题写《满庭芳》一首：

铁笛横腰，鹤瓢在手，乌巾白袷行吟。仙踪恍惚，埋玉旧烟林。多少唐陵汉寝，王孙梦、一样销沉。残碑在、高人韵士，留得到而今。

云深。来此地，相逢五隐，白石同心。喜今朝吾辈，酹酒登临。忽听松风骤响，苏门啸，仿佛遗音。归来晚、峰头斜景，明日约重寻。

在湖州逗留月余，告别吴绮。因为杨廷麟为抗清名将，伟业不便声张，只说往别处游玩，暗自赴江西寻访去了。

这一游，便是两个多月，直到七月才到嘉定，在同年、儿女亲家王泰际家中落脚。朋友阮元辅、方外之交愿云和尚都来看望他，并陪他游了嘉定西隐寺。同游的朋友们在交谈中忆记黄淳耀、侯研德等抗清义士，伟业写了《临江仙》一首以作纪念：

苦竹编篱茅覆瓦，海田久废重耕。相逢还说廿年兵。寒潮冲战骨，野火起空城。

门户凋残宾客在，凄凉诗酒侯生。西风又起不胜情。一篇思旧赋，故国与浮名。

侯研德，初名泓，后改名涵，自号掌亭，为抗清英雄侯峒曾之侄。他亮节高风，博学多才，于康熙三年以布衣终。

老亲家王泰际还和他谈起了钱粮奏销案之后赋税的苛重，两人相对感叹嗟伤不已。伟业写了四首诗赠给亲家：

> 槎浦冈头自种田，居然生活胜焦先。
> 赤松采药深山隐，白鹤谈经古寺禅。
> 孺仲清名交宦绝，彦方高行里间传。
> 曲江细柳新蒲绿，回首铜龙对策年。

> 先生吟社夜留宾，紫蟹黄鸡瓮面春。
> 万事梦中称幸叟，一家榜下出闲人。
> 君房门第多迁改，叔度才名固绝伦。
> 青史旧交余我在，北窗犹得岸乌巾。

> 晚岁风流孰似君，乌衣子弟总能文。
> 青箱世业高门在，白发遗经半席分。
> 正礼双龙方矫角，释奴千里又空群。
> 外家流辈非容易，肯信衰宗有右军。

> 翠竹黄花一草堂，柴门月出课耕桑。
> 苏林投老思遗事，谯秀辞徵住故乡。
> 强饭却扶芒屦健，高歌脱帽酒杯狂。
> 莫嗟过眼年光易，征调初严已十霜。

第一首是写老亲家如今归隐躬耕地生活，连带而及对当年金殿对策的回忆。第二首已隐含着对赋税苛重的不满，还是莫谈烦心事，叙旧话家常的好。第三首、四首都是独善其身，闲话桑麻的故作恬谈之论。

在嘉定盘桓了十几天后，伟业回到了太仓。张王治的门婿杜登春自松江华亭来访。当年他和田茂遇都是复社后期的骨干，因故失和，甚至闹到水火难容的地步。田茂遇是伟业的学生又是朋友，伟业和张溥、张王治交谊非寻常可比，杜登春作为晚辈自然对伟业十分敬重。于是伟业从中弥合，使杜登春和田茂遇化干戈为玉帛，和好如初。这次杜登春来太仓，一来想请伟业给自己的诗集《五尺搂诗》作序，二来告诉伟业，他的老朋友单恂因为受朱光辅案牵连，被捕入狱，这可能是清廷对江南士林的又一次政治迫害的前兆，他好意提醒伟业小心提防。

这朱光辅、朱供桐原本是明朝皇室的后裔，明亡后，潜往松江泗泾龙珠庵出家为僧，暗中联络党徒谋反，制龙袍、刻玉玺，封赏总兵、游击、道台等官职。事情被松江知府张羽明发觉，向江南巡抚韩世绮报告。韩巡抚密奏朝廷，朝廷严命缉拿。结果事涉八十余人，尽被凌迟。但主犯伪太子朱光辅，在僧六如的护送下得以逃脱。单恂在龙珠庵附近的白燕庵隐居，和龙珠庵的僧人豁堂禅师有来往，因而受到牵连。这一案件株连到许多人，其实惨遭杀戮的所谓总兵、道台、将军都是些市井卖菜卖柴的贫苦百姓，而朱光辅、朱供桐有无其人，都很值得怀疑，因为最终也没有捉拿归案。一般人认为这是知府张羽明欲图超迁，捕风捉影虚构编造的案子。伟业深为老朋友的不幸而悲哀，写了《白燕吟》一首，表达自己的同情：

> 白燕庵头晚照红，催颓毛羽诉西风。
> 虽经社日重来到，终怯雕梁故垒空。
> 当年掠地争飞俊，垂杨拂处帘栊映。
> ……
> 漫留指爪空回顾，差池下上秦淮路。
> 紫颔关山梦怎归，乌衣门巷雏谁哺？
> 头白天涯脱网罗，向人张口为愁多。
> 啁啾莫向斜阳语，为唱袁生一曲歌。

这首诗以白燕喻单恂。"催颓毛羽"比喻单恂为弋者所害；"社日重来"指单恂辞官归田；"终怯雕梁"是说单恂遭逢多故。诗的表面只咏"白燕"，其实句句都在写人，寄寓对老友的深切同情。

杜登春走后不久，一场横祸果然降临到吴伟业头上，几乎让他陷入万劫不复的境地。

杭州府有个急于仕进而又屡试不第的秀才，姓陆名銮。此人本来和吴伟业素不相识，当然也没有什么恩怨纠葛。但他听别人讲，如今的慎交社、同声社就是当年的复社，在科举考试中势力非常之大，只要能够入社，便可在科举考试中一帆风顺、平步青云。于是他迫切希望加入慎交社或同声社。他去找杜登春，杜登春没有答应；又去找田茂遇，又遭到田茂遇的拒绝。陆銮四处碰壁后恼羞成怒，十分痛恨慎交社和同声社，便想办法、等机会倾陷两社。他还道听途说，如今慎交、同声两社的宗主便是太仓的吴梅村，前两年慎交、同声两社产生内讧，杜登春、田茂遇相互攻讦，不可开交，吴伟业一出面斡旋，二人便握手言和、同归于好。于是他便迁怒到吴伟业头上，想方设法陷害梅村。

长江之役结束，朝廷对那些明里暗里和郑成功、张煌言有来往的人开始清算，定其罪名曰"通海"。一旦犯了通海罪，轻则充军杀头，重则满门抄斩、祸灭九族。陆銮认为这是个泄己忿、升高官的大好机会，于是便上书告密，煞有介事地说吴伟业私通郑成功，暗中结社，图谋不轨。而慎交社、同声社便是当年复社余绪，意在不利于朝廷，两社成员大多参与了郑成功的反叛活动。朝廷对此事十分重视，立即着苏州府和苏松提督彻查上奏。这事多亏了梁化凤多方周旋，终于查明陆銮纯系挟私报复，吴伟业和慎交社、同声社并无通海行为。陆銮搬起石头砸了自己的脚，以诬告罪被长流边境。

自京城回乡后，吴伟业迭经忧患，再加上嗣母、生母、两个女儿相继亡故，身体一天不如一天。到了康熙十年，他的病势日益沉重。入夏后，暑热难耐，旧病复发，终于卧床不起。中秋节至，扶病强起，给老朋友冒襄写了一封回信。信中说道：

平生以文章友朋为性命，比来神志磨耗，今夏暑热非常，遂致旧疾大作，痰声如锯，胸动若杵。接手教于伏枕之中，睟贶优渥，文词款至，摩挲太息，自以相慕之殷，何相遇之不易？然以弟卧病若此，虽蒙鹤首见过，未能握手高谈、衔杯危坐也。知尊体亦有小恙，偃息虎丘。吾辈老矣，海内硕果，宁有几人？唯有药饵不离手，善自摄卫，一切人事，付之悠悠可耳。弟三四年来，颇有事于纂辑，欲成《春秋》诸志，而《地理》与《氏族》先成，《地志》尤为该洽，病中聊以自娱，惜当世无有剞劂之者，终付酱瓿，又以自叹矣。长公在都门，次公温清，父子以诗文酬和，尊门家集，定垂百世不朽。拙刻附正，往来笔墨皆在其中。佳贶种种，无以为报，如何！临纸谢，强饭自爱。不一。

入冬后，伟业病势转重，自觉来日无多，忍病握管，写下遗嘱《与子暻疏》。伟业半生无子，一连生了十三个女儿后，到了康熙元年，已经五十四岁的他喜得贵子，取名吴暻，字元朗。在当时亲友中颇为轰动。前已提到，老诗人钱谦益亲自参加了吴家盛大的汤饼会，并一口气写了十首贺诗，流传颇广。如今吴暻已经九岁，次子吴瞱七岁，小儿子吴暄刚刚六岁。三子均未成年，确实令伟业难以瞑目。但他耿耿于怀的似乎并不完全是这些，抱恨终身的还是他失节仕清之事。他在遗嘱中写道：

南中立君，吾入朝两月，固请病而归。改革后吾闭门不通人物，然虚名在人，每东南有一狱，长虑收者在门，及诗祸史祸，惴惴莫保。十年，危疑稍定，谓可养亲终身，不意荐剡牵连，逼迫万状。老亲惧祸，流涕催装，同事者有借吾为剡矢，吾遂落彀中，不能白衣而返矣。先是吾临行时已怫郁大病，入京师而又病，蒙世祖皇帝抚慰备至。吾以继伯母之丧出都，主上亲赐丸药。今二十年来，得安林泉者，皆本朝之赐。惟是吾以草茅诸生，蒙先朝巍科拔擢，世运既更，分宜不仕，而牵恋骨肉，逡巡失身，此吾万古惭愧，无面目以见烈皇帝及伯祥诸君子，而为后世儒者所笑也。……吾同事诸君多不免，而吾独优游晚节，人皆以为后福，而不知吾一生遭际，万事忧危，无一刻不历艰难，无一境不尝辛苦，今心力俱枯，一至于此，职是故也。岁月日更，儿子又小，恐无人识无前事者，故书其大略，明吾为天下大苦人，俾诸儿知之而已。

遗嘱写毕已是十一月二十八日。事隔一天，他晚上忽做一梦，梦见有多人前来迎接自己，并明明白白记得日期为十二月二十四日。当天王抃来看望他，伟业不禁执手流泪。他对在侧的周肇和三弟伟光等人说："吾诗文外，尚有《流寇纪略》一部，为无锡、常熟友人借去其半，娄中尚有抄本，须收葺完全。《春秋氏族志》《春秋地理志》交给你们三位，此事请子偁多多费心吧。"

又数日，顾湄前来探病，他对顾湄说："吾殁后，敛以僧装，葬吾于邓尉、灵岩相近，墓前立一圆石，题曰诗人吴梅村之墓。勿作祠堂，勿乞铭于人。"语毕，以手指书案上笔墨，在侧诸人知其意，移案病榻前，扶其强起，他吃力地拿起用了一辈子的毛笔，用尽毕生之力写了绝命诗四首：

> 忍死偷生廿载余，而今罪孽怎消除？
> 受恩欠债应填补，总比鸿毛也不如。
>
> 岂有才名比照邻，发狂恶疾总伤情。
> 丈夫遭际须身受，留取轩渠付后生。
>
> 胸中恶气久漫漫，触事难平任结蟠。
> 魂垒怎消医怎识，惟将痛苦付汰澜。
>
> 奸党刊章谤告天，事成糜烂岂徒然。
> 圣朝反坐无冤狱，纵死深恩荷保全。

他可能还想写下去，但生命的最后一点力量已经耗尽了。毛笔慢慢从手中滑落，两行浊泪从眼角溢出，等到人们帮他重新躺好时，他已经三魂渺渺到天国去了。

人们玩味他临终的诗篇，心中不禁泛起阵阵酸涩苦味。第一首仍是那抱恨终生的负疚与自责。深悔当年不能为对他有知遇之恩的崇祯帝殉节，明亡后忍死偷生了二十多年，罪孽深重，虽死含恨，自叹鸿毛不如。第二首以唐初四杰中的卢照邻自况，身患恶疾，不堪其苦，投水自杀。这种痛苦只有自己承担，别人哪里知道。这正如自己无奈失身仕清，其中难言之苦，局外人很难体谅，这是难以避免的，自己只有认命，暗嚼苦果。第三首说心中之苦已非一日，各种恶气在胸中郁结，百药难医，自己惟有以泪洗面。第四首显然是对陆垄诬告他通海一事余悸在心，但诗人临终前心志还是十分清醒的，还要借诗对清廷表示感恩戴德，这多半是为家人子女计。他心中究竟还有多少遗恨，还有多少放心不下的事情，可惜上天没有给他更多的时间，后人也无法知道了。

这一天是康熙十年十二月二十四日。这位才华横溢却又命运坎坷的诗人从此生命终结，享年六十三岁。

梅村之死，震动了清初文坛。不少读书人失声痛哭，惋惜地说："先生亡矣，一代文章尽矣！"依照梅村遗命，亲友们把他安葬在苏州西南三十里西山之麓。友人、门生严正矩、尤侗、杜濬、姜埰、沈受宏、周茂源、张锡怿等各以诗文哭祭。

尾声：百年余韵

　　吴伟业生前在诗坛已经久负盛名，和钱谦益、龚鼎孳被时人称为江左三大家，其诗梅村体已为众人仿效。在他的影响下形成了以太仓十子为代表的娄东诗派。诚如比他晚生一个甲子的沈德潜所说："娄东诗人虽各自成家，但大约宗仰梅村。"其诗风酷似吴伟业，辞采典丽华美，遣词用语妥帖精当；声韵和谐，珠圆玉润；而诗的主旨力避浅白直漏，提倡含蓄敦厚，注重意象风神。甚至在取材方面也深受梅村影响。比如，吴诗中有多首以南京名胜为题咏对象的诗篇，十子诗中也有许多同类题材的篇什。诸如周肇的《金陵忆昔》、顾湄的《金陵感兴》、黄与坚的《金陵杂感》、王昊的《金陵》等等，便是明显的证据。这一点颇似先生给学生的命题作文。莫非真的是娄东诗人们某次笔会雅集，共同欣赏了吴伟业的诗作之后，由梅村夫子出题，大家依题吟咏吗？如果不是这样，那一定是朝夕熏染，潜移默化所致了。

　　梅村与十子亦师亦友，情谊深厚。他在《太仓十子诗序》中细说太仓文风，称誉太仓十子"不矜同，不尚异，各言其志之所存，诗有不进者焉乎？"他们对于梅村辞世追思缅怀、伤悼哀痛也是理所当然的。而一些后生晚辈对梅村去世的深切哀痛完全出自仰慕，足见其影响之深了。沈受宏本是梅村的同乡后生，渴慕梅村已久，原想登门拜师，但还没有来得及，梅村就去世了，于是便在灵前哭而拜之，"心告之以所欲执礼者"，从此确立了师生名分，"灵前拜师"传为佳话。他的《哭梅村师》两首，写得颇为情深：

> 天上空闻记玉楼，南朝宫阙井槐秋。
> 是非百代从青史，哀乐千场送白头。
> 山客累惟多辟召，诗人名自足风流。
> 松荫碑碣他年墓，官爵伤心话故侯。
>
> 茫茫沧海劫余身，遗恨心肝抱古今。
> 自迫三征蒙圣代，未轻一死为衰亲。
> 南朝宫阙悲琼树，北极衣冠记紫宸。
> 留得茂陵末命在，西山题墓作诗人。

杜濬本非梅村弟子，论年龄只比梅村小两岁，按常理应该以平辈论交。但出于敬仰，只因吴伟业担任南京国子监司业时，杜濬以贡生在北京国子监读书，"南北雍相为一体"，便认定与梅村有师生之谊，而梅村也以国士待杜濬，二人"忘形而汝"。梅村生前曾对人说，自己的五言律诗得益于杜濬的《金焦诗》，这种谦虚的品质更为杜濬所感动。于是在梅村死后，他写了一篇情真意切的祭文，亲具酒馔到灵前哭祭，备极哀痛。

苏州才子、戏曲家尤侗为梅村之死，写了一篇祭文，对梅村推崇备至，文辞十分华美。其中写道："先生之文，如江如海，先生之诗，如雪如霞，先生之词与曲，烂兮如锦，灼兮如花。其华而壮者，如龙楼凤阁，其清而逸者，如雪柱冰车，其美而艳者，如宝钗翠钿，其哀而婉者，如玉笛金笳。其高文典册可以经国，而书法、妙画亦自名家，其非才人大手、死而不朽者也！"

而学梅村体形神毕肖的还要数被称为"江左三凤凰"的吴兆骞和陈维崧二人了。吴兆骞直到暮年，由纳兰性德和顾贞观等营救，从流放地宁古塔回到北京，还念念不忘吴伟业当年吟诗送别的情谊，背诵吴伟业的《悲歌送吴季子》一字不误，老泪滂沱。他的诗集《秋笳集》中有歌行三十余首，篇篇皆得梅村体神髓。而陈维崧本是伟业挚友陈贞慧之子，"少即从伟业游"，其诗幼时得自家学，后来师从陈子龙、吴伟业，辞采华丽。他的诗集《湖海楼集》中有两篇歌行，一曰《咏拙政园连理山茶花》，一曰《弦索行》，和吴伟业的《咏拙政园山茶花》《琵琶行》稍做比较，其源流师承就一目了然显而易见了。

作为清初诗坛宗匠的鱼洋山人王士禛，和吴伟业为忘年交，友情深厚。他评价梅村歌行体："娄江源于元白，工丽时或过之。"并说："娄东驱使南北史，澜翻泉涌，妥帖流丽，正是公歌行本色，要是独绝，不似流辈挦撦稼轩，如宋初伶人谑馆职也。"可见其对梅村的由衷推崇。乾嘉间的著名诗人袁枚在《论诗》绝句中对吴伟业更是推崇备至：

> 生逢天宝乱离年，妙咏香山长庆篇。
> 就使吴儿心木石，也应一咏一缠绵。

从诗中可以看出，袁子才对梅村生逢乱世的同情。而与袁枚齐名的赵翼，在《瓯北诗话》中对梅村身世及文学成就的评价更为具体。他说："梅村当亡国时，已退闲林下，其仕于我朝也，因荐而起，既不同于降表签名，而自恨濡忍不死，踽天踏地之意，没齿不忘，则心与迹尚皆可谅。虽当时名位声望，稍次于钱（谦益），而今平心而论，梅村诗有不可及者二：一则神韵悉本唐人，不落宋以后腔调，而指事类情，又宛转如意，非如学唐者之徒袭其貌也；一则庀材多用正史，不取小说家故实，而选声作色，又华艳动人，非如食古者之物而不化也。""而己之才情书卷，又自能澜翻不穷，故以唐人格调，写目前近事，宗派既正，词藻又丰，不得不推为近代中之大家。"论及这一特色，赵翼还举例说："梅村熟于《两汉》《三国》及《晋书》《南北史》，故所用皆典雅，不比后人猎取稗官丛说，以炫新奇者也。如《吊卫胤文》云：'非关卫瓘需开府，欲下高昂在护军。'正指其监护高杰军，而暗切两个姓氏。《送杜弢武》云：'非是隽君辞霍氏，终然丁掾感曹公。'弢武避难江南，适梅村悼亡，欲以女为梅村继室，梅村辞之。故用隽不疑辞霍光之婚与曹操欲以女妻丁仪，因曹丕言而止，皆议婚不成故事也。可谓切典矣！"在评论到梅村"七律不用虚字，全用实字"的写景特点时，赵翼又举例说："'西州士女章台柳，南国江山玉树花'，十四字中，无限感慨，因为绝作。"并且说与梅村相比，杜牧"深秋簾幕千家雨，落日楼台一笛风"，陆游的"楼船

夜雪瓜洲渡，铁马秋风大散关"，不过是写景。赵翼又说，吴伟业"埋骨九
原江上月，思家百口陇头云""乐浪有吏崔享伯，辽海无家管幼安""桑麻亭
障行人断，松杏山河战骨空"等数十联皆不著议论，而意在言外，令人低徊
不尽。

赵翼钦佩吴梅村善于取材的过人眼光，他说："梅村身阅鼎革，其所咏多
有关于时事之大者。如《临江参军》《南厢园叟》《永和宫词》《洛阳行》《殿
上行》《萧史青门曲》《松山哀》《雁门尚书行》《临淮老妓行》《楚两生行》
《圆圆曲》《思陵长公主挽词》等作，皆极有关系。事本易传，则诗亦易传。
梅村一眼觑定，遂用全力结撰此数十篇，为不朽计，此诗人慧眼，善于取题
处。白香山《长恨歌》、元微之《连昌宫词》、韩昌黎《元和圣德诗》同此意
也。"他在读了《梅村集》之后，题诗道：

> 才高绮岁早登科，俄及沧桑劫运过。
> 仕隐半生樗散迹，兴亡一代《黍离》歌。
> 死迟空羡淮王犬，名盛难逃惠子骡。
> 犹胜绛云楼下老，老羞变怒骂人多。
>
> 国亡时已养亲还，同是全生迹较闲。
> 幸未名登降表内，已甘身老著书间。
> 访才林下程文海，作赋《江南》庾子山。
> 剩有沉吟偷活句，令人想见泪痕潸。

庚乾嘉间，梅村诗名之盛简直无可比拟，连擅长诗文的乾隆皇帝，对
《梅村集》也爱不释手，赞誉有加。他曾经在御案上的《梅村集》上题诗道：

> 梅村一卷足风流，往事披寻未肯休。
> 秋水精神香雪句，西昆幽思杜陵愁。
> 裁成蜀锦应惭丽，细比春蚕好更抽。
> 寒夜短檠相对处，几多诗兴为君收。

从诗中可以看出这位爱好文学的盛世之君，对梅村诗篇是如何喜爱：一

卷在手，反复披阅搜寻不肯停止；天语褒奖，梅村之诗秋水一样明净澄澈，香雪一样赏心悦目，既有西昆派的缠绵幽思，又有杜诗中的忧国忧民之情；把它比作蜀锦，蜀锦也没有它华丽；把它比作蚕丝，蚕丝也没有它的情思绵长。寒夜灯下反复观赏，蜡烛越来越短，本来有许多诗兴，因为自愧写不出像吴诗那样的好篇什，也只好作罢。大有"心有好诗吟不得，崔颢题诗在上头"之叹。

这篇御制诗传出，侍从之臣和者不断。蒋荣藩曾经和诗曰："祭酒诗篇压胜流，征书郑重早归休，南朝一月先投劾，东观重来只贮愁。十子空传余响在，三弇未许积薪抽。词源倾出娄淞水，月满江天宿雾收。"蒋荣藩认为梅村诗可以"追配少陵""惊心动魄，殊移我情，人但诧其骏雄，服其宏丽，而不知惟沉着斯以痛快耳"。他曾有论诗一首说："少陵诗格独称尊，风雅亲裁大义存。继起何人堪鼎峙，前为元老后梅村。"

正如蒋荣藩所说，梅村的影响如娄江、淞江之水，源远流长，哺育着一代又一代诗人。被称为吴中七子之一的王昶曾有论诗绝句一首写道："家国沧桑泪眼中，青门萧史永和宫。琵琶盲女终轻薄，莫怪清言诋钝翁。"诗中含有一个这样的文坛掌故：梅村以后的几个东南诗人在一起评论梅村，王钝庵（琬）说，"梅村诗如盲女弹琵琶唱蔡中郎传"，意思是强调其通俗流布之广。叶方蔼对王琬的评价非常不满，反唇相讥说"钝翁简直不如白家老妪"，意思是说王琬不懂诗之优劣，没有认识到梅村诗华艳宏丽的特色。王昶在这里又借叶方蔼的话批评王琬，称道梅村诗的非凡成就。吴地诗人对梅村的爱戴于此可见一斑。

乾隆二十五年，太仓又出了一个状元，此人便是毕沅毕秋帆。他学识渊博，官也做得很大，曾任湖广总督。他自小便仰慕梅村，不断到梅村廓然堂凭吊，手抚梅村的竹树花木，激励自己。功成名就后更是不断到梅村墓前表达哀思。他在读《梅村集》后，曾经题诗四首：

> 蓬莱紫海又扬尘，凄绝金门旧侍臣。
> 浣女不知香草怨，隔江还唱秣陵春。
>
> 白头祭酒意无聊，泪洒铜驼满棘蒿。
> 忍遇东厢旧园叟，夕阳菜圃话前朝。

草间偷活为衰亲，绝命词成饮恨新。

香海一抔埋骨后，梅花窟里吊诗人。

儿时频过廊然堂，松竹前贤手泽长。

谁料午桥觞咏地，转头又见小沧桑。

可以说，毕状元对梅村的缅怀敬仰充溢在字里行间，情真意切。

乾嘉学者洪亮吉有一次路过太仓，特意到慕名已久的梅村拜祭，曾经赋诗一首寄托哀思：

寂寞城南土一丘，野梅零落水云愁。

生无木石填沧海，死有祠堂傍弁州。

同谷七歌才愈老，秣陵一曲泪俱流。

兴亡忍话前朝事，江总归来已白头。

诗后，洪北江又加了个注释：把梅村比作江总，"才品适合"。

物换星移，但梅村盛名不衰。近代文学史上第一位大诗人龚自珍，自小特别喜爱吴梅村的诗。"自髫年好之，至于冠益好之。"他的母亲在帐外灯前口诵，亲自教他，因此，他始终"缠绵于心""此皆慈母帐下灯前所授"。龚自珍还认为，吴梅村是"诗与人为一"，诗即梅村，梅村即诗。针对有人说梅村诗"诗格"不高，龚自珍还在《梅村集》上题诗道："莫从文体问高卑，生就灯前儿女诗。一种春声忘不得，长安放学夜归时。"诗里有终生难忘的母爱，也有对梅村诗的喜爱。从他后来的诗作里，不难寻觅到梅村诗中那种辞采瑰丽、感情沉郁的风格。有人说，实际上，曹雪芹的《葬花词》《姽婳将军歌》，都应该受到了吴梅村的深刻影响。

到了晚清，诗坛出现了一个傲气十足的拟古大家王闿运，他的诗崇尚汉魏六朝，但歌行却崇尚梅村体。他的《圆明园词》就深得梅村妙处。他曾经写诗评论吴梅村的诗，并直言不讳地表示要仿效梅村，突破建安时代刘桢奠定的五言形式。王湘绮如此赋诗道："长庆歌行顿挫声，格诗韩赵亦风清。从来一艺堪头白，莫筑刘家五字城。"

《吴梅村诗集》书影

　　清末民初的大学者王国维，在他的《人间词话》里说："以《长恨歌》之壮采，而所隶之事，只'小玉双成'四字，才有余地。梅村歌行则非隶事不办。白、吴优劣即于此见。"这种评论虽然对梅村体不无贬抑，他也道出了梅村体作为"史诗"的一大特点。而王国维本人又是一个深受梅村体影响的诗人。他的歌行《颐和园词》，遣词设色、叙事抒情莫不受梅村体的影响，这也是诗人渊源的自然流露吧。

　　吴梅村先生曾有《梅村乐府二种跋》，特别提到吴梅村的《秣陵春》《临春阁》《通天台》，他感叹说："梅村乐府，嗣响临川，南部梦华，托诸幻影，艳思哀韵，感人深矣。传本绝少，有掩于诗名，几与碣石幽兰，同此沦隐。考《秣陵》一剧，有集中《金人捧露盘》词，足资谈屑；而《临春阁》《通天台》，则西堂《梅村词序》《古夫于亭杂录》仅述其目，知者益鲜。"郑阵铎先生在《清人杂剧初集序》中也说，吴伟业等"高才硕学，词华隽秀，所作崇雅正，卓然大方""梅村《通天台》之悲壮沉郁，《临春阁》之疏放冷艳，尤堪允冕群伦"。

　　小说家郁达夫曾咏吴梅村："斑管题诗泪带痕，阿蒙吴下数梅村。冬郎忍创香奁格，红粉青衫总断魂。"同为诗人的郁达夫，具有史家的气概与胆识，他透过梅村体香艳的表象，感受吴氏哀婉凄凉的诗句，看到了一颗为家国之情、儿女私情、痛失名节而饱受折磨的心。人们也透过三百多年的时空隧道，听到吴梅村那遗恨声声的忏悔灵魂的呐喊。

跋

　　似乎已经没有更多的话要说了，想起来一些和吴梅村的太仓有关的琐事。

　　多年以前，曾经来过太仓，似乎是为了发行报纸的事情，问当地人，可知道吴梅村的故居旧址？但是他们似乎对吴梅村很陌生，说吴伟业就更是丈二和尚了。去年年底又去太仓，听城厢镇一人讲，明代的王世贞是太仓人，清初的"四王"有"三王"在太仓，但他似乎回避吴梅村这个名字，说到张溥故居则兴致勃勃，讲六百年前的郑和下西洋则更是津津乐道。城厢镇政府门前有一棵罗汉松，蓊郁虬劲、傲视苍穹，据说已经有八百多年的历史了，不知道当年的吴梅村可曾在这棵树下徘徊沉思过？为故国的沦丧，为北上的踌躇，为负心卞玉京的彻夜难眠，为殉于朱明的复社故旧？吴梅村也算是很有影响的文人了，为何在其家乡却这样落寞？当年高朋满座清幽雅致的梅村如今又安在哉？想起元代一个人的感慨：断人肠处，天边落照水边霞，枯荷宿鹭，远树栖鸦。败叶纷纷拥砌石，修竹姗姗扫窗纱。

　　夜宿娄东宾馆，娄东这样的名字多少散发出悠远历史的气息和江南古镇的绰约风姿，但在工业化的大背景之下，一切似乎都成了遥远的梦。侥幸存留下来的所谓古迹，又太像涂了油彩的招贴画，透出俗艳和迎合的谄媚。经热心人介绍，去见一个在如今的南园工作的人，据说，他对太仓的文化很有研究。如今的南园还算说得过去，洁净雅致，也很幽静，规模当然要小得多，陈设也早已经面目全非了。看得出来，此人雅好收藏，对和吴梅村同时代的造园专家张南垣、王世贞，以及王世贞的弟弟王世懋等都有所了解。他收藏的凌云亭藏版的《吴诗集览》卷首有乾隆皇帝对吴梅村的评价，也就是我们熟知的"秋水文章香雪句，西昆幽思杜陵愁"。此人还收藏有散存在太仓的一些历史名人的碑刻，据说有赵孟頫书写江淹的《枯树赋》。他答应送我一些复印件，作为《梅村遗恨》中的补白，虽然这一愿望没有实现，但我还是要感谢他，感谢他对自己乡邦文化的挚爱，感谢他是我在太仓见到的唯一可以谈论吴梅村的人。据说，此人和北京的王世襄先生有所交往，还有养鸽子的设想，这位先生叫尹继山。

匆匆忙忙赶到张溥故居。门口"张溥故居"为赵朴初先生所题写。张溥故居正在修缮，不接待游客。工作人员看我是诚心拜见这位天如先生，便网开一面，让我进去了。几进的南方庭园，白墙灰瓦，说是故居，想来也是毁坏后重建的吧？张溥是吴梅村的老师，写出过《五人墓碑记》雄文的复社领袖！故居内，有不少人的题词，有李一氓的"复社祭尊"，费孝通的"嗣响东林"，有一对联，"承弇州启梅村一代文章在娄水，继东林匹几社千秋山斗仰天如"，记不清这个对联是胡厥文先生还是费新我先生写的，这是除了在尹继山的收藏柜之外，我在太仓唯一看到的在公众场合称道吴梅村的文字。实际上，晚上我和朋友在古城太仓散步的时候才知道，步过张溥先生故居门前的小河桥，唤作东皋桥，向右不远处，据说就是吴梅村的旧家，现在当然是和吴梅村有关的东西都荡然无存了。

据说解放后，在吴梅村故居的旧址上曾经是一个工厂，也许是制药厂，在20世纪90年代，因城市发展的需要，厂子搬走了。晚上看不太清楚，好像是仿古的新型建筑，称作"太仓人家"。往小巷子里走去，不时有麻将声声，很家常也很温暖的灯火在寻常百姓家传出来。毕竟是江南膏腴之地，虽然工业化的坚强挺进已经使江南失去了原来的风致，但经济的富足使他们在摆脱了生存压力、步入小康社会之后，也可以拿出一些闲钱来清理打点自己的家园。这样的清理虽然有些时候显得不伦不类，但有这样的意识还是很值得肯定的。

比如太仓，在大概是南园的地方不仅塑了"四王"的像，居然还在一条小河边唤作"卖秧桥"的桥畔建了一座亭子，立了一块碑，说是当年李时珍、戚继光来太仓登陆的地方，他们来太仓是想请王世贞为他们作序文的。李时珍是《本草纲目》的作者，戚继光则是著名的明代大军事家抗击倭寇的民族英雄，这样的人物都来太仓拜见王世贞，让王世贞为他们的图书作序。碑文上说，李时珍是在万历八年也就是 1480 年为名传千古的《本草纲目》而来娄东，戚继光是在万历十三年，也就是 1485 年为自己的《止止堂集》自北京千里迢迢来到这江南水乡，让王世贞为自己做点广告，可见王世贞在那个时候是何等了得！据说，王世贞也被人认为最有可能是《金瓶梅》的作者。实际上，明清之际，尤其吴梅村晚年，来拜见吴梅村的人也不少，写《板桥杂记》的余怀就经常从南京来太仓看望吴梅村，吴梅村至少为他的两部书写过序。

《梅村遗恨》终于要出版了，还是要感谢许多为该书付出辛勤劳动的人。他们是江苏文艺出版社的汪修荣先生，太仓日报社的陆永芳社长，该书的责任编辑尚新莉女士、王华宝博士。我在自己的每本书的书后总要提及我远在中原的父亲、母亲，他们为子女默默奉献一切的辛劳无法用语言来诉说，他们的期望是我不敢懈怠的动力之源。在《梅村遗恨》出版前后，我在长江和外秦淮河之间分到了自己价格不菲的新房，为了这所真正意义上的江左之家，我的妻子风雨无阻不分昼夜奔波在装饰城和新居之间，反复比较、屡次修正。为了添置家具，她更是来往奔走，到苏州观摩，去常州请教，为这个新家奉献着自己的热情、智慧，还有说不尽的辛苦。而我在这个时候几乎完全投身于一个非常繁杂的难以脱身的牵涉面甚广的重大时务之中，虽然个人很微不足道，很人微言轻，但是妻子的信任和牺牲，使我这个小小的过河卒子，似乎也有了存在的可怜的小小空间。扪心自问，没有荒废，经历即是财富，感受到的都是收获。妻子对我的夹杂着抱怨的深深的理解，已经读小学四年级的女儿学习上的自觉，让我坐在如今颇为宽敞的书房里经常会产生一种对她们的愧意：我为她们考虑了多少？我的笔能为她们增添多少快乐？

还要啰唆的是，这是我继《怨萧狂剑：龚自珍传》《江南彩衣堂：常熟翁氏文化家族传》《诗人帝王》《漫卷诗书》《书卷故人》之后已经出版的第六本书了。虽然艰难，虽然坎坷，我不会退却，不会停止思考，会顽强地以笔为旗坚定地走下去！

就算是跋。

2006 年 3 月 31 日于瘦西湖畔之迎宾馆
时"滞雨通宵又彻明，百忧如草雨中生"

后记

　　汝水蜿蜒曲折，汇入沙河，最终注入淮河，入江，进海，是在莽苍中原大地之上的一条很不起眼的河流。但，再名不见经传的河流，也有自己的来路与远方，也有自己的欢歌与哀愁。汝水汤汤，两岸多河湾。村落沿着河流星罗棋布，也就多称作湾，如郝湾、王湾、殷湾、蒋湾、马湾，等等，多与姓氏有关，大多是聚族而居，生息繁衍，代代相传。

　　爹娘退休后决意回汝水南岸的偏僻小村居住，乡野清净，远避喧嚣。这样以来，三个儿子也就要经常回到村子里看望、陪伴老人。清晨早起，午后闲暇，陪着爹娘多在汝水大堤上散漫闲走，乡人称作"悠悠"。流水默默，旷野静寂。日落月出，繁星满天。走到荒村西北一隅，大致在裴昌庙北、沟刘东、王湾之南，有一辽阔浩淼的平畴苍茫，阡陌纵横。父亲多次说过，此处本有村落，也有河道，村落唤作薛湾，河道更改，桑田沧海，被称作枯河。薛湾徒留其名，这里曾经的烟火人丁去了哪里？乡村里口头流传，此村灭绝，是在明末，闯王纵横中原，在著名的襄城之战中，薛湾人口绝灭，化为灰烬，顿成一片废墟，荒草离离，日后就被垦为耕地了。

　　荒村北寨门外，汝水大堤之下，是乡村小学，父亲在这里当民办教师多年。北寨门之上有民国时期的题额，称作面汝门。这所乡间小学，几间平房，一个操场，稀稀疏疏的树木，四邻八村的儿郎，弦歌不辍，也是文脉一缕。经常有乡人来与父亲聊天，海阔天空，无话不谈，就会说到这一乡村的起源，实在是纷纭得很，多说是洪武年间从山西洪洞县迁徙而来；但，也有人说，村落形成的时间更早，至少在郦道元的《水经注》里就有文字痕迹了。就是在这样的乡村小学里，我跟着父亲读书，尔后到了镇上读初中，又到了昆水河边的古城中学，再后来就是扬子江边的石头城上大学了。受父亲影响，读背《论语》等经典，熟读《史记》有关篇章，在自己的粗劣不堪的本子上歪歪扭扭地抄写一些诗句，除了李白、杜甫外，有龚定庵，有吴梅村，还有元好问。

　　二十多年前，决意写吴梅村，也得到父亲的鼓励，就翻找资料，仔细体会，大致在十七年前出版了自己眼中的吴梅村。说实在话，明清易代，血泪斑斑，残酷血腥，令人压抑，近乎要到窒息的地步。此后多年，不再愿意触碰明清交替这一段历史大变局，这一段历史中的纷纷扰扰恩怨纠结。在研读吴梅村之前，我曾耗费心血，解读过龚自珍，并因此与梁光玉先生结缘。多年后，梁光玉先生眷念故人，请我修订关于龚自珍的书稿，拟在定庵先生的《己亥杂诗》写就170周年之际推出，但琐事缠身，一拖再拖，最终在龚自珍猝然离世180周年之际得以出版。因此之故，梁光玉先生、李可女史又热心建议让我修订吴梅村的传记，最好能在吴梅村辞世350周年交稿付梓。我犹豫再三，唯恐辜负，却还是答应下来。

　　现在重温吴梅村，重新审视他在历史大变局中的所思所想所言所行，重新梳理他并不漫长却跌宕起伏的一生遭际，感慨万千，情难自禁。他是崇祯朝的榜眼，他也曾到过已经是伏蟒遍地的中原，他也深陷党争之中无可奈何。变局中的侥幸而已，在甲申巨变之年，他不在北京；他在弘光小朝廷土崩瓦解开门迎降之时已经抽身而退，回返太仓；他在清军横扫江南兵临太仓城下之际携家带口远遁太湖江村。

　　此后的大局已定，朱明残余势力苟延残喘，他有目睹，更有耳闻。他不同于陈子龙、杨廷麟，他不是钱谦益，又不同于冒辟疆，他也有别于龚鼎孳。他用自己的诗、词、文，当然还有剧，记录这个时代，反映这个时代，审视这个时代。《圆圆曲》《鸳湖曲》《殿上行》《襄阳乐》《洛阳行》《松山哀》《萧史青门曲》《临淮老妓行》《雁门尚书行》《咏拙政园山茶花》《楚两生行》《琵琶行》《永和宫词》，等等，等等，不一而足，脍炙人口，享誉一时。今日再读，说吴梅村的诗具有史诗性质，绝非夸张与过誉。他的《绥寇纪略》，他的《复社纪闻》，也有很清晰强烈的存史意味。吴梅村的剧本有《临春阁》《通天台》《秣陵春》，他的剧本中先后出现陈后主、张丽华，也出现梁武帝、汉武帝，还有就是李后主。陈后主的胭脂井、李后主的一江春水向东流、萧衍极具戏剧性的荒唐起伏，这是吴梅村要影射崇祯帝？冼夫人有秦良玉的影子？沈炯、徐适有吴梅村自己的幽微心曲？据说《秣陵春》曾经在如皋的水绘园里搬演，当时的演出，冒辟疆是怎样的心事浩茫？此剧演出，董小宛还健在否？有人说，《秣陵春》还曾在湖南长沙演出过呢。顺治帝也曾看过这一剧本，并就剧中人物细节最终结局详细问过吴梅村。

再次感谢梁光玉社长的多年关照，感谢李可女史的费心费力，让我再度走近吴梅村，在明清之际的天风浩荡、风雨如晦之中跋涉行走，肝肠寸断。吴梅村临终之时，有文，有诗，有词，他有着难以言说的悔恨，也有着难以排遣的寂寞。我在书中已经征引，在这里再摘引两首，结束这一不像样子的后记：

> 胸中恶气久漫漫，触事难平任结蟠。
> 块垒怎消医怎识，惟将痛苦付汍澜。

> 奸党刊章谤告天，事成糜烂岂徒然。
> 圣朝反坐无冤狱，纵死深恩荷保全。

2022 年 11 月 18 日于
南京俞家巷后

深入了解吴梅村和他的时代，作者推荐阅读书目

1. 黄濬著:《花随人圣庵摭忆》(上中下)，中华书局 2008 年版。

   推荐理由：语涉诸多明清旧事的民国笔记，史料价值极高。

2. (美) 司徒琳著: 李荣庆等译,《南明史》，上海古籍出版社 1992 年版。

   推荐理由：南明是明朝京师北京失陷后，由明朝宗室在南方建立的多个流亡政权的总称，这些政权一再牵引后人的目光。

3. 郭沫若著:《甲申三百年祭》，人民出版社 2004 年版。

   推荐理由：本书回顾了明朝的灭亡和李自成的失败，也从中再次验证了"民心乃固邦之本"的历史论断。

4. 李宝忠著:《永昌演义》，新华出版社 1984 年版。

   推荐理由：本书从"流贼"角度，讲晚明旧事。

5. 吴梅村著:《吴梅村全集》，上海古籍出版社 1990 年版。

   推荐理由：本书除吴梅村之诗之外，其他作品无不搜罗，以乾隆注家所未寓目的董氏刊本《梅村家藏稿》为底本，校以康熙朝所刊诸本，并广辑各家评语，末附年谱及佚文，是吴集最完善的版本。

6. 黄宗羲著:《南明史料》，江苏人民出版社1999年版本。

推荐理由：本书集浩繁芜杂、众说纷纭的南明征事，史料丰富。

7. 魏斐德著：陈苏镇、薄小莹译,《洪业：清朝开国史》，新星出版社2013年版。

推荐理由：本书匠心独具，把中国历史上王朝循环中的一环——明清嬗代过程，作为运思课题，是研究明清更迭的重要著作。

8. 民国丛书第四编之刘宗周、史可法、张溥、吴梅村、魏叔子、吕留良、贺质人年谱。

9. 冯其庸、叶君远著:《吴梅村年谱》，江苏古籍出版社1990年版。

推荐理由：是目前最为完备的吴伟业年谱。

10. 王于飞著:《吴梅村生平创作考论》，重庆出版社2003年版。

推荐理由：此书对吴伟业生平创作多有卓见。